课书房
新/形/态/教材

普通高等教育工

U0670621

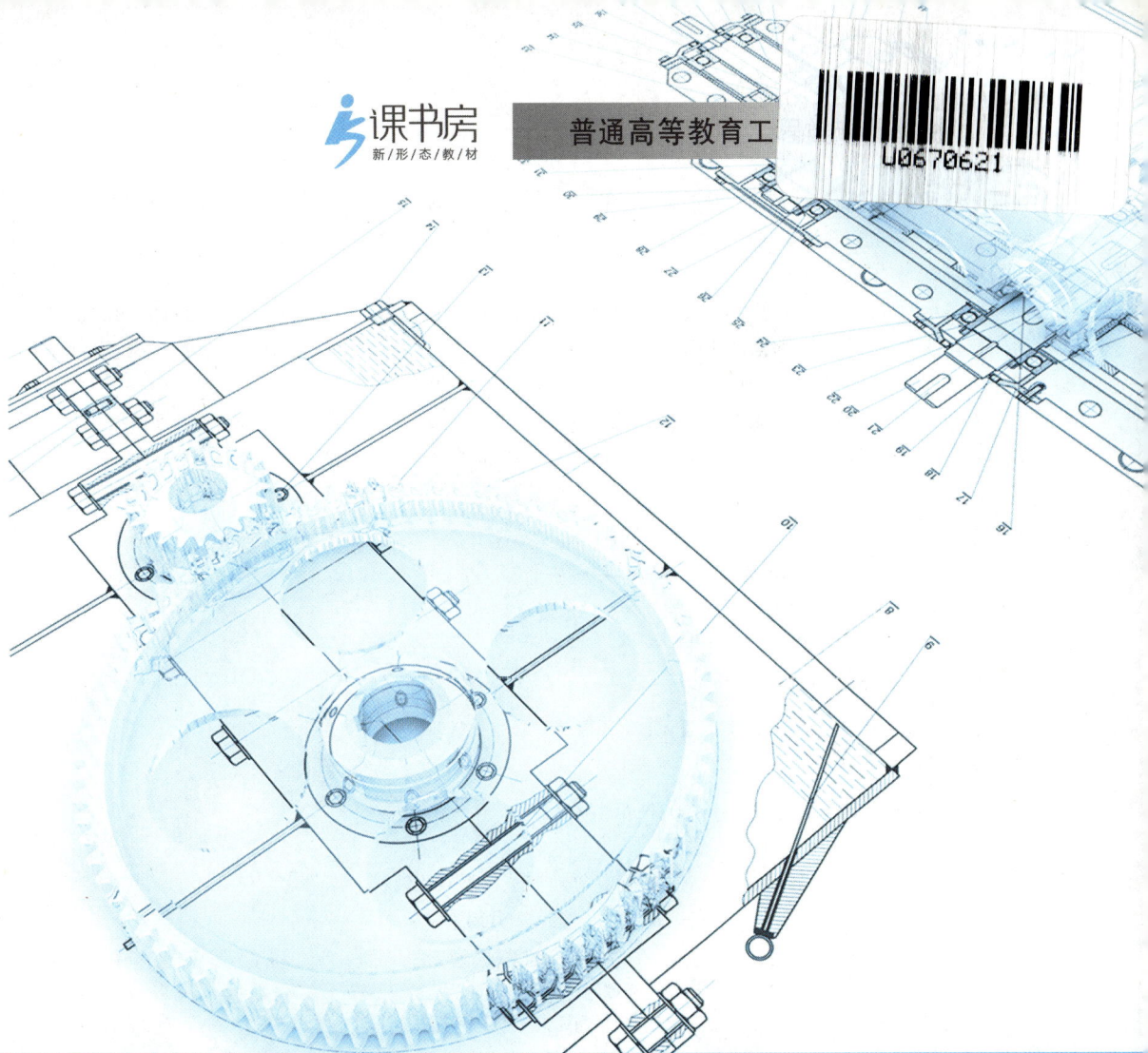

工程制图基础

主编◎何培斌　李奇敏

参编◎郑　旭　彭留留　李晶晶　王　义
　　　肖贵坚　宋代平　黎江龙

重庆大学出版社

内容提要

本书是普通高等教育工程类专业教材,根据教育部高等学校工程图学课程教学指导分委员会最新修订的"普通高等院校工程图学课程教学基本要求",并结合编者多年机械制图、建筑制图课程建设和教学改革的经验编写而成。

本书共 11 章,包括:制图基本知识和基本技能,投影概念及投影法,点、直线、平面的投影,辅助正投影,平面体及其投影,规则曲线,曲面及曲面立体,轴测图,组合体及其投影,图样画法,计算机辅助三维造型设计及制图等内容。与本书配套的《工程制图基础习题集》也同时出版,可供选用。

本书可作为高等院校机械类、土建类、非机类、近机类各专业《工程制图》《工程图学》《机械制图》《建筑制图》等相关制图课程教材,也可供其他类型院校相关专业选用,也可供工程技术人员参考。

图书在版编目(CIP)数据

工程制图基础 / 何培斌,李奇敏主编. -- 重庆:
重庆大学出版社, 2021.9(2025.1 重印)
普通高等教育工程类专业教材
ISBN 978-7-5689-2934-9

Ⅰ.①工… Ⅱ.①何… ②李… Ⅲ.①工程制
图—高等学校—教材 Ⅳ.①TB23

中国版本图书馆 CIP 数据核字(2021)第 165111 号

普通高等教育工程类专业教材

工程制图基础

主 编 何培斌 李奇敏
责任编辑:王 婷 版式设计:王 婷
责任校对:谢 芳 责任印制:赵 晟

*

重庆大学出版社出版发行
出版人:陈晓阳
社址:重庆市沙坪坝区大学城西路 21 号
邮编:401331
电话:(023) 88617190 88617185(中小学)
传真:(023) 88617186 88617166
网址:http://www.cqup.com.cn
邮箱:fxk@ cqup.com.cn(营销中心)
全国新华书店经销
重庆升光电力印务有限公司印刷

*

开本:787mm×1092mm 1/16 印张:21 字数:526 千
2021 年 9 月第 1 版 2025 年 1 月第 3 次印刷
印数:8 001—10 000
ISBN 978-7-5689-2934-9 定价:65.00 元

前　言

　　《工程制图基础》为国家级一流课程、国家级精品课程、住房城乡建设部优秀课程、重庆市精品课程、重庆大学优质系列课程教材，是为满足新工科对传统工科专业（机械、建筑、材料、自动化、交通工程、冶金、采矿、动力、能源、航空航天、系统工程等专业）的基础课程提出的新要求而编写的。本书在编写过程中坚持突出科学性、时代性、工程实践性的原则，注重吸取工程技术界的最新规范要求，通过在书中插入工程案例或在配套的习题集中给出工程案例等灵活多样的方式，增强学习者创新意识，培养实践能力，使之能学以致用，解决实际工程中遇到的问题。在内容的选择和组织上尽量做到主次分明、深浅恰当、详略适度、由浅入深、循序渐进；并注重图文并茂、言简意赅，方便有关专业的教师教学和学生自学。为适应新媒体、新技术在教学中的应用，本书还增加了与教材配套的教学 PPT 课件、教学录频、习题集、习题集答案、每章复习思考题及答案、模拟试题等全方位的数字化辅助教学资源，是一本全新的新形态教材。本书主要作为本科院校机械、建筑制图基础课程及工程能源大类专业系统学习工程制图原理和有关制图规范的教材选用，也可作为有关工程技术人员自学或培训工程制图基础知识用书，还可供高等院校本、专科相近专业选用。

　　本书由重庆大学何培斌、李奇敏主编，并负责全书的总体设计、协调及最终定稿。具体参加编写的有：重庆大学郑旭（第 1 章）、彭留留（第 2 章）、李奇敏（第 3、11 章）、何培斌（第 4、6、7 章）、李晶晶（第 5 章）、王义（第 8 章）、肖贵坚（第 9 章）、宋代平（第 10 章）、广州中望龙腾软件股份有限公司教育发展部技术总监黎江龙（第 11 章）。限于编者水平，本书难免有不妥之处，敬请读者批评指正。

　　本书在编写过程中，参考了有关书籍，谨向编者表示衷心的感谢，参考文献列于书末。

编　者

2021 年 6 月

目　录

制图基本知识和基本技能

本章导读：

　　工程图样是工程技术人员用以表达设计意图，交流设计思想，组织施工和生产的重要技术文件。为了统一对图样的认识，必须对图样的绘制作出统一的规定。而作为工程技术人员，应当熟悉和掌握工程图样中有关制图的基本知识和基本技能。

　　本章主要介绍尺规绘图工具的使用；中华人民共和国国家标准有关制图中的图幅、图框、线型、字体、尺寸标注及比例的基本要求；尺规绘图的一般步骤。重点应掌握线型、字体及尺寸标注的基本要求。

1.1　尺规绘图工具及使用方法

1.1.1　图板

　　图板是绘图时用的垫板，要求板面平坦、光洁。图板左边是导边，必须保持平直（图1.1）。图板的大小有各种不同规格，可根据需要选定。图板放在桌面上，板面宜与水平桌面成10°～15°倾斜。

　　图板不可用水刷洗和在日光下暴晒。

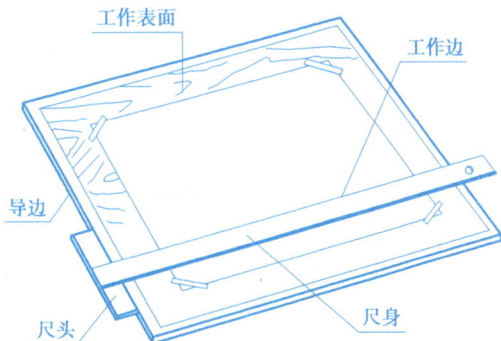

图1.1　图板与丁字尺

1.1.2 丁字尺

丁字尺由相互垂直的尺头和尺身组成(图1.1)。尺身与尺头的连接要牢固,尺头的内侧面必须平直,用时应紧靠图板的左侧(即导边)。在画同一张图纸时,为保证画线的准确,尺头只可在图板左侧的导边滑动。丁字尺的尺身工作边必须平直光滑,不可用丁字尺击物和用刀片沿尺身工作边裁纸。丁字尺用完后,宜竖直挂起来,以保护尺身,避免其弯曲变形。

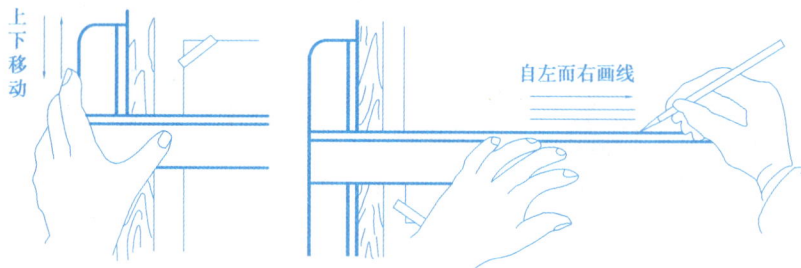

图1.2 上下移动丁字尺及画水平线的手势

丁字尺主要用于画水平线,并且只能沿尺身工作边画线。作图时,左手把住尺头,使其始终紧靠图板左侧导边,然后上下移动丁字尺,直至尺身工作边对准要画线的地方,再从左向右画水平线。画较长的水平线时,可把左手滑过来按住尺身,以防止尺尾翘起和尺身摆动(图1.2)。

1.1.3 直角三角板

一副三角板有两块,分别为30°、60°、90°和45°、45°、90°,且后者的斜边等于前者的长直角边。三角板除了直接用来画直线外,还可以配合丁字尺画铅垂线及多角度($15° \times n$)的倾斜线(图1.3)。

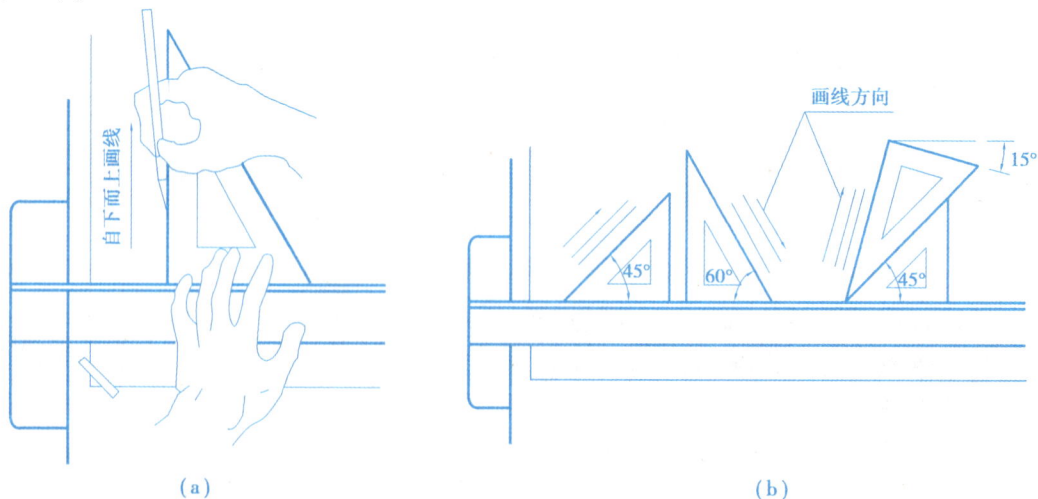

(a)   (b)

图1.3 用三角尺和丁字尺配合画垂直线和各种斜线

画垂直线时,先将丁字尺移动到所绘图线的下方,把三角板放在应画线的右方,并使一直角边紧靠丁字尺的工作边,然后沿工作边移动三角板,直到另一直角边对准要画线的地方,再用左手按住丁字尺和三角板,自下而上画线,如图1.3(a)所示。

丁字尺与三角尺配合画斜线及两块三角尺配合画各种方向的平行直线时,其运笔方向如图1.3(b)和图1.4所示。

图1.4 丁字尺与三角尺配合画各种方向直线

1.1.4 铅笔

绘图铅笔的代号 H、B、HB表示铅芯的软、硬程度。B 前的数字越大,表示铅芯越软;H 前的数字越大,表示铅芯越硬;HB 表示软硬适中。

绘图时铅芯的软硬选择:

H 或 2H——画底稿线用;

H 或 HB——画细线用;

HB 或 B——画粗线或徒手绘图用。

铅笔尖应削成锥形,笔芯露出 6～8 mm。削铅笔时要注意保留有标号的一端,以便始终能识别其软硬度(图1.5)。

使用铅笔绘图时,用力要均匀,用力过大

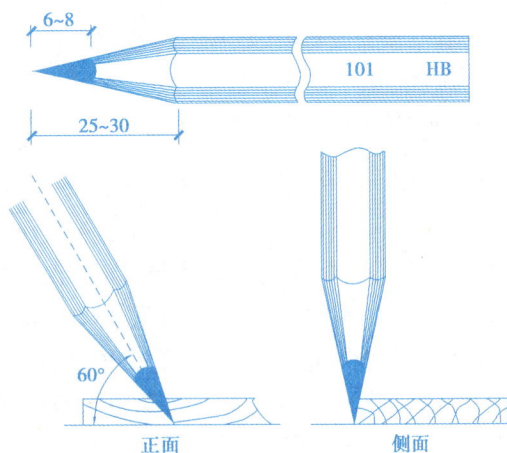

图1.5 铅笔及其使用

会划破图纸或在纸上留下凹痕,甚至折断铅芯。画长线时要边画边转动铅笔,使线条粗细一致。画线时,从正面看笔身应倾斜约60°,从侧面看笔身应垂直(图1.5)。持笔的姿势要自然,笔尖与尺边距离始终保持一致,线条才能画得平直准确。

1.1.5 圆规、分规

(1)圆规

圆规是用来画圆及圆弧的工具(图1.6)。圆规的一腿为可固定的活动钢针,钢针有台阶状的一端多在加深图线时用;另一腿上附有插脚,根据不同用途可换上铅芯插脚、鸭嘴笔插脚、针管笔插脚、接笔杆(供画大圆用)。

画图时,当针尖插入图板后,留下的钢针台阶的部分应与铅芯尖平齐(画墨线时,应与鸭嘴笔脚平),如图1.6(a)所示。铅芯可磨成约65°的斜截圆柱状,斜面向外,也可磨成圆锥状。

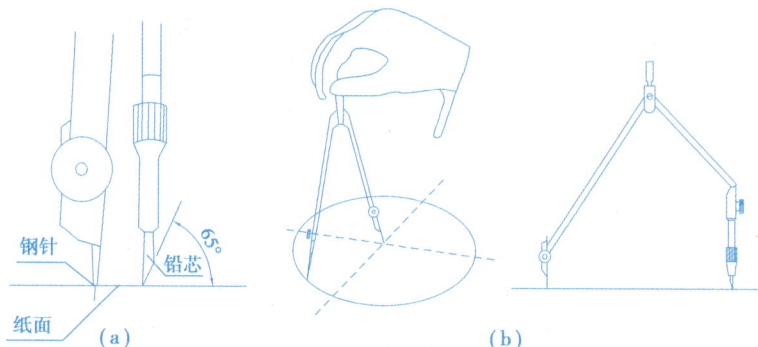

钢针　铅芯　纸面　(a)　(b)

图1.6　圆规的针尖和画圆的姿势

画圆时,首先调整铅芯与针尖的距离等于所画圆的半径,再用左手食指将针尖送到圆心上轻轻插住,尽量不使圆心扩大,并使笔尖与纸面的角度接近垂直;然后右手转动圆规手柄。转动时,圆规应向画线方向略为倾斜,速度要均匀,沿顺时针方向画圆,整个圆一笔画完。在绘制较大的圆时,可将圆规两插杆弯曲,使它们仍然保持与纸面垂直,如图1.6(b)所示。

(2)分规

分规是截量长度和等分线段的工具,它的两只腿必须等长,两针尖合拢时应会合成一点,如图1.7(a)所示。

用分规等分线段的方法如图1.7(b)所示。例如,将线段AB4等分,先凭目测估计,将分规两脚张开,使两针尖的距离大致等于$\frac{1}{4}AB$,然后交替两针尖划弧,在该线段上截取1、2、3、4等分点;假设点4落在B点以内,距差为e,这时可将分规再开$\frac{1}{4}e$,再行试分,若仍有差额(也可能超出AB线外),则照样再调整两针尖距离(或加或减),直到恰好等分为止。

用分规截取长度的方法如图1.7(c)所示。将分规的一个针尖对准刻度尺上所要的刻度,再张开两脚使另一个针尖对准刻度"0",即可截取想要的长度。

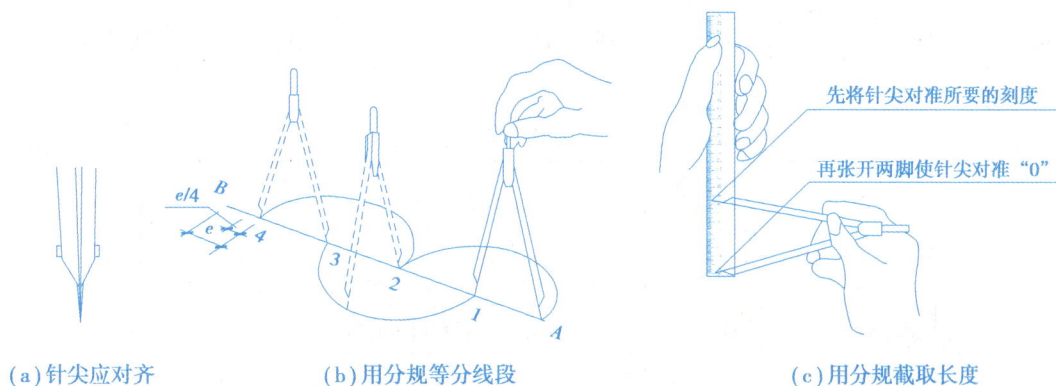

（a）针尖应对齐　　　　（b）用分规等分线段　　　　（c）用分规截取长度

图1.7　分规的用法

1.1.6　比例尺

比例尺是用来放大或缩小线段长度的尺子,不可用来画线。有的比例尺做成三棱柱状,称为三棱尺。三棱尺上刻有6种刻度,通常分别表示为1∶100、1∶200、1∶300、1∶400、1∶500、1∶600这6种比例。有的做成直尺形状(图1.8),称为比例直尺,它只有1行刻度和3行数字,表示3种比例,即1∶100、1∶200、1∶500。比例尺上的数字是以"米(m)"为单位的。现以比例直尺为例,说明它的用法。

（1）用比例尺量取图上线段长度

已知图的比例为1∶200,要知道图上线段 AB 的实长,就可以用比例尺上1∶200的刻度去量度(图1.8)。将刻度上的零点对准 A 点,而 B 点恰好在刻度4.2 m处,则线段 AB 的长度可直接读得4.2 m,即4 200 mm。

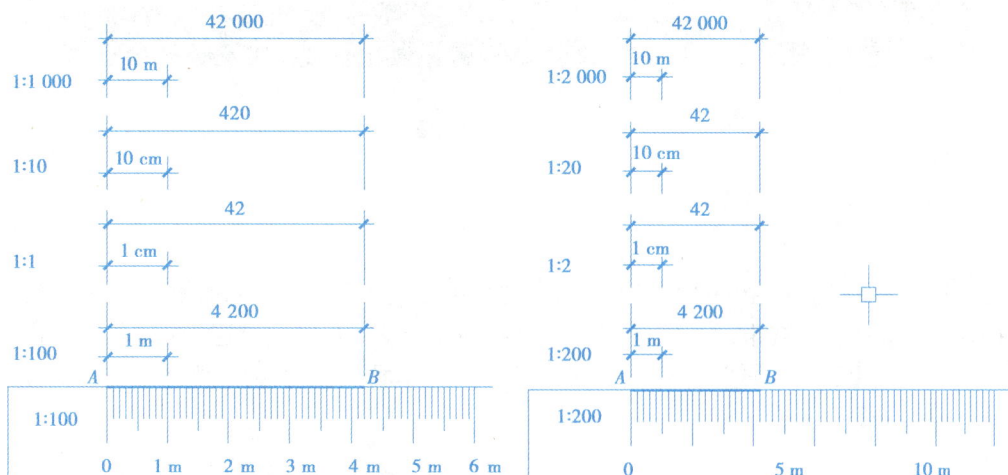

图1.8　比例尺及其用法

（2）用比例尺上的1∶200的刻度量读线段长度

用比例尺上的1∶200的刻度量读比例是1∶2、1∶20和1∶2 000的线段长度。例如,在图1.8中,AB 线段的比例如果改为1∶2,由于比例尺1∶200刻度的单位长度比1∶2缩小了100倍,则 AB

线段的长度应读为 $4.2 \times \frac{1}{100} = 0.042$ m,同样,比例改为 $1:2\,000$,则应读为 $4.2 \times 10 = 42$ m。

上述量读方法可归结为表 1.1。

表 1.1　比例尺量读方法

比　例		读　数
比例尺刻度	1:200	4.2 m
图中 线段 比例	1:2(分母后少两位零)	0.042 m(小数点前移两位)
	1:20(分母后少一位零)	0.42 m(小数点前移一位)
	1:2 000(分母后多一位零)	42 m(小数点后移一位)

(3)用比例尺上的 $1:500$ 的刻度量读线段长度

例如用 $1:500$ 的刻度量读 $1:250$ 的线段长度,由于 $1:500$ 刻度的单位长度仅为 $1:250$ 单位长度的 $\frac{1}{2}$,所以把 $1:500$ 的刻度作为 $1:250$ 用时,应把刻度上的单位长度放大 2 倍,即 $1:500$ 刻度上的 10 m 在 $1:250$ 的图中为 5 m。

1.1.7　绘图墨水笔

绘图墨水笔的笔尖是一支细的针管,又名针管笔。它是过去用来描图的主要工具,现在用计算机绘图后已基本不用,但仍有学校作为学生练习描图在用,故在此简单介绍(图 1.9)。绘图墨水笔能像普通钢笔一样吸取墨水。笔尖的管径从 0.1 mm 到 1.2 mm,有多种规格,可根据图线的粗细来选用。使用时应注意保持笔尖清洁。

图 1.9　绘图墨水笔

1.1.8　曲线板

曲线板主要用来描绘由一系列已知点确定的自由曲线。用曲线板画曲线时,应先用铅笔轻轻地将各点光滑地连接起来,然后在曲线板上选择曲率合适的部分进行连接并描深。每次所描绘的曲线段上的相邻点不得少于 3 点,连接时应留出一小段不描,作为下段连接时光滑过渡之用,如图 1.10 所示。

1.1.9　建筑模板

建筑模板主要用来画各种建筑标准图例和常用符号,如柱、墙、门开启线、大便器、污水盆、详图索引符号、轴线圆圈等。模板上刻有可以画出各种不同图例或符号的孔(图 1.11),其大小已符合一定的比例,只要用笔沿孔内画一周,图例符号就画出来了。

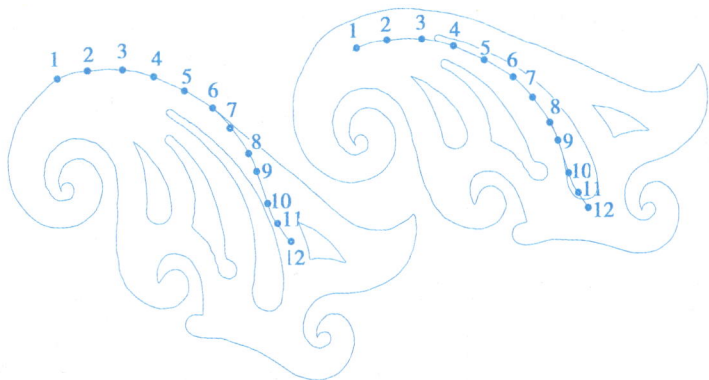

图 1.10　曲线板的使用

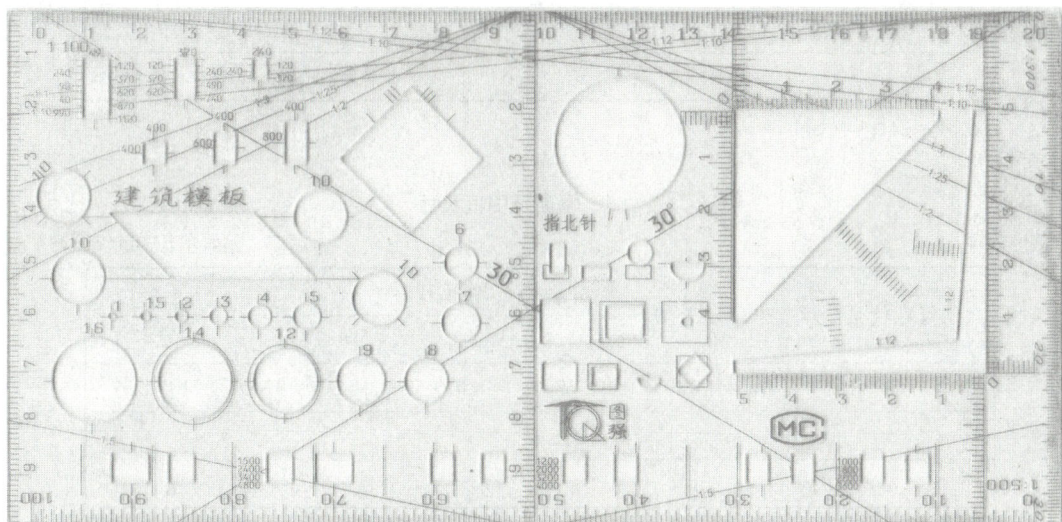

图 1.11　建筑模板

1.2　国家标准有关制图的基本规定

　　《技术制图》《机械制图》与《房屋建筑制图统一标准》(GB/T 50001—2017)是国家标准有关制图的基本规定。

　　《技术制图》《机械制图》包含：

- 图纸幅面及格式(GB/T 14689—2008)；
- 比例（GB/T 14690—1993）；
- 字体（GB/T 14691—1993）；
- 图线（GB/T 17450—1998、GB/T 4457.4—2002)；
- 尺寸注法（GB/T 4458.4—2003、GB/T 16675.2—2012）。

1.2.1　图纸幅面和格式

　　图纸幅面是指图纸的大小规格。为了便于图纸的装订、查阅和保存,同时满足图纸现代化管理要求,图纸的大小规格应力求统一。图纸的幅面及图框尺寸应符合中华人民共和国国家标准《图纸幅面及格式》(GB/T 14689—2008)及《房屋建筑制图统一标准》(GB/T 50001—2017,以下简称"制图统一标准")规定,如表 1.2、表 1.3 所示。表中数字是裁边以后的尺寸,各部分名称如图 1.12、图 1.13 所示。

表 1.2　幅面及图框尺寸

单位:mm

尺寸代号	幅面代号				
	A0	A1	A2	A3	A4
$B \times L$	841×1 189	594×841	420×594	297×420	210×297
a	25				
c	10		5		
e	20		10		

注:本表摘自 GB/T 14689—2008。

表 1.3　幅面及图框尺寸

单位:mm

尺寸代号	幅面代号				
	A0	A1	A2	A3	A4
$b \times l$	841×1 189	594×841	420×594	297×420	210×297
c	10		5		
a	25				

注:本表摘自 GB/T 50001—2017。

从表 1.2、表 1.3 中可以看出,A1 图幅是 A0 图幅长边的对折,A2 图幅是 A1 图幅长边的对折,以此类推,上一号图幅的短边即是下一号图幅的长边。

机械图样中,应优先采用表 1.2 所规定的基本幅面;必要时,也允许加长幅面。这些幅面的尺寸是由基本幅面的短边成整数倍增加后得出的,A0、A2、A4 幅面的加长量,应按 A0 幅面长边的八分之一的倍数增加;A1、A3 幅面的加长量,应按 A0 幅面短边的四分之一的倍数增加,如图 1.12 所示。

如图 1.13 所示,机械图样图幅格式分为不留装订边和留装订边两种,但同一产品的图样只能采用一种格式,如图 1.12 所示。

建筑图样的图纸应整齐统一,选用图幅时宜以一种规格为主,尽量避免大小图幅掺杂使用,一般不宜多于两种幅面(目录及表格所采用的 A4 幅面,可不在此限)。绘制图样时,优先采用表 1.3 中规定的幅面尺寸,必要时可以沿长边加长。建筑图样的图幅格式如图 1.14 所示。

在特殊情况下,建筑图样允许 A0 ~ A3 号图幅按表 1.4 的规定加长图纸的长边,但图纸的短边不得加长。

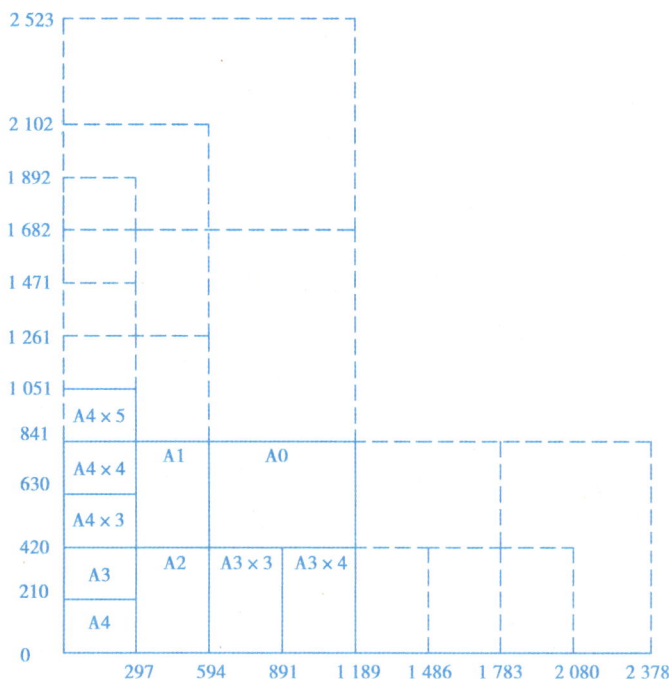

图 1.12　机械图样基本幅面与加长图纸幅面（GB/T 14689—2008）

表 1.4　图纸长边加长尺寸

幅面代号	长边尺寸/mm	长边加长后尺寸/mm
A0	1 189	1 486（A0 + 1/4*l*）1 783（A0 + 1/2*l*）2 080（A0 + 3/4*l*）2 378（A0 + *l*）
A1	841	1 051（A1 + 1/4*l*）1 261（A1 + 1/2*l*）1 471（A1 + 3/4*l*）1 682（A1 + 1*l*）1 892（A1 + 5/4*l*）2 102（A1 + 3/2*l*）
A2	594	743（A2 + 1/4*l*）891（A2 + 1/2*l*）1 041（A2 + 3/4*l*）1 189（A2 + 1*l*）1 338（A2 + 5/4*l*）1 486（A2 + 3/2*l*）1 635（A2 + 7/4*l*）1 783（A2 + 2*l*）1 932（A2 + 9/4*l*）2 080（A2 + 5/2*l*）
A3	420	630（A3 + 1/2*l*）841（A3 + 1*l*）1 051（A3 + 3/2*l*）1 261（A3 + 2*l*）1 471（A3 + 5/2*l*）1 682（A3 + 3*l*）1 892（A3 + 7/2*l*）

注：①有特殊需要的图纸,可采用 *b*×*l* 为 841 mm×891 mm 与 1 189 mm×1 261 mm 的幅面;

　　②本表摘自 GB/T 50001—2017。

机械图样图纸的标题栏及装订边的位置应按图 1.13 布置。标题栏的长边置于水平方向并与图纸的长边平行时,则构成 X 型图纸,如图 1.13(a)、(c)所示。标题栏的长边与图纸的长边垂直时,则构成 Y 型图纸,如 1.13(b)、(d)所示。在此情况下,看图的方向与看标题栏的方向一致。每张图纸上都必须画出标题栏。机械图样图纸的标题栏一般由更改区、签字区、其他区及代号区组成,标题栏名称的格式和尺寸如图 1.15 所示。装配图中一般应有明细栏,其名称的格式和尺寸如图 1.16 所示。

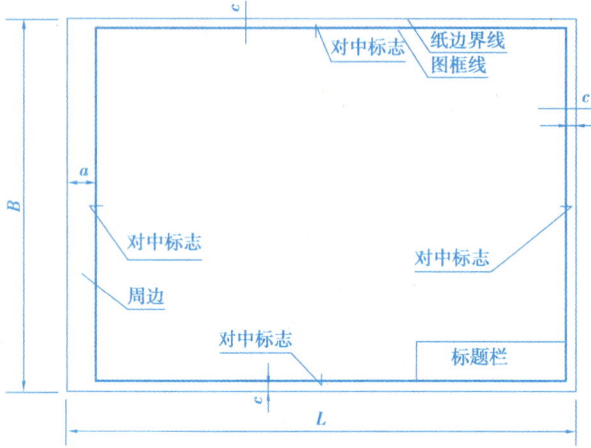

(a)留装订边X型

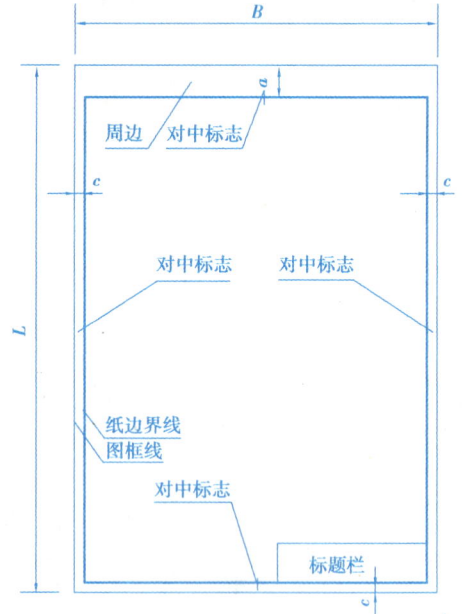

(b)留装订边Y型

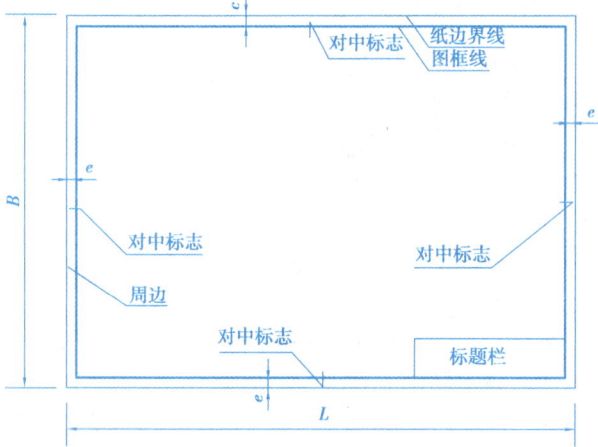

(c)不留装订边X型

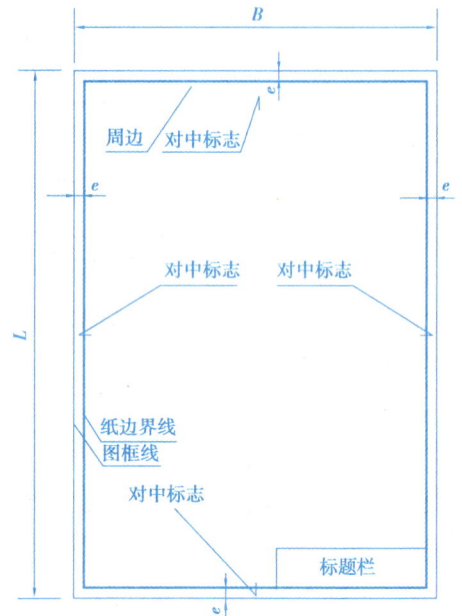

(d)不留装订边Y型

图 1.13　机械图样图幅格式（GB/T 14689—2008）

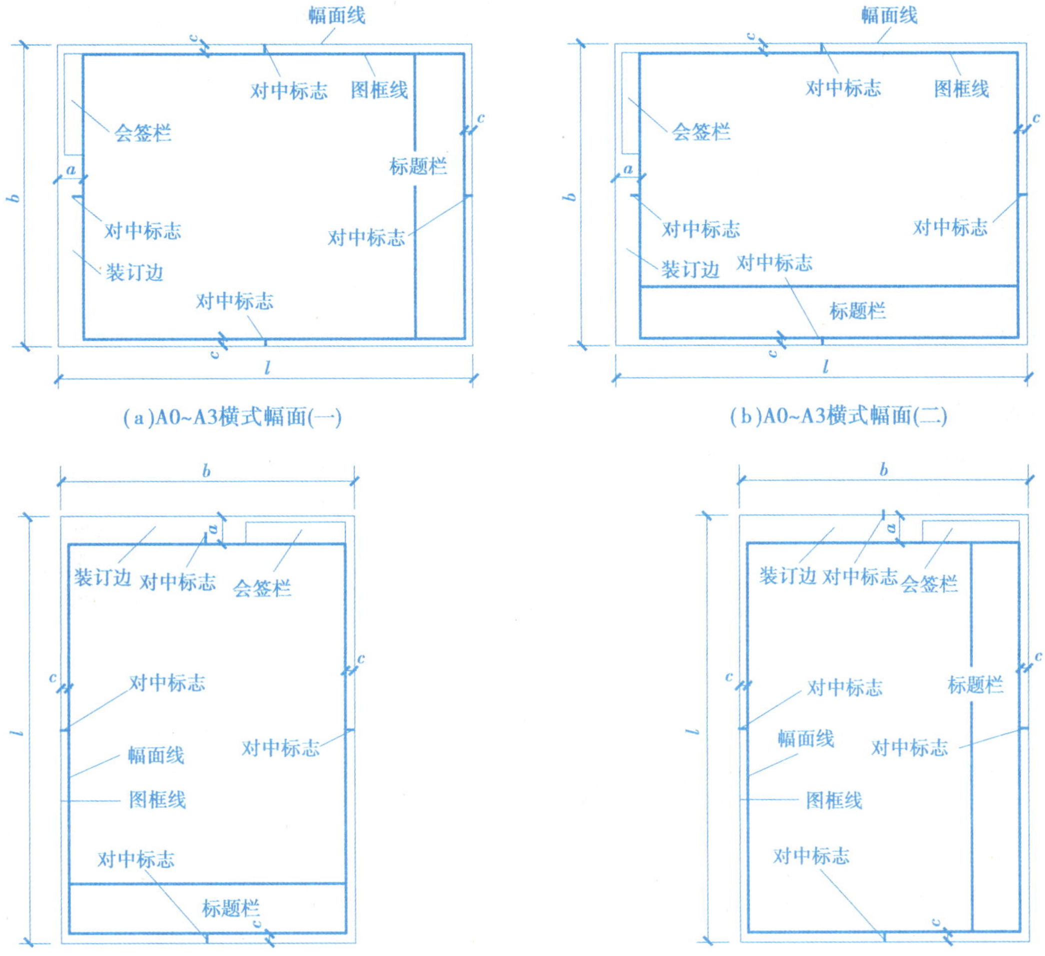

（a）A0~A3横式幅面(一)

（b)A0~A3横式幅面(二)

（c）A0~A4立式幅面(一)

（d）A0~A4立式幅面(二)

图 1.14　建筑图样图幅格式（GB/T 50001—2017）

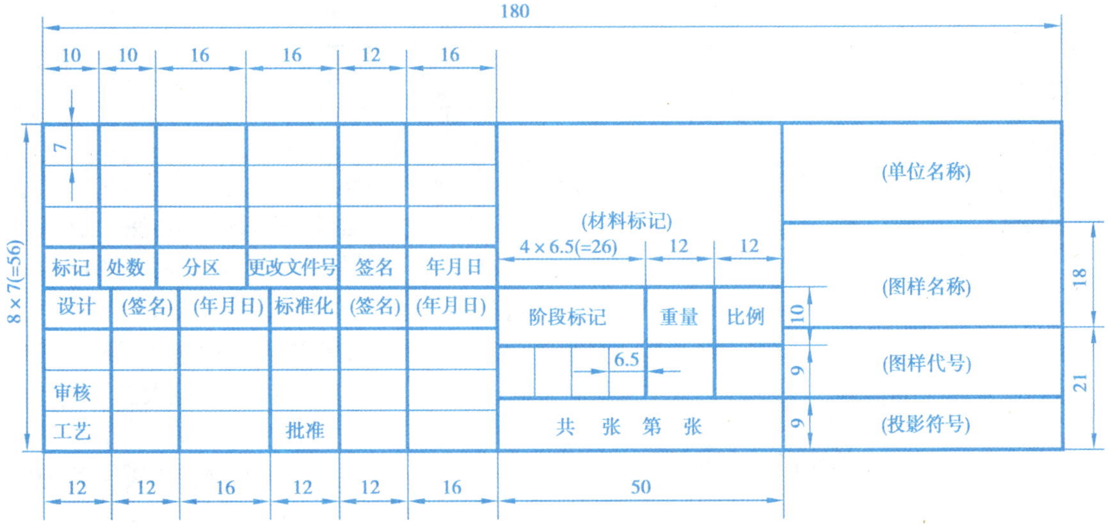

图 1.15　机械图样的标题栏格式（GB 10609.1—2008）

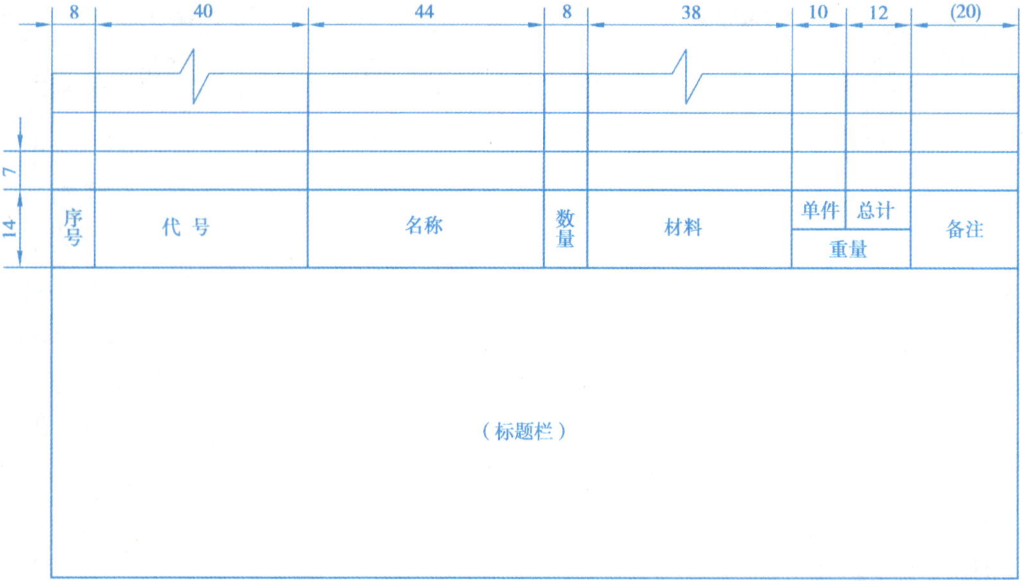

图 1.16　机械图装配图中的明细栏格式（GB 10609.2—2009）

（a）标题栏（一）　　　　　　　　（b）标题栏（二）

图 1.17　建筑图样的标题栏（GB/T 50001—2017）

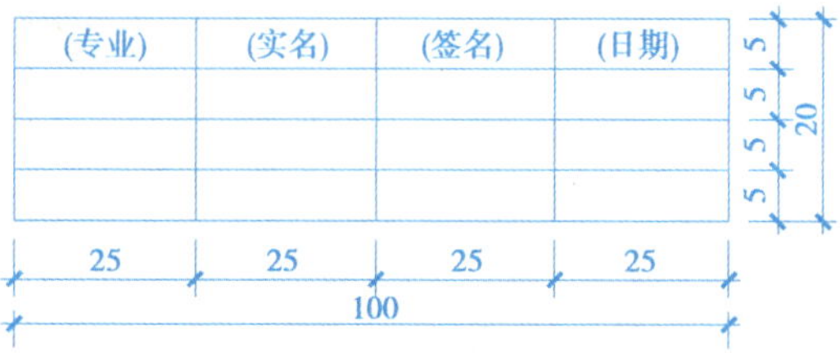

图 1.18　建筑图的会签栏

建筑图样图纸的标题栏、会签栏及装订边的位置应按图 1.14 布置。建筑图样的标题栏的尺寸、格式及分区如图 1.17 所示。

建筑图中会签栏应按图 1.18 的格式绘制，栏内应填写会签人员所代表的专业、姓名、日期（年、月、日）；一个会签栏不够用时可另加一个，两个会签栏应并列；不需会签的图纸可不设此栏。

学生制图作业用标题栏推荐采用图 1.19（a）、（b）的格式。

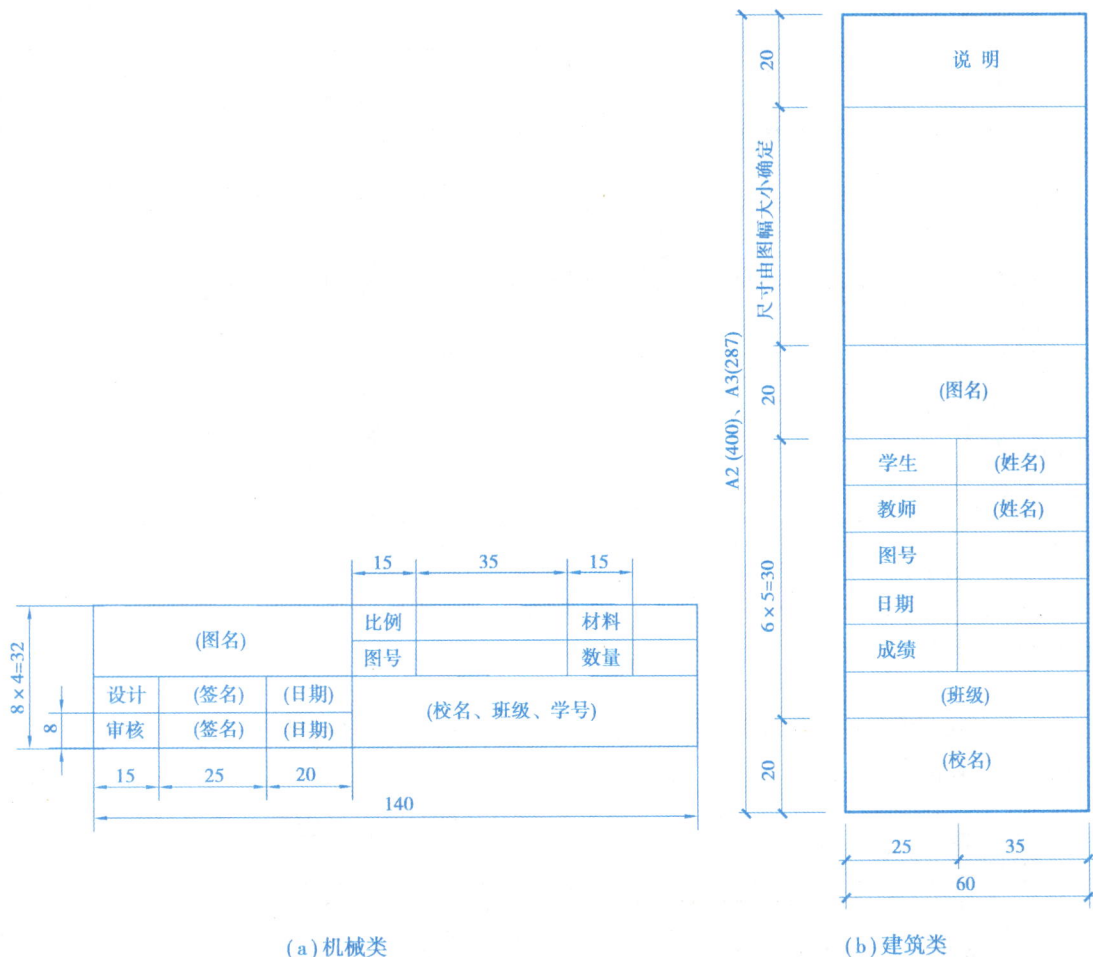

（a）机械类　　　　　　　　　（b）建筑类

图 1.19　学生制图作业用标题栏推荐的格式

1.2.2　图线

任何工程图样都是用图线绘制成的。因此,熟悉图线的类型及用途,掌握各类图线的画法,是工程制图最基本的技能。

1）线型

在国家标准《技术制图图线》(GB/T 17450—1998)及《机械制图图样画法图线》(GB/T 4457.4—2002)中,规定了机械图样中各种图线的名称、线型及其画法。常见图线的名称、线型、线宽及其一般应用如表 1.5 所示。

表 1.5　机械图样中常用线型及应用

名　　称	线　　型	线宽	一般应用
粗实线	——————————	d	可见轮廓线、可见过渡线、剖切符号用线
细虚线	— — — — — — —	$0.5d$	不可见轮廓线、不可见棱边线

续表

名　称	线　型	线　宽	一般应用
粗虚线	— — — — —	d	允许表面处理的表示线
细实线	————————	$0.5d$	尺寸线及尺寸界线、剖面线、重合断面的轮廓线、过渡线、指引线、短中心线等
波浪线	∼∼∼∼	$0.5d$	断裂处的边界线、视图和剖视的分界线
双折线	—╱╲—╱╲—	$0.5d$	断裂处的边界线;局部剖视的分界线
细点画线	— · — · —	$0.5d$	轴线、对称中心线等
细双点画线	— ·· — ·· —	$0.5d$	相邻辅助零件的轮廓线、可动零件的极限位置的轮廓线
粗点画线	▬ · ▬ · ▬	d	限定范围表示线

注:①表中的 d 为图线宽度;
　　②长画长 $24d$,中画长 $12d$,短画长 $6d$,点长 $\leqslant 0.5d$,短间隔长 $3d$,长间隔长 $18d$;
　　③摘自 GB/T 4457.4—2002。

在国家标准《房屋建筑制图统一标准》(GB/T 50001—2017)中,规定了建筑图样中各种图线的名称、线型、线宽及一般用途,如表1.6所示。

表1.6　建筑图样中常用线型及用途

名　称		线　型	线　宽	一般用途
实线	粗	▬▬▬▬	b	主要可见轮廓线
	中粗	▬▬▬	$0.7b$	可见轮廓线
	中	——	$0.5b$	可见轮廓线
	细	——	$0.25b$	可见轮廓线、图例线等
虚线	粗	- - - - -	b	见各有关专业制图标准
	中粗	- - - -	$0.7b$	不可见轮廓线
	中	- - - -	$0.5b$	不可见轮廓线、图例线等
	细	- - - -	$0.25b$	不可见轮廓线、图例线等
单点长画线	粗	▬ · ▬	b	见各有关专业制图标准
	中	— · —	$0.5b$	见各有关专业制图标准
	细	— · —	$0.25b$	中心线、对称线等
双点长画线	粗	▬ ·· ▬	b	见各有关专业制图标准
	中	— ·· —	$0.5b$	见各有关专业制图标准
	细	— ·· —	$0.25b$	假想轮廓线、成型前原始轮廓线

续表

名　称	线　型	线　宽	一般用途
折断线	——————/\\———	0.25b	断开界线
波浪线	～～～～～	0.25b	断开界线

注:摘自 GB/T 50001—2017。

2)线宽

(1)建筑图样中的线宽(GB/T 50001—2017)

建筑图样中图线的宽度 b,宜从 1.4 mm、1.0 mm、0.7 mm、0.5 mm 线宽系列中选取。每个图样,应根据复杂程度与比例大小,先选定基本线宽 b,再按表 1.7 确定适当的线宽组。在同一张图纸中,相同比例的各图样,应选用相同的线宽组。虚线、单点长画线及双点长画线的线段长度和间隔,应根据图样的复杂程度和图线的长短来确定,但宜各自相等,表 1.7 中所示线段的长度和间隔尺寸可作参考。当图样较小,用单点长画线和双点长画线绘图有困难时,可用实线代替。在同一张图纸内,各不同线宽组中的细线,可统一采用较细的线宽组的细线。

表 1.7　建筑图样的线宽组

单位:mm

线宽比	线宽组			
b	1.4	1.0	0.7	0.5
$0.7b$	1.0	0.7	0.5	0.35
$0.5b$	0.7	0.5	0.35	0.25
$0.25b$	0.35	0.25	0.18	0.13

注:本表摘自 GB/T 50001—2017。

需要缩微的图纸,不宜采用 0.18 mm 及更细的线宽。

图纸的图框线和标题栏线,可采用表 1.8 中所示的线宽。

表 1.8　建筑图样中图框和标题栏线的宽度

单位:mm

幅面代号	图框线	标题栏外框线对中标志	标题栏分格线幅面线
A0、A1	b	0.5b	0.25b
A2、A3、A4	b	0.7b	0.35b

注:本表摘自 GB/T 50001—2017。

(2)机械图样中的线宽(GB/T 17450—1998)

机械图样上采用两类线宽,称为粗线和细线,其宽度比例关系为 2:1。

所有线型的图线宽度 d 应按图样的类型和尺寸大小在下列数系中选择:0.13 mm、0.18 mm、0.25 mm、0.35 mm、0.5 mm、0.7 mm、1 mm、1.4 mm、2 mm。该数系的公比为 $1:\sqrt{2}$,优先采用 0.5 mm 或 0.7 mm。

3）图线的画法

①单点长画线和双点长画线的首末两端应是长画线，而不是点。单（双）点长画线与单（双）点长画线交接或单点（双）长画线与其他图线交接时，应是（长）画交接。

②虚线与虚线交接或虚线与其他图线交接时，都应是线段交接。虚线为实线的延长线时，不得与实线连接。图线交接的画法，如图1.20所示。

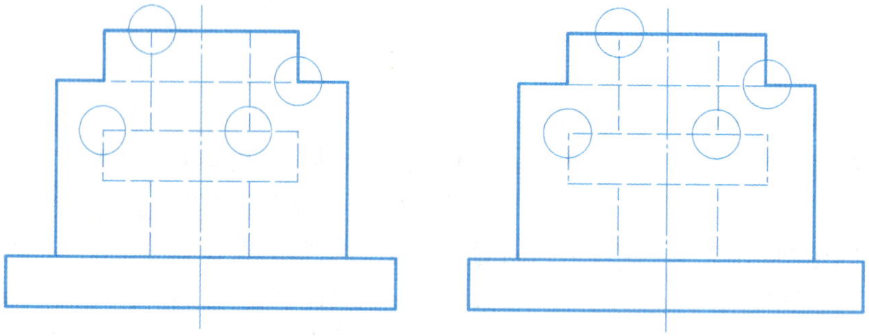

（a）正确　　　　　　　　　　　　　　（b）错误

图1.20　图线交接画法

③相互平行的图线，其净间隙或线中间隙不宜小于0.2 mm。

④图线不得与文字、数字或符号重叠、混淆，不可避免时，应首先保证文字等的清晰。

1.2.3　字体

图纸上所需书写的文字、数字或符号等，均应笔画清晰、字体端正、排列整齐；标点符号应清楚正确。

字体高度（用 h 表示）的公称尺寸系列为：1.8 mm、2.5 mm、3.5 mm、5 mm、7 mm、10 mm、14 mm、20 mm。如需要书写更大的字，其字体高度应按 $\sqrt{2}$ 的比率递增。字体高度代表字体的号数。

（1）汉字（GB/T 14691—93）

汉字应写成长仿宋体字，并应采用中华人民共和国国务院正式公布推行的《汉字简化方案》中规定的简化字。汉字的高度 h 不应小于3.5 mm，其字宽一般为 $h/\sqrt{2}$。

写仿宋字（长仿宋体）的基本要求是：横平竖直、起落顿笔、结构均匀、填满方格。

长仿宋体字样如图1.21所示。

建筑设计结构施工设备水电暖风平立侧断剖切面总详标准草略正反迎背新旧大中小上下内外纵横垂直完整比例
年月日说明共编号寸分吨斤厘毫甲乙丙丁戊己庚辛红橙黄绿青蓝紫黑白方粗细硬软镇郊区域规划截道桥梁房屋绿
化工业农业民用居住共厂址车间仓库无线电人民公社农机粮畜舍晒谷厂商业服务修理交通运输行政办宅宿舍公寓卧
室厨房厕所储藏浴室食堂饭厅冷饮公从餐馆百货店菜场邮局旅客站航空海港口码头长途汽车行李候机船检票学校实
验室图书馆文化宫运动场体育比赛博物馆走廊过道盥洗楼梯层数壁橱基础底层墙踢脚阳台门散水沟窗格技术制图机
械电子汽车航空船舶装配时作斜度深沉最大小球厚直网纹均布水平镀抛光研向旋转前后表面展开两端中心孔锥销键

图1.21　长仿宋字样

为了使字写得大小一致、排列整齐,书写前应事先用铅笔轻轻地打好字格,再进行书写。字格高宽比例一般为3:2。为了使字行清楚,行距应大于字距。通常字距约为字高的 $\frac{1}{4}$,行距约为字高的 $\frac{1}{3}$(图1.22)。

图1.22 字格

(2)拉丁字母、阿拉伯数字及罗马数字

拉丁字母、阿拉伯数字可以直写,也可以斜写。斜体字的斜度是从字的底线逆时针向上倾斜75°,字的高度与宽度应与相应的直体字相等。当数字与汉字同行书写时,其大小应比汉字小一号,并宜写直体。拉丁字母、阿拉伯数字及罗马数字的字高,应不小于2.5 mm。拉丁字母、阿拉伯数字及罗马数字分为一般字体和窄体字两种。

ABCDEFGHIJKLMNOPQRSTUVWXYZ

abcdefghijklmnopqrstuvwxyz

图1.23 拉丁字母字样

0 1 2 3 4 5 6 7 8 9

图1.24 阿拉伯数字字样

拉丁字母、阿拉伯数字及罗马数字的书写与排列等,应符合表1.9的规定。

表1.9 拉丁字母、阿拉伯数字、罗马数字书写规则

		一般字体	窄字体
字母高	大写字母	h	h
	小写字母(上下均无延伸)	$7/10h$	$10/14h$
小写字母向上或向下延伸部分		$3/10h$	$4/14h$
笔画宽度		$1/10h$	$1/14h$
间 隔	字母间	$2/10h$	$2/14h$
	上下行基准线的最小间隔	$15/10h$	$21/14h$
	文字间最小间隔	$6/10h$	$6/14h$

注:①小写拉丁字母 a、c、m、n 等上下无延伸,j 上下均有延伸;

②字母的间隔,如需排列紧凑,可按表中字母的最小间隔减少一半。

③本表摘自 GB/T 50001—2017。

1.2.4 尺寸标注(GB/T 4458.4—2003)

在工程图样中,图形只能表达工程对象的形状,必须通过标注尺寸才能确定其大小。生产施工都必须根据尺寸进行,因此尺寸标注是制图的一项重要工作,必须认真细致、准确无误。如果尺寸有遗漏或错误,必将给生产施工造成困难和损失。

注写尺寸时,应力求做到正确、完整、清晰、合理。

1)尺寸标注的基本规定

下面将介绍《机械制图 尺寸注法 GB/T 4458.4—2003》及《房屋建筑制图统一标准 GB/T 50001—2017》中有关尺寸标注的一些基本规定。

图 1.25 尺寸的组成和平行排列的尺寸

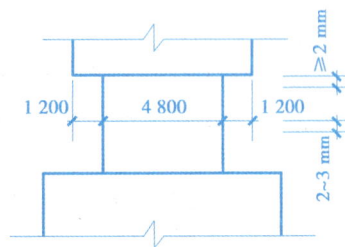

图 1.26 轮廓线用作尺寸界线

表 1.10 机械制图与建筑制图尺寸标注对比

	机械图样	建筑图样
标注示例		
基本规则	1.机件的真实大小应以图样上所注的尺寸数值为依据,与图形的大小及绘图的准确度无关; 2.图样中尺寸,以毫米为单位时,不需标注单位符号(或名称),如采用其他单位,则应注明相应的单位符号; 3.图样中所标注的尺寸,为该图样所示机件的最后完工尺寸,否则应另加说明; 4.机件的每一尺寸,一般只标注一次,并应标注在反映该结构最清晰的图形上	1.建筑物各部分的真实大小应以图样上所注写的尺寸数字为准,不得从图上直接量取; 2.图样上的尺寸单位,除标高及总平面图以米为单位外,均必须以毫米为单位,图中不需注写计量单位的代号或名称

	机械图样	建筑图样
尺寸的组成	尺寸界线、尺寸线、尺寸线终端和尺寸数字	尺寸界线、尺寸线、尺寸起止符号和尺寸数字
尺寸界线	用细实线绘制,一般应与尺寸线垂直,可利用轮廓线(图1.26)、轴线或对称中心线作尺寸界线;一端宜超出尺寸线2~3 mm	
	必要时才允许倾斜;并应由图形的轮廓线、轴线或对称中心线处引出	尺寸界线其一端应离开图样轮廓线不小于2 mm,另一端宜超出尺寸线2~3 mm
尺寸线	用来注写尺寸的,必须用细实线单独绘制,应与被注长度平行,两端宜以尺寸界线为边界,也可超出尺寸界线2~3 mm。任何图线或其延长线均不得用作尺寸线,一般也不得与其他图线重合或画在其延长线上	
尺寸数字	尺寸数字不可被任何图线所通过。当无法避免时,必须把该处图线断开,如图1.28所示。尺寸数字的注写方向,一般应按图1.27(a)规定	
尺寸数字	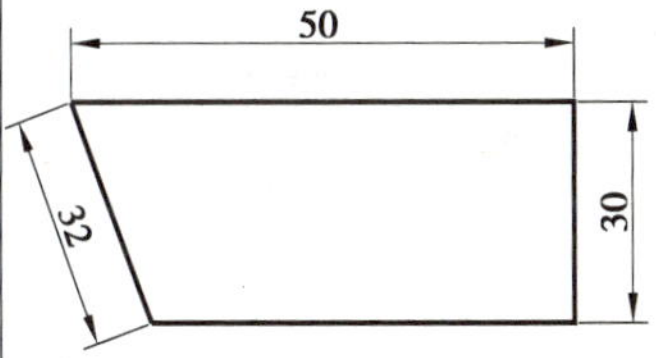 线性尺寸的数字一般应注写在尺寸线的上方,也允许注写在尺寸线的中断处	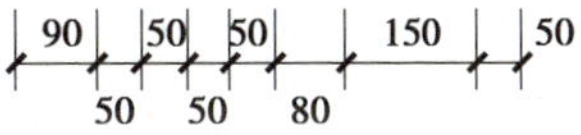 尺寸数字应依据其读数方向注写在靠近尺寸线的上方中部,如没有足够的注写位置,最外边的尺寸数字可注写在尺寸界线外侧,中间相邻的尺寸数字可错开注写,也可引出注写
尺寸线终端(尺寸起止符号)	尺寸线终端可以有两种形式:箭头和斜线;斜线用细实线绘制,其倾斜方向应与尺寸界线成顺时针45°,高度为字高,当尺寸线的终端采用斜线形式时,尺寸线与尺寸界线应相互垂直;机械图样中一般采用箭头作为尺寸线终端  d—粗实线宽度	尺寸起止符号一般应用中粗斜短线绘制,其倾斜方向应与尺寸界线成顺时针45°,长度宜为2~3 mm;半径、直径、角度和弧长的尺寸起止符号,宜用箭头表示 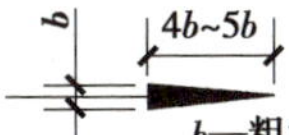 b—粗实线宽度

尺寸数字的注写方向,应按图1.27(a)、(c)规定的方向注写,尽量避免在图中所示的30°范围内标注尺寸;当实在无法避免时,宜按图1.27(b)、(d)的形式注写。

2)常用尺寸的排列、布置

相互平行的尺寸线,应从被注的图样轮廓线由近向远整齐排列,小尺寸应离轮廓线较近,大尺寸应离轮廓线较远。图样轮廓线以外的尺寸线,距图样最外轮廓线之间的距离,不宜小于10 mm。平行尺寸线的间距,宜为7~10 mm,并应保持一致,如图1.25所示。

总尺寸的尺寸界线应靠近所指部位,中间的分尺寸的尺寸界线可稍短,但其长度应相等,如图1.25所示。半径、直径、球、角度、弧长、薄板厚度、坡度以及非圆曲线等常用尺寸的标注方法见表1.11。

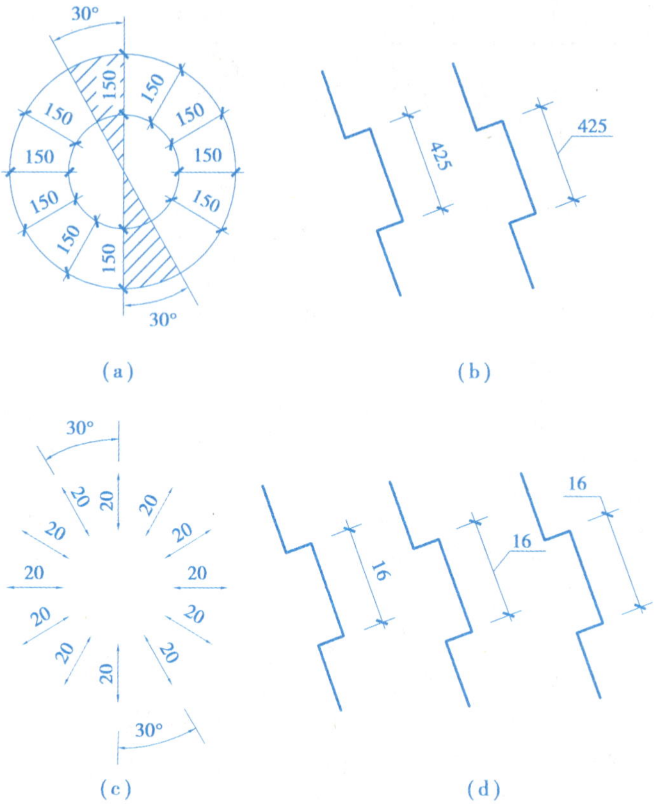

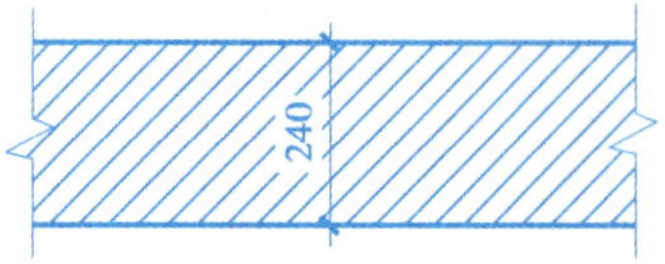

(a)　　　　　　　　　(b)

(c)　　　　　　　　　(d)

图1.27　尺寸数字注写方向　　　　　图1.28　尺寸数字处的图线应断开

表1.11　常用尺寸标注方法

标注内容	示　例	说　明
角度	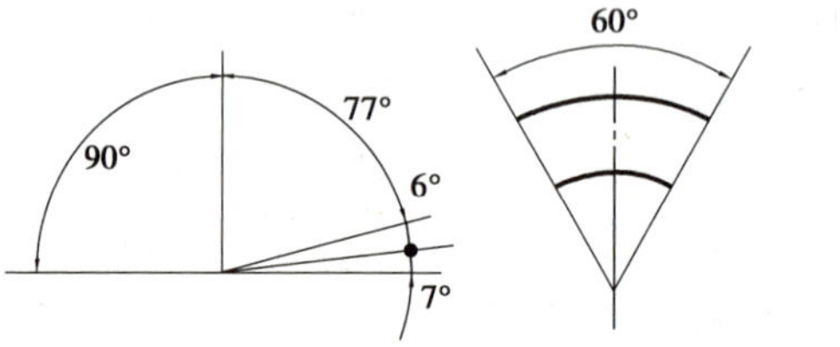	尺寸线应画成圆弧,圆心是角的顶点,尺寸界线由径向引出。角度的起止符号应以箭头表示,如没有足够的位置画箭头,可以用圆点代替。角度数字应水平方向书写
圆及圆弧	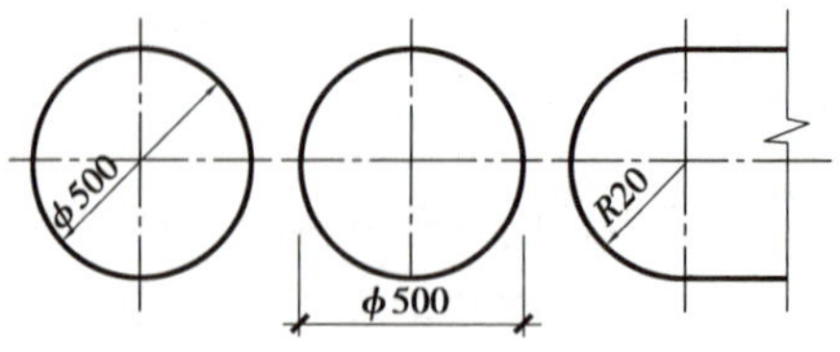	标注圆或圆弧的直径、半径时,尺寸数字前应分别加符号"φ""R";尺寸线及尺寸界线应按示例绘制

标注内容	示　　例	说　　明
大圆弧	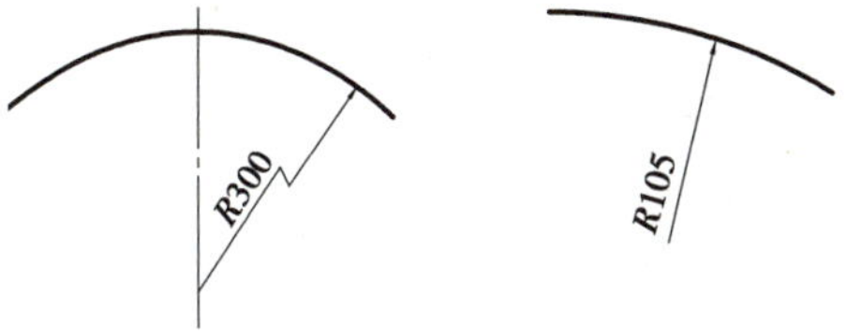	较大圆弧的半径可按示例标注
球面	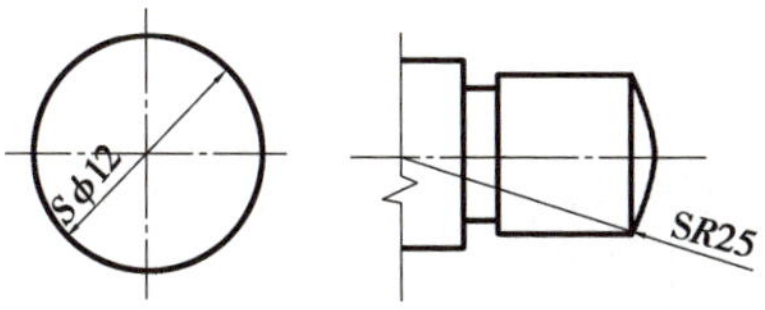	标注球的直径、半径时,应分别在尺寸数字前加注符号"$S\phi$""SR",注写方法与圆弧的直径、半径的尺寸标注方法相同
薄板厚度	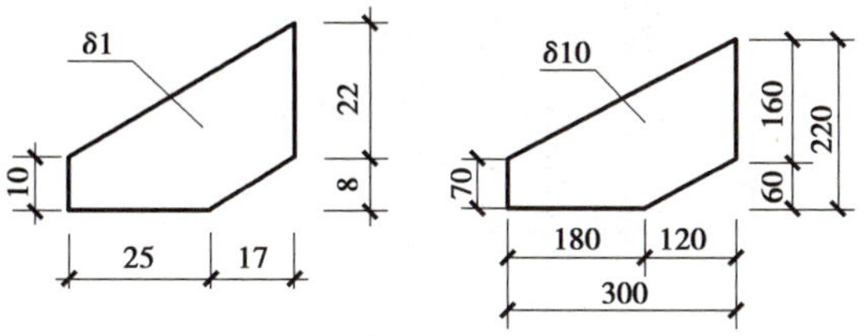	在薄板板面标注板厚尺寸时,应在厚度数字前加厚度符号"δ"
正方形	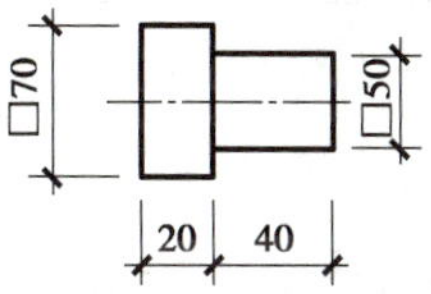	在正方形的侧面标注该正方形的尺寸,除可用"边长×边长"外,也可在边长数字前加正方形符号"□"
坡度	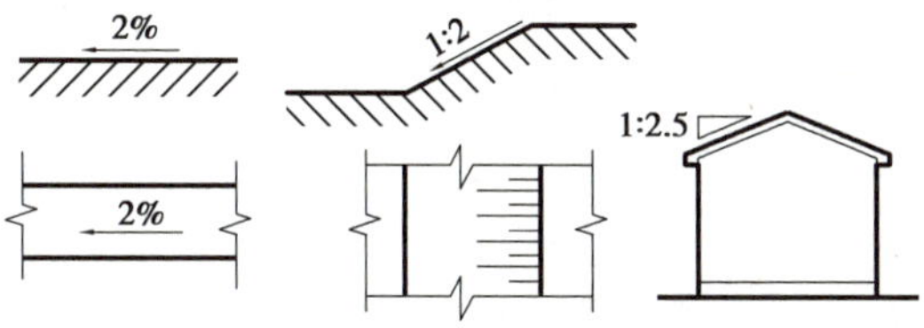	标注坡度时,在坡度数字下应加注坡度符号。坡度符号的箭头,一般应指向下坡方向,坡度也可用直角三角形的形式标注
小圆和小圆弧	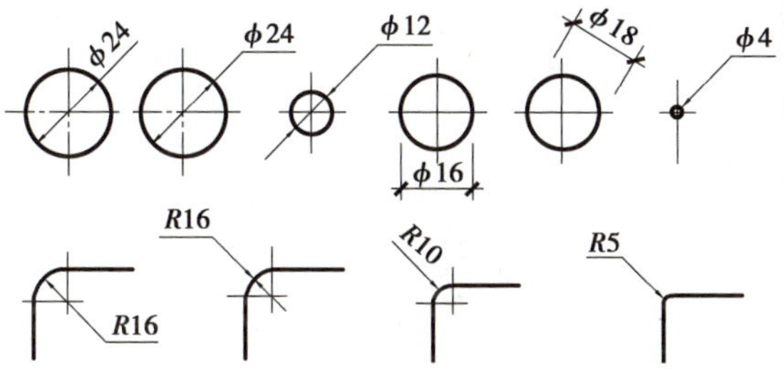	小圆的直径和小圆弧的半径标注如示例
弧长和弦长	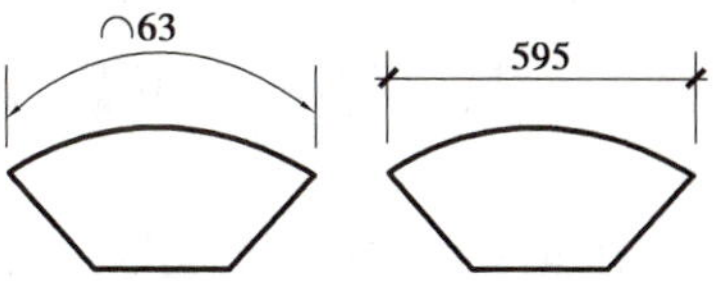	标注弧长时,尺寸线应以与该圆弧同心的圆弧线表示,起止符号应用箭头表示,尺寸数字前(上)方应加注图弧符号; 标注弦长时,尺寸线应以平行于该弦的直线表示,尺寸界线应垂直于该圆弧的弦,起止符号用中粗斜线表示

续表

标注内容	示　例	说　明
构件外形为非圆曲线时		用坐标形式标注尺寸
复杂的图形		用网格形式标注尺寸

3) 尺寸的简化标注（GB/T 16675.2—2012、GB/T 50001—2017）

①杆件或管线的长度,在单线图(桁架简图、钢筋简图、管线图等)上,可直接将尺寸数字沿杆件或管线的一侧注写(图1.29)。

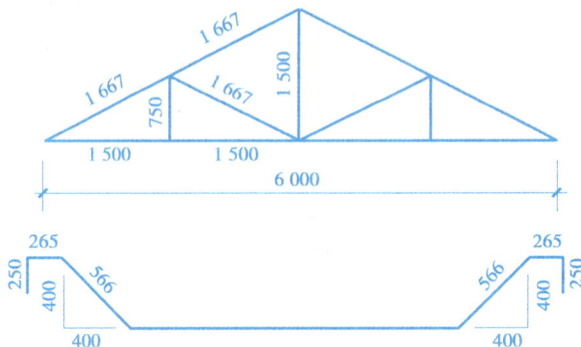

图 1.29　单线图尺寸标注方法

②连续排列的等长尺寸,可用"等长尺寸×个数＝总长"的形式标注(图1.30)。

③构配件内的构造要素(如孔、槽等)如相同,可仅标注其中一个要素的尺寸(图1.31)。

④对称构配件采用对称省略画法时,该对称构配件的尺寸线应略超过对称符号,仅在尺寸线的一端画尺寸起止符号;尺寸数字应按整体全尺寸注写,其注写位置宜与对称符号对齐(图1.32)。

⑤两个构配件,如仅个别尺寸数字不同,可在同一图样中,将其中一个构配件的不同尺寸数字注写在括号内,该构配件的名称也应注写在相应的括号内(图1.33)。

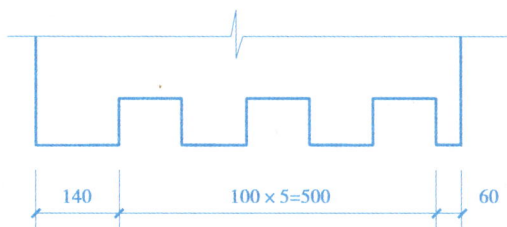

图 1.30　等长尺寸简化标注方法

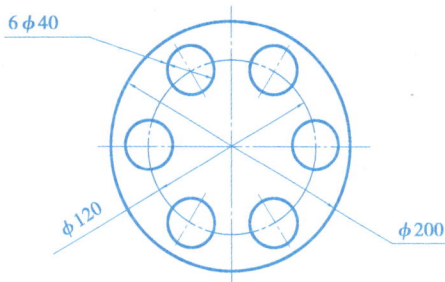

图 1.31　相同要素尺寸标注方法

图 1.32　对称构件尺寸数字标注方法

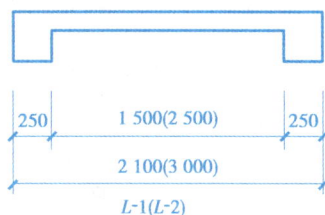

图 1.33　相似构件尺寸数字标注方法

⑥数个构配件,如仅某些尺寸不同,这些有变化的尺寸数字,可用拉丁字母注写在同一图样中;另列表格写明其具体尺寸(图 1.34)。

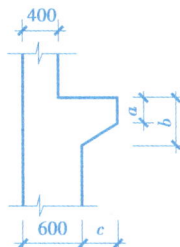

构件编号	a	b	c
z-1	200	400	200
z-2	250	450	200
z-3	200	450	250

图 1.34　相似构配件尺寸表格式标注方法

注:①~⑥引自《房屋建筑制图统一标准》(GB/T 50001—2017)。

4)标高的注法

标高分绝对标高和相对标高。以我国青岛市外黄海海面为零点标高,称为绝对标高,如世界最高峰珠穆朗玛峰高度为 8 848.86 m(中国国家测绘局 2020 年 5 月测定)即为绝对标高。而以某一建筑底层室内地坪为零点的标高称为相对标高,如目前中国最高建筑上海中心大厦高632 m 即为相对标高。

建筑图样中,除总平面图上标注绝对标高外,其余图样上的标高都为相对标高。

标高符号,除用于总平面图上室外整地标高采用全部涂黑的三角形外,其他图面上的标高符号一律用如图 1.35 所示的符号。

标高符号的图形为等腰直角三角形,高约 3 mm,直角尖部所指位置即为标高位置。其水平线的长度,根据标高数字长短定。标高数字以米为单位,总平面图上注至小数点后 2 位数,如:8 848.13。而其他任何图上注至小数点后 3 位数,即毫米为止。如零点标高注成 ±0.000,正标高数字前一律不加正号,如 3.000、2.700、0.900;负数标高数字前必须加注负号,如 -0.020、-0.450。

在剖面图及立面图中,标高符号的尖端,根据所指位置,可向上指,也可向下指。如同时表示几个不同的标高时,可在同一位置重叠标注,标高符号及其标注如图 1.35 所示。

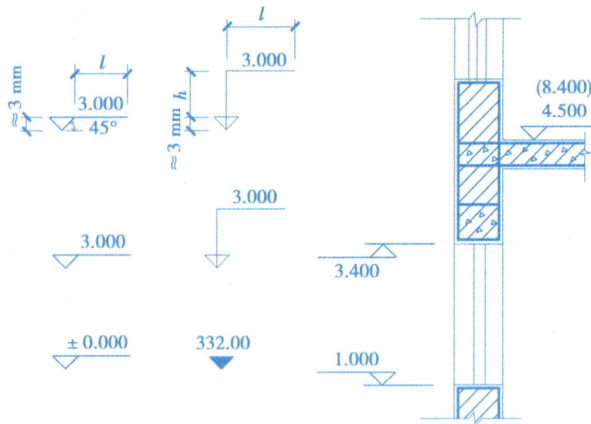

图 1.35　标高符号及其标注

1.2.5　比例

在国家标准《技术制图比例》(GB/T 14690—1993)中,规定了绘图比例及其标注方法。图中图形与其实物相应要素的线性尺寸之比称为比例。比例按其比值大小可分为:

①原值比例——比值为 1 的比例,即 1:1;

②放大比例——比值大于 1 的比例,如 2:1 等;

③缩小比例——比值小于 1 的比例,如 1:2 等。

需要按比例绘制图样时,应在表 1.12 规定的系列中选取适当的比例,必要时也允许选取表1.13 中的比例。

表 1.12　优先选用的比例

种　类	比　例		
原值比例	—	1:1	—
放大比例	5:1 $5 \times 10^n : 1$	2:1 $2 \times 10^n : 1$	— $1 \times 10^n : 1$
缩小比例	1:2 $1:2 \times 10^n$	1:5 $1:5 \times 10^n$	1:10 $1:1 \times 10^n$

表 1.13　允许选用的比例

种　类	比　例				
放大比例	4:1 $4 \times 10^n : 1$	2.5:1 $2.5 \times 10^n : 1$	—	—	—
缩小比例	1:1.5 $1:1.5 \times 10^n$	1:2.5 $1:2.5 \times 10^n$	1:3 $1:3 \times 10^n$	1:4 $1:4 \times 10^n$	1:6 $1:6 \times 10^n$

机械图样的比例一般填写在标题栏内,形式如 1：1、2：1 等;必要时,比例标注在视图名称的下方或右侧(建筑图样用此),其形式如图 1.36 所示:

$$\frac{A}{5：1} \qquad \frac{B—B}{2：1} \qquad \underline{平面图}\,{1：50}$$

图 1.36 　比例的标注示意

1.3　尺规绘图的一般步骤

　　制图工作应当有步骤地循序进行。为了提高绘图效率,保证图纸质量,必须掌握正确的绘图程序和方法,并养成认真负责、仔细、耐心的良好习惯。本节将介绍绘图的一般步骤。

1.3.1　制图前的准备工作

　　①安放绘图桌或绘图板时,应使光线从图板的左前方射入;不宜对窗安置绘图桌,以免纸面反光而影响视力。将需用的工具放在方便之处,以免妨碍制图工作。

　　②擦干净所用绘图工具和仪器,削磨好铅笔及圆规上的铅芯。

　　③固定图纸:将图纸的正面(有网状纹路的是反面)向上贴于图板上,并用丁字尺略为对齐,使图纸平整和绷紧。当图纸较小时,应将图纸布置在图板的左下方,但要使图纸的底边与图板的下边的距离略大于丁字尺的宽度(图 1.37)。

　　④为保持图面整洁,画图前应洗手。

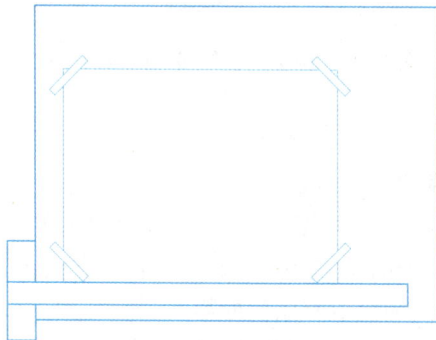

图 1.37 　贴图纸

1.3.2　绘铅笔底稿图

　　铅笔细线底稿是一张图的基础,要认真、细心、准确地绘制。绘制时应注意以下几点:

　　①铅笔底稿图宜用削磨尖的 H 或 HB 铅笔绘制,底稿线要细而淡,绘图者自己能看得出便可,故要经常磨尖铅芯。

　　②画图框、图标:首先画出水平和垂直基准线,在水平和垂直基准线上分别量取图框和图标

的宽度和长度,再用丁字尺画图框、图标的水平线,然后用三角板配合丁字尺画图框、图标的垂直线。

③布图:预先估计各图形的大小及预留尺寸线的位置,将图形均匀、整齐地安排在图纸上,避免某部分太紧凑或某部分过于宽松。

④画图形:一般先画轴线或中心线,其次画图形的主要轮廓线,然后画细部;图形完成后,再画尺寸线、尺寸界线等。材料符号在底稿中只需画出一部分或不画,待加深或上墨线时再全部画出。对于需上墨的底稿,在线条的交接处可画出头一些,以便清楚地辨别上墨的起止位置。

1.3.3 铅笔加深的方法和步骤

在加深前,要认真校对底稿,修正错误和填补遗漏;底稿经查对无误后,擦去多余的线条和污垢。一般用2B铅笔加深粗线,用B铅笔加深中粗线,用HB铅笔加深细线、写字和画箭头。加深圆时,圆规的铅芯应比画直线的铅芯软一级。用铅笔加深图线时用力要均匀,边画边转动铅笔,使粗线均匀地分布在底稿线的两侧,如图1.38所示。加深时还应做到线型正确、粗细分明,图线与图线的连接要光滑、准确,图面要整洁。

铅笔图线条
加深的方法

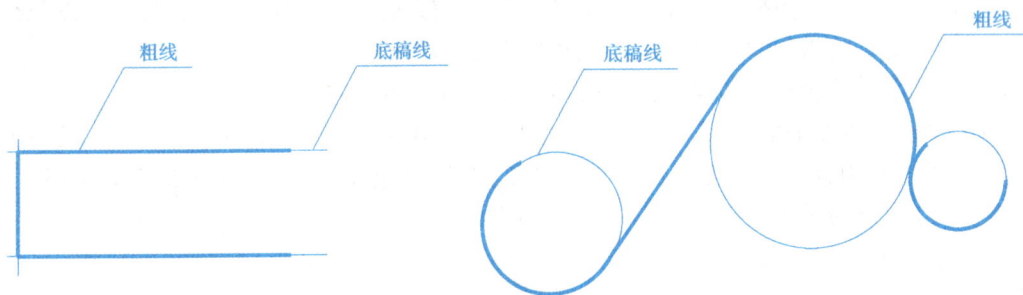

图1.38 加深的粗线与底稿线的关系

加深图纸的一般步骤如下:

①加深所有的点画线。

②加深所有粗实线的曲线、圆及圆弧。

③用丁字尺从图的上方开始,依次向下加深所有水平方向的粗实直线。

④用三角板配合丁字尺从图的左方开始,依次向右加深所有的铅垂方向的粗实直线。

⑤从图的左上方开始,依次加深所有倾斜的粗实线。

⑥按照加深粗实线同样的步骤加深所有的虚线曲线、圆和圆弧,然后加深水平的、铅垂的和倾斜的虚线。

⑦按照加深粗线的同样步骤加深所有的中实线。

⑧加深所有的细实线、折断线、波浪线等。

⑨画尺寸起止符号或箭头。

⑩加深图框、图标。

⑪注写尺寸数字、文字说明,并填写标题栏。

1.3.4 上墨线的方法和步骤

画墨线时,首先应根据线型的宽度调节直线笔的螺母(或选择好针管笔的号数),并在与图纸相同的纸片上试画,待满意后再在图纸上描线。如果改变线型宽度重新调整螺母,都必须经过试画,才能在图纸上描线。

上墨时,相同型式的图线宜一次画完,这样可以避免由于经常调整螺母而使相同型式的图线粗细不一致。

如果需要修改墨线,可待墨线干透后,在图纸下垫一三角板,用锋利的薄型刀片轻轻修刮,再用橡皮擦净余下的污垢,待错误线或墨污全部去净后,以指甲或者钢笔头磨实,然后再画正确的图线。但需注意,在用橡皮时要配合擦线板,并且宜向一个方向擦,以免撕破图纸。

上墨线的步骤与铅笔加深基本相同,但还需注意以下几点:

①一条墨线画完后,应立即将笔提起,同时用左手将尺子移开。

②画不同方向的线条必须等到干了再画。

③加墨水要在图板外进行。

最后需要指出,每次的制图时间最好连续进行三四个小时,这样效率最高。

1.3.5 几何作图

1)等分作图

(1)等分线段

如图 1.39 所示,将线段 AB 五等分。

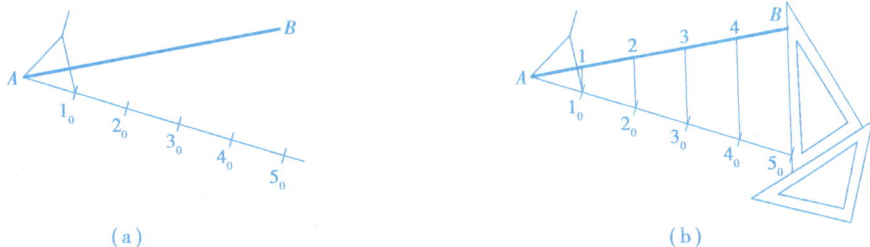

图 1.39 等分直线段

①过点 A 作任意线段,并在其上用分规截取 5 等份,得到各点 1_0、2_0、3_0、4_0、5_0。

②连接 5_0B,并过点 1_0、2_0、3_0、4_0 分别作 5_0B 的平行线,分别交直线 AB 于 1、2、3、4(即将线段 AB 分为 $A1$、12、23、34、$4B$ 这 5 等份)。

用以上方法可将直线段任意等分。

(2)等分圆周和作圆内接正多边形

①三等分、六等分、十二等分圆周及圆内接正三边形、正六边形、正十二边形的画法。

如图 1.40(a)所示,已知半径为 R 的圆,交中心线于点 A、B、C、D。

a.以交点 A 为圆心,以 R 为半径,画弧交圆周于点 1、2,则点 1、2 和点 B 即为三等分点。

b.依次连接点 1、2 和点 B 即得到一圆内接正三边形,即正三角形。

以点 B 为圆心,以 R 为半径,画弧交圆周于点 3、4,则点 3、4 和点 A 即为三等分点,结合点 1、2 和点 B 即为六等分点。依次连接各点,即得圆内接正六边形,如图 1.40(b)所示。

若分别以点 A、B、C、D 为圆心,以 R 为半径,画弧交圆周可得点 1、2、3、4、5、6、7、8,则圆周上共有 12 个点,即十二等分点。依次连接各点,即得圆内接正十二边形,如图 1.40(c)所示。

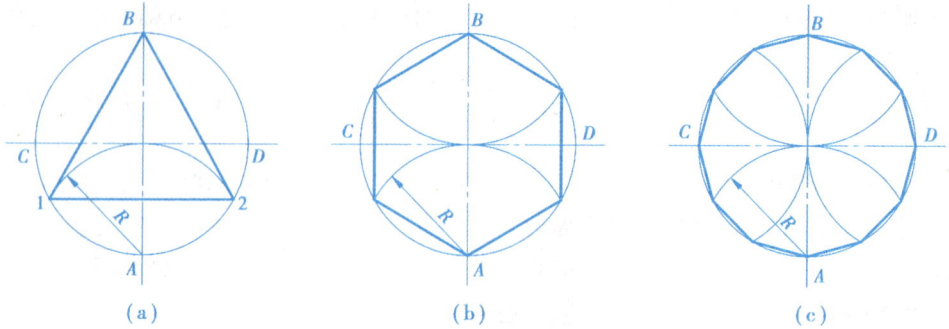

(a)　　　　　　　　　(b)　　　　　　　　　(c)

图 1.40　用圆规三、六、十二等分圆周

②五等分圆周及圆内接正五边形的画法。

如图 1.41(a)所示,已知半径为 R 的圆,交中心线于点 A、B、C、D。

a.平分半径 OD 得中点 G,如图 1.41(a)所示。

b.以点 G 为圆心,以线段 GB 长度为半径,作圆弧交 CO 于点 H,直线段 BH 的长度即为圆内接正五边形边长,如图 1.41(b)所示。

c.以直线段 BH 长度为边长,依次截取圆周得 5 个等分点,如图 1.41(c)所示。

d.连接相邻各点,即得圆内接正五边形,如图 1.41(d)所示。

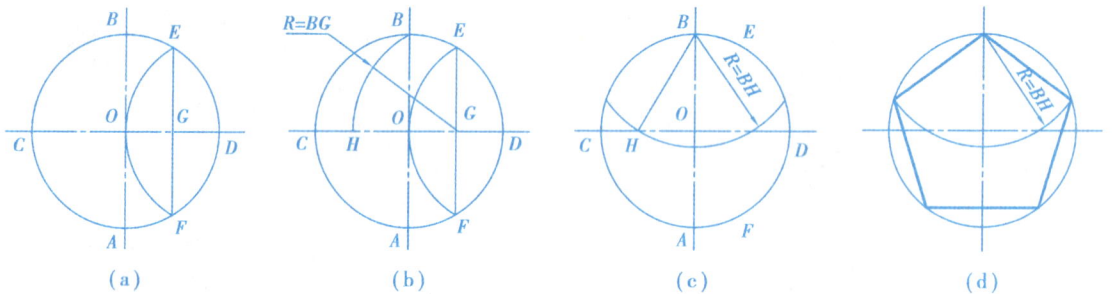

(a)　　　　　　　　　(b)　　　　　　　　　(c)　　　　　　　　　(d)

图 1.41　五等分圆周及圆内接正五边形的画法

③n 等分圆周及圆内接正 n 边形(以 $n=7$ 为例,说明作图过程)。

如图 1.42(a)所示,已知半径为 R 的圆,交中心线于点 A、B、C 和 D。

a.以直径端点 A(或 B)为圆心,以线段 AB 为半径画圆弧,交直径 CD 延长线于点 K 和 K_1,如图 1.42(a)所示;

b.将直径 AB 分为 7 等份,获得 1~7 各个等分点,如图 1.42(b)所示;

c.将点 K 和点 K_1 与直径 AB 上的奇数点(或偶数点)连线并延长至圆周,得 7 个等分点 1_0、2_0、3_0、4_0、5_0、6_0、7_0;

d.连接相邻点,即得圆内接正七边形,如图 1.42(c)所示。

2)斜度和锥度

(1)斜度

①定义。斜度是一直线(或平面)对另一直线(或平面)的倾斜程度,其大小用两者之间夹

角的正切值来表示[图1.43(a)],并将比值简化为1:n的形式,即斜度 = tan α = BC/AB = 10/50 = 1:5。

图1.42 n等分圆周及圆内接正n边形的画法

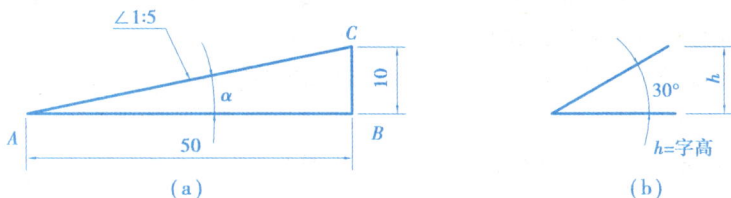

图1.43 斜度和斜度符号

②斜度符号的绘制。斜度符号按图1.44(b)用细实线绘制,斜度符号的斜线方向应与斜度方向一致。

③图样绘制。在图1.44(a)中,过点C作斜度为1:4的倾斜线与直线OL相交。

a.在底边OA上取4个单位长度得点4,在垂边OL上取1个单位长度得点1,连接点4和点1,即得到1:4的参考斜度线;

b.过点C作参考斜度线的平行线交直线OL于点B,直线段CB即为所求的1:4的斜度线;

c.整理、加粗直线段BC并在图样中标注斜度符号。

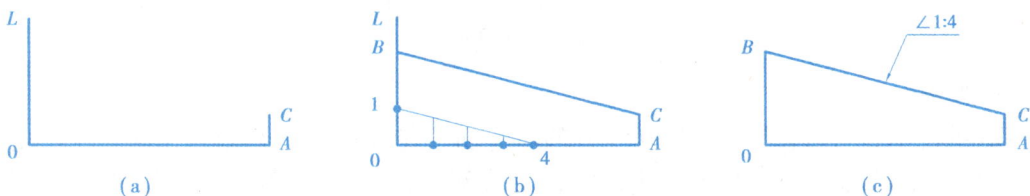

图1.44 斜度的作图步骤

(2)锥度

①定义。锥度是正圆锥体的底圆直径与锥体轴向长度之比值。如果是锥台,则为两底圆直径差与锥台轴向长度之比值[图1.45(a)]。锥度比值也简化为1:n的形式,即:锥度 = $\dfrac{D}{L}$ = $\dfrac{D-d}{l}$ = $2\tan\dfrac{\alpha}{2}$ = 1:n。

②锥度符号的绘制。锥度符号按图1.45(b)用细实线绘制。锥度符号的指向应与锥度方向一致。

③图样绘制。如图1.46(a)所示,已知圆锥台的大端直径为ϕ30,轴向长度为32,锥度为1:5,试完成该圆锥台的绘制。

图1.45　锥度和锥度符号

a.在圆锥轴线上按1:5的锥度作等腰三角形辅助线。该等腰三角形的底取为1个单位长度,轴向长度取为5个单位长度,如图1.46(b)所示;

b.过大端直径的端点 A 和 B 作该等腰三角形两腰的平行线,并延长交小端 L 于点 C 和 D。连接点 B、D 和 A、C,如图1.46(b)所示;

c.整理加粗图线,并在图样中标注锥度符号,如图1.46(c)所示。

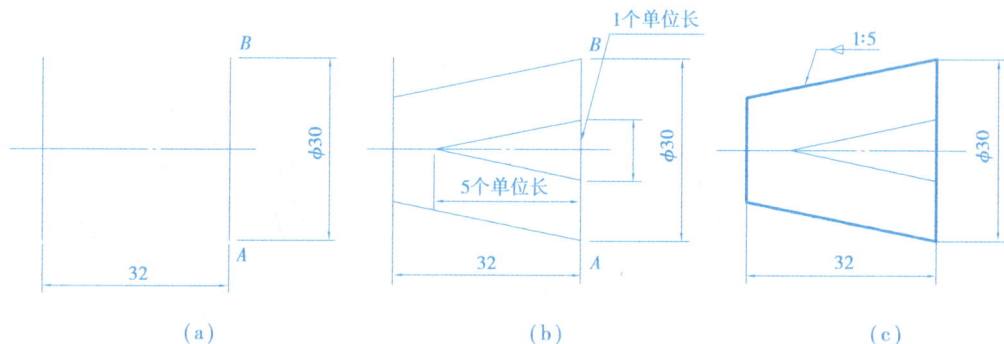

图1.46　带锥度的图样

3)圆弧连接

在绘制工程图样时,经常要用已知半径的圆弧,光滑地连接两已知线段(直线或圆弧)。所谓的光滑连接,就是指相切,其切点称为连接点。已知半径的圆弧称为连接弧,连接弧半径常是给定的,而连接弧的圆心和连接点(切点)则需作图确定,分为如下3种情况:

(1)连接弧与直线相切

如图1.47(a)所示,与已知直线相切的连接弧(半径 R),其圆心的轨迹是一条与已知直线平行且相距 R 的直线。从连接弧圆心作已知直线的垂线,其垂足就是切点。

(2)连接弧与已知弧外切

如图1.47(b)所示,与已知弧(圆心 O_1,半径 R_1)相切的连接弧(半径 R),其圆心轨迹为已知弧的同心圆,此圆半径 $R_x = R_1 + R$,两圆弧的切点在连心线与已知弧的交点处。

(3)连接弧与已知弧内切

如图1.47(c)所示,与已知弧(圆心 O_1,半径 R_1)相切的连接弧(半径 R),其圆心轨迹为已知弧的同心圆,此圆半径 $R_x = |R_1 - R|$,两圆弧的切点在连心线的延长线与已知弧的交点处。

常见圆弧连接的作图方法及步骤见表1.14。

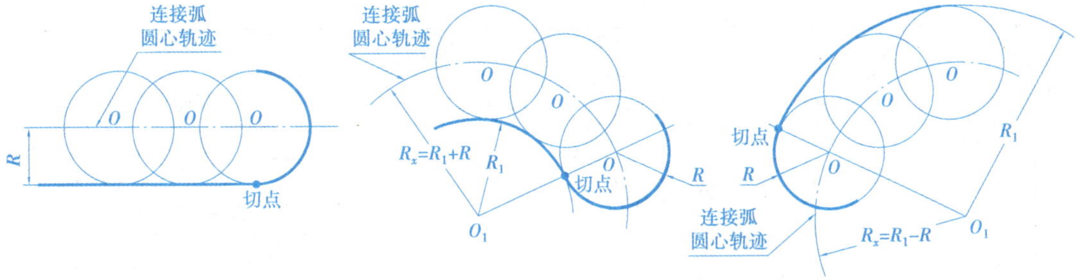

(a)　　　　　　　　(b)　　　　　　　　(c)

图 1.47　求连接弧圆心及切点的作图原理

表 1.14　常见圆弧连接作图

连接要求		作图方法及步骤		
		求圆心 O	求切点 K_1、K_2	圆连接弧
连接相交两直线	顶角为锐角	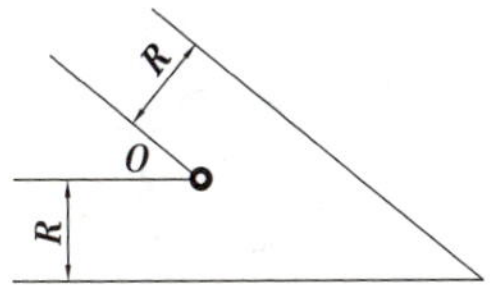	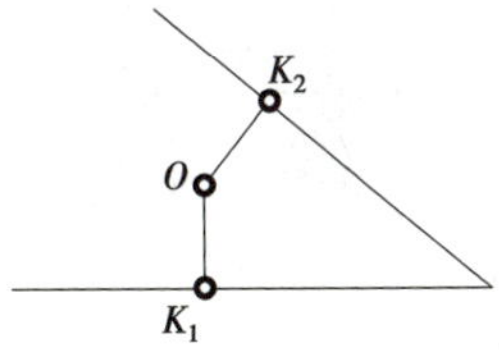	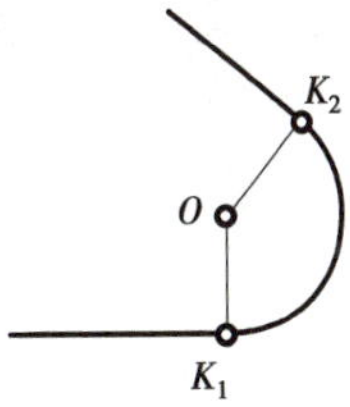
	顶角为钝角	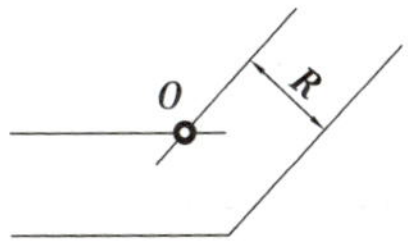	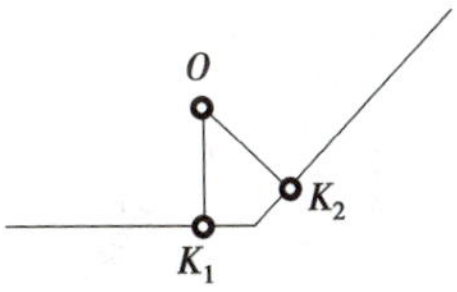	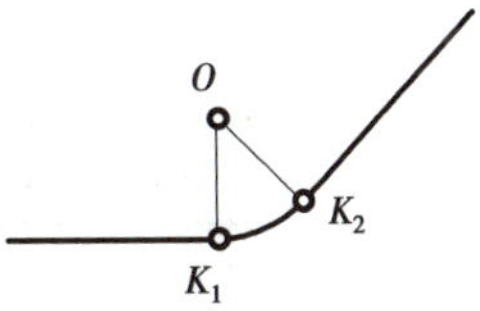
连接一直线和一圆弧	内切圆弧	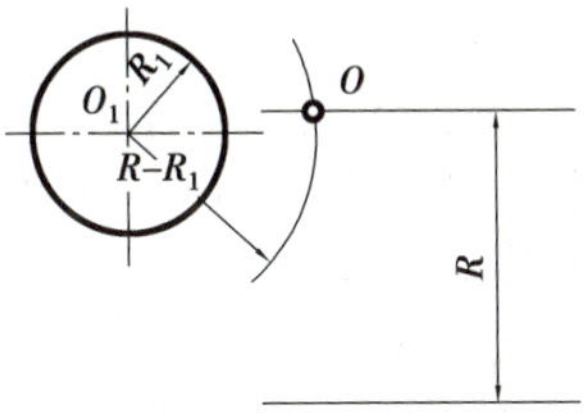	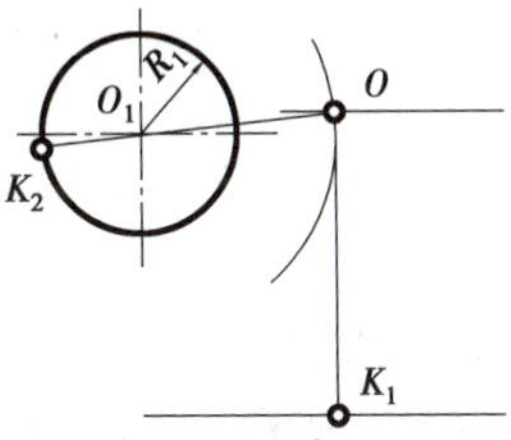	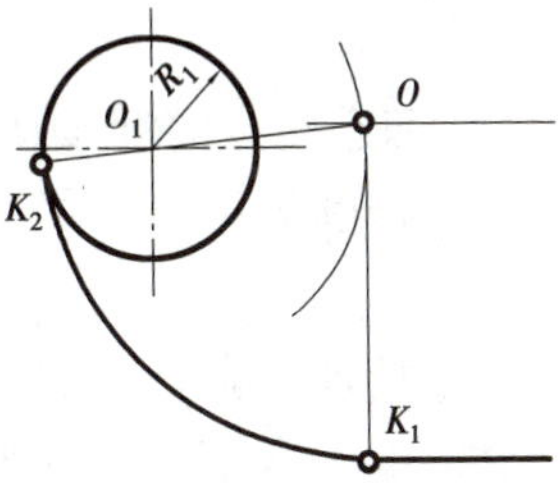
	外切圆弧	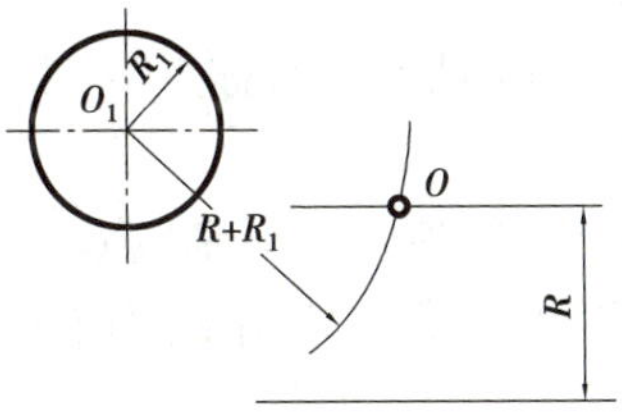	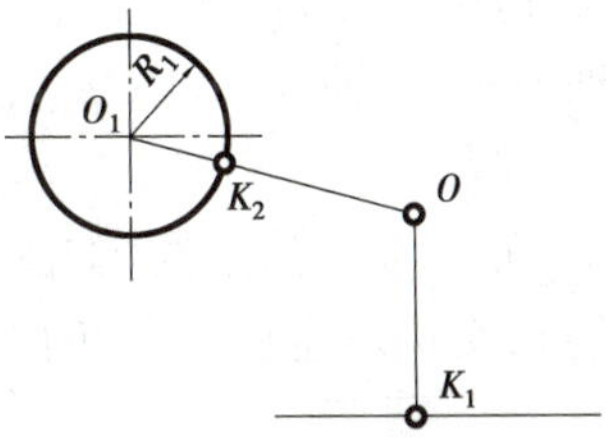	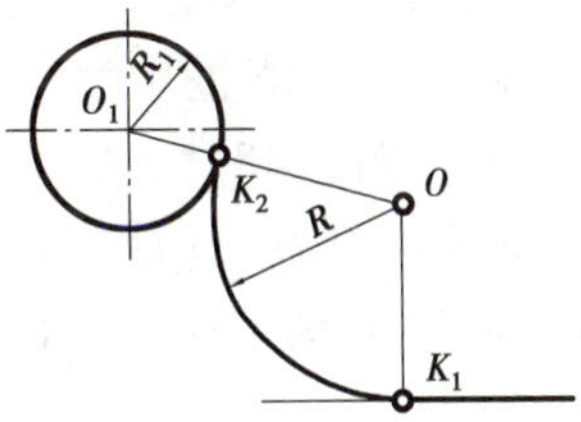

续表

连接要求		作图方法及步骤		
		求圆心 O	求切点 K_1、K_2	圆连接弧
连接两圆弧	外切两圆弧			
	外切圆弧			
	外切圆弧和内切圆弧	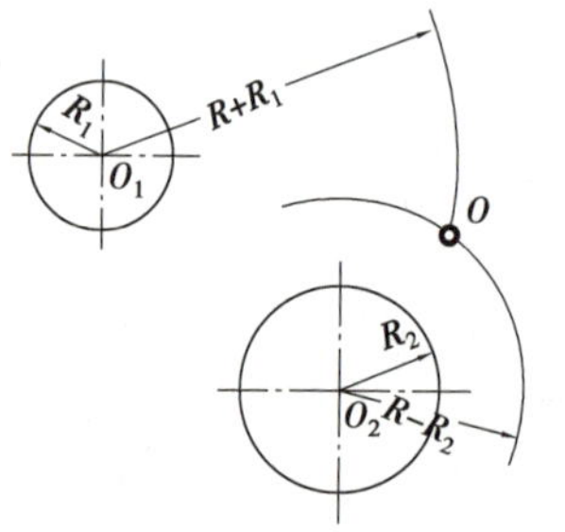	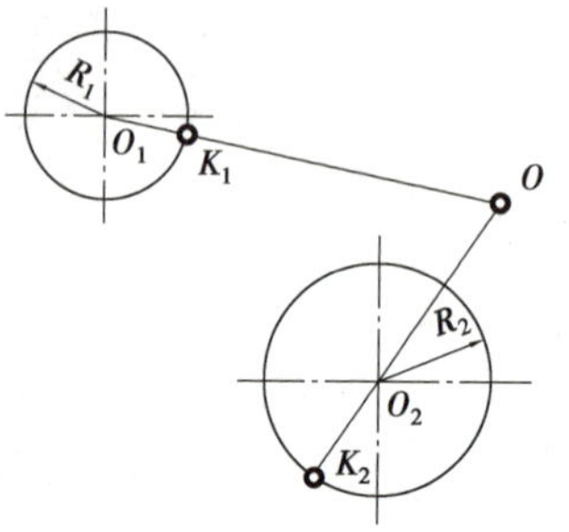	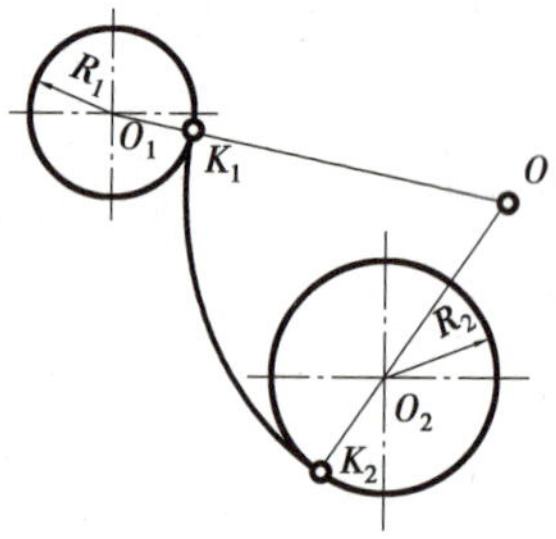

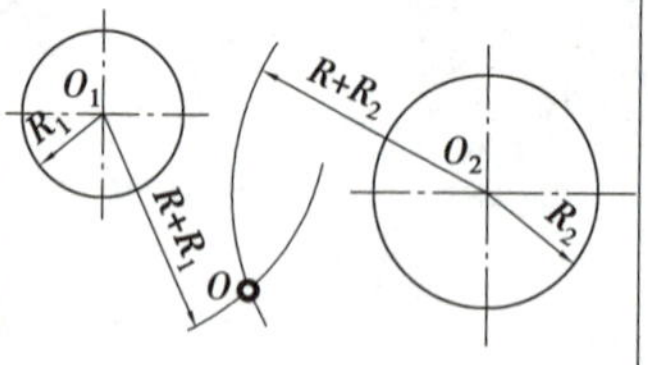

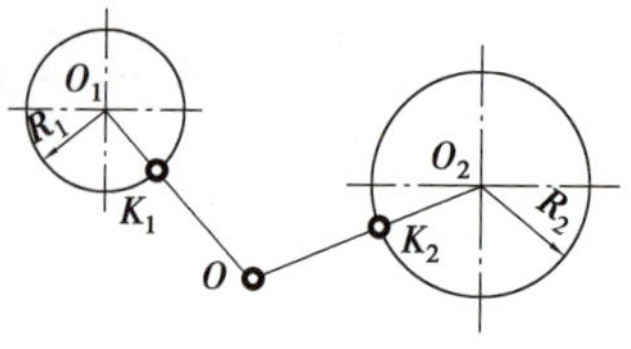

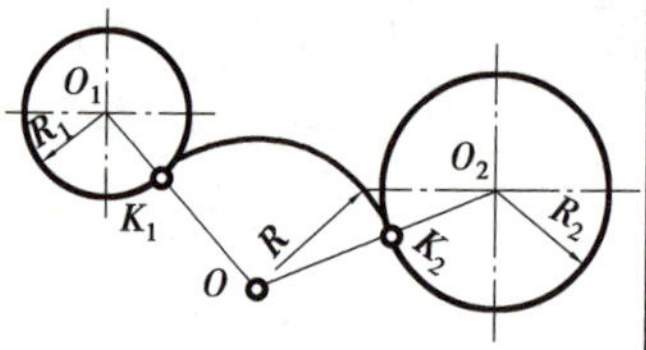

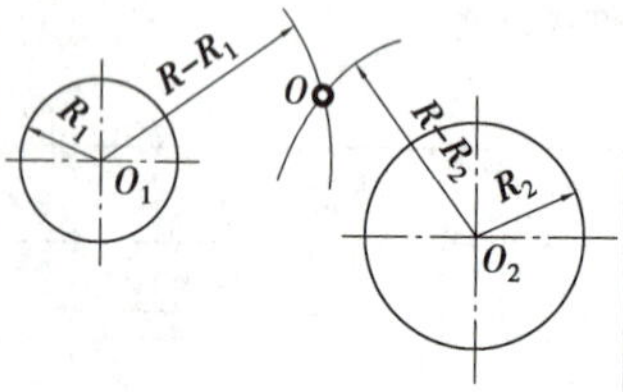

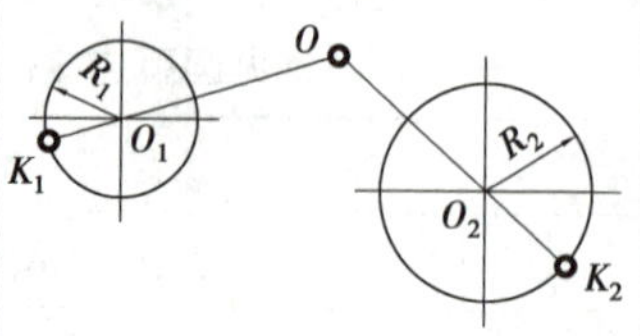

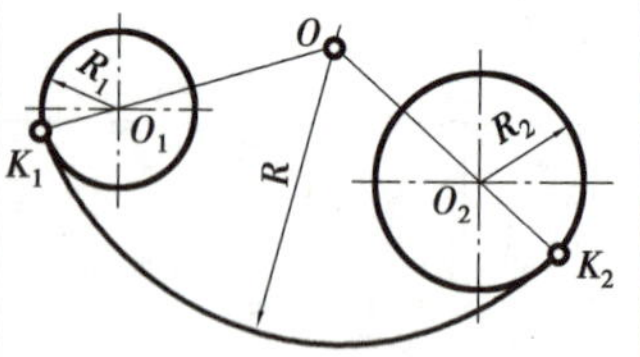

4）椭圆

（1）四心椭圆的近似画法

已知椭圆的长轴为线段 AB，短轴为线段 CD，如图 1.48（a）所示。四心椭圆的画图步骤如下：

①连接点 A 和点 C，如图 1.48（b）所示。

②以点 O 为圆心、OA 为半径画弧交短轴延长线于点 E，如图 1.48（b）所示。

③以点 C 为圆心、CE 为半径画弧交 AC 线于点 F，如图 1.48（b）所示。

④作线段 AF 的中垂线分别与长、短轴交于点 O_1、点 O_2。在轴上取对称点 O_3 和 O_4，则得 4 个圆心，如图 1.48（b）所示。

⑤连接 O_1O_2、O_2O_3、O_3O_4、O_1O_4 得 4 条连心线，如图 1.48（c）所示。分别以 O_2、O_4 为圆心，O_2C（或 O_4D）为半径，画两大圆弧，交 4 条连心线于点 1、2、3、4，即得 4 段圆弧的切点，如图 1.48（c）所示。

⑥以点 O_1、O_3 为圆心，O_1A（或 O_3B）为半径，画两段小弧，则 4 段圆弧形成近似椭圆，如图 1.48（d）所示。

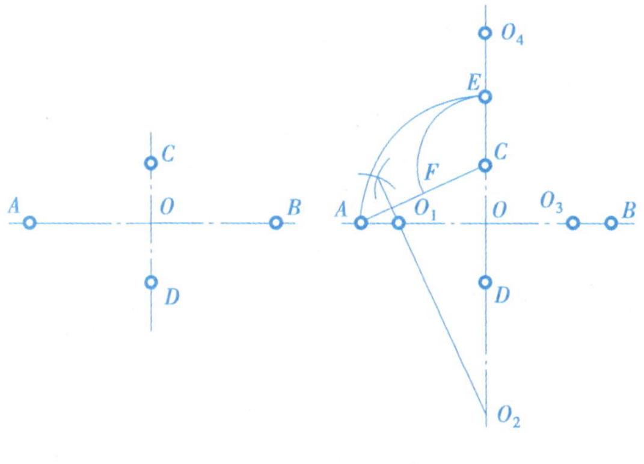

图 1.48 四心椭圆的近似画法

（2）同心圆法画椭圆

已知椭圆的长轴 AB、短轴 CD，用同心圆法作椭圆的步骤如下：

①分别以长轴 AB 和短轴 CD 为直径画同心圆，如图 1.49（a）所示。

②过圆心作一系列直径与两圆相交。自大圆交点作垂线，小圆交点作水平线，每两条对应直线的交点就是椭圆上的点，如图 1.49（b）所示。

③顺序光滑连接各点，即得椭圆，如图 1.49（b）所示。

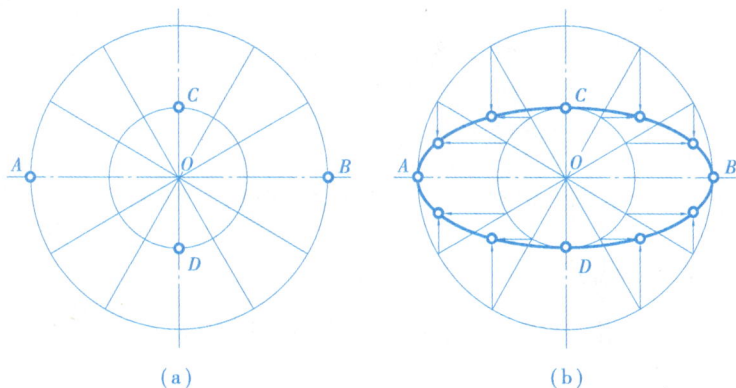

图 1.49 同心圆法画椭圆

5）阿基米德螺旋线

当平面上一动点沿一直线作等速运动，同时该直线又绕线上一点作等角速度旋转时，该动点的轨迹为阿基米德螺旋线、直线旋转一周时，动点在直线上移动的距离称为导程，以字母 L 表示。其画法如图 1.50 所示，主要步骤如下：

①以导程 $L=AO$ 为半径画圆。将线段通口和圆周分成相同的 n 等份（图中为 8 等份）。

②以点 O 为圆心，作各同心圆弧与相应数字的半径线交于点 Ⅰ，Ⅱ，Ⅲ，…。

③用曲线板从点 O 开始光滑连接点 Ⅰ，Ⅱ，Ⅲ，…各点，即完成阿基米德螺旋线作图。

图 1.50　阿基米德螺旋线　　　　　　　图 1.51　渐开线

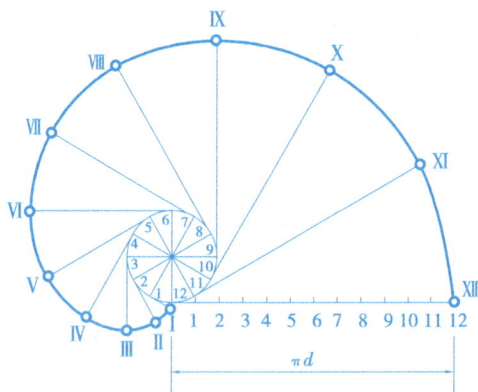

6）圆的渐开线

当一直线在圆周上作无滑动的滚动时,直线上一点的轨迹即为圆的渐开线。该圆周称为渐开线的基圆,该直线称为渐开线的发生线。

渐开线的画法如下(图 1.51):

①画出基圆,将基圆圆周分成任意等份,并将基圆圆周的展开长度(πd)也分成数目相同的等份(图中为 12 等份)。

②在圆周上各分点处,按同一方向作圆的切线。

③在第一条切线上取长度等于圆周长(πd)的 $\frac{1}{12}$,得点 I;在第二条切线上取长度等于圆周长的是 $\frac{2}{12}$,得点 II;其余各点用同样方法定出。

④用曲线板从点 12 开始,光滑连接点 I,II,III,…,XII,即得圆的渐开线。

7）摆线

当一滚圆沿一条直线(称为导线)或一个圆(称为导圆)作无滑动的滚动时,滚圆圆周上的任一点的轨迹即为摆线。当滚圆在一直线上滚动时所得到的摆线,称为平摆线。当滚圆在一圆周上作外切滚动时,所得的摆线称为外摆线;作内切滚动时所得的摆线称为内摆线。

（1）平摆线的画法(图 1.52)

已知滚圆半径为 r,具体步骤如下:

①画出滚圆,将滚圆圆周分成任意等份,并将滚圆圆周的展开长度 AA_1($AA_1 = (\pi d)$)作为导线也分成数目相同的等份(图中为 12 等份)。

②作出滚圆的瞬时滚动中心。过导线 AA_1 的各等分点向上作垂线交过滚圆圆心的水平线于点 O_1、O_2、O_3、O_{12},即为滚圆的瞬时滚动中心。

③以滚圆瞬时滚动中心为圆心,以 R 为半径,画出 12 个瞬时滚圆。

④过滚圆上的点 1 作水平线交第一个瞬时滚圆于点 I;过滚圆上的点 2 作水平线交第二个

瞬时滚圆于点 Ⅱ;以此类推,可得平摆线上的各点。

⑤用曲线板从点 Ⅰ 开始,光滑连接点 Ⅱ,Ⅲ,…,Ⅻ,即得平摆线。

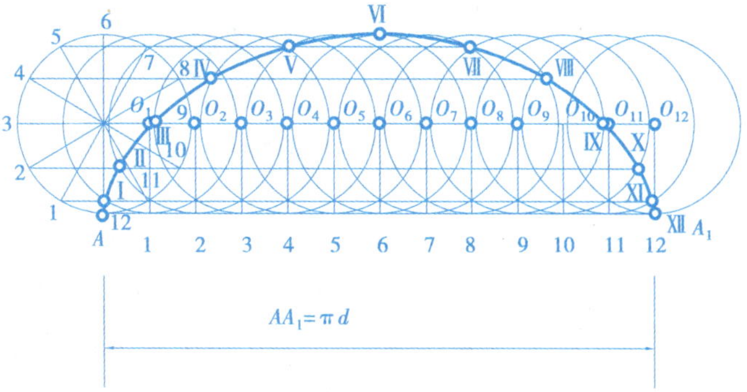

图 1.52　平摆线

(2)外摆线的画法(图 1.53)

已知滚圆半径为 r,导圆半径为 R,具体步骤如下:

①在导圆上取弧 $AA' = 2\pi r$(即等于滚圆周长,此时弧 AA' 所对应的圆心角为 $\angle AOA' = \pi d$)。

②绘制滚圆。将 OA 延长,至点 O_0,即为滚圆的圆心。

③作出滚圆的瞬时滚动中心。将滚圆圆周及弧 AA' 分为相同等份(图中分为 12 等份)。将弧 AA' 上的各等分点与点 O 连成射线,以点 O 为圆心,以 $R + r$ 为半径,作弧交各射线的延长线于点 $O_1,O_2,O_3,\cdots,O_{12}$,即为滚圆的瞬时滚动中心。

④以滚圆瞬时滚动中心为圆心,以 R 为半径,画出 12 个瞬时滚圆。

⑤过滚圆上的点 1 作以点 O 为圆心的弧线交第一个瞬时滚圆于点 Ⅰ;过瞬时滚圆上的点 2 作以点 O 为圆心的弧线交第二个瞬时滚圆于点 Ⅱ;以此类推,可得外摆线上的各点。

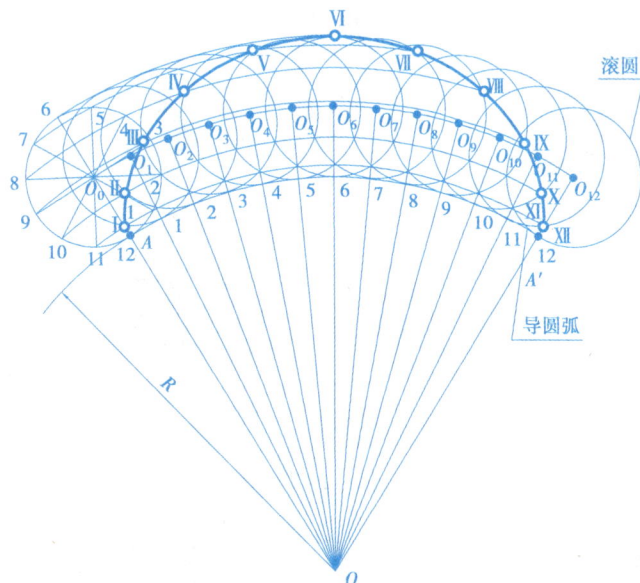

图 1.53　外摆线

⑥用曲线板从点 Ⅰ 开始,光滑连接点 Ⅱ,Ⅲ,…,Ⅻ,即得外摆线。

（3）内摆线的画法（图 1.54）

已知滚圆半径为 r，导圆半径为 R，具体步骤不再叙述。

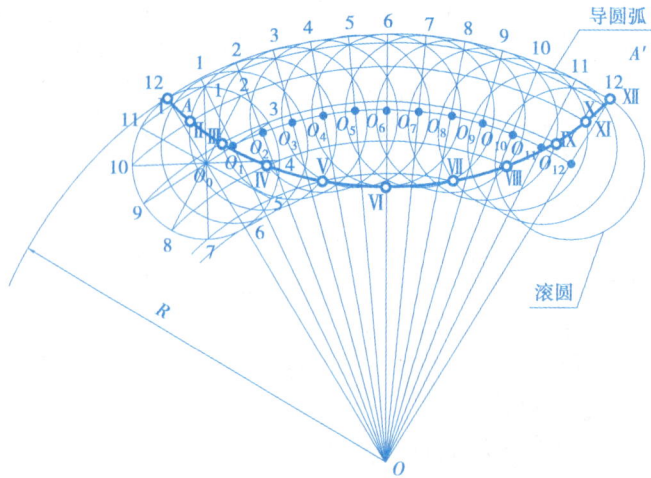

图 1.54　内摆线

1.3.6　平面图形的尺寸分析及画图步骤

如图 1.55 所示，平面图形常由一些线段连接而成的一个或数个封闭线框构成。在画图时，要根据图中尺寸确定画图步骤；在标注尺寸时（特别是圆弧连接的图形），需根据线段间的关系分析需要标注什么尺寸。图中注出的尺寸要齐全，且不应该自相矛盾。

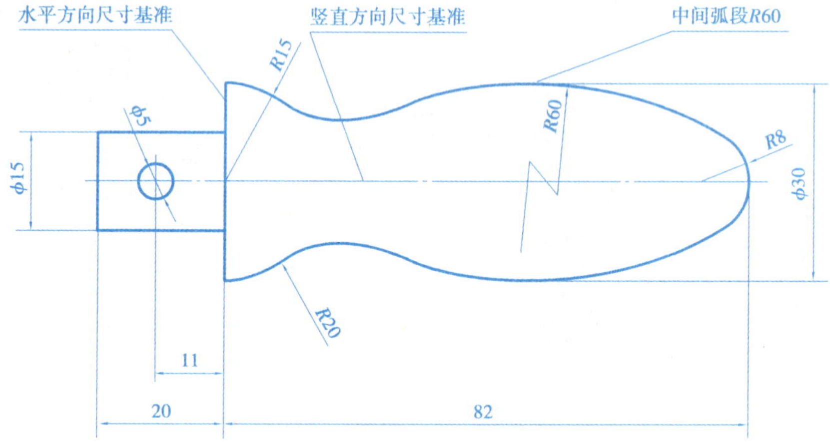

图 1.55　手柄

1）平面图形的尺寸分析

尺寸按其平面图形中所起的作用，可分为定形尺寸和定位尺寸两类。此外，要想确定平面图形中线段的上下、左右的相对位置，必须引入尺寸基准的概念。

（1）尺寸基准

尺寸基准是确定尺寸位置的几何元素。平面图形尺寸有水平和竖直两个方向的基准。常选择图形的轴线、对称中心线、较长直线段等作为尺寸基准。如图 1.55 所示，手柄图形的水平方向尺寸基准是较长的竖直轮廓线，竖直方向尺寸基准是水平轴线。

（2）定形尺寸

确定平面图形上各图线形状大小的尺寸称为定形尺寸，如直线的长度、圆、圆弧的直径（或半径）以及角度等。图 1.55 中的 $\phi5$、$R8$、$R20$ 等均为定形尺寸。

（3）定位尺寸

确定平面图形上的线段或线框间相对位置的尺寸称为定位尺寸，如图 1.55 中尺寸 11 确定 $\phi5$ 小圆位置的尺寸，属于定位尺寸。图 1.55 中尺寸 $\phi30$ 确定了圆弧 $R60$ 在竖直方向上的位置，因此也是定位尺寸。特别应指出，有些尺寸兼有定形和定位两种功能，如图 1.55 中的长度尺寸 82，它既是手柄的定形尺寸（定长），又是 $R8$ 圆弧圆心的定位尺寸。

2）平面图形中线段的分类

根据平面图形中所标尺寸，通常将平面图形中的线段分为 3 类。

（1）已知线段

具有足够的定形、定位尺寸，根据图形中所标尺寸能直接画出的线段称为已知线段。已知半径（或直径）及圆心位置的圆弧称为已知弧，如图 1.55 中的 $R15$、8、$\phi5$。

（2）中间线段

图形中所标尺寸不全，差一个尺寸，靠线段的一端与相邻线段相切才能绘出的这类线段称为中间线段。当中间线段是圆弧时，将其称为中间弧，如图 1.55 中的 $R60$。

（3）连接线段

图形中所标尺寸不全，差两个尺寸，靠线段的两端与相邻线段相切才能绘出的这类线段称为连接线段。当连接线段是圆弧时，将其称为连接圆弧，如图 1.55 中的 $R20$。

3）平面图形的绘图方法和步骤

现以图 1.55 的手柄为例，说明绘制平面图形的方法和步骤。

（1）准备工作

①选择比例，确定图幅，固定图纸，画出图框及标题栏（此例可选 2∶1 的比例，横放的 A4 图幅）。

②分析图形尺寸，确定尺寸基准及各线段性质（图 1.55 中，除 $R60$ 圆弧为中间线段外，其余所有黑色线段均为已知线段，红色线段为连接线段）。

（2）绘制底稿

①画出尺寸基准，布局图形，如图 1.56（a）所示。

②画出所有已知线段，如图 1.56（b）所示。

③画出所有中间线段，如图 1.56（c）所示。

两段中间圆弧被限定在两直线段 L_1 和 L_2 之间。因此，画直线段 L_2 的平行线 L_3，使两者相距为 60［图 1.56（c）］，直线段 L_3 便是中间圆弧 $R60$ 的圆心轨迹。又因为中间圆弧与已知圆弧 $R8$ 内切，所以以点 O_2 为圆心，以线段（$R60-R8$）为半径画圆弧交 L_3 于 O_3，点 O_3 便是中间圆弧 $R60$ 的圆心。连接 O_2O_3 并将其延长交已知圆弧 $R8$ 于切点 T_1。以点 O_3 为圆心，以 R_{60} 为半径，

画中间圆弧切于 T_1。同理,可求另一侧。

④画出所有连接线段,如图 1.56(d)所示。

以点 O_1 为圆心,以($R15 + R20$)为半径画圆弧;以点 O_3 为圆心,以($R20 + R60$)为半径画圆弧,两段圆弧的交点 O_5,便是连接圆弧 $R20$ 的圆心。连接 O_1O_5 交半径为 $R15$ 的已知圆弧于切点 T_6;连接 O_3O_5 交半径为 $R60$ 的中间圆弧于切点 T_4。以点 O_5 为圆心,以 $R20$ 为半径,在切点 T_4、T_6 之间画连接圆弧。同理,可求另一侧。

(3)加深描粗

在加深图线前,应全面检查底稿,修正错误,擦去多余的图线。加粗顺序为先曲后直。加粗曲线时:先小圆弧,后大圆弧,再中等圆弧。加粗直线时:先水平,后竖直,再倾斜。

加粗描深后的手柄,如图 1.56(e)所示。

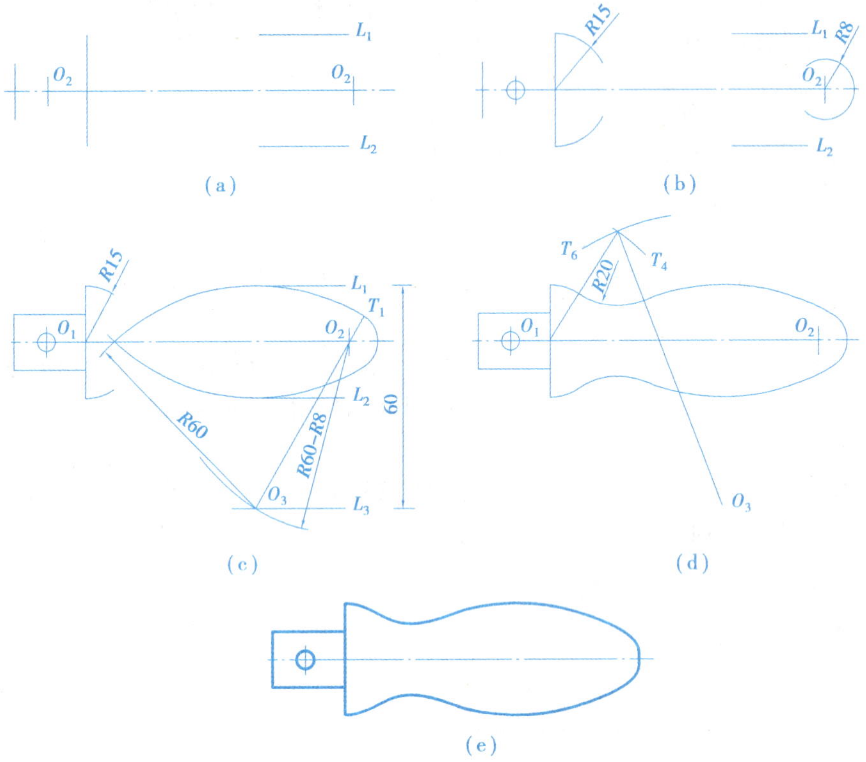

图 1.56　画平面图形的步骤

4)平面图形的尺寸标注

(1)基本要求

平面图形的尺寸标注要符合《技术制图》国家标准,尺寸标注要正确、完整、清晰。

(2)标注平面图形尺寸的方法与步骤

下面以图 1.57(a)的平面图形为例,说明标注平面图形尺寸的方法与步骤。

①分析图形,确定线段性质及尺寸基准。

该图形的线段性质及尺寸基准如图 1.57(a)所示,图中蓝色线段为连接线段,黑色线段中右侧大圆弧为中间线段,其余为已知线段。

②标注已知线段、中间线段的定形、定位尺寸。

图 1.57(b)中标出的蓝色尺寸为已知线段、中间线段的定位尺寸;黑色尺寸为已知线段、中间线段的定形尺寸。

③标注连接线段的尺寸。

逐一标注该平面图形中所有连接线段的尺寸,如图 1.57(c)中标出的所有蓝色尺寸。

④检查。

检查尺寸标注是否完整,同时也要注意尺寸标注不能重复。此外,还要注意标注尺寸要清楚,箭头不应指在连接点上;尺寸线不应与其他线相交或含糊不清;尺寸排列要整齐,小尺寸靠近图形,大尺寸应注在小尺寸的外侧,尺寸数字不能被任何图线穿过等。

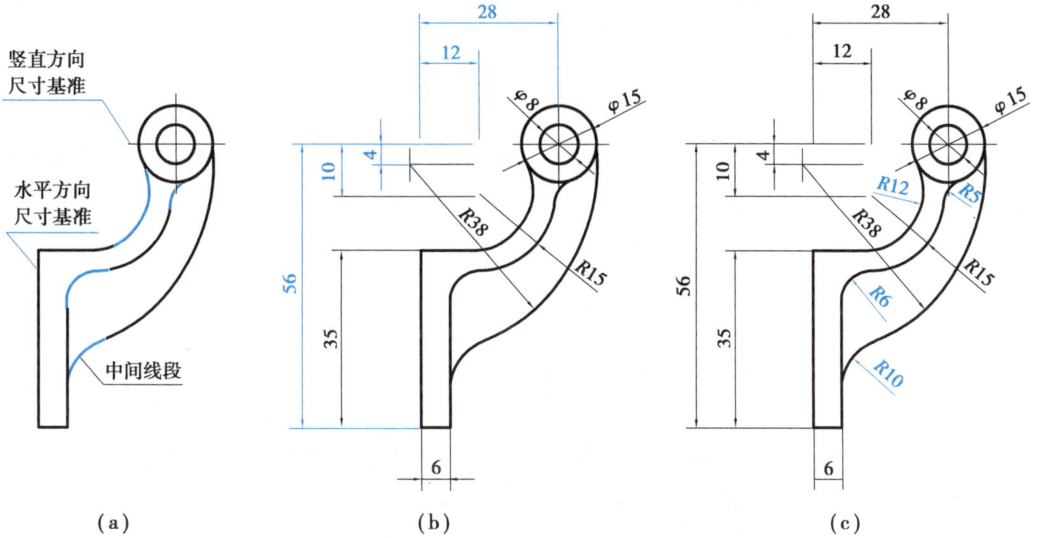

图 1.57 标注平面图形尺寸的步骤

1.4 徒手画图

徒手画图用于画草图,是一种快速勾画图稿的技术(图 1.58)。在日常生活和工作中用到徒手画图的机会很多。设计者企图抓住一闪念的设计灵感,或者是现场测绘某种工程对象时,在没有计算机或绘图仪器的场合,要适时交流自己的设计思想时,甚至在用计算机画图前,都常常要用徒手画图的方式先绘制出各种构思草图。由此可见,徒手画图是一项重要的绘图技能。

图 1.58 徒手画图

1.4.1　徒手画图要求

徒手画图时可以不固定图纸,也可以不使用尺子截量距离,画线靠徒手,定位靠目测。但是不要误以为画草图就可以潦草从事,草图上也应做到线型明确,比例协调,图面工整。其中,比例是指所画物体自身各部分的相对大小。

徒手绘图的基本要求是快、准、好,即画图速度要快,目测比例要准,图面质量要好、草图中的线条要粗细分明、基本平直、方向正确。初学徒手绘图时,应在方格纸上进行,以便训练图线画得平直和借助方格纸线确定图形的比例。

1.4.2　画法技巧

徒手绘图所使用的铅笔的铅芯应磨成圆锥形,画中心线和尺寸线时的铅芯应磨得较尖,画可见轮廓线时的铅芯应磨得较钝。

一个物体的图形无论多么复杂,都是由直线、圆、圆弧或曲线组成的。因此要画好草图,必须掌握好徒手绘制各种线条的方法。

(1)直线的画法

徒手绘图时,用 HB 铅笔,手指应握在距铅笔笔尖 30~40 mm 处,手腕悬空,小手指轻触纸面,铅笔与运笔的方向保持大致直角的关系。在画直线时,先定出直线的两个端点,然后执笔悬空,沿直线方向先比画一下,掌握好方向和走势后再落笔画线(图 1.59)。画线时手腕不要转动,眼睛看着画线的终点,轻轻移动手腕和手臂,使笔尖向着要画的方向作近似的直线运动。画长斜线时,为了运笔方便,可以将图纸旋转到适当的角度,使它转成水平线位置来画。

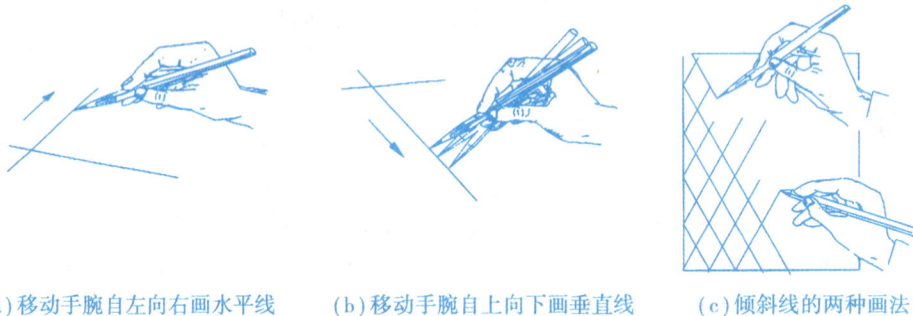

(a)移动手腕自左向右画水平线　(b)移动手腕自上向下画垂直线　(c)倾斜线的两种画法

图 1.59　直线的画法

(2)圆及圆角的画法

画圆时,应过圆心先画中心线,再根据半径大小用目测在中心线上定出 4 点,然后过这 4 点画圆。当圆的直径较大时,可增加过圆心的两条 45°斜线,在线上以半径长度定 4 个点,用这 8 个点画圆。当圆的直径很大时,可取一纸片标出半径长度,利用它从圆心出发定出许多圆上的点,然后通过这些点做圆(图 1.60)。或者,用手做圆规,以小手指的指尖或关节做圆心,使铅笔与它的距离等于所需的半径,用另一只手小心地慢慢转动图纸,即可得到所需的圆。画圆角的方法是:先用目测在分角线上选取圆心位置,使它与角的两边的距离等于圆角的半径大小,过圆心向两边引垂直线定出圆弧的起点和终点,并在分角线上也定出一个圆周点,然后徒手作圆弧把这 3 点连接起来。

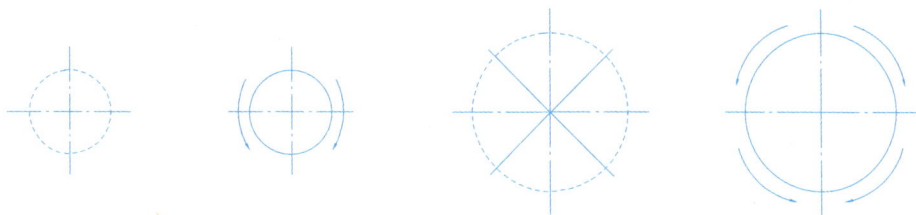

图 1.60　圆的画法

（3）椭圆的画法

方法和画圆差不多，也是先画十字，标记出长短轴的记号。不同的是，通过这 4 个记号做出一个矩形后再画出相切的椭圆来（图 1.61）。

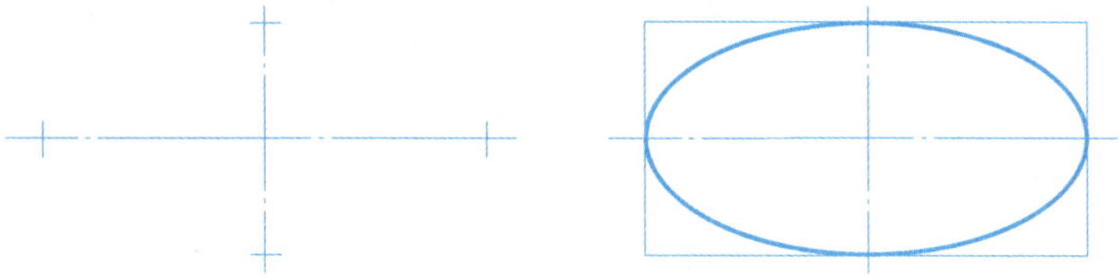

图 1.61　椭圆的画法

本章小结

学习本章的目的在于了解国家标准制图有关标准中图幅、图框、图线、字体、尺寸标注及比例的基本要求，熟悉尺规作图的方法步骤，了解几何作图方法。

复习思考题

1.1　国家制图标准中规定图纸的图幅有几种？

1.2　A2 图幅的长边和短边分别为多少？

1.3　虚线的线段长是多少？两虚线线段之间的空隙留多少？

1.4　单点长画线的线段长是多少？两单点长画线之间的空隙和点共计留多少？

1.5　尺寸由哪几部分组成？

1.6　什么是绝对标高？什么是相对标高？

1.7　徒手绘制水平线、垂直线和圆。

2

投影的基本概念

本章导读：

　　在进行生产建设和科学研究时，为了表达空间形体和解决空间几何问题，经常要借助图纸，而投影原理则为图示空间形体和图解空间几何问题提供了理论和方法。点、线和平面是组成空间形体的基本几何元素。本章主要介绍投影的基本概念和点、线、面正投影的基本性质以及立体正投影的基本特征。

2.1　投影概念及投影法

2.1.1　投影的概念

　　日常生活中经常能观察到投影现象，在日光或者灯光等光源的照射下，空间物体在地面或墙壁等平面上会产生影子。随着光线照射的角度和距离的变化，影子的位置和形状也会随之改变。影子能反映物体的轮廓形态，但不一定能准确地反映其大小尺寸。人们从这些现象中总结出一定的内在联系和规律，作为制图的方法和理论根据，即投影原理。

　　如图 2.1 所示，这里的光源 S 是所有投射线的起源点，称为投影中心；空间物体称为形体；从光源 S 发射出来且通过形体上各点的光线，称为投射线；接受影像的地面 H 称为投影面；投射线（如 SA）与投影面的交点（如 a）称为点的投影。这种利用光源→形体→影像的原理绘制出物体图样的方法，称为投影法。根据投影法所得到的图形，称为投影或投影图（注：空间形体以大写字母表示，其投影则以相应的小写字母表示）。

　　在工程中，常用各种投影法来绘制图样，从而在一张只有长度和宽度的二维图纸上表达出三维空间里形体的长度、高度和宽度(或厚度)等尺寸,借以准确、全面地表达出形体的形状和大小。

通过上述投影的形成过程可以知道,产生投影必须具备3个基本条件:投射线(光线),投影面,空间几何元素(包括点、线、面等)或形体,也称为投影的三要素。

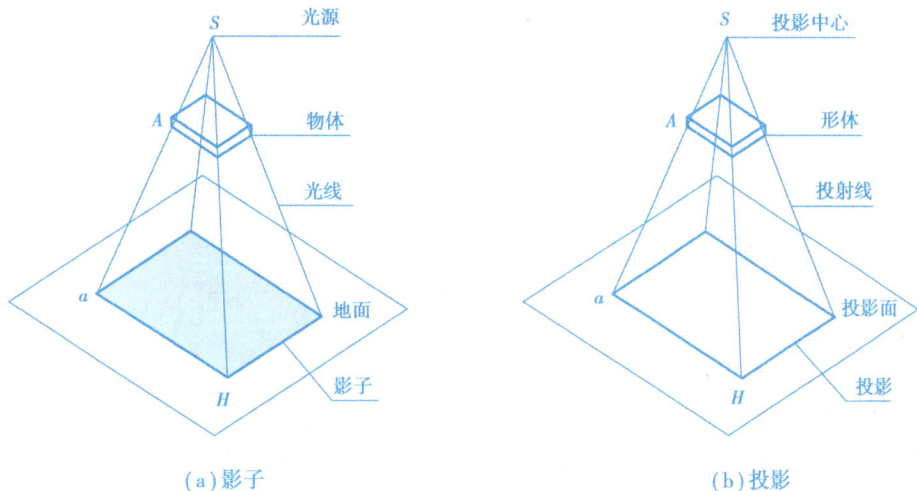

(a)影子   (b)投影

图 2.1 投影法

2.1.2 投影法分类

根据投影中心(S)与投影面的距离,投影法可分为中心投影法和平行投影法两类。

1)中心投影法

当投影中心(S)与投影面的距离有限时,投射线相交于投影中心,这种投影法称为中心投影法(图 2.2)。用中心投影法得到的投影称为中心投影。

物体的中心投影不能反映其真实形状和大小,故中心投影常作为辅助手段,用于表达与形体尺寸无关的空间形象。

2)平行投影法

当投影中心距投影面无穷远时,投射线可视为互相平行,这种投影法被称为平行投影法,如图 2.3 所示。投射线的方向称为投射方向,用平行投影法得到的投影称为平行投影。

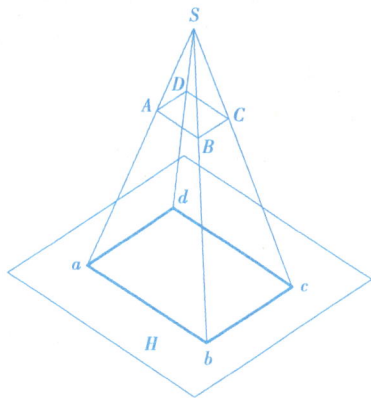

图 2.2 中心投影法

根据互相平行的投射线与投影面的夹角不同,平行投影法又分为斜投影法和正投影法。

①投射线与投影面倾斜的平行投影法称为斜投影法,用斜投影法得到的投影称为斜投影,如图 2.3(a)所示。

②投射线与投影面垂直的平行投影法称为正投影法,用正投影法得到的投影称为正投影,如图 2.3(b)所示。一般工程图纸都是按正投影的原理绘制的,为叙述方便起见,如无特殊说明,以后书中所指"投影"即为"正投影"。

(a)斜投影　　　　　　　　　　　(b)正投影

图2.3　平行投影法

2.2　正投影的基本性质

点、线、面是构成各种形体的基本几何元素,它们是不能脱离形体而孤立存在的。点的运动轨迹构成了线,线(直线或曲线)的运动轨迹构成了面,面(平面或曲面)的运动轨迹构成了体。研究点、线、面的正投影特征,有助于认识形体的投影本质,掌握形体的投影规律。

2.2.1　类似性

点的投影在任何情况下都是点,如图2.4(a)所示。

直线的投影在一般情况下仍是直线。当直线倾斜于投影面时,如图2.4(b)中所示直线 AB,其投影 ab 长度小于实长。

平面的投影在一般情况下仍是平面。当平面图形倾斜于投影面时,如图2.4(c)所示平面 $ABCD$ 倾斜于投影面 H,其投影 $abcd$ 小于实形且与实形类似。

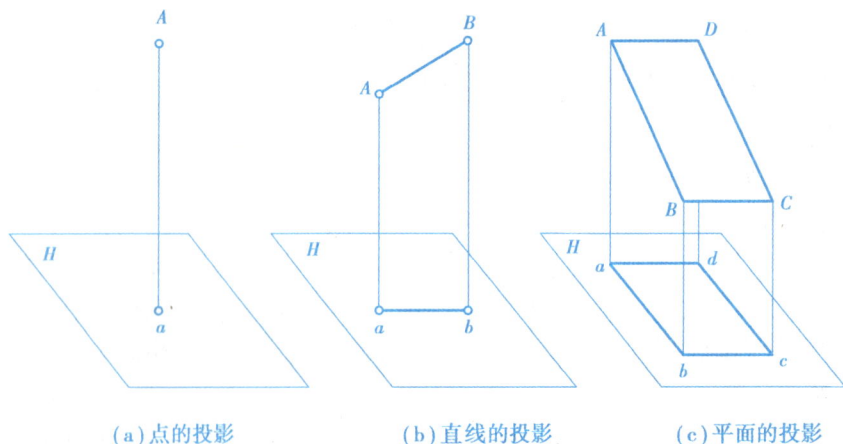

(a)点的投影　　　　　(b)直线的投影　　　　　(c)平面的投影

图2.4　正投影的类似性

这种情况下,直线和平面的投影不能反映实长或实形,其投影形状是空间形体的类似形,因而把投影的这种特征称为类似性。所谓类似形,是指投影与原空间平面的形状类似,即边数不变、平行不变、曲直不变、凹凸不变,但不是原平面图形的相似形。

2.2.2 全等性

空间直线 AB 平行于投影面 H 时,其投影 ab 反映实长,即 $ab = AB$,如图 2.5(a)所示。

平面四边形 $ABCD$ 平行于投影面 H 时,其投影 $abcd$ 反映实形,即四边形 $abcd \cong$ 四边形 $ABCD$,如图 2.5(b)所示。

(a)平行投影面直线的投影　　　　　　(b)平行投影面平面的投影

图 2.5　正投影的全等性

2.2.3 积聚性

空间直线 AB(或 AC)平行于投射线,即垂直于投影面 H 时,其投影积聚成一点。属于直线上任一点的投影也积聚在该点上,如图 2.6(a)所示。

平面四边形 $ABCD$ 垂直于投影面 H 时,其投影积聚成一条直线 $a(b)d(c)$。属于平面上任一点(如点 E)、任一直线(如直线 AE)、任一图形(如三角形 AED)的投影也都积聚在该直线上,如图 2.6(b)所示。

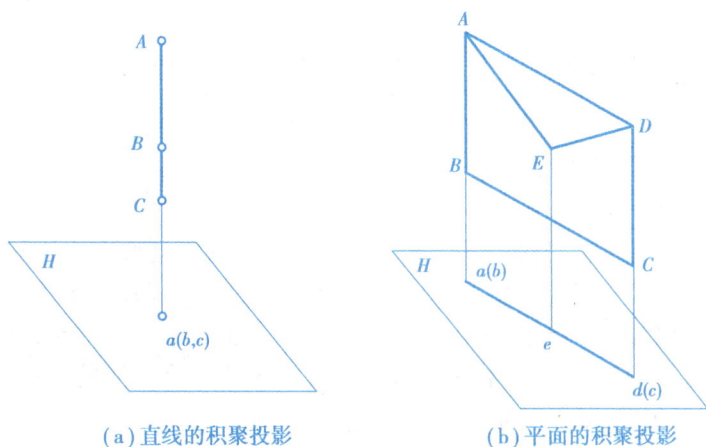

(a)直线的积聚投影　　　　　　(b)平面的积聚投影

图 2.6　正投影的积聚性

2.2.4 重合性

如图 2.7 所示,两个或两个以上的点、线、面具有同一投影时,则称它们的投影重合。

积聚性和类似性是两个很重要的性质,前者能帮助我们确定属于平面的点的投影及想象出平面的空间位置;后者能帮助我们预见平面的投影形状,避免在作图时发生差错。

为叙述简单起见,以后除特别指明外,正投影一律简称投影,直线段或平面图形简称直线或平面。

通常在画法几何中有如下约定:空间点用大写字母 $A,B,C,\cdots$(或 $I,II,III,\cdots$)表示,其在水平投影面上的投影用小写字母 $a,b,c,\cdots$(或 $1,2,3,\cdots$)表示。

空间平面用大写字母 $P,Q,R,\cdots$ 标志,其在水平投影面上的投影用小写字母 $p,q,r,\cdots$ 标志。

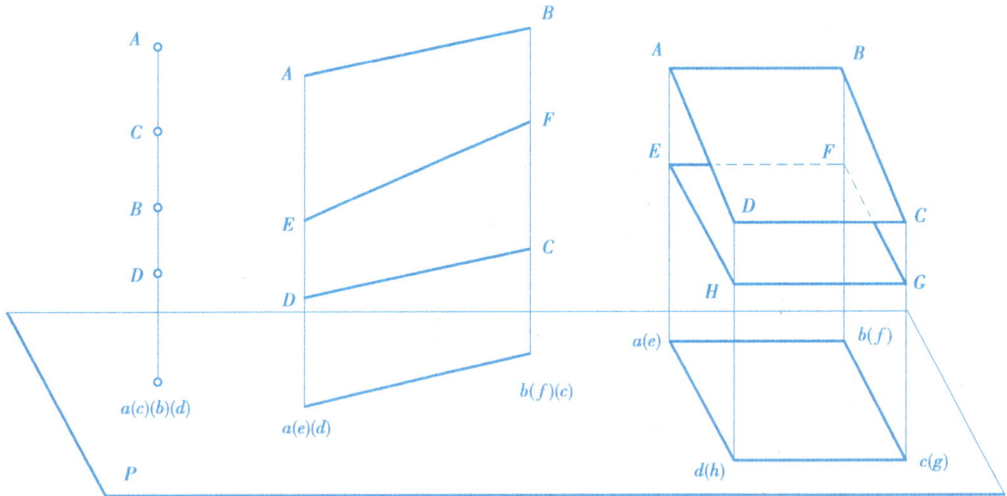

图 2.7　正投影的重合性

2.3　三面投影体系及立体的三面投影

2.3.1　三面投影图的形成

工程上绘制图样的方法主要是正投影法,所绘正投影图能反映形状的实际形状和大小尺寸,即度量性好且作图简便,能够满足设计与施工的需要。但是仅作一个单面投影图来表达形体的形状是不够的,因为一个投影图仅能反映该形体某些面的形状,不能表现出形体的全部形状。如图 2.8 所示,4 个形状不同的物体在投影面 H 上具有完全相同的正投影,单凭这个投影图来确定形体的唯一形状,是不可能的。

如果对一个较为复杂的形体,只向两个投影面作其投影时,其投影只能反映它两个面的形状和大小,也不能确定形体的唯一形状。如图 2.9 所示的 3 个形体,它们的 H 面、V 面投影完全相同,要凭这两面的投影来区分它们的空间形状,是不可能的。可见,若要用正投影图来唯一确定形体的形状,就必须采用多面正投影的方法。

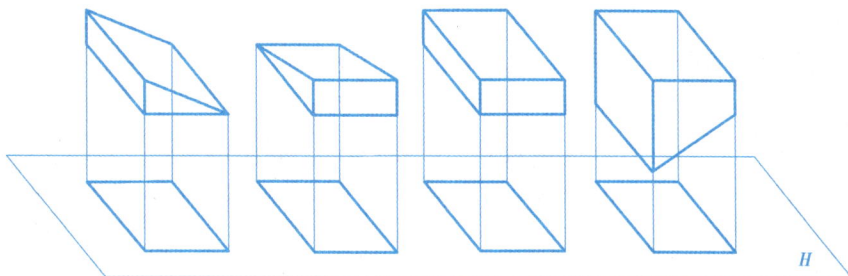

图 2.8　形体的单面投影图

(a)上部为三棱柱形体的三面投影　(b)上部为长方体形体的三面投影　(c)下部为三棱柱形体的三面投影

图 2.9　不同形体投影到 V、H 面投影相同的三面投影图

设立 3 个互相垂直的平面作为投影面,组成三面投影体系。如图 2.10(a)所示,这 3 个互相垂直的投影面分别为:水平投影面,用字母 H 表示,简称水平面或 H 面;正立投影面,用字母 V 表示,简称正立面或 V 面;侧立投影面,用字母 W 表示,简称侧立面或 W 面。3 个投影面两两相交构成的 3 条轴称为投影轴,H 面与 V 面的交线为 OX 轴,H 面与 W 面的交线为 OY 轴,W 面与 V 面的交线为 OZ 轴。3 条轴也互相垂直,并相交于原点 O。

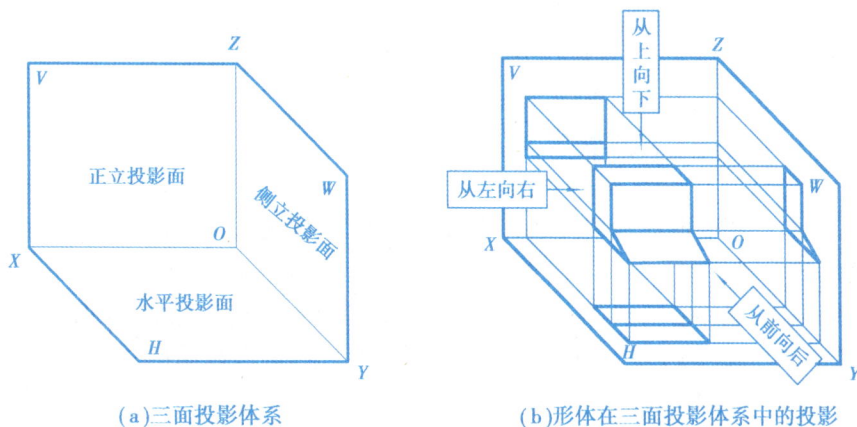

(a)三面投影体系　　　　　　(b)形体在三面投影体系中的投影

图 2.10　三面投影体系及三面投影图的形成

将形体放在投影面之间,并分别向 3 个投影面进行投影,就能得到该形体在 3 个投影面上的投影图。从上向下投影,在 H 面上得到水平投影图;从前向后投影,在 V 面得到正面投影图;从左向右投影,在 W 面上得到侧面投影图。将这 3 个投影图结合起来观察,就能准确地反映出

该形体的形状和大小,如图 2.10(b)所示。

2.3.2 三面投影图的展开

为了把形体的 3 个不共面(相互垂直)的投影绘制在一张平面图纸上,需将 3 个投影面展开,使其共面。假设 V 面保持不动,将 H 面绕 OX 轴向下旋转90°,将 W 面绕 OZ 轴向右后旋转90°,如图 2.11(a)所示,则 3 个投影面就展开到一个平面内。

形体的 3 个投影在一张平面图纸上画出来,这样所得到的图形称为形体的三面正投影图,简称投影图,如图 2.11(b)所示。三面投影图展开后,3 条轴就成了两条互相垂直的直线,原来的 OX 轴、OZ 轴的位置不变。OY 轴则分为两条,一条随 H 面旋转到 OZ 轴的正下方,成为 Y_H 轴;一条随 W 面旋转到 OX 轴的正右方,成为 Y_W 轴。

实际绘制投影图时,没有必要画出投影面的边框,也无须注写 H、V、W 字样。三面投影图与投影轴之间的距离,反映出形体与三个投影面的距离,与形体本身的形状无关,因此,作图时一般也不必画出投影轴。习惯上将这种不画投影面边框和投影轴的投影图称为"无轴投影",工程中的图纸均是按照"无轴投影"绘制的,如图 2.11(c)所示。

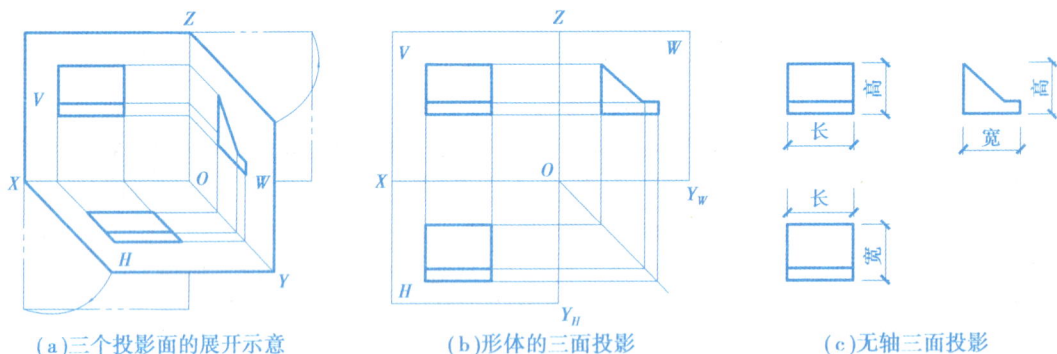

(a)三个投影面的展开示意　　　(b)形体的三面投影　　　(c)无轴三面投影

图 2.11　三面投影体系的展开

2.3.3 三面投影图的基本规律

从形体三面投影图的形成和展开的过程可以看出,形体的三面投影之间有一定的投影关系。其中,物体的 X 轴方向尺寸称为长度,Y 轴方向尺寸称为宽度,Z 轴方向尺寸称为高度。

水平投影反映出形体的长和宽两个尺寸,正面投影反映出形体的长和高两个尺寸,侧面投影反映出形体的宽和高两个尺寸。从上述分析可以看出:水平投影和正面投影在 X 轴方向都反映出形体的长度,且它们的位置左右应该对正,简称"长对正";正面投影和侧面投影在 Z 轴方向都反映出形体的高度,且它们的位置上下是对齐的,简称"高平齐";水平投影和侧面投影在 Y 轴方向都反映出形体的宽度,且这两个尺寸一定相等,简称"宽相等",如图 2.11 (c)所示。

因此,形体三面投影图 3 个投影之间的基本关系可以归结为"长对正、高平齐、宽相等",简称"三等关系",这是工程项目画图和读图的基础。

三面投影图还可以反映形体的空间方位关系。水平投影反映出形体前后、左右方位关系,正面投影反映出形体的上下、左右方位关系,侧面投影反映出形体的上下、前后方位关系。

【例2.1】根据形体的轴测投影图,画出其三面投影图(图2.12)。

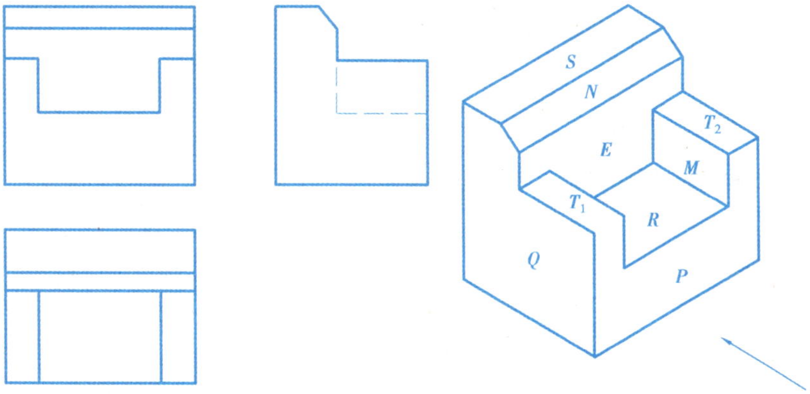

(a)形体的三面投影图   (b)形体的轴测图

图2.12   根据形体的轴测图画其三面投影图

【**解**】(1)选择形体在三面投影体系中放置的位置时应遵循下列原则:

①应使形体的主要面尽量平行于投影面,并使 V 面投影最能表现形体特征。

②应使形体的空间位置符合常态,若为工程形体应符合工程中形体的正常状态。

③在投影图中应尽量减少虚线。

(2)对形体各表面进行投影分析,如图2.12(b)所示。

①平面 P、E 及背面平行于 V 面,其 V 面投影反映实形;其 H 面投影、W 面投影分别积聚为 OX、OZ 轴的平行线。

②平面 R、S、T_1 和 T_2 及下底面平行于 H 面,其 H 面投影反映实形,其 V 面投影积聚为 OX 轴的平行线;其 W 面投影积聚为 OY_W 轴的平行线。

③平面 Q、M 及与其对称的平面平行于 W 面,其 W 面投影反映实形;其 H 面投影、V 面投影分别积聚为 Y_H 轴、OZ 轴的平行线。

④平面 N 垂直于 W 面,其 W 面投影积聚成一斜线;其 H 面投影、V 面投影均为类似形。

(3)绘制三面投影图,如图2.12(a)所示。

在图2.12(b)的位置将该形体放入三面投影体系中,箭头所指方向为 V 面投影的方向。绘图时应利用各种位置平面的投影特征和投影的"三等关系",即 H 面、V 面投影中各相应部分应用 OX 轴的垂直线对正(等长);V 面、W 面投影中各相应部分应用 OX 轴的平行线对齐(等高);H 面、W 面投影中各相应部分应"等宽",依次画出形体的三面投影图。同时应注意:R 面在 W 面投影中积聚成虚线;E 面下部分在 W 面投影中积聚成虚线。

本章小结

(1)了解投影的形成、分类及特性。

(2)掌握三面投影图的形成原理及作图过程。

复习思考题

2.1　投影是怎么形成的？

2.2　投影怎么分类？

2.3　正投影的性质是哪些？

2.4　三面正投影的规律是什么？

3 点、直线、平面的投影

本章导读:

　　本章将学习构成形体的基本几何元素点、直线、平面的投影原理、图解方法以及作图过程。

3.1　点的投影

　　点是构成形体的最基本的元素,画法几何学中的点只表示空间位置。

3.1.1　点在两面投影体系、三面投影体系中的投影

　　根据初等数学的概念可知,两个坐标不能确定空间点的位置。因此,点在一个投影面上的投影,可以对应无数的空间点。为了确定点的空间位置,设置两个互相垂直的正立投影面 V 和水平投影面 H(图3.1),这两个投影面将空间划分为 4 个区域,每个区域即为一分角,面对 X 轴的左端,按逆时针的顺序为第 Ⅰ、Ⅱ、Ⅲ、Ⅳ 分角。

1)点的两面投影

　　根据我国工程制图标准的规定"形体的图样,应按平行正投影法绘制,并采用第 Ⅰ 分角画法",故本书将讨论重点放在第 Ⅰ 分角中投影的画法。

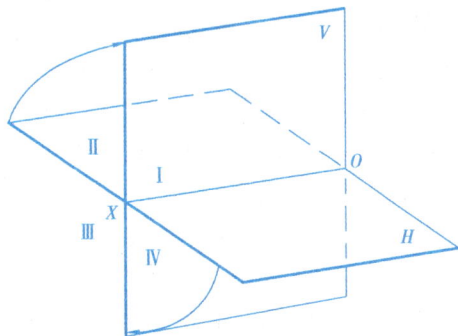

图3.1　相互垂直的两投影面

如图 3.2(a)所示,过点 A 分别向 V 面、H 面作投射线,得到与 V 面、H 面的垂足 a'、a。a' 称为空间点 A 的正面投影,简称 V 投影,其坐标是 (x,z),反映点 A 的左右上下位置;a 称为空间点 A 的水平投影,简称 H 投影,其坐标可用 (x,y) 表示,反映点 A 的左右前后位置。空间点 A 及其投影 a'、a 构成的平面与 OX 轴的交点称为 a_x。由此可见,可以通过点 A 的 V 投影和 H 投影反映空间点 A 的坐标 (x,y,z)。

前面所描述的点以及投影仍然是在三维空间中,而图纸是二维空间(即平面),若将 V、H 面投影体系如图 3.2(a)所示展开,即得到空间点 A 的 V、H 两面投影图,如图 3.2(b)所示。去掉投影面的边框,就得到点 A 的 V、H 两面投影图,如图 3.2(c)所示。

(1)点的两面投影特性

从图 3.2(a)中可知,$Aa \perp H$ 面,$Aa' \perp V$ 面,则平面 $Aa'a_xa$ 同时垂直于 H、V 面和投影轴 OX。展开后的投影图上,a 和 a' 的投影连线垂直于 OX,即 $aa' \perp OX$。由于 $Aa'a_xa$ 是个矩形,$aa_x = Aa' = y$,$a'a_x = Aa = z$。由此可以得到点在 V/H 两面投影体系中的投影特性为:

①点的 V 投影和 H 投影的连线,垂直于投影轴 OX 轴($aa' \perp OX$);

②点的投影到投影轴 OX 的距离等于空间点到其投影轴的另一投影面的距离($a'a_x = Aa = z$,$aa_x = Aa' = y$),如图 3.2 所示。

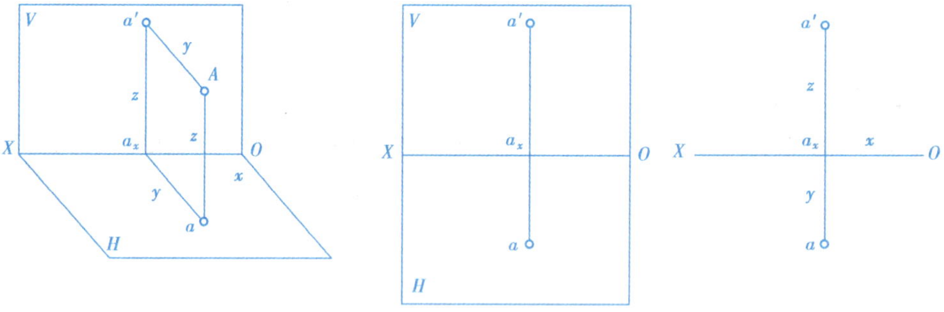

(a)　　　　　　　　　　(b)　　　　　　　　　　(c)

图 3.2　点的两面投影

以上投影特性也适合于其他分角中的点。

规定:在投影图中,将连接点的相邻两面的投影的直线称为投影连线。

(2)点在其他分角中的投影

在实际的工程制图中,通常都把空间形体放在第一分角中进行投影,但在画法几何学中应用图解法时,常常会遇到需要把线或面等几何要素延伸的情况,故此很难使它们始终都在第一分角内。这里简单地介绍点在其他分角的投影情况。

如图 3.3 所示的是点在第Ⅰ、Ⅱ、Ⅲ、Ⅳ分角的投影情况。投影的原理以及投影特性与前面所讲述的点在第一分角的投影完全一样,投影面的展开与前面所讲的一样,得到的两面投影图对于各分角的点的区别如下:点 A 在第Ⅰ分角中,其 V 投影和 H 投影分别在 OX 轴的上方和下方;点 B 是在第Ⅱ分角中的点,其 V 投影和 H 投影均在 OX 轴的上方;点 D 在第Ⅲ分角中,V 投影在 OX 轴的下方,H 投影在 OX 轴的上方,其情况与第Ⅰ分角正好相反;而第四分角的点 C,两个投影均在 OX 轴的下方,则与第Ⅱ分角的点 B 相反。显然,在Ⅱ、Ⅳ分角内,两个投影均在投影轴一侧,对于清晰地表达形体是不利的。因此,ISO 标准、我国和一些东欧国家多采用第Ⅰ分角投影的制图标准,美国、英国以及一些西欧国家采用了第Ⅲ分角投影制图标准。

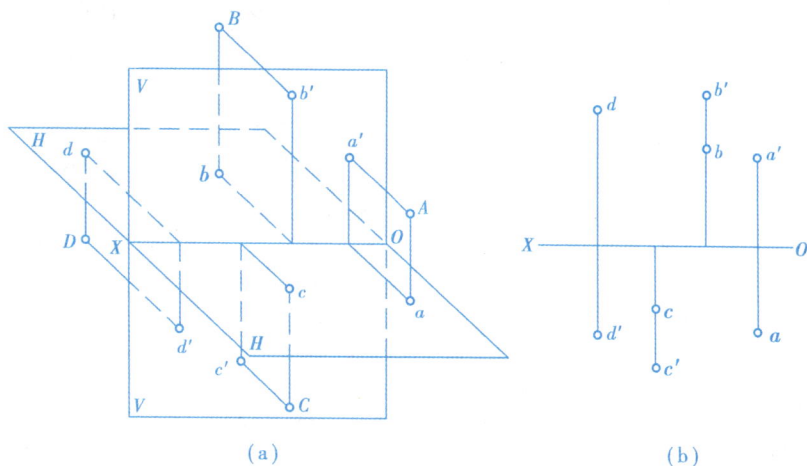

图3.3 点在4个分角中的投影

（3）特殊位置点的投影

所谓的特殊位置点,就是点在投影面上或在投影轴上的点。

从点的投影原理可以看出,属于投影面上的点,其坐标值至少有一个为零,则有一个投影与它本身重合,而另一个投影在投影轴上,如图3.4中的A、B、D、E点。其中点A、E均在H面上,则其V投影在OX轴上(a'、e'在OX轴上),点A在前半H面上,其H投影a在OX轴的下方,E点在后半H面上,则其H投影e在OX轴的上方;点B、D均在V面上,则其H投影在OX轴上(b、d在OX轴上),而由于两者所处的上下位置不同,V投影b'在OX轴的上方,V投影d'在OX轴的下方。

属于投影轴的点C,其V、H两个投影都在投影轴OX轴上,并与该点重合,如图3.4所示。

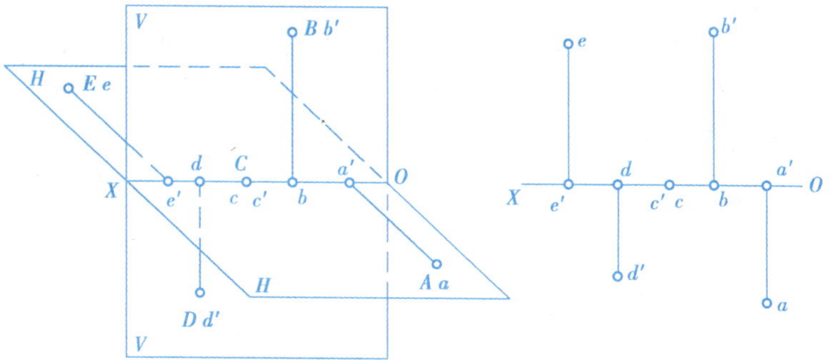

图3.4 4个分角中特殊点的投影

2）点的三面投影

虽然两面投影已经可以确定空间点的位置,但如第1章中所述,在表达有些形体时用两面投影不能表达清楚,解决之道就是设置第三个投影面。

如图3.5(a)所示,由空间点A分别向V、H、W面进行投影,得到点A在各投影面上的投影a、a'、a''。其中a''是空间点A的W投影。投射线Aa、Aa'、Aa''两两组合得3个平面:aAa'、aAa''和$a'Aa''$,这3个平面与投影轴OX、OY和OZ分别相交于a_x,a_y,a_z。这些点和原点O及其投影a、a'、a''的连线组成一个长方体,如图3.5(a)所示。

为了把 3 个投影 a、a'、a'' 表示在一个平面上,将三面投影体系展开后就得到了点 A 的三面投影图,如图 3.5(b)所示,去掉投影面边界得到图 3.5(c)。

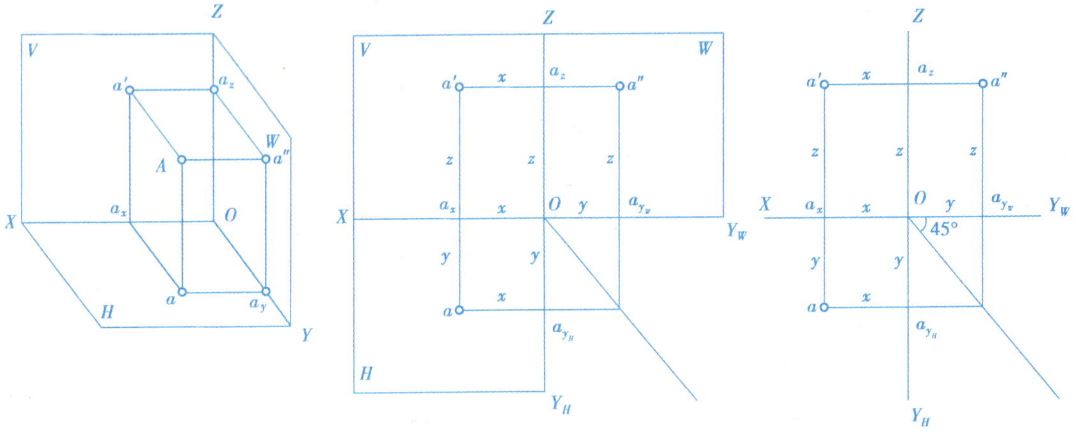

图 3.5　点在三面投影体系中的投影

点的三面投影特性如下:

①点的投影连线垂直于投影轴:$a'a \perp OX$、$a'a'' \perp OZ$、$aa_{y_H} \perp OY_H$、$a''a_{y_W} \perp OY_W$。

②点的投影到投影轴的距离,等于空间点到其投影轴的另一投影面的距离,即:

点 A 到 H 面的距离 $Aa = a'a_x = a''a_y = a_zO = z$,即高平齐;

点 A 到 V 面的距离 $Aa' = a''a_z = aa_x = a_yO = y$,即宽相等;

点 A 到 W 面的距离 $Aa'' = a a_y = a'a_z = a_xO = x$,即长对正。

点的这两条投影特性,称为三面投影的投影规律,也常称为"三等关系"(长对正、高平齐、宽相等)。这也说明,在三面投影体系中,任两个投影都有内在的联系,它们共用一个投影轴。只要给出一个点的任意两个投影,就可以求出其第三个投影。图 3.5(c)中的 45°线就是为了保证"宽相等"而作的辅助线,也可用四分之一圆来代替。

【例 3.1】如图 3.6 所示,已知空间点 B 的 H 投影 b 和 V 投影 b',求该点的 W 面投影 b''。

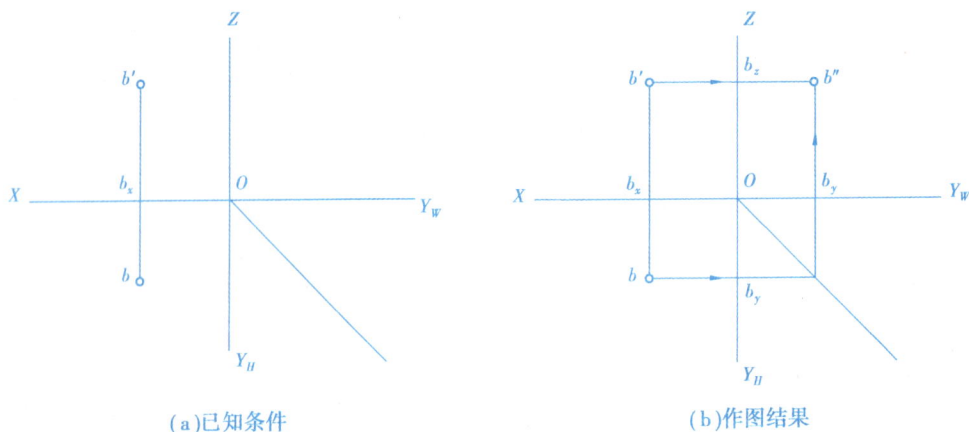

(a)已知条件　　　　　　　　　　　(b)作图结果

图 3.6　已知点的 V、H 投影求 W 投影

【解】做题过程就是一个应用"三等关系"的过程,作法如图3.6(b)中的箭头所示。

①根据本题已知 b' 和 b(长对正),过 b' 引 OZ 轴的垂线 $b'b_z$ 交 b_z 后适当延长(高平齐)。

②过 b 引 OY_H 轴的垂线 bb_y 交所作45°辅助线后再引 OY_W 轴的垂线交第①步所作高平齐的线于 b''(宽相等),b'' 即为所求。

【例3.2】如图3.7所示,已知点 C 的 V 投影 c' 和 W 投影 c'',求点 C 的 H 投影 c。

【解】作法如图3.6(b)中的箭头所示。

①根据本题已知 c' 和 c''(高平齐),过 c' 引 OZ 轴的垂线 $c'c_x$ 交 c_x 后适当延长(长对正)。

②过 c'' 引 OY_W 轴的垂线 $c''c_y$ 交所作45°辅助线后再引 OY_H 轴的垂线交第①步所作长对正的线于 c(宽相等),c 即为所求。

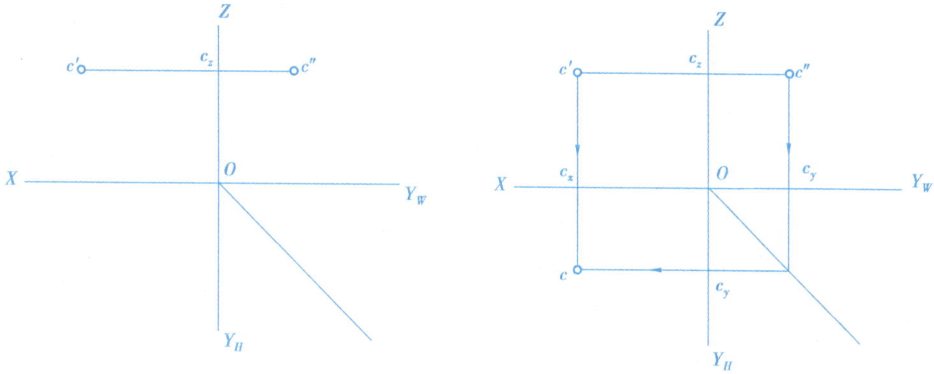

(a)已知条件　　　　　(b)作图结果

图3.7　已知点的 V、W 投影,求其 H 投影

【例3.3】已知空间点 A 的坐标为:$x=15$ mm、$y=10$ mm、$z=20$ mm,试作出点 A 的三面投影图。

【解】①在图纸上作一条水平线和铅垂线,两线交点为坐标原点 O,其左为 X 轴,上为 Z 轴,右为 Y_W,下为 Y_H。

②在 X 轴上取 $Oa_x=15$ mm;过 a_x 点作 OX 轴的垂线,在这条垂线上自 a_x 向下截取 $a_xa=10$ mm 和向上截取 $a_xa'=20$ mm,得 H 投影 a 和 V 投影 a',如图3.8(a)、(b)所示。

③由 a' 向 OZ 轴引垂线,交 OZ 轴于 a_z 并延长截取 $a_za''=10$ mm,得 W 投影 a'',如图3.8(c)所示。这一步也可按【例3.1】的方法,根据"三等关系"作图得到。

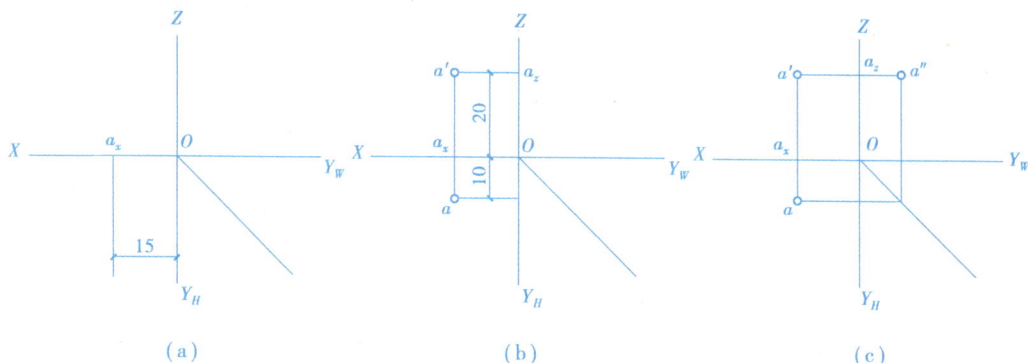

(a)　　　　(b)　　　　(c)

图3.8　已知空间点的坐标,求其三面投影

当空间点在投影面上时,则点的坐标至少有一个为零。如图 3.9 所示,空间点 D 在 H 面上,则 $z=0$,因此,点 D 的 V 面、W 面投影分别在 OX 轴和 OY_W 轴上(d' 在 OX 轴上,d'' 在 OY_W 轴上),而 H 面的投影(即 d)与空间 D 点本身重合。此时应注意,d'' 必须在 OY_W 上,这是因为 d'' 是点 D 在 W 面上的投影。

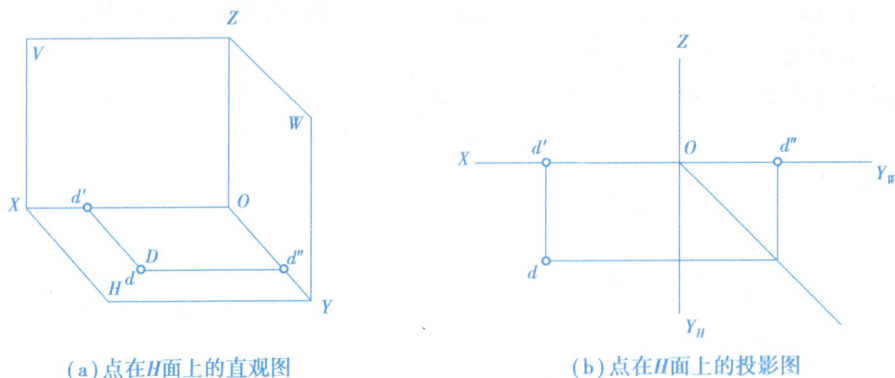

(a)点在 H 面上的直观图　　　　　　　(b)点在 H 面上的投影图

图 3.9　属于投影面的点

结合点的坐标来看,特殊点具有以下特点:

①属于投影面上的点,其坐标值必有一个为零,它的一个投影与它本身重合,而另两个投影在与该投影面有关的两个投影轴上。

②属于投影轴上的点,其坐标值必有两个为零,它的两个投影都在此投影轴上,并与该点重合,而另一投影在原点。

③当点在原点时,其坐标值均为零,三个投影都在原点处。

3.1.2　两点的相对位置关系及两点的无轴投影

点的坐标值反映了点在投影体系中的左右、前后及上下的位置,而两点之间的相对位置,可以通过比较两点坐标值可知:x 值大,距投影面 W 更远,在左方;y 值大,距投影面 V 更远,在前方;z 值大,距投影面 H 更远,在上方。如图 3.10 中的 A、B 两点,A 点在 B 点的上、左、前方,也可以说 B 点在 A 点的下、右、后方。

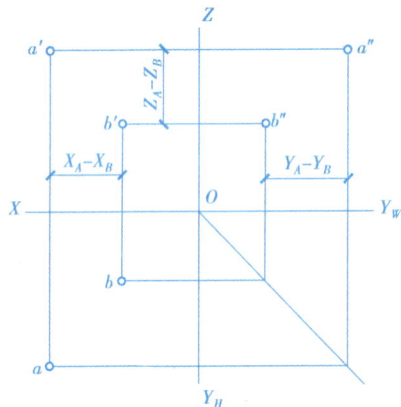

图 3.10　两点的相对位置　　　　　　**图 3.11　V 面的重影点**

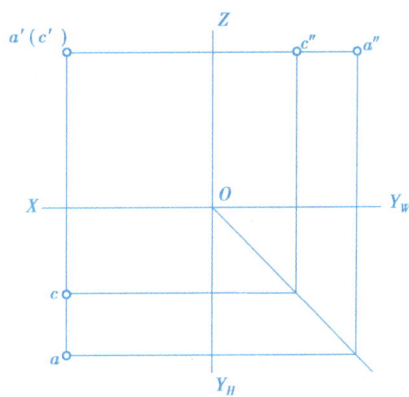

如果两点处于一条投射线上,则两个点的投影在该投影面上重合,这两个点为该投影面的重影点。如图 3.11 中,点 A 在点 C 的正前方,则 A、C 两点在 V 投影重合,A、C 两点称为 V 面的重影点。同理,如两个点为 H 面的重影点,则两点的相对位置是正上(下)方;如两个点为 W 面的重影点,则两点的相对位置是正左(右)方。在第一分角,由于投射线总是由远向投影面进行投射的,因此对于重影点,就有一个可见性的问题。如图 3.11 中,点 A 在点 C 的正前方,a' 可见,c' 不可见。为了表示可见性,在不可见投影的符号上加上括号( ),如(c')。判别可见性的原则是:前可见后不可见、上可见下不可见、左可见右不可见。总的说来,是坐标值大的、相对于两点来说距投影面远的,为可见。从直角坐标关系来看,重影点间实际上是有两组坐标相等,如图 3.11 中 A、C 两点的 X、Z 坐标相等,只有在 Y 方向点 A 大于点 C。

【例 3.4】已知点 A(10,10,20);点 B 距 W 面、V 面、H 面的距离分别为 20,5,10;点 C 在 A 点的正下方 10,求 A、B、C 三点的投影并判别可见性。

【解】分析:点 A 以坐标大小、点 B 以距投影面距离、点 C 以两点之间的相对位置确定空间位置。

作图:如图 3.12 所示。

①由点 A 的坐标求出点 A 的三面投影。

②根据点 B 相对于投影面的距离,实际上是给出了点 B 的坐标,求出 B 点的三面投影。

③根据点 C 在点 A 的正下方,求出点 C 的三面投影,A、C 两点为 H 面的重影点。

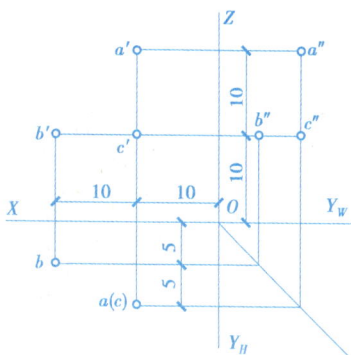

图 3.12 作点的三面投影

3.2 直线的投影

3.2.1 各种位置直线的投影

直线的投影一般仍为直线。只有当直线平行于投影方向或者说直线与投影面垂直时,直线的投影积聚为一点,如图 3.13 所示。

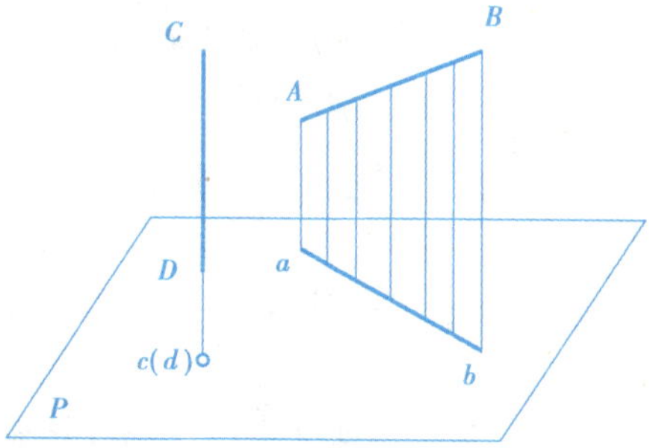

图 3.13 直线投影

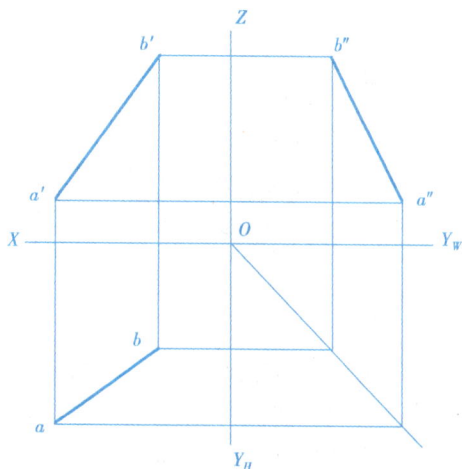

图 3.14 直线的三面投影

从几何学中得知,空间直线可以由直线上的两点来决定,即两点决定一条直线。因此,在画法几何学中,直线在某一投影面上的投影由属于直线的任意两点的同面投影连线来决定。如图 3.14 所示,当已知直线上的任意两点 A、B 的三面投影时,用实线连接两点的同面投影,即连接 a 与 b、a' 与 b'、a'' 与 b'',则得到直线 AB 的三面投影 ab、$a'b'$、$a''b''$。

直线与投影面的位置有三种:平行、垂直、一般。与投影面平行或者垂直的直线,称为特殊位置直线。

1)投影面的平行线

平行于某一投影面而倾斜于其余两个投影面的直线,称为投影面平行线(简称"平行线")。投影面平行线的所有点的某一个坐标值相等。其中,平行于 H 面的直线称为水平线,Z 坐标相等;平行于 V 面的直线称为正平线,Y 坐标相等;平行于 W 面的直线称为侧平线,X 坐标相等。表 3.1 列出了平行线的投影及投影特性。

表 3.1 平行线的投影和投影特性

名　称	直观图	投影图	投影特性
水平线	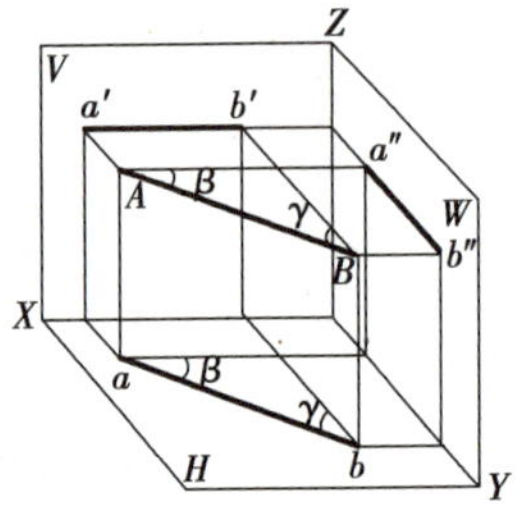	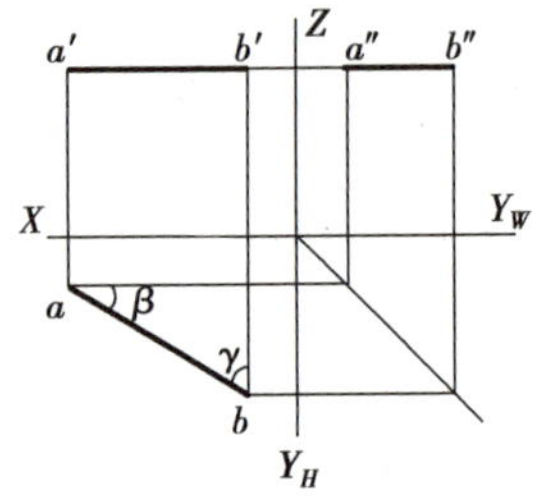	1. $a'b'/\!/OX$, 　$a''b''/\!/OY_W$; 2. $ab = AB$; 3. ab 与投影轴的夹角反映 β、γ 实角
正平线	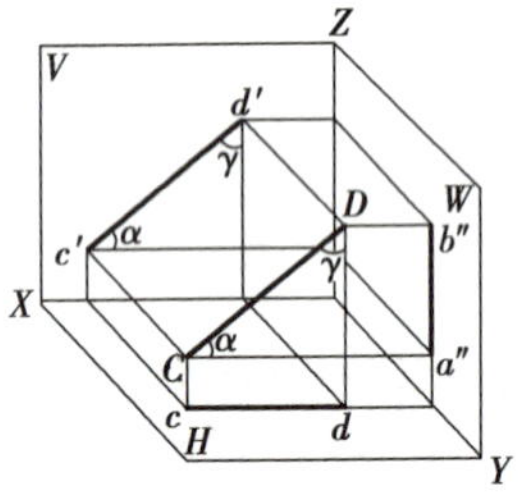	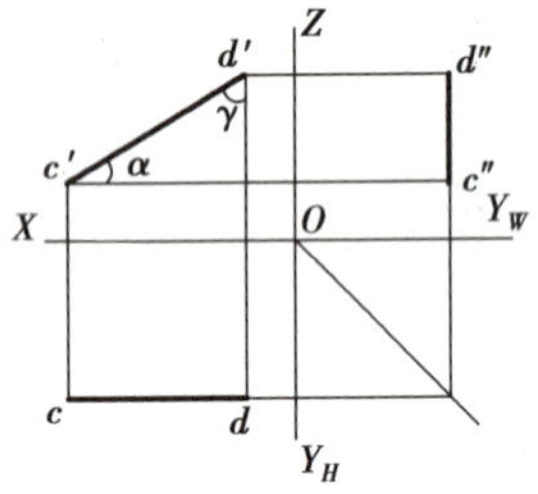	1. $cd/\!/OX$, 　$c''d''/\!/OZ$; 2. $c'd' = CD$; 3. $c'd'$ 与投影轴的夹角反映 α、γ 实角
侧平线	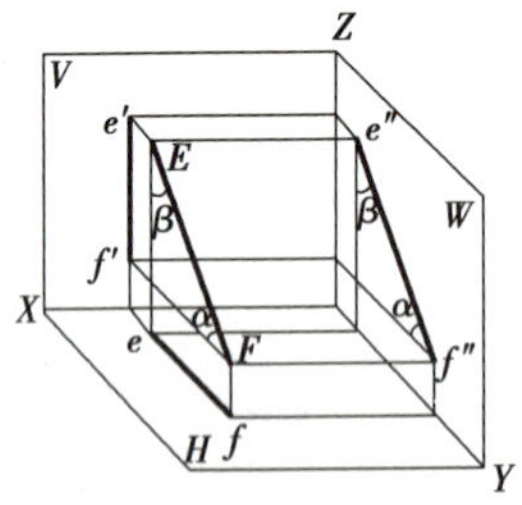	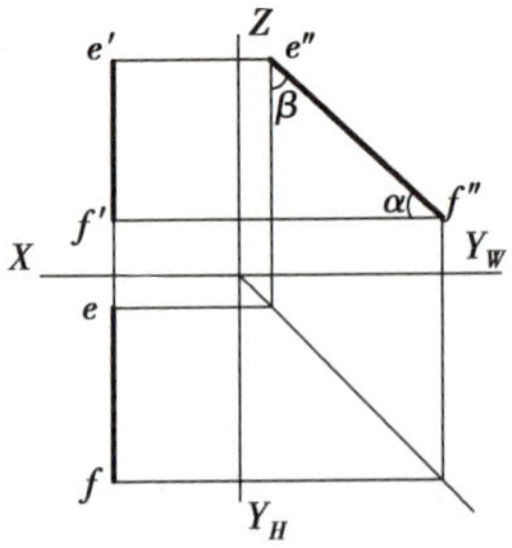	1. $ef/\!/OY_H$, 　$e'f'/\!/OZ$; 2. $e''f'' = EF$; 3. $e''f''$ 与投影轴的夹角反映 α、β 实角

表中直线对 H 面的倾角用 α 表示;直线对 V 面的倾角用 β 表示;直线对 W 面的倾角用 γ 表示。根据表 3.1,可知投影面平行线的投影特性如下:

①直线在它所平行的投影面上的投影反映实长(即全等性),并且这个投影与投影轴的夹角等于空间直线对倾斜的投影面的倾角。

②倾斜的两个投影面的投影都小于实长,并且平行于平行投影面的投影轴。

2)投影面的垂直线

垂直于某一投影面的直线,称为投影面垂直线(简称"垂直线")。投影面垂直线上的所有点有两个坐标值相等。当直线垂直于某一投影面时,必然平行于另两个投影面。其中,垂直于 H 面的直线称为铅垂线;垂直于 V 面的直线称为正垂线;垂直于 W 面的直线称为侧垂线。表 3.2 列出了垂直线的投影及投影特性。

表 3.2　垂直线的投影和投影特性

名　称	直观图	投影图	投影特性
铅垂线	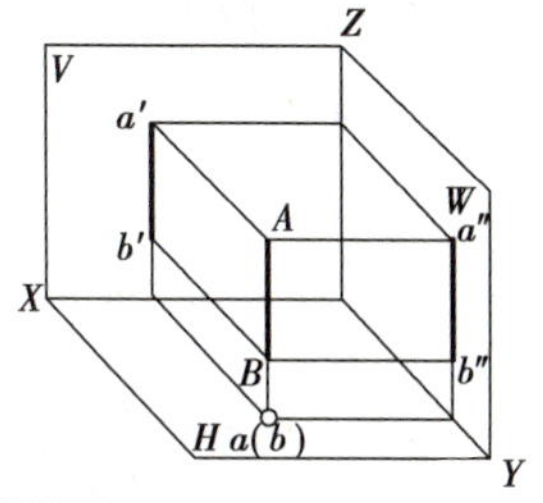	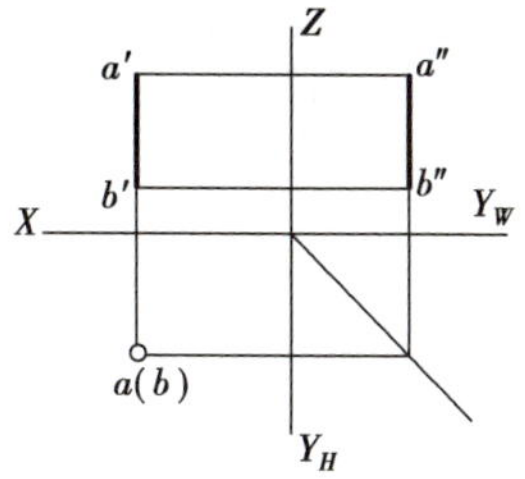	1. ab 积聚成一点; 2. $a'b' \perp OX$, 　$a''b'' \perp OY$; 3. $a'b' = a''b'' = AB$
正垂线	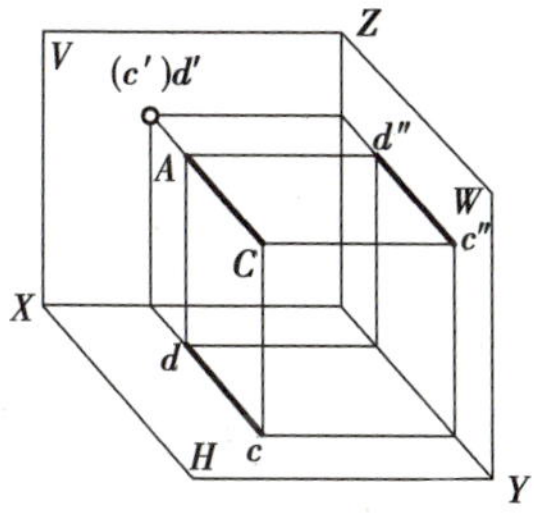	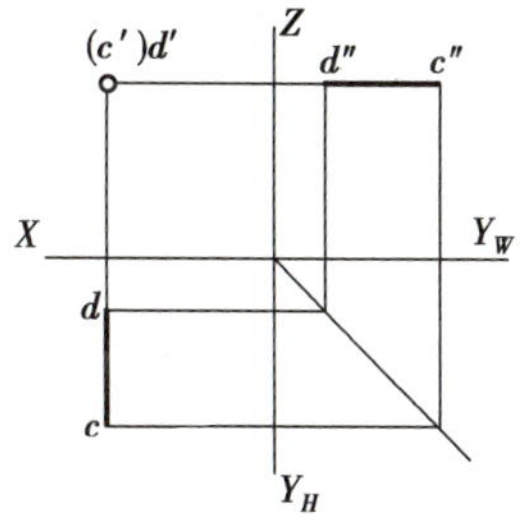	1. $c'd'$ 积聚成一点; 2. $cd \perp OX$, 　$c''d'' \perp OZ$; 3. $cd = c''d'' = CD$
侧垂线	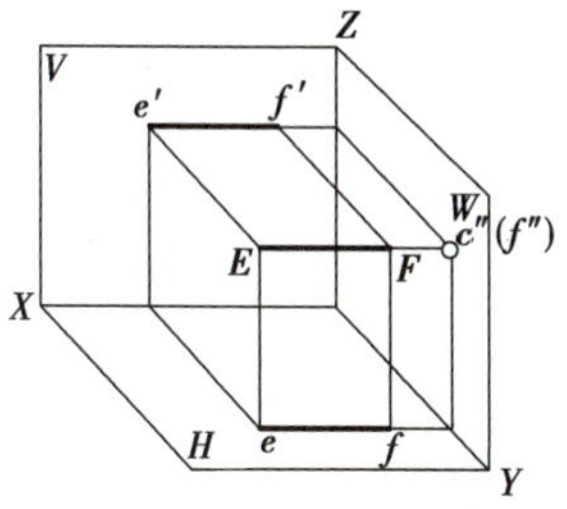	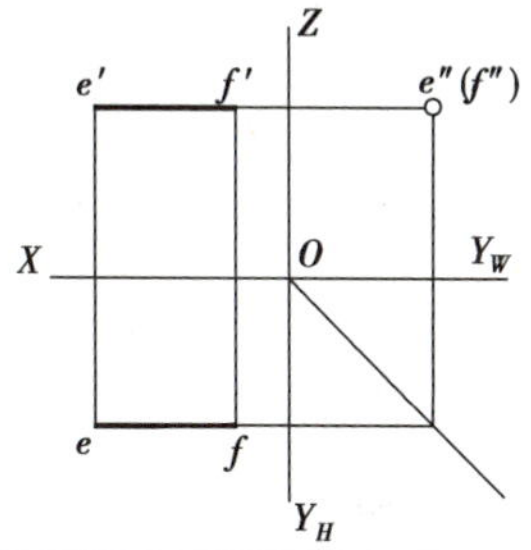	1. $e''f''$ 积聚成一点; 2. $ef \perp OY$, 　$e'f' \perp OZ$; 3. $ef = e'f' = EF$

投影面垂直线的投影特性如下:

①直线在它所垂直的投影面上的投影成为一点(积聚性)。

②其余两个投影垂直于相应的投影轴,且反映实长(全等性)。

3)投影面的一般位置直线

对各投影面均倾斜的直线称为一般位置直线(简称"一般线")。一般线的各个投影的长度均小于直线的实长,并且投影与投影轴的夹角均不反映直线与投影面的倾角。如图 3.15 所示的直线 AB 就是一般位置直线。

3.2.2　直线上的点

1）直线上的一般点

空间点与直线的关系有两种情况:点在直线上,点不在直线上。当点在直线上时,则有以下投影特性(图3.15):

①点的各面投影一定属于这条直线的同面投影(从属性)。

②点分线段成一定比例,则直线的各面投影也成相同比例(定比性)。

对于一般位置直线,判断点是否属于直线,只需观察两面投影就可以了。如图3.16中的直线 AB 和点 C、点 D。点 C 属于直线 AB,而点 D 就不属于直线 AB。

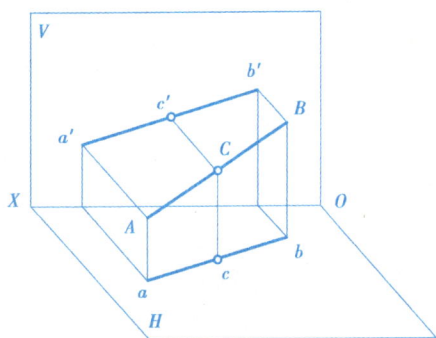

图3.15　属于直线的点

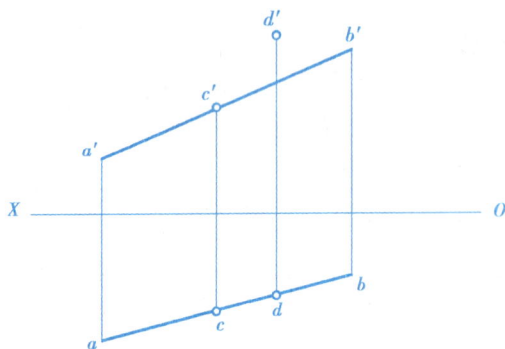

图3.16　C 点属于直线,D 点不属于直线

(a)

(b)

图3.17　特殊位置直线点的从属性判断

对于一些特殊位置直线,判断点是否属于直线,可以根据第三面投影来决定,也可以根据点在直线上的定比性来判断。如图3.17中的侧平线 CD 和点 E,虽然 e 在 cd 上,e' 在 $c'd'$ 上,但当

求出其 W 面投影 e'' 以后，e'' 不在 $c''d''$ 上，所以点 E 不属于直线 CD。当然也可以通过定比性来判断，由于 $e'c':e'd' \neq ec:ed$，则 E 点不在 CD 上，如图 3.17(b)所示。

【例 3.5】在线段 AB 上求一点 C，使点 C 将 AB 线段分成 $AC:CB = 3:4$。

【解】作法如图 3.18 所示。

①过投影 a 作任意方向的辅助线 ab_0，量取 7 等分，使 $ac_0:c_0b_0 = 3:4$；得 c_0、b_0；

②连接 b、b_0，再过 c_0 作辅助线 $c_0c /\!/ b_0b$；

③在水平投影 ab 上得 C 点的水平投影 c，再由 c 向上作"长对正"的投影连线，交 $a'b'$ 于 c'。

图 3.18　点分直线成定比

【例 3.6】已知在侧平线 CD 上的点 E 的 V 投影 e'，如图 3.19(a)所示，作出点 E 的 H 投影 e。

【解】作法如图 3.19 所示，本题有两种作法：

①把 V 投影 e' 所分 $c'd'$ 的比例 $m:n$ 移到 cd 上面作出 e，如图 3.19(b)所示。

②先作出 CD 的 W 投影 $c''d''$，再在 $c''d''$ 上作出 e''，最后在 cd 上找到 e，如图 3.19(c)所示。

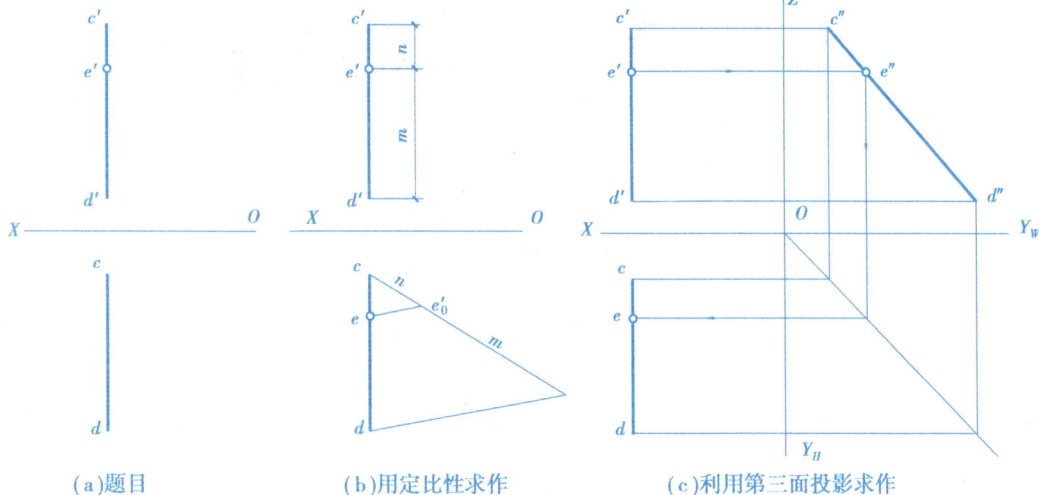

(a)题目　　　　　(b)用定比性求作　　　　　(c)利用第三面投影求作

图 3.19　求侧平线上的点

2)直线的迹点

直线延长与投影面的交点称为直线的迹点，与 H 面的交点称为水平迹点(常用 M 表示)，与 V 面的交点称为正面迹点(常用 N 表示)，与 W 面的交点称为侧面迹点(常用 S 表示)。

如图 3.20 所示，给出线段 AB，延长 AB 与 H 面相交，得水平迹点 M；与 V 面相交，得正面迹点 N。因为迹点是直线和投影面的交点，是直线和投影面的公有点，所以有以下性质：

①迹点是投影面上的点，则在该投影面上的投影必与它本身重合，而另一个投影必在投影轴上。

②迹点是直线上的点，则它的各个投影必属于该直线的同面投影。

由此可知：正面迹点 N 的正面投影 n' 与迹点本身重合，而且在 AB 的正面投影 $a'b'$ 的延长线上；水平投影 n 则是 AB 的水平投影 ab 与 OX 轴的交点。同样，水平迹点 M 的水平投影 m 与迹点本身重合，且在 AB 的水平投影 ab 的延长线上；其正面投影 m' 则是 AB 的正面投影 $a'b'$ 与 OX 轴的交点。

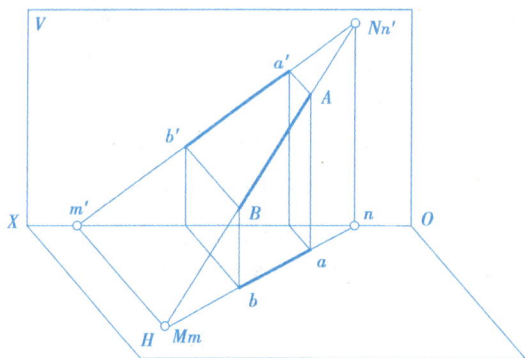

图 3.20 直线的迹点

【例 3.7】求作直线 AB 的水平迹点和正面迹点。

【解】作法如图 3.21 所示。

①延长 $a'b'$ 与 OX 轴相交，得水平迹点的 V 投影 m'，再从 m' 向下作投影连线与 ab 相交，得水平迹点的 H 投影 m，此点即为 AB 的水平迹点 M。

②延长 ab 与 OX 轴相交，得正面迹点的 H 投影 n，再从 n 向上作投影连线与 $a'b'$ 相交，得正面迹点的 V 投影 n'，此点即为 AB 的正面迹点 N。

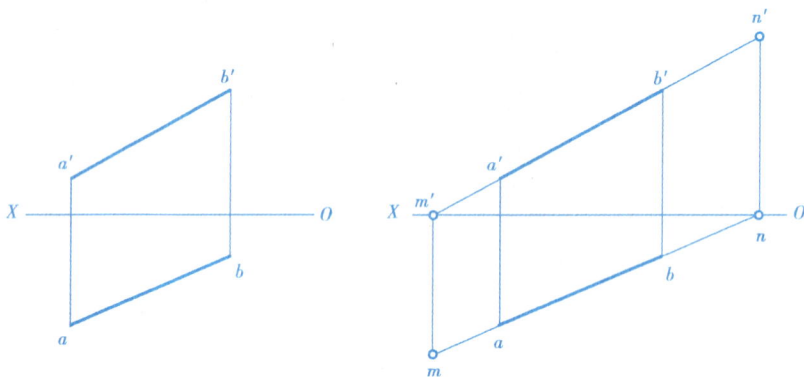

图 3.21 直线迹点的求法

3.2.3 一般位置直线的实长及其对投影面的倾角

一般位置直线的投影的长度均不反映直线本身的实长，如图 3.22 所示。那么，如何根据一般位置直线的投影来求出它的实长与倾角呢？先从立体图中来分析这个问题的解法。

1) 直线与 H 面的倾角 α

在图 3.23(a)中，过空间直线的端点 A 作直线 $AB_0 /\!/ ab$，得直角 $\triangle AB_0B$。$\angle BAB_0$ 就是直线 AB 与 H 面的倾角 α，AB 是它的斜边，其中一条直角边 $AB_0 = ab$，而另一条直角边 $BB_0 = Bb - Aa(B_0b) = Z_B - Z_A$。$Z_A$、$Z_B$ 即为 A、B 两点的 Z 坐标值，$Z_B - Z_A$ 为 A、B 两点的高度差。

图 3.22 直线的倾角

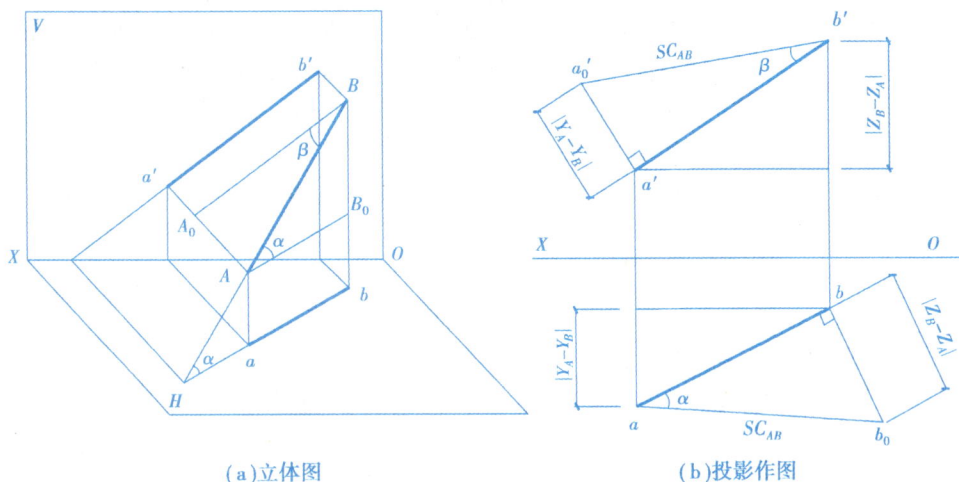

(a)立体图   (b)投影作图

图 3.23 用直角三角形法求一般位置直线的实长与倾角

根据图 3.23(a)分析可知,在直线的投影图上,可以作出与直角 $\triangle ABB_0B$ 全等的一个直角三角形,从而求得直线段的实长 AB 及与 H 面的倾角 α。其作图方法如图 3.23(b)所示。

①过水平投影 ab 的端点 b 作 ab 的垂线。

②在所作垂线上量取 $bb_0 = Z_B - Z_A$,得 b_0 点。

③用直线连接 a 和 b_0,得 $Rt\triangle abb_0$,此时,$ab_0 = AB$,$\angle bab_0 = \alpha$。

2)直线与 V 面的倾角 β

在图 3.23(a)上过点 B 作直线 $BA_0 // a'b'$,A_0 点在投影线 Aa' 上,得 $Rt\triangle ABA_0$,AB 是它的斜边,AA_0 和 BA_0 是它的两条直角边。此时,$BA_0 = a'b'$;而 $AA_0 = Aa' - Bb'(A_0a') = Y_A - Y_B$。因此,用 $a'b'$ 及距离差 $Y_A - Y_B$ 为直角边作直角三角形,也能求出线段 AB 的实长。作法如图 3.23(b)所示。所得的 $Rt\triangle a'b'a_0'$ 的斜边 $b'a_0'$ 等于线段 AB 的实长,$b'a_0'$ 与 $a'b'$ 的夹角等于线段 AB 与 V 面的倾角 β。

3)直线与 W 面的倾角 γ

γ 角的求法与上面所述一样,如图 3.22 中,作 $BA_1 // a''b''$,在 $Rt\triangle ABA_1$ 中,AA_1 为 A、B 两点

之间的 X 坐标差,BA_1 的长度等于 AB 在 W 面上投影 $a''b''$ 的长度,$\angle ABA_1 = \gamma$。同样的道理,该直角三角形大小可以在投影图上表达出来。

综上所述,在投影图上求一般位置直线的实长的方法是:以直线在某个投影面上的投影为一直角边,以直线的两端点到这个投影面的距离(坐标)差为另一直角边,作一个直角三角形,此直角三角形的斜边就是一般位置直线的实长,而斜边和投影的夹角,就等于直线对该投影面的倾角。这种方法称为"直角三角形法"。在这个直角三角形法中,实长、距离差、投影长、倾角四个要素,任知其中两者,便可以求出其余两者。而距离差、投影长、倾角三者均是相对于同一投影面而言。例如,要求直线对 H 面的倾角 α、实长,应该知道该直线的 H 面投影以及线段两端点对 H 面距离差,即 Z 坐标差。

值得注意的是,直角三角形法是一种在投影图中还原空间线面角的作图方法,因此,可以在任何地方表达所需对应的直角三角形。

【例3.8】试用直角三角形法求直线 CD 的实长及对 V 面的倾角 β。

【解】分析:此题是求直线 CD 对 V 面的倾角 β,根据直角三角形法的四个要素,已知条件中有两个要素:CD 的 V 投影 $c'd'$ 为一直角边,另一直角边则应是直线 CD 的两端点到 V 面的距离差(Y 坐标差)。这样,就可以得到另外的两个要素:直线 CD 的倾角 β 和实长。

作图:如图3.24所示。

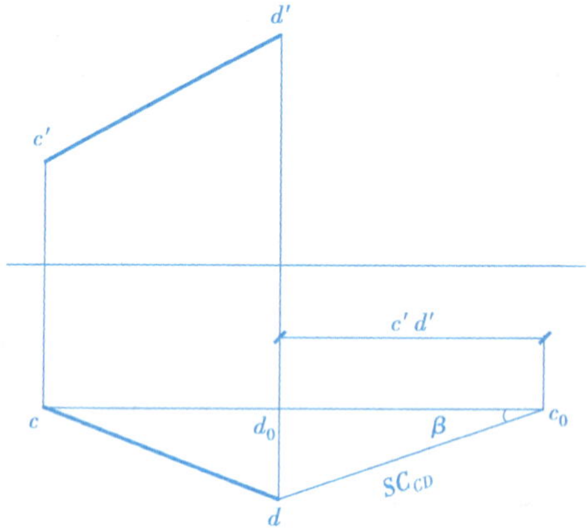

图3.24 求直线的真长和倾角

①过水平投影 c 作 X 轴的平行线,与 $d'd$ 交于 d_0,并延长该线。

②取 $d_0c_0 = c'd'$,将 c_0 与 d 相连。

③此时,$c_0d = CD$,$\angle dc_0d_0 = \beta$,如图3.24所示。

【例3.9】已知直线 CD 对 H 面的倾角 $\alpha = 30°$,作出直线的 V 投影 $c'd'$,如图3.25(a)所示。

【解】分析:此题直接给出直线的倾角 α 和直线的 H 投影,要求作直线的 V 投影。这两个条件正好是直角三角形法四个要素中对 H 面的两个,可以构成直角三角形。这个直角三角形中的另两个要素中就包含了 $c'd'$ 两端的高度差,有了这高度差就可以补全 CD 的 V 投影。

作图:如图3.25(b)所示。

①过 c' 作 OX 轴的平行线,与过点 D 的投影连线相交,得 d_0',并延长至 c_0',使 $c_0'd_0' = cd$。

②自 c_0' 对 $c_0'd_0'$ 作30°斜线,此斜线与过 D 的投影连线相交于 d'。

③连接 c' 和 d',得正面投影 $c'd'$(因为高度差不能确定上下方,所以该题有两解)。

(a)题目   (b)求解

图 3.25   已知直线 $\alpha = 30°$，求直线 V 投影

3.2.4   两直线的相对位置

两直线的相对位置有三种：平行、相交和相叉（即异面）。

1）两平行直线

根据平行投影的特性可知：**两直线在空间相互平行，则它们的同面投影也相互平行。**

对于一般位置的两直线，只需根据任意两面投影互相平行，就可以断定它们在空间也相互平行，如图 3.26 所示。但对于特殊位置直线，有时则需要作出它们的第三面投影，来判断它们在空间的相对位置，如图 3.27 中的两条侧平线 AB 和 CD，虽然其 V 面、H 面的投影都平行，但它们的 W 投影并不平行，所以在空间里这两条侧平线是不平行的。当然，也可以根据两直线投影中的比例关系来确定他们是否平行，如图 3.27 中的两条侧平线 AB 和 CD 的 V 投影与 H 投影的比例关系明显不同，故这两条侧平线线是不平行的。

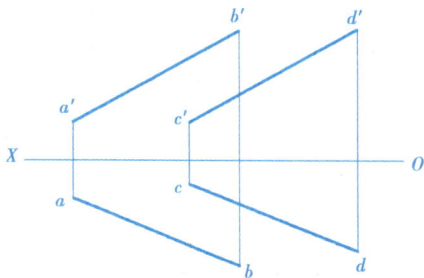

图 3.26   两一般位置直线平行

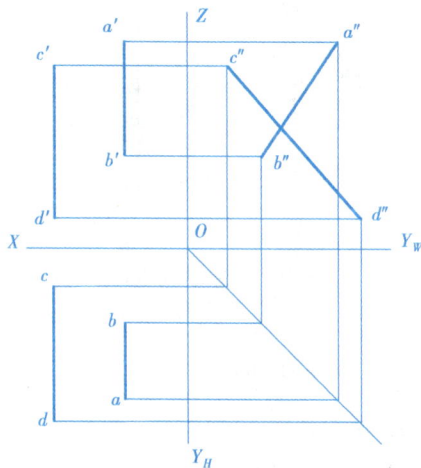

图 3.27   不平行的两侧平线

如果相互平行的两直线都垂直于同一投影面,则在该投影面上的投影都积聚为两点,两点之间的距离反映出两条平行线的真实距离,如图 3.28 所示。

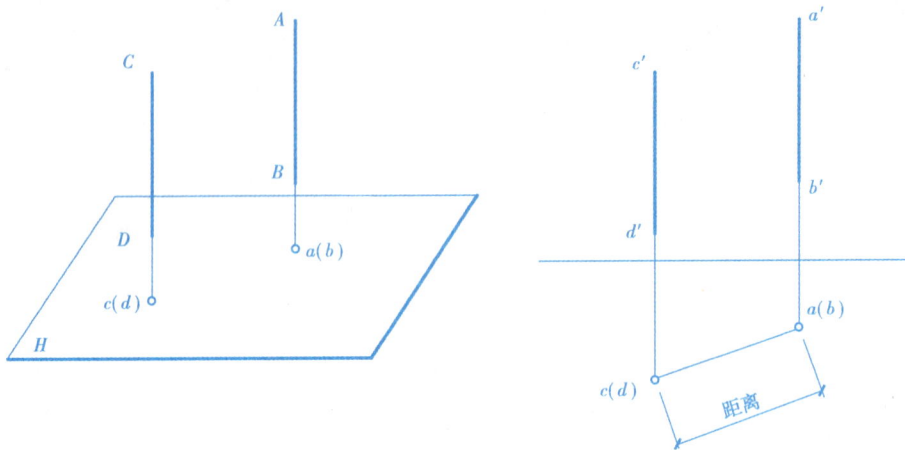

图 3.28　两平行线垂直于同一投影面

2) 两相交直线

所有的相交问题都是一个共有的问题,因此,两相交直线必有一个公共点即交点。由此可知:**两相交直线,则它们的同面投影也相交,而且交点符合点的投影特性。**

同平行的两直线一样,对于一般位置的两直线,只要根据两面投影,就可以判别两直线是否相交。如图 3.29 所示的直线 AB 和 CD 是相交的;而图 3.30 中的直线 AB 和 CD 就不相交,它们是交叉的两直线。但是,当两直线中一条是投影面的平行线时,有时就需要看一看它们的第三面投影或通过直线上点的定比性来判断。

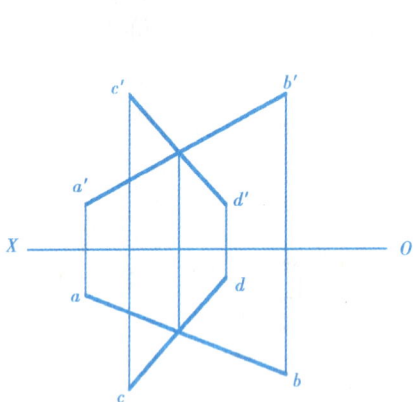

图 3.29　相交的两直线图

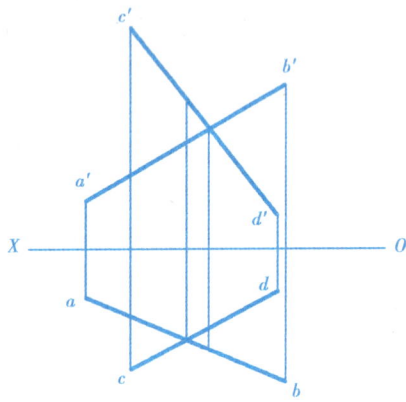

图 3.30　交叉的两直线

当两相交直线都平行于某投影面时,相交二直线的夹角等于相交二直线在该投影面上的投影的夹角,如图 3.31 所示。

3) 相叉的两直线

如图 3.32 所示,在空间里既不平行也不相交的两直线,就是相叉直线。由于交叉直线不能同在一个平面,在立体几何中把交叉直线又称为异面直线。

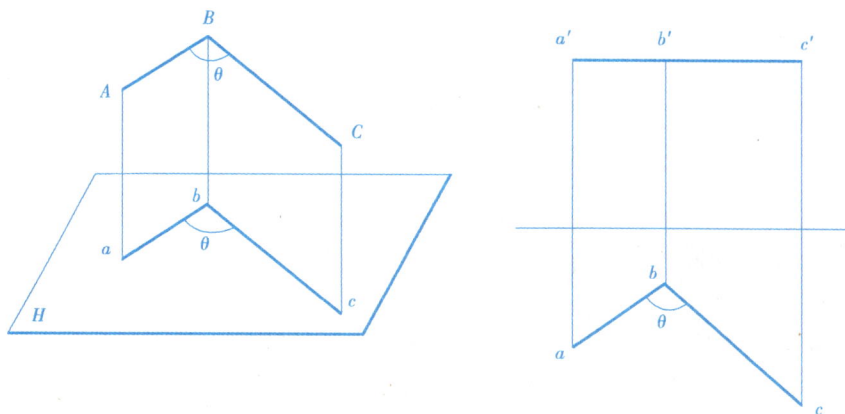

图3.31　平行于投影面的两相交直线在该投影面上的投影反映真实夹角

如果两条直线的同面投影相交,要判断这两条直线是相交的还是相叉的,就要判断它们的同面投影交点是否符合直线上的点的从属性或定比性。如图3.32中,V投影$a'b'$和$c'd'$的交点与H投影ab和cd的交点是重影点,则AB与CD是相叉直线。

事实上,交叉两直线投影在同一投影面的交点是这个投影面的重影点。如图3.32中,ab和cd的交点是空间AB上的Ⅰ点和CD上的Ⅱ点的H投影。Ⅰ在Ⅱ的正上方,H投影1重合于2,用符号1(2)表示。同样的,$a'b'$和$c'd'$的交点是空间CD上的Ⅲ点和AB上的Ⅳ点的V投影,Ⅲ在Ⅳ处正前方,V投影3'重合于4',用符号3'(4')表示。

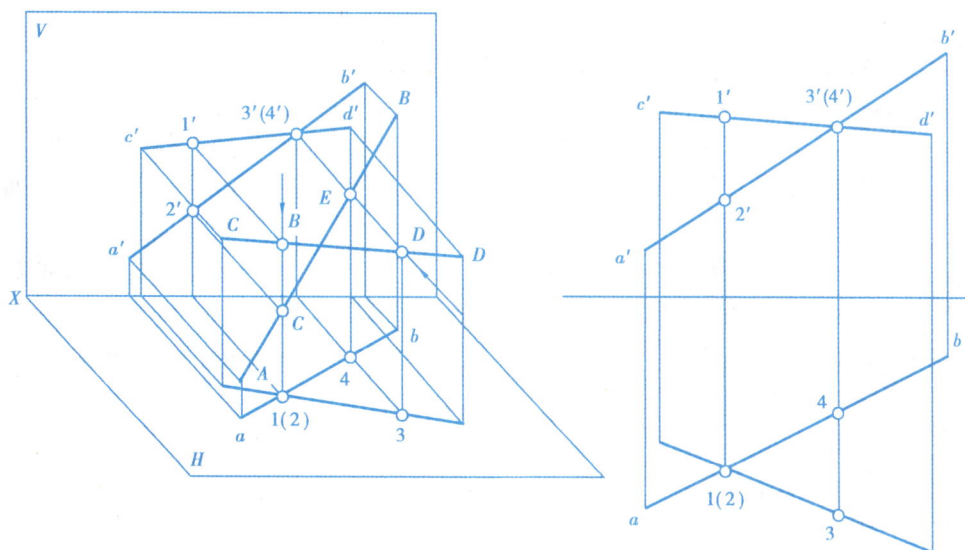

图3.32　交叉直线

如果两条直线中有一条或两条是侧平线,并且已知的是V、H投影,则可通过W投影判断两直线的相对位置是平行还是交叉,如图3.33所示。当然也可以利用CD的V、H投影中所谓交点的定比性来判断,如图3.33中CD的V、H投影中,如果将1'、1视为$c'd'$及cd上,其定比性显然不同,故直线AB、CD为交叉二直线。

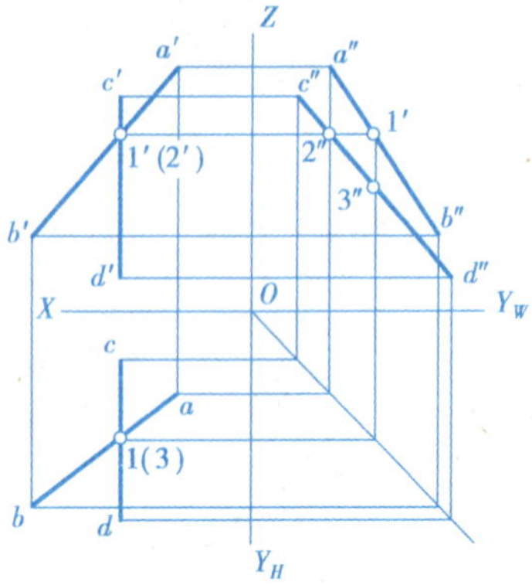

图 3.33 交叉直线中有一条侧平线 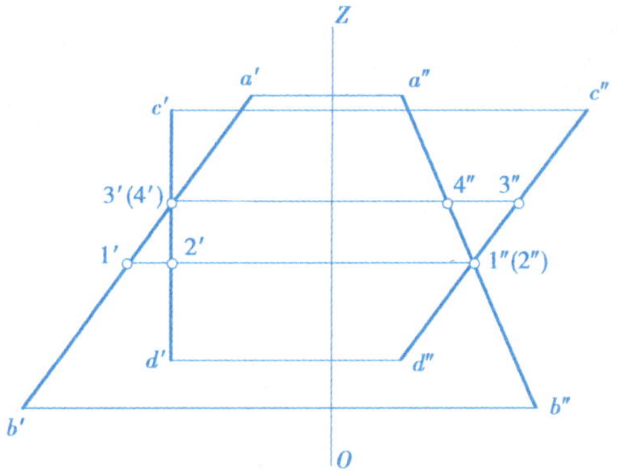　　　　图 3.34 判别交叉直线的可见性

【例 3.10】判别交叉两直线 AB 和 CD 上重影点的可见性,如图 3.34 所示。

【解】①从 W 投影的交点 1″(2″) 向左作投影连线,与 c′d′ 相交于 2′,与 a′b′ 相交于 1′。因为 1′ 左于 2′,所以 AB 上的 I 点在 CD 上的 II 点的正左方。1″ 可见,2″ 不可见,在 W 投影上将 2″ 打上括号。

②从 V 投影的交点 3′(4′),向右作投影连线,与 a″b″ 相交于 4″ 点,与 c″d″ 相交于 3″ 点。因为 3″ 前于 4″,故 3′ 可见,4′ 不可见,在 V 投影上将 4′ 打上括号。

3.2.5　直角投影定理

两相交直线的夹角,可以是锐角,也可以是钝角或直角。一般说来,要使一个夹角不变形地投射在某一投影面上,必须使构成此角的两边都平行于该投影面。一般情况下,空间直角的投影并不是直角;反之,两条直线的投影夹角为直角时,空间直线间的夹角不一定是直角。但是,对于相互垂直的两直线,只要有一直线平行于某投影面,则此两条直线的夹角在该投影面上的投影仍为直角。

在图 3.35(a)中,$AB \perp BC$,且 $AB /\!\!/ H$ 面,$BC /\!\!/ H$ 面,则 $\angle abc$ 在 H 面上仍是直角;在图 3.35(b)中,当空间直角 $\angle ABC$ 的一边 $AB /\!\!/ H$ 面,而另一边 BC 与 H 面倾斜。因为 $AB \perp BC$,$AB \perp Bb$,所以 $AB \perp$ 平面 BCcb,又知 $AB /\!\!/ ab$,所以 $ab \perp$ 平面 BCcb,由此证得 $ab \perp bc$,即 $\angle abc = 90°$。

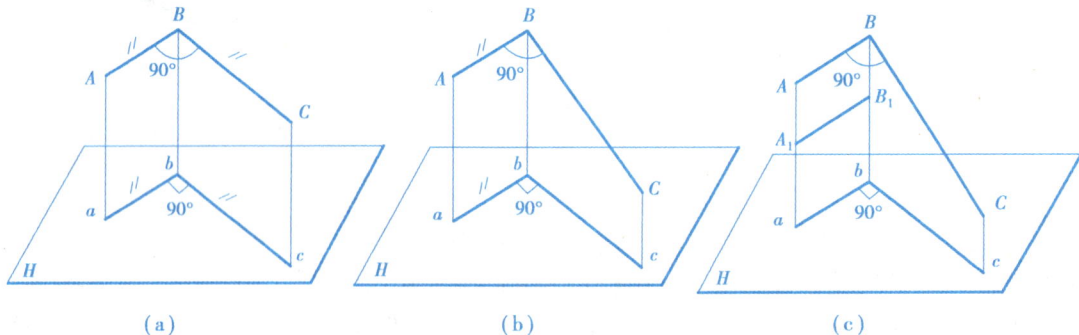

图 3.35　直角投影定理

将上述总结一下,得到直角投影定理:当构成直角的两条直线中,有一直线与投影面平行,

则此两直线在该投影面上的投影仍然为直角;反之,如果两直线的同面投影构成直角,且两直线之一是与该投影面平行,则该两直线在空间相互垂直。要注意的是,图 3.36(b)中直角∠ABC 在 V 面的投影∠a'b'c'≠90°。

直角投影定理既适用于相互垂直的相交两直线,又适用于相互垂直的交叉两直线,如图 3.35(c)中 A_1B_1 与 CB 就是相互垂直交叉的两条直线。

图 3.36 所示的相交两直线 AB 和 BC 及相叉两直线 MN 和 EF,由于它们的水平投影相互垂直,并且其中 AB、EF 为水平线,所以它们在空间也是相互垂直的。同样,图 3.37 所示的相交两直线及相叉两直线,也是相互垂直的。

画法几何中常常用直角投影定理来解决有关垂直的问题。

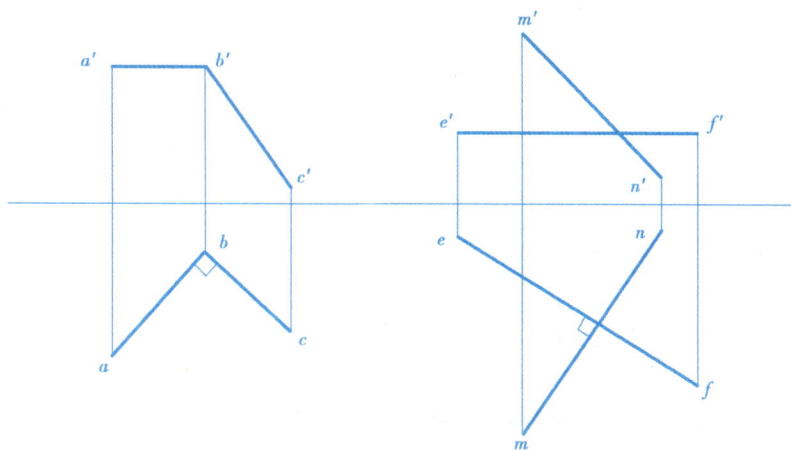

图 3.36　两直线其中一条边为水平线的直角投影

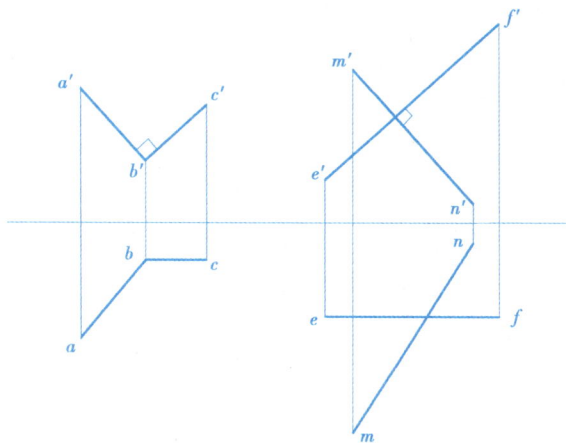

图 3.37　两直线其中一条边为正平线的直角投影

【例 3.11】确定点 A 到铅垂线 CD 的距离,如图 3.38 所示。

【解】分析:点到直线的距离,是过点向直线作垂线的垂足来确定的。由于直线 CD 是铅垂线,所以 CD 的垂线 AB 一定是平行于 H 面,它的水平投影反映实长。

作图:如图 3.38 所示。

【例 3.12】求点 A 到正平线 CD 的距离,如图 3.39 所示。

【解】分析:从图中可知,直线 CD 为正平线,通过 A 点向 CD 所作的垂线 AB 是一般位置直线,根据直角的投影特性可知: $a'b' \perp c'd'$。

图 3.38　点到铅垂线的距离

图 3.39　点到正平线的距离

作图:①过 a' 作投影 $a'b' \perp c'd'$,得交点 b'。

②由 b' 向下作投影连线,交 cd 上得到 b ;连接 a 和 b ,得到投影 ab。

③用直角三角形法,作出垂线 AB 的实长 ab_0。

【例 3.13】已知 MN 为正平线如图 3.40(a)所示,作等腰直角 $\triangle ABC$,且 BC 为直角边属于 MN。

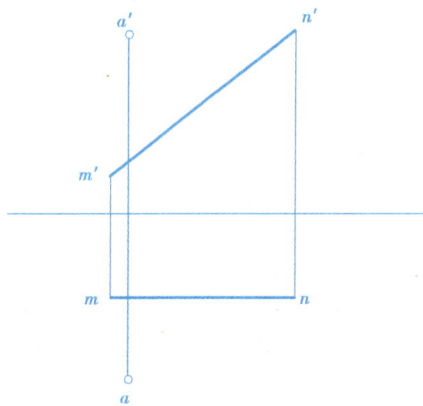

(a)题目

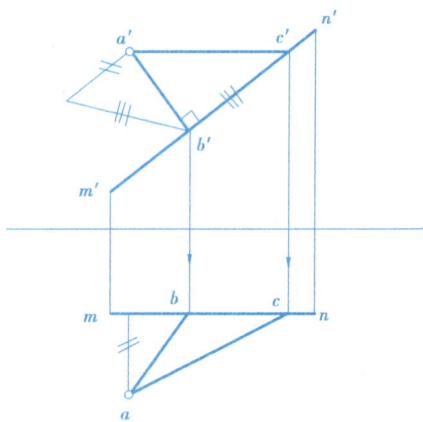

(b)解题步骤

图 3.40　综合应用题

【解】分析:等腰直角 $\triangle ABC$, BC 为直角边,则 $AB \perp BC$, $AB = BC$; MN 为正平线,根据直角投影定理可求出 B 点的投影。根据直角三角形法求出 AB 实长, BC 属于 MN ,在 $m'n'$ 上反映 BC 实长求得 C 点的投影。

作图:如图 3.40(b)所示。

①过 a' 点作 $m'n'$ 的垂线,交于 b' 点,从而得到 b ,连接 AB 两点的投影。

②用直角三角形法求 AB 实长,如图 3.40(b)采用 $\triangle Y—a'b'—SC_{AB}$。

③在 $m'n'$ 上量取 $b'c'=SC_{AB}$,求出 c',由 c' 求得 c。加深 $\triangle ABC$ 的投影。

3.3 平面的投影

平面的投影法表示有两种:一种是用点、直线和平面的几何图形的投影来表示,称为平面的几何元素表示法;另一种是用平面的迹线表示,称为迹线表示法。

3.3.1 平面的投影表示法

1)几何元素表示平面

根据初等几何可以知道,决定一个平面的最基本的几何要素是不在同一直线上的三点。因此,在投影图中可以利用这一组几何元素的组合的投影来表示平面的空间位置(图3.41)。

①不属于同一直线的三点,如图3.41(a)所示;

②一条直线及直线外的一点,如图3.41(b)所示;

③相交二直线,如图3.41(c)所示;

④平行二直线,如图3.41(d)所示;

⑤任意平面图形,如图3.41(e)所示。

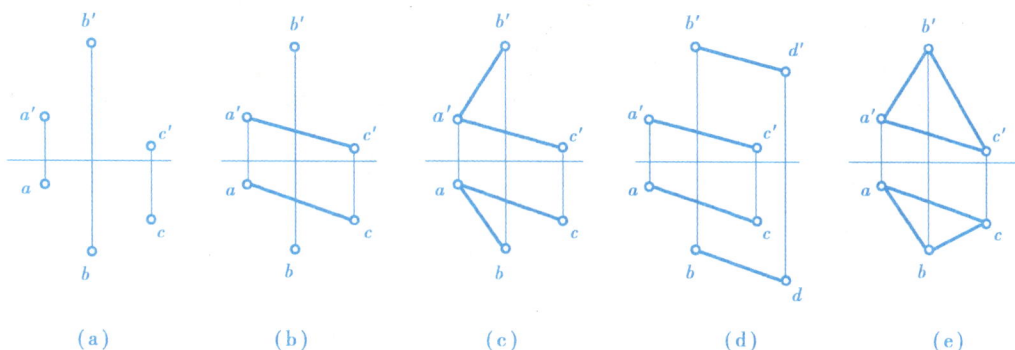

图3.41 几何元素表示平面

如图3.41所示,平面的表示形式虽然不同,但本质都是同一平面,它们可以相互转化。

2)用平面的迹线表示平面

直线与投影面的交点称为迹点。平面与投影面的交线称为**平面的迹线**。平面与 V 面的交线称为正面迹线(常用 P_V 表示),与 H 面的交线称为**水平迹线**(常用 P_H 表示),与 W 面的交线称为**侧面迹线**(常用 P_W 表示)。相邻投影面的迹线交投影轴于一点,此点称为迹线的集合点,分别用 P_X、P_Y、P_Z 表示(图3.42)。迹线通常用粗实线表示;当迹线表示辅助平面求解画法几何问题时,迹线则用细实线(或者两端是粗线的细线)表示。

从图3.42中可以看出,在三面投影体系中,P_V 为 V 面上的直线,P_V 的 V 投影与迹线本身重合,P_V 的 H 投影及 W 投影分别重合于 OX 轴与 OZ 轴。习惯上,采用迹线本身作标记,而不必再用符号标出迹线其他二面投影。水平迹线 P_H 与侧面迹线 P_W 与此相同。

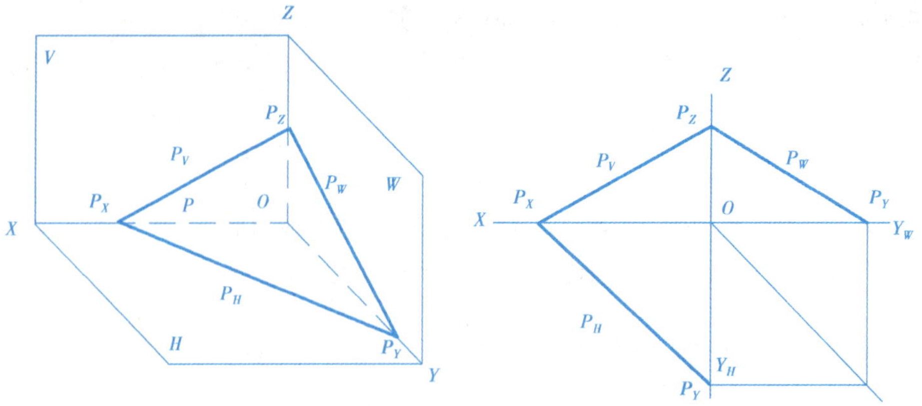

（a）一般位置平面的空间及迹线位置 　　　　　（b）迹线表示法

图 3.42　用迹线表示平面

　　用几何元素表示的平面可以转换为迹线表示的平面，其实质就是求作属于平面上的任意两直线的迹点问题。如图 3.43 所示，取平面上任意二直线，如 AB 与 BC，作出直线的水平迹点 M_1 点与 M_2 点，这两个点必属于平面 $\triangle ABC$ 与 H 面的交线 P_H，故而连接点 M_1 与点 M_2 即为 P_H。同理，求出两直线 AB 与 BC 的正面迹点 N_1、N_2，可得 P_V。

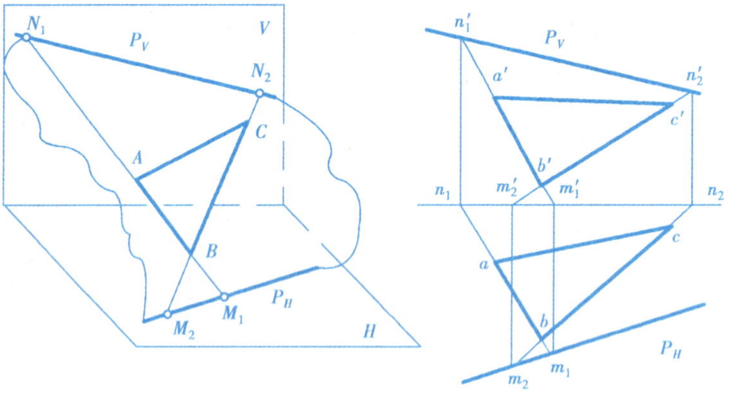

（a）直观图 　　　　　（b）投影图

图 3.43　非迹线平面转换为迹线平面

3.3.2　各种位置的平面的投影

　　平面与投影面的相对位置，可分为特殊位置与一般位置两大类。

1）特殊位置平面

　　特殊位置平面分投影面垂直面和投影面平行面。

　　（1）投影面垂直面

　　垂直于一个投影面并倾斜于两个投影面的平面称为**投影面垂直面**（简称"垂直面"）。其中，与 H 面垂直的平面称为铅垂面；与 V 面垂直的平面称为正垂面；与 W 面垂直的平面称为侧平面。表 3.3 列出这三种平面（用矩形表示）的三面投影及投影特征。投影面垂直面的投影特性如下：

①平面在所垂直的投影面上的投影积聚为直线,此直线与投影轴的夹角,即为平面与同轴的另一个投影面的夹角。

②平面在所垂直的投影面上的投影与它的同面迹线重合。

③平面在另两个投影面上的投影是小于实形的类似形,相应的两条迹线平行于所垂直的投影面外的投影轴。

表3.3　投影面垂直面

名　称		直观图	投影图	投影特性
铅垂面	图形平面	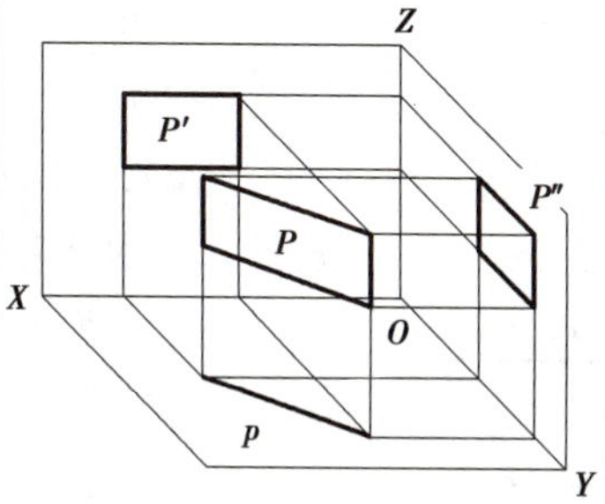	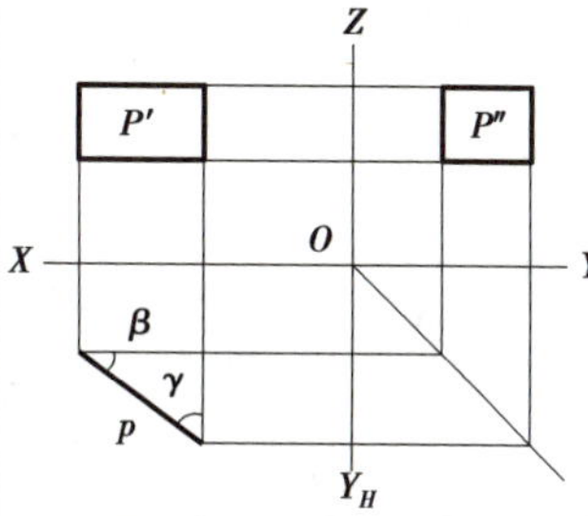	1. 水平投影 P 积聚为一直线,并反映对 V、W 面的倾角 β、γ; 2. 正面投影 P' 和侧面投影 P'' 为平面 P 的类似形
	迹线平面	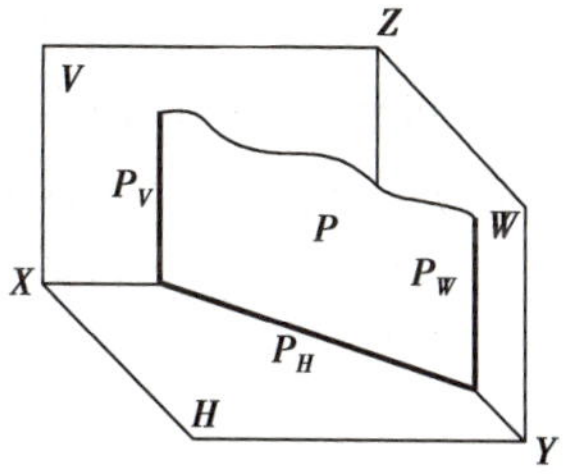	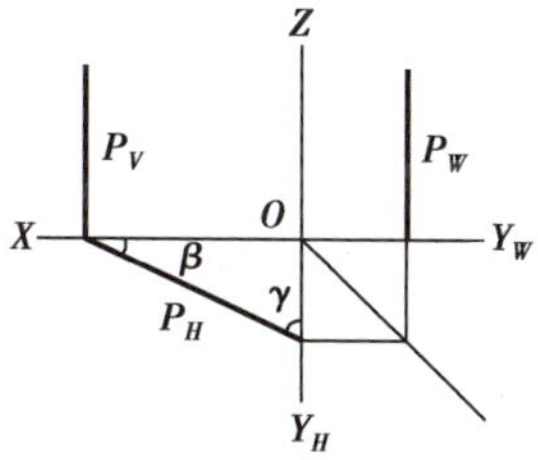	1. P_H 为积聚性,与 OX 轴和 OY_H 轴的夹角分别反映角 β、γ; 2. $P_V \perp OX$ 轴,$P_W \perp OY_W$ 轴
正垂面	图形平面	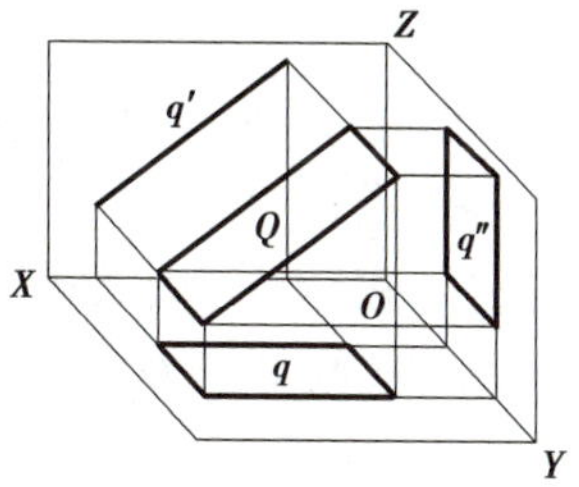	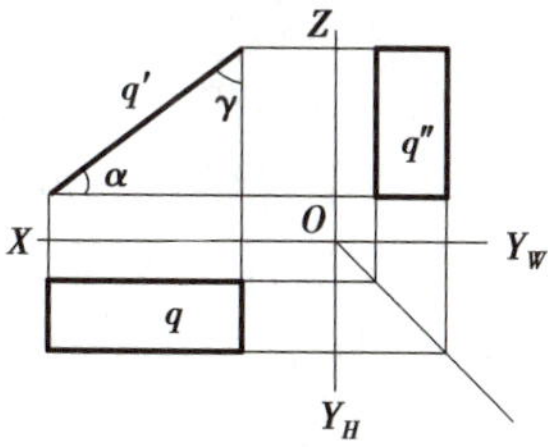	1. 正面投影 q' 积聚为一直线,并反映对 H、W 面的倾角 α、γ; 2. 水平投影 q 和侧面投影 q'' 为平面 Q 的类似形
	迹线平面	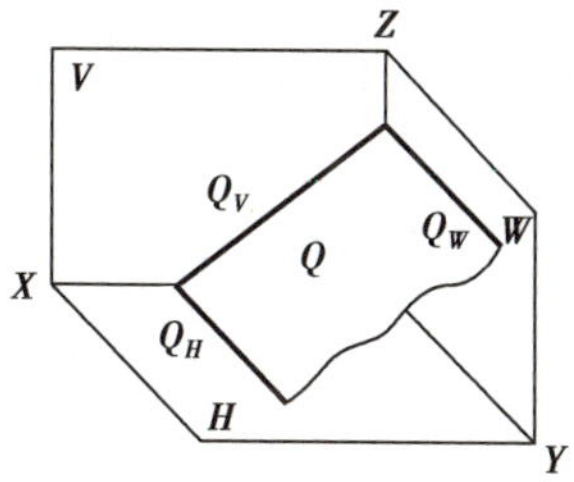	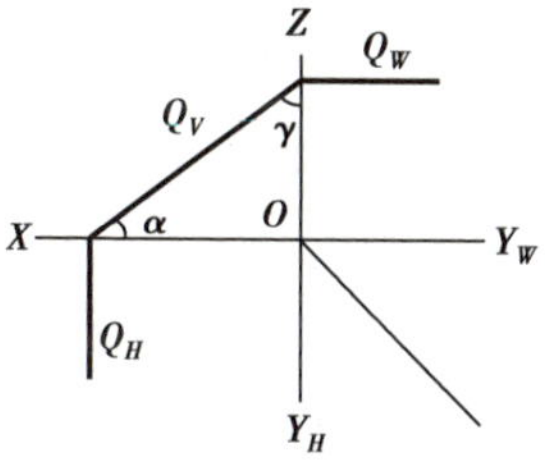	1. Q_V 有积聚性,与 OX 轴和 OZ 轴的夹角分别反映角 α、γ; 2. $Q_H \perp OX$ 轴,$Q_W \perp OZ$ 轴

续表

名　称		直观图	投影图	投影特性
侧垂面	图形平面			1. 侧面投影 r'' 积聚为一直线, 并反映对 H、V 面的倾角 α、β; 2. 水平投影 r 和正面投影 r' 为平面 R 的类似形
	迹线平面			1. R_W 有积聚性, 与 OY_W 轴和 OZ 轴的夹角分别反映角 α、β; 2. $R_V \perp OZ$ 轴, $R_H \perp OY_H$ 轴

(2)投影面平行面

平行于一个投影面,同时垂直于两个投影面的平面称为**投影面平行面**(简称"平行面")。其中,与 H 面平行的平面称为**水平面**;与 V 面平行的平面称为**正平面**;与 W 面平行的平面称为**侧平面**。表3.4列出了这三种平面(平面用矩形表示)的三面投影及投影特性。投影面平行面的投影特性如下:

①**平面在其所平行的投影面上的投影反映实形(全等性)。**

②**平面在另两投影面上的投影积聚为直线(积聚性),且垂直于平行的投影面外的投影轴。**

(3)投影具有积聚性平面的迹线表示法

特殊位置平面均具有积聚性。如果单考虑特殊位置平面的空间的位置,则在投影图中,用与积聚性的投影重合的迹线(是一条直线),即可以表示该平面。

如图3.44(a)所示,用 P_V 标记的这条迹线(平行于 OX 轴)表示一个水平面 P,脚标字母 V 表示平面垂直于 V 面;再如图3.44(b)中用 Q_H 标记的一条迹线(倾斜于 OX 轴)表示一个铅垂面,脚标字母 H 说明 Q 面垂直于 H 面。

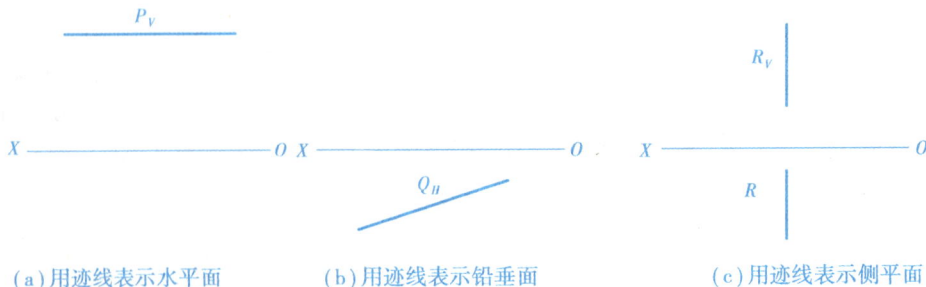

(a)用迹线表示水平面　　　　(b)用迹线表示铅垂面　　　　(c)用迹线表示侧平面

图3.44　用迹线表示特殊位置平面

表 3.4 投影面平行面

名　称		直观图	投影图	投影特性
水平面	图形平面			1. 水平投影 p 反映实形； 2. 正面投影 p' 积聚为一直线，且平行于 OX 轴；侧面投影 p'' 积聚为一直线，且平行于 OY 轴
	迹线平面			1. 无水平迹线 P_H； 2. $P_V \parallel OX$ 轴，$P_W \parallel OY_W$ 轴，有积聚性
正平面	图形平面			1. 正面投影 q' 反映实形； 2. 水平投影 q 积聚为一直线，且平行于 OX 轴；侧面投影 q'' 积聚为一直线，且平行于 OZ 轴
	迹线平面			1. 无正面迹线 Q_V； 2. $Q_H \parallel OX$ 轴，$Q_W \parallel OZ$ 轴，有积聚性
侧平面	图形平面			1. 侧面投影 r'' 反映实形； 2. 水平投影 r 积聚为一直线，且平行于 OY_H 轴；正面投影 r' 积聚为一直线，且平行于 OZ 轴

续表

名	称	直观图	投影图	投影特性
侧平面	迹线平面	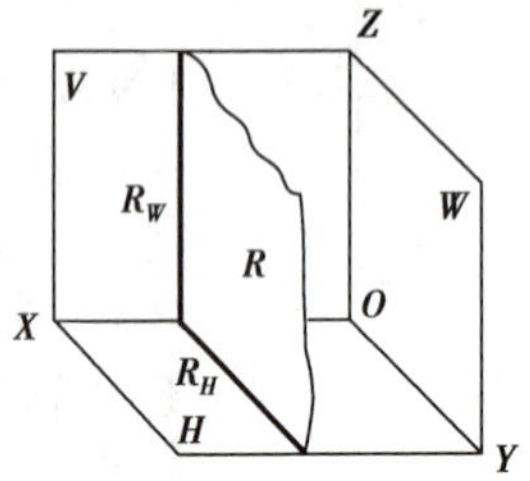	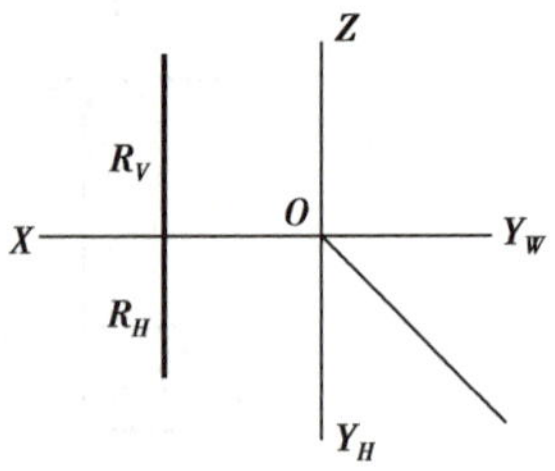	1. 无侧面迹线 R_W; 2. R_H // OY_H 轴, R_V // OZ 轴,有积聚性

2)一般位置平面

对三个投影面都倾斜的平面称为一般位置平面,如图 3.45(a)所示。图 3.45(b)为一般位置平面的投影图,三个投影均为小于实形的三角形,即三个投影具有类似性。若用迹线表示一般位置平面,则平面各条迹线必与相应的投影轴倾斜,迹线与投影轴的夹角并不反映平面与投影面的倾角,相邻投影面的迹线相交于相应投影轴的同一点,如图 3.42(b)所示。

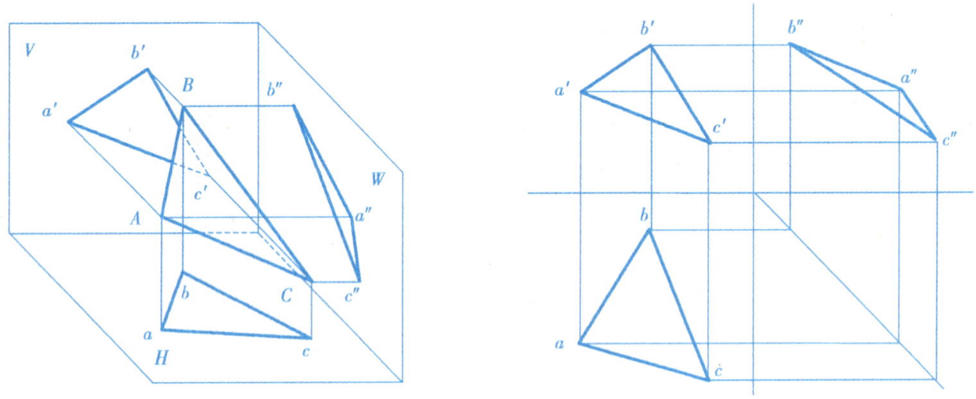

(a)直观图　　　　　　　　　　　(b)投影图

图 3.45　一般位置平面

3.3.3　平面上的直线和点

1)属于一般位置平面的直线和点

（1）平面上的直线

由初等几何可知,一直线若过平面上的两点,则此直线属于该平面,如图 3.46(a)中的 M、N 点在平面上,由这两点连成的直线 MN 属于平面;或者一直线若过平面上的一点且平行于平面上的一条直线,此直线必在平面上,如图 3.46(b)所示的直线 KD,直线 KD 过 K 点,K 在平面 P 上,且 KD//AB,则直线 KD 属于平面 P;平面上的直线的迹点,一定在该平面上的同名迹线上。如图 3.46(c)所示,M、N 点分别在 Q_H、Q_V 两条迹线上,则直线 MN 在平面 Q 上。

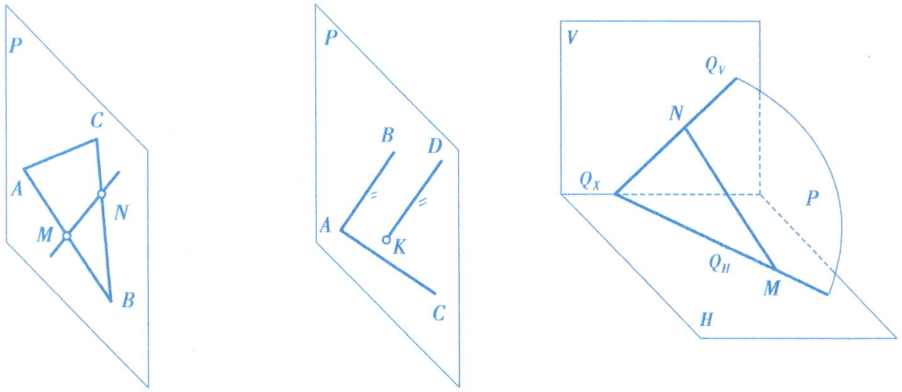

(a)直线过平面上的两点　(b)平行于平面上的一直线且过平面上一点的直线　(c)平面上的直线迹点

图3.46　平面上取线、取点的几何条件

【**例**3.14】已知相交两直线 *AB* 与 *AC* 的两面投影,在由该相交直线确定的平面上取属于该平面上的任意的一条直线(图3.47)。

【**解**】在直线 *AB* 上取点 *D* 及在直线 *AC* 上取点 *E*,即用直线上取点的投影特性求取,并将两点 *D*、*E* 的同名投影以连接即得直线 *DE*。

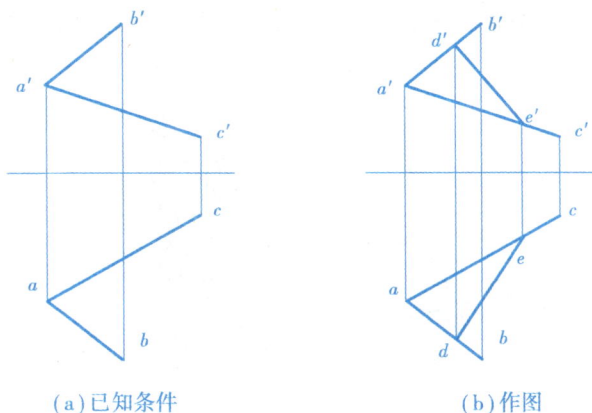

(a)已知条件　　　　　　　　　　(b)作图

图3.47　取平面上的直线

(2)平面上的点

若点在平面上的一条直线上,则点在此平面上。平面上点的投影,必在位于该平面上的直线的同名投影上。所以欲取平面内的点,必先在平面上取一直线,再在该直线上取点。反之,如果点在平面上,则点必在平面上的一直线上。

【**例**3.15】如图3.48(a)所示,已知 △*ABC* 内一点 *M* 的正面投影 *m*′,求点 *M* 的水平投影 *m*。

【**解**】**分析**:在 △*ABC* 内作一辅助直线,则 *M* 点的两面投影必在此辅助直线的同名投影上。

作图:如图3.48(b)所示。

①在 △*a*′*b*′*c*′ 上过 *m*′ 作辅助直线 1′2′。

②在 △*abc* 上求出此辅助直线的 *H* 投影 12。

③自 *m*′ 向下作投影连线与辅助直线的 *H* 投影的交点,即得点 *M* 的 *H* 投影 *m*。

(a)已知条件　　　　　　　　　(b)作图

图3.48　平面上取点

【例3.16】已知平面四边形 $ABCD$ 的正面投影 $a'b'c'd'$ 和边 AD 的 H 投影 ad，边 $BC/\!/V$ 面，如图3.49(a)所示，请完成平面的 H 投影 $abcd$。

【解】分析：平面由不共线三点、两相交直线、两平行直线等来确定。已知平面上的一条正平线，那么可以过直线外一已知点再作一条与已知正平线平行的直线，即可确定平面。再用平面上取点的方法，完成平面余下各点的投影，将点的同名投影依顺序连接即可。

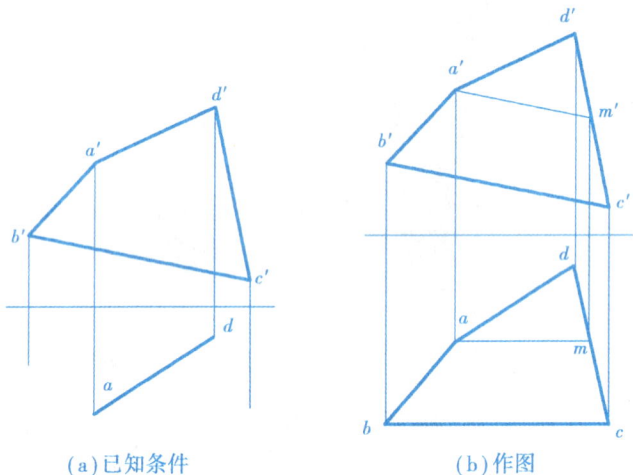

(a)已知条件　　　　　　　　　(b)作图

图3.49　完成平面的投影

作图：①在四边形 $ABCD$ 的 V 投影 $a'b'c'd'$ 上过 a' 做 $a'm'/\!/b'c'$ 交 $d'c'$ 于 m'，在 H 上过 a 做 $am/\!/OX$ 轴，交由 V 投影中 m' 向下的投影连线于 m。

②在 H 上连接 dm 并延长交由 V 投影中 c' 向下的投影连线于 c，求出 dc。

③由于 BC 为正平线，故在 H 上过 c 作 $bc/\!/OX$ 轴求出 bc。

④连接 ab，完成平面的 H 投影 $abcd$。

2)属于特殊位置平面的点和直线

属于特殊位置平面的点和直线，至少有一个投影重合于具有积聚性的迹线；反之，若直线或点重合于特殊位置平面的迹线，则点与直线属于该平面。

过一般位置直线总可以作投影面垂直面;过垂直线则可以作水平面[图 3.50(b)]、侧平面[图 3.50(c)],以及无数多个正垂面[图 3.50(d)]。

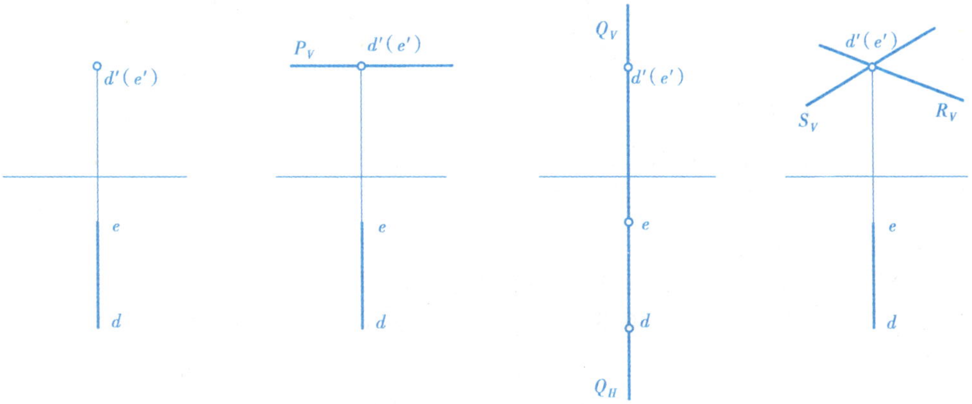

(a)已知条件　　　　(b)作水平面　　　　(c)作侧平面　　　　(d)作正垂面

图 3.50　过正垂线作平面

【**例** 3.17】如图 3.51(a)所示,已知一般线 AB 的 V、H 投影,包含直线 AB 作投影面的垂直面。

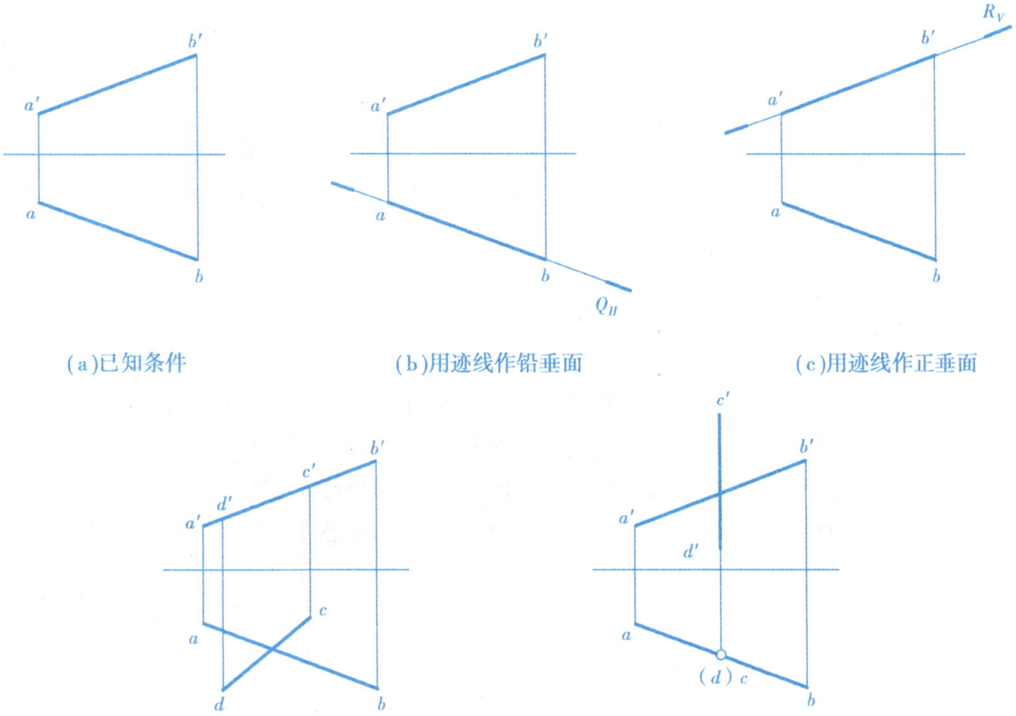

(a)已知条件　　　　　(b)用迹线作铅垂面　　　　　(c)用迹线作正垂面

(d)用相交二直线作正垂面　　　　　(e)用相交二直线作铅垂面

图 3.51　过一般位置直线作特殊位置平面

【**解**】**分析**:若一般位置直线 AB 属于某特殊位置平面,则该平面的迹线与直线的同名投影重合,由此可过直线 AB 作出铅垂面或正垂面。

作图:①用迹线表示法作图:过 ab 作一迹线 Q_H 即为铅垂面,如图 3.51(b)所示;过 $a'b'$ 作一迹线 R_V 即为正垂面,如图 3.51(c)所示。

②图 3.51(d)、图 3.51(e)是用几何元素表示法作出的正垂面及铅垂面,为了区别迹线与已知直线,在表示迹线平面时可用细线两端画粗线的方法来表示迹线,如图 3.51(b)、(c)所示。

3)属于平面的投影面平行线

属于平面的投影面的平行线,不仅与所在平面有从属关系,而且还应符合投影面的平行线的投影特征,即在两面投影中,直线的其中一个投影必定平行于投影轴,同时在另一面的投影平行于该平面的同面迹线。

一般位置平面内的投影面的平行线同时有正平线、水平线及侧平线。

【例 3.18】已知△ ABC 投影如图 3.52(a)所示,过点 A 作平面内的水平线及正平线。

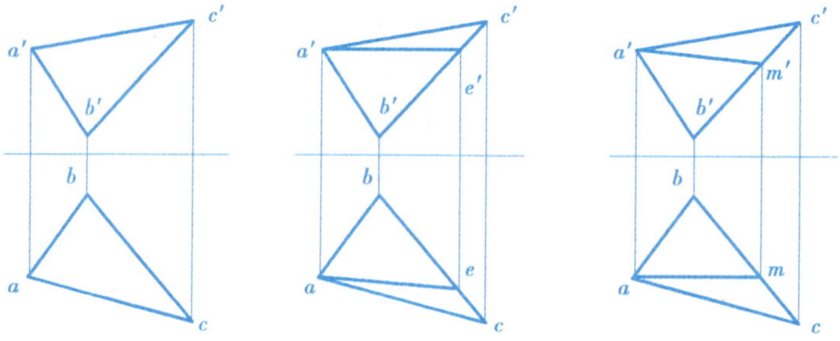

(a)已知条件   (b)作平面上的水平线   (c)作平面上的正平线

图 3.52 作平面上的投影面平行线

【解】水平线的 V 投影平行于 OX 轴,过点 a' 作 $a'e'$ 平行于 OX,与 $b'c'$ 交于点 e',在 bc 上作出 e,连接 ae 即为所求水平线,如图 3.52(b)所示。类似求得正平线 AM 如图 3.52(c)所示,在这里叙述从略。

3.3.4 平面上的最大斜度线

平面上与该平面的投影面迹线垂直的直线即为**平面上的最大斜度线**(图 3.52)。平面上的最大斜度线的几何意义在于测定平面对投影面的倾角,由于平面内的投影面平行线平行于相应的同面迹线,所以**最大斜度线必定垂直于平面上的投影面平行线**。垂直于平面上投影面水平线的直线,称为 **H 面的最大斜度线**;垂直于平面上投影面正平线的直线,称为 **V 面的最大斜度线**;垂直于平面上投影面侧平线的直线,称为 **W 面的最大斜度线**。

平面上的最大斜度线对投影面的倾角最大。在图 3.53 中,直线 AB 交 H 面于点 B,BC 重合于平面 P 的水平迹线 P_H,$AB \perp BC$,那么,$\tan \alpha = \dfrac{Aa}{Ba} > \tan \alpha_1 = \dfrac{Aa}{ac}$,即 $\alpha > \alpha_1$,最大斜度线由此得名。

平面对投影面的倾角等于平面上对该投影面的最大斜度线对该投影面的倾角。如某平面对 H 面倾角 α 等于该平面上对 H 面的最大斜度线的水平倾角 α,若平面的最大斜度线已知,则该平面唯一确定。

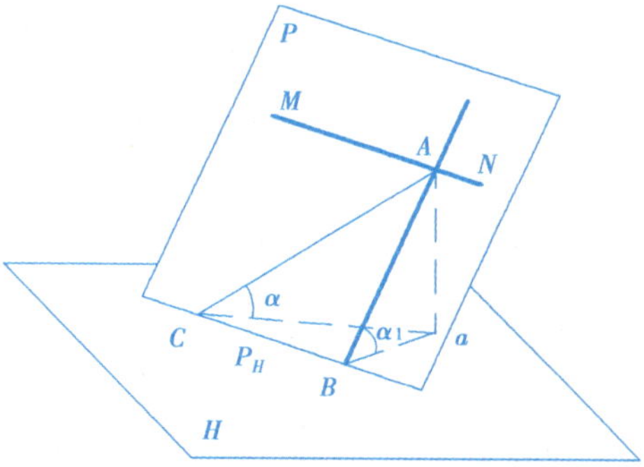

图 3.53 平面上的最大斜度线

欲求平面与投影面的夹角,要先求出最大斜度线;而最大斜度线又垂直于平面内的平行线,所以得到了最大斜度线后,再用直角三角形法求最大斜度线与对应投影面的夹角即可。

【例 3.19】如图 3.54 所示,求作平面 △ABC 与 H 面倾角 α 及 V 面的倾角 β。

【解】作图:①作平面内的水平线 CD。

②作 BE⊥CD,据直角投影定理,作出最大斜度线 BE 的两面投影 be,b'e'。

③用直角三角形法,求出线段 BE 对 H 面的夹角 α。(β 角求法与 α 角类似)

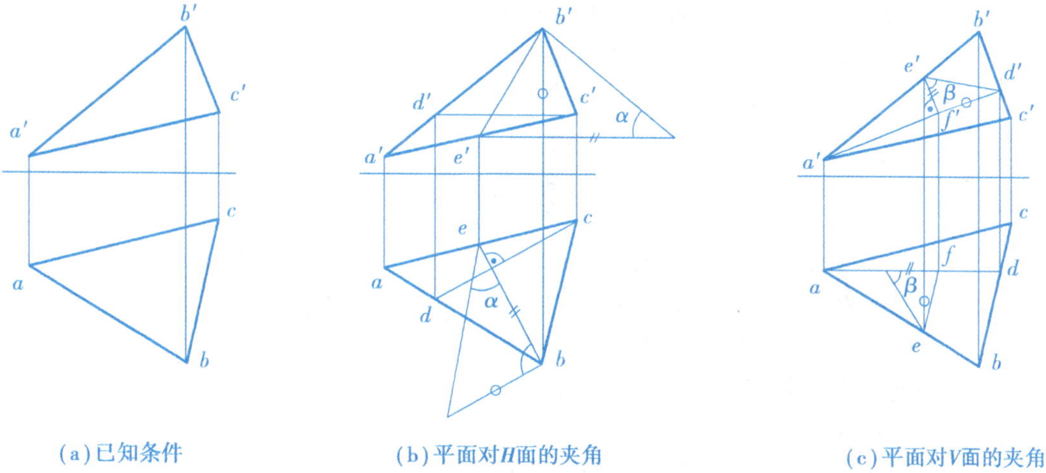

(a)已知条件　　　　　　　(b)平面对 H 面的夹角　　　　　　　(c)平面对 V 面的夹角

图 3.54 平面对投影面的夹角

【例 3.20】如图 3.55 所示,试过水平线 AB 作一个与 H 面成 30°的平面。

【解】分析:与平面上水平线 AB 垂直的直线为平面对 H 面的最大斜度线,平面对 H 面的最大斜度线与 H 面的夹角,即为欲求平面与 H 面的夹角。

作图:①据直角投影定理,在 H 面上作 ab⊥ac。

②根据已知平面的 α=30°,用直角三角形法求得点 A 与点 C 距 V 面的距离差 $\triangle y$。

③在 V 上根据距离差 $\triangle y$ 补点 C 的正面投影 c',连接 a'c',即得所求平面。

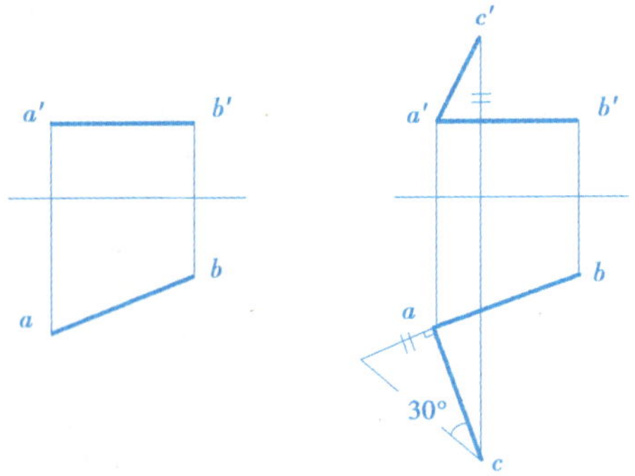

(a)已知条件　　　　　(b)作图

图 3.55　作与 H 面成 30°的平面

本章小结

(1)学习了点、直线、平面的空间位置及投影规律,要求熟练掌握作图方法。

(2)熟练求作直线上的点,平面上的直线及平面取点。

(3)能够使用直角三角形法求作一般位置直线的实长与倾角。

(4)理解直角投影定理的条件,并在投影图中运用。

(5)理解重影点的概念,这对后续章节中可见性判断至关重要。

复习思考题

3.1　简述为什么不能用单一的投影面来确定空间点的位置。

3.2　为什么根据点的两个投影便能作出其第三投影? 具体作图方法是怎样的?

3.3　如何判断重影点在投影中的可见性? 怎么标记?

3.4　空间直线有哪些基本位置?

3.5　如何检查投影图上点是否属于直线?

3.6　什么是直线的迹点? 在投影图中如何求直线的迹点?

3.7　试叙述直角三角形法的原理,即直线的倾角、线段的实长、与其直线的投影之间的关系。

3.8　两直线的相对位置有几种? 它们的投影各有什么特点?

3.9　试简述直角投影定律。

3.10　平面的表示法有哪些? 什么是平面的迹线?

3.11　在自身所接触的环境中,存在哪些平面的特点(如门、窗、坡屋面等)?

3.12　如何进行平面上取点和取直线?

3.13　在一般位置平面内能否画出垂直线? 为什么?

3.14　什么是最大斜度线? 怎么在平面上作最大斜度线?

3.15　为什么可以利用平面的最大斜度线求一般位置平面的倾角? 需要通过哪几个步骤? 利用对 H 面的最大斜度线能否求得该平面对 V 面的倾角? 为什么?

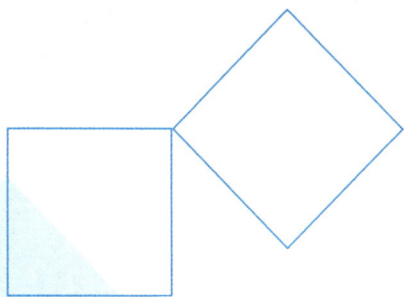

4

直线与平面、平面与平面的相对位置

本章导读：

　　本章将学习直线与平面、平面与平面之间的平行，直线与平面、平面与平面之间相交的投影性质及投影作图方法，并讨论点、直线、平面之间的综合问题的空间分析及作图思路。

4.1　直线与平面、平面与平面平行

　　直线与平面、平面与平面平行，二者相交于无穷远处。直线与平面的平行或者相交，是在直线不属于平面的前提下讨论的。

4.1.1　直线与平面平行

1）几何条件

　　若平面外的一直线与平面内任一直线平行，则直线与该平面平行；反之，若一直线与平面平行，则平面上必然包含与该直线平行的直线。

　　图 4.1 中，直线 AB 在平面 P 之外，同时与平面 P 上的直线 CD 相平行，则直线 AB 与平面 P 平行，在平面 P 中包含无数条与 AB 平行的直线。另一直线 EF 与平面 P 平行，则过平面 P 内的任意一点 M 可作出直线 MN 平行于直线 EF，同时 MN 属于平面 P。

2）投影作图

　　根据上述几何条件，可以解决两类常见的投影作图问题：一是作直线平行于一已知平面或者作平面平行于已知直线；二是判断直线与平面是否平行。

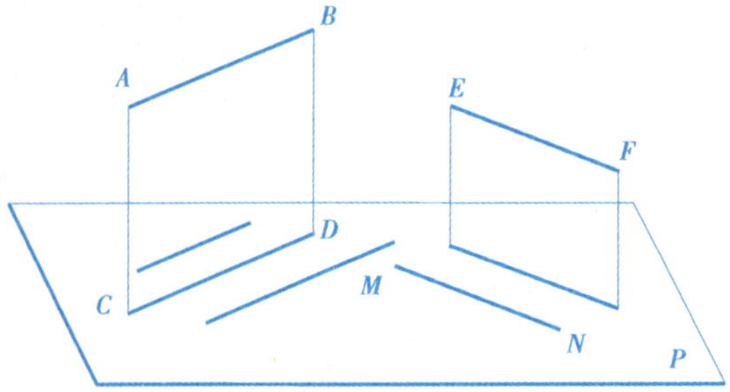

图4.1　直线与平面平行

根据直线或平面与投影面的相对位置关系,这两类投影作图问题又可分成一般情况和特殊情况。

(1)平行的特殊情况——直线与特殊平面平行

平面是特殊平面时,至少有一个投影积聚,此积聚性投影成为解题入手点。若直线平行于特殊平面,则平面的积聚性投影一定与直线的同面投影平行,且两者间距等于直线与特殊面的空间距离(图4.2)。

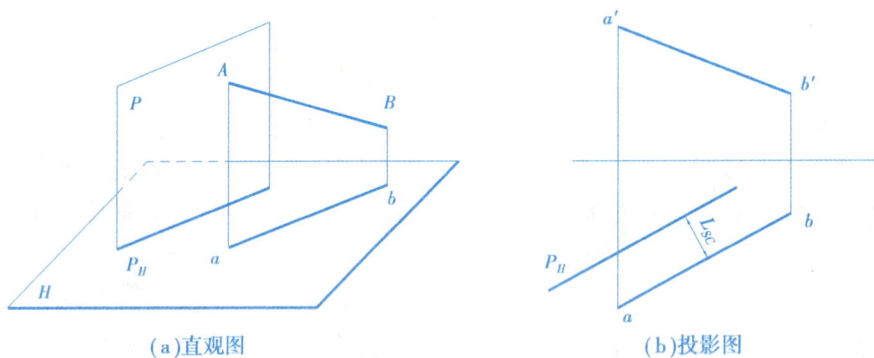

(a)直观图　　　　　　　　　　(b)投影图

图4.2　直线与垂直面平行

【例4.1】过已知点 K 作铅垂面 P 和正垂面 Q(用迹线表示)均平行于直线 AB,如图4.3(a)所示。

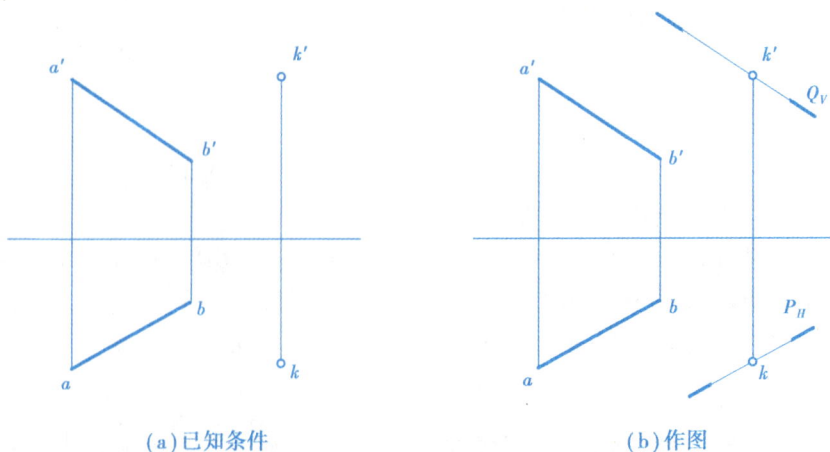

(a)已知条件　　　　　　　　　　(b)作图

图4.3　过点 K 作铅垂面 P、正垂面 Q 均平行于 AB

【解】分析：$P \perp H$，其 H 面投影积聚，所求 $P /\!/ AB$，只需作 $P_H /\!/ ab$ 即可；$Q \perp V$，其 V 投影积聚，所求 $Q /\!/ AB$ 只要保证 $Q_V /\!/ a'b'$ 即可。

作图：如图 4.3(b)所示。

①在 H 面投影中过 k 作 $P_H /\!/ ab$；

②在 V 面投影中过 k' 作 $Q_V /\!/ a'b'$。

注意：这里的 P_H 与 Q_V 分别是两个平面的迹线，并非同一条直线的两面投影。

【例4.2】过已知点 K 作直线 KL 平行于已知平面 $\triangle ABC$，如图 4.4(a)所示。

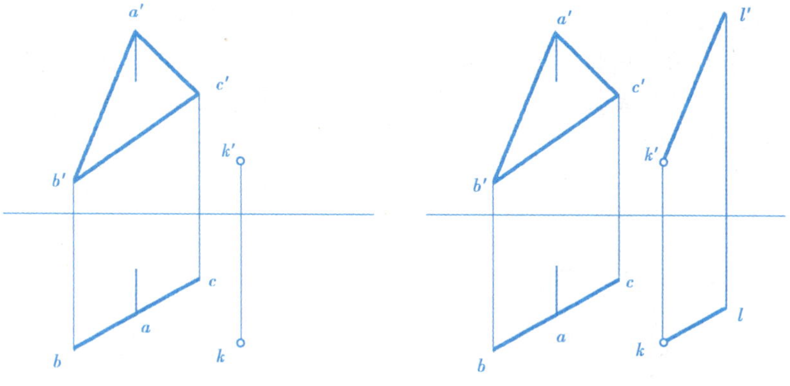

(a)已知条件　　　　　　　　(b)作图

图 4.4　过点 K 作直线 $KL /\!/$ 平面 $\triangle ABC$

【解】分析：$KL /\!/ \triangle ABC$，只需 KL 平行平面中任意一条直线即可。已知 $\triangle ABC$ 的 H 面投影积聚为一条直线，如果直线 KL 的 H 面投影与 $\triangle ABC$ 的 H 面投影平行，那么 $KL /\!/ \triangle ABC$。而此时直线 KL 的 V 面投影方向无穷多，故 KL 有无数多条。

作图：如图 4.4(b)所示。作 $kl /\!/ ab$，$k'l' /\!/ a'b'$，KL 即为满足题目要求的答案之一。

（2）平行的一般情况——直线与一般位置平面平行

判断直线是否与一般位置平面平行，需利用直线与平面平行的几何条件，寻找平面中是否存在与已知直线平行的直线，因为一般位置平面的投影不具有积聚性，所以必须要对照各面投影判断这两直线是否平行。

【例4.3】过已知点 M 作正平线 MN 平行于已知平面 $\triangle ABC$，如图 4.5(a)所示。

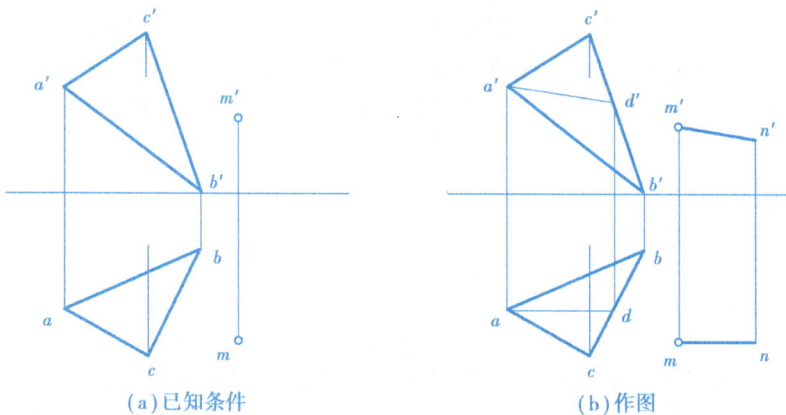

(a)已知条件　　　　　　　　(b)作图

图 4.5　过点 M 作正平线 $MN /\!/$ 平面 $\triangle ABC$

【解】**分析**：△ABC 为一般位置平面，要求所作直线 MN 为正平线，同时也要平行于平面 △ABC，则 MN 应平行于平面 △ABC 上的正平线。可见，应首先作平面 △ABC 上的正平线。

作图：如图 4.5（b）所示。

①作平面 △ABC 上的正平线 AD。在 H 面投影中过 a 作 ad∥OX，与 bc 相交于点 d，求得 d 点的 V 面投影 d′，连接 a′d′，得 AD 的 H、V 两面投影。

②过点 M 作直线 MN∥AD。在 H 面投影中过 m 作 mn∥ad，在 V 面投影中过 m′作 m′n′∥ a′d′，即得所求正平线 MN∥△ABC。

【例 4.4】试判别直线 KL 是否与 △ABC 平行，如图 4.6（a）所示。

【解】**分析**：△ABC 为一般位置平面，KL 若与其平行，必然在 △ABC 中存在与 KL 平行的直线。解决此类问题，需要尝试在已知平面中作已知直线的平行线。若能作出，两者平行；反之，则不平行。

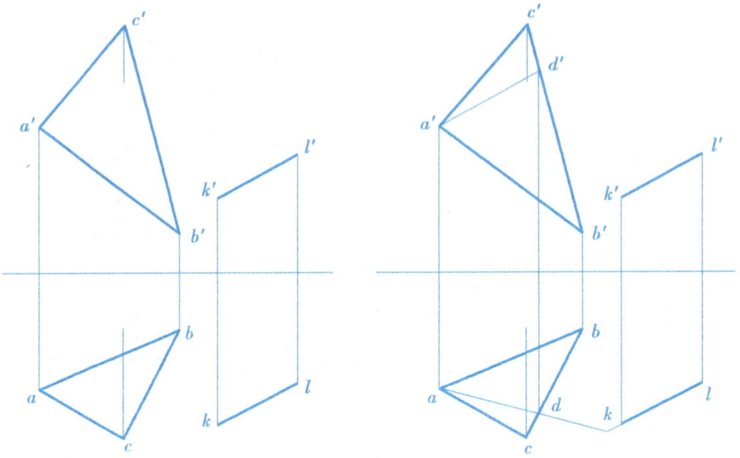

（a）已知条件　　　　　　　　（b）作图

图 4.6　判别直线 KL 与 △ABC 是否平行

作图：如图 4.6（b）所示。在 V 面投影中过 a′作 a′d′∥k′l′，与 b′c′相交于 d′，作出 AD 的 H 面投影 ad。ad 与 kl 不平行，故 KL 与平面 △ABC 不平行。

综上所述，当直线与特殊位置平面平行时，该平面的积聚性的投影和直线同面投影必然平行，其间距就是直线与特殊位置平面之间的实际距离，作图时不必再在平面内找辅助直线；当直线与一般位置平面的平行时，投影作图都必须归结为两直线的平行问题，必须在平面内找辅助直线。因此，作直线与平面平行，作图前必须先对平面的位置进行分析，判断其是否是特殊平面，以便于确定具体作图步骤。

4.1.2　平面与平面平行

1）几何条件

同一平面内的两相交直线，若分别平行另一平面内的两相交直线，则两平面平行，如图 4.7 所示。

如果平面内相互平行的两条直线，同时与另一平面中相互平行的两直线平行，则并不能判断这两个平面是否平行。如图 4.8(b)所示,两相交平面中都存在多条与平面的交线平行的直线。

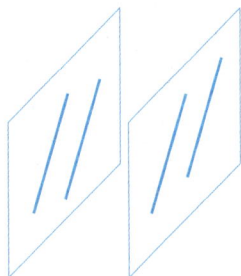

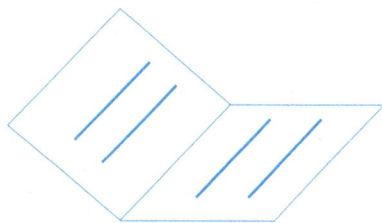

(a)平行   (b)相交

图 4.7 平面与平面平行   图 4.8 两平面中存在多条平行的直线

2)投影作图

平面与平面平行中,常见问题有两类:一是作平面平行于已知平面;二是判别两平面是否平行。

根据平面本身与投影面的关系,可以得知平面是否具有积聚性。当投影无积聚性时,需要在平面内找两条相交辅助直线来解决两平面平行的问题;而投影有积聚性时,则不需找辅助直线,直接观察其积聚投影是否平行就能解决两平面平行的问题。

(1)两特殊位置平面平行

若两特殊位置平面平行,这两个平面必是同一个投影面的特殊面,并且积聚性投影相互平行,此时两积聚性投影之间的距离等于两平面的空间距离。如图 4.9 所示,两铅垂面 P、Q,若 $P_V /\!/ Q_V$,则 $P /\!/ Q$;反之,$P /\!/ Q$,则 $P_V /\!/ Q_V$。

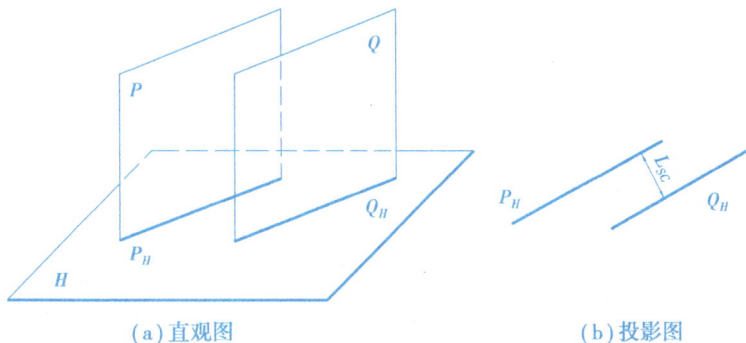

(a)直观图   (b)投影图

图 4.9 两个铅垂面相互平行

(2)两一般位置平面的相互平行

当一般位置平面用迹线表示时,两平面平行时其同面迹线一定相互平行。图 4.10 中,若 $P /\!/ Q$,则 $P_H /\!/ Q_H$,$P_V /\!/ Q_V$。但是同面迹线之间 P_H 和 Q_H 或者 P_V 和 Q_V 的距离均不等于两平行平面 P、Q 之间的空间距离。

【例 4.5】过点 M 作一个平面与 △ABC 平行,如图 4.11(a)所示。

【解】分析:此题并未限定所求平面的表示方式,故可依据直线与直线、平面与平面平行的几何条件,直接用两相交直线表示所求平面。这时只需选择任意两条 △ABC 上的相交直线,分

别过点 M 作其平行线,所作的相交两直线确定的平面即为所求。

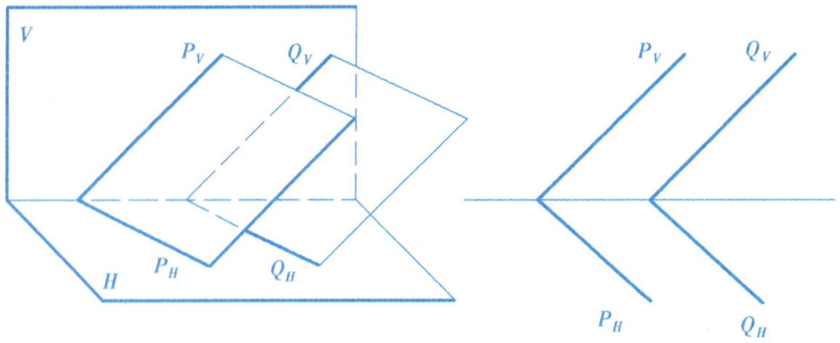

(a)直观图　　　　　　　　　　　　(b)投影图

图 4.10　用迹线表示的两个平面平行

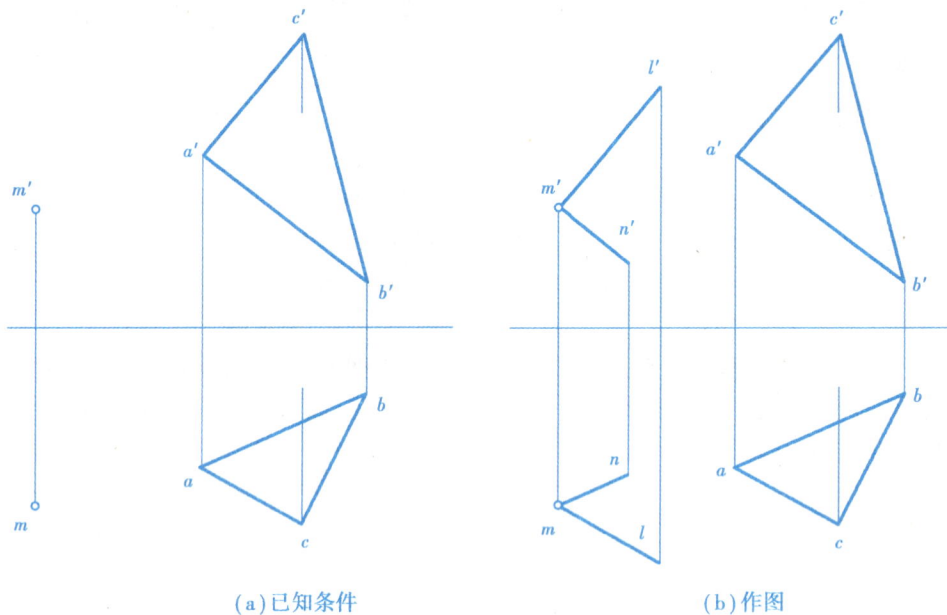

(a)已知条件　　　　　　　　　　　　(b)作图

图 4.11　过点 M 作一个平面平行于已知 $\triangle ABC$

作图:如图 4.11(b)所示。

①在 V 上过点 m' 作直线 $m'n' \parallel a'b'$、$m'l' \parallel a'c'$;

②在 H 上过点 m 作直线 $mn \parallel ab$、$ml \parallel ac$;则相交两直线 MN 与 ML 所确定的平面平行于 $\triangle ABC$。

【例 4.6】试判别 $\triangle ABC$ 和平面 LMN 是否相互平行,如图 4.12(a)所示。

【解】**分析**:判断两平面是否平行,取决于能否在其中一平面(如 $\triangle ABC$)上作出两条相交直线,同时平行于另一平面(如平面 LMN)。题目中平面 LMN 已经存在一条直线 MN 平行于 BC,此时的关键是能否在平面 LMN 过点 L 作出与 MN 相交且平行于 $\triangle ABC$ 的一条直线。

作图:如图 4.12(b)所示。在水平投影中过点 l 作 $lk \parallel ac$,与 mn 相交于 k,求得 K 点的 V 面投影 k',连接 $l'k'$,得知 $l'k'$ 与 $a'c'$ 并不平行,故 $\triangle ABC$ 与平面 LMN 不平行。

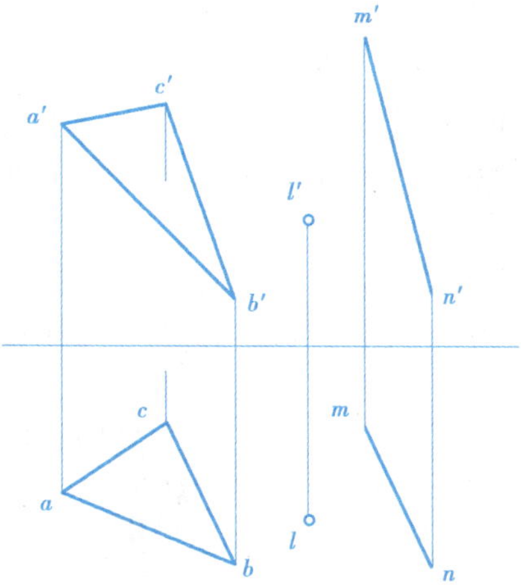

(a)已知条件 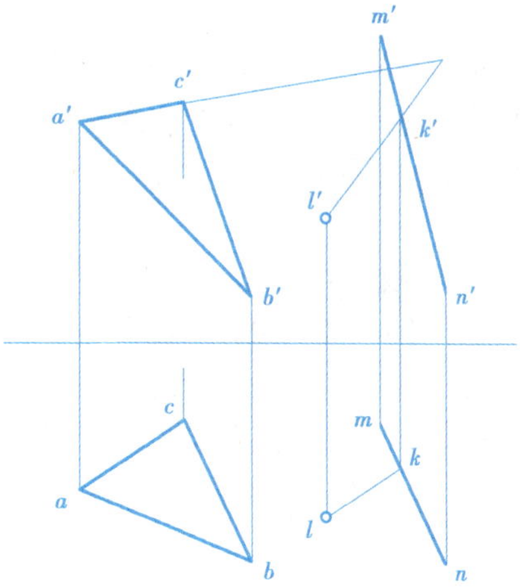　　　　　　　　(b)作图

图 4.12　判别两平面是否平行

4.2　直线与平面、平面与平面相交

直线与平面、平面与平面若不平行,则必相交。相交的问题实质是两元素的共有问题,关键是求得交点或交线的具体位置。

交点(或交线)性质为:

①交点(或交线)是参与相交的两个空间元素(直线或平面)的共有点(或共有线)。

②交点(或交线)总是可见,交点(或交线)是可见与不可见的分界点(或分界线)。

4.2.1　直线与平面相交的特殊情况

直线与平面相交的特殊情况是指直线或平面二者至少有一个对投影面处于特殊位置,即投影具有积聚性,那么交点同面投影一定在积聚性投影之上。此时可以根据交点的共有性在平面或直线上取点。

1)投影面垂直线与一般位置平面相交

由于直线投影积聚为一点,直线所有点的同面投影都在该点,当然也包括交点。交点是直线与平面的共有点,故交点也在平面上。利用直线的积聚性,得到交点的同面投影,再在平面上取点,作出此点的另一面投影。如图 4.13(a)所示,直线 MN 为正垂线,其 V 面投影积聚成一点。MN 与 $\triangle ABC$ 交点 K 的 V 面投影 k' 必然与之重合。过 k' 作属于 $\triangle ABC$ 的任一辅助直线,并求其 H 面投影与 mn 的交点即可得 k,如图 4.13(b)所示。

作图步骤如下:

①求交点。

在 V 面投影中过直线的积聚性投影作辅助直线 AD 的 V 面投影 $a'd'$,在 $\triangle ABC$ 求出 AD 的 H 面投影 ad,与 mn 相交于点 k,如图 4.13(b)所示。

②判别可见性。

利用重影点判别可见性,如图4.13(c)所示。因为直线 MN 在 V 面投影积聚为点,故 V 面投影不必判别其可见性。在 H 面投影中取直线 MN 与平面边线 AB 的重影点,并观察这两个点的 V 面投影,直线 MN 上的点 I 就在平面边线 AB 上的点 II 正上方,故直线 MN 的 H 面投影 nk 段为可见。

在辨别可见性时所选择的重影点,必须选与已知直线交叉的平面上直线的点,同时要注意在 V、H 面投影图上要一致,应为同一直线。如点 II 即为 AB 上的点,那么到另一个投影上去判别可见性时,必须保证仍然取的是直线 AB 上该点的投影。

另一种判别可见性较为直接,就是直接对比投影中的位置关系。例如,需判别的是 H 面投影的可见性,就是比较位置的上下问题,所以在 V 面投影上去比较。$a'b'$ 在 k' 之下,故 H 面投影中 kn 可见。

③完成作图。

补全直线 H 面投影,kn 段为可见(连成实线),km 段为不可见(将被 $\triangle abc$ 遮住部分画成虚线),如图4.13(d)所示。

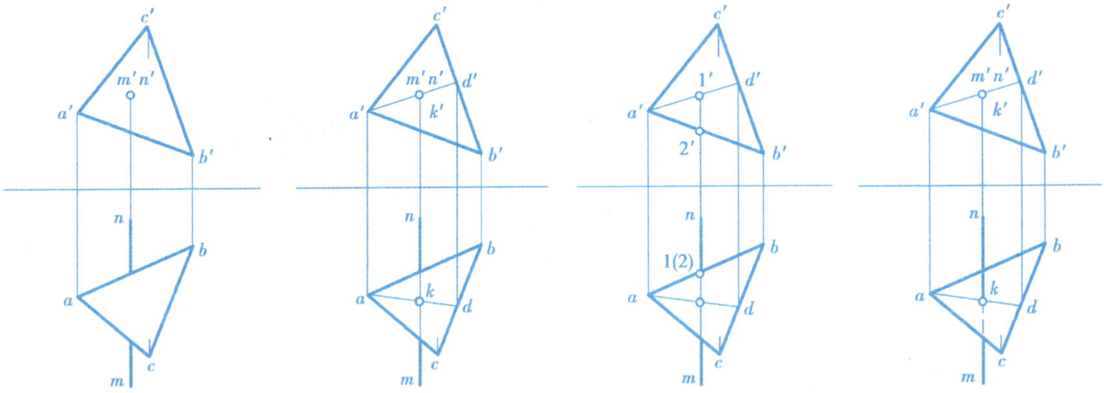

(a)已知条件　　　　(b)求交点　　　　(c)判断可见性　　　　(d)完成作图

图4.13　正垂线与一般位置平面相交

2)一般位置直线与特殊位置平面相交

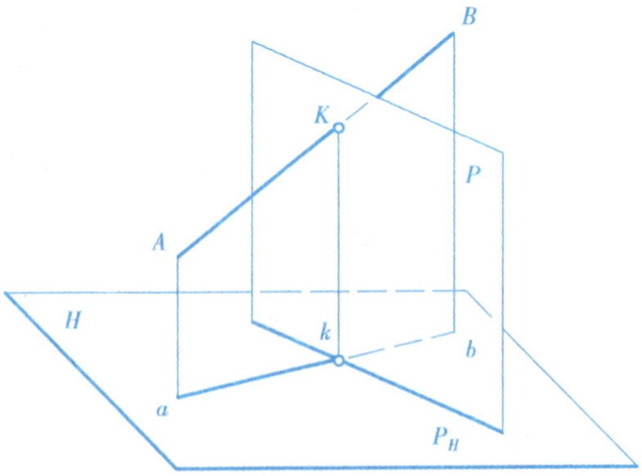

图4.14　求一般位置直线与特殊位置平面
交点的空间分析

特殊位置平面至少有一个投影具有积聚性,所以交点的同面投影就是平面的积聚投影和直线同面投影的交点。根据交点属于直线作出其另一投影,如图4.14所示。为了更好地体现立体感,讨论相交问题时将平面视为不透明,直线被遮挡部分需要用虚线来表示,此时还需利用交叉两直线重影点来判别可见性。由图4.14可知,交点总是可见的,且交点是可见与不可见的分界点。

一般位置线与特殊位置平面相交求交点

【例4.7】求直线 MN 与铅垂面 $\triangle ABC$ 的交点,并判别可见性,如图4.15(a)所示。

【解】分析：图中铅垂面△ABC的H面投影积聚为直线段abc，由于交点是平面与直线的共有点，故交点k的H面投影既在abc上又在mn上，所以abc和mn的交点k即为交点K的H面投影。

作图：

①求交点K。自abc和mn的交点k向V作投影连线与m'n'相交得k'即得交点K，如图4.15(b)所示。

②判别可见性。利用重影点判别可见性，如图4.15(c)所示。△ABC的H投影积聚为直线，故不必判别其可见性；V投影中m'n'与△a'b'c'相重叠的部分，则需要判别m'n'的可见性。对于直线MN与△ABC对V面的重影点Ⅰ与点Ⅱ，点Ⅰ的H投影1在点Ⅱ的H投影的前方，故k'n'段为可见，k'm'段与△a'b'c'重叠部分不可见，如图4.15(d)所示。

另一种判别方法是利用平面的积聚性投影直接与直线进行位置对比。在H投影上，以k为界，kn段在积聚性投影abc的右前方，那么在V投影上，k'n'可见，k'm'与△a'b'c'重叠的部分则不可见。

图4.15　求直线与铅垂面的交点

4.2.2　一般位置平面与特殊位置平面相交

两平面的相交问题在于求得交线并判定可见性。

两平面的交线是直线，是相交两平面的共有线，只要求得属于交线的任意两点连线即得。根据两平面关系不同，可以分为全交和互交两种形式(图4.16)。平面Q全部穿过平面P，称为全交，此时交线的端点全部出现在平面Q的边线，如图4.16(a)所示；P、Q两平面相互咬合，交线端点分别出现在两平面各自的一条边线上，称为互交，如图4.16(b)所示。对于闭合的平面图形，仍然存在着对各边界的可见性判断，当其中一个平面处于特殊位置时，其交线可以利用积聚性作出。图4.17(a)所示为一般位置平面和铅垂面相交。按照第4.2.1节中相应方法分别作出在△ABC上的AB、AC与铅垂面ⅠⅡⅢⅣ的交点K、L，然后连接K、L即为交线KL。

作图步骤如下：

①求AB与平面ⅠⅡⅢⅣ的交点K。在H面投影上过ab与1234的交点k；由k向上作投影连线交a'b'于k'。

91

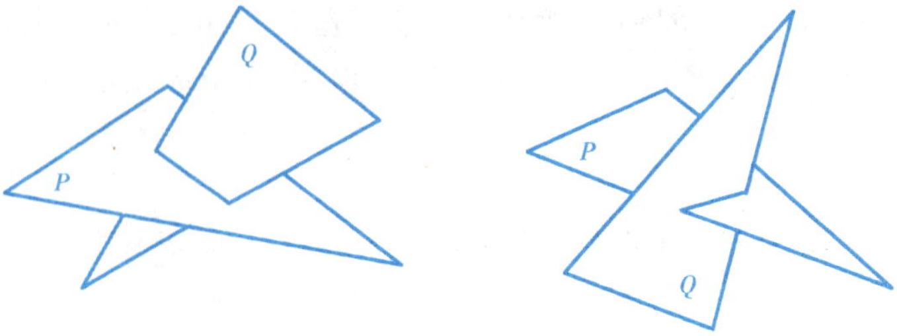

(a)全交　　　　　　　　　　(b)互交

图 4.16　平面的全交和互交

②同样的方法求出 AC 与平面Ⅰ Ⅱ Ⅲ Ⅳ的交点 L。

③连接 kl、$k'l'$ 为所求交线 KL。

④判别可见性。由于交线 KL 的投影总是可见的,需要判别的是交线两侧的重叠的平面边线的可见性问题。H 面投影中,铅垂面Ⅰ Ⅱ Ⅲ Ⅳ积聚为一条直线,此时 H 面投影两者均为可见。但 V 面投影两相交平面投影重叠为一"多边形",V 面投影中需要判断这一"多边形"各边的可见性,有两种方法:

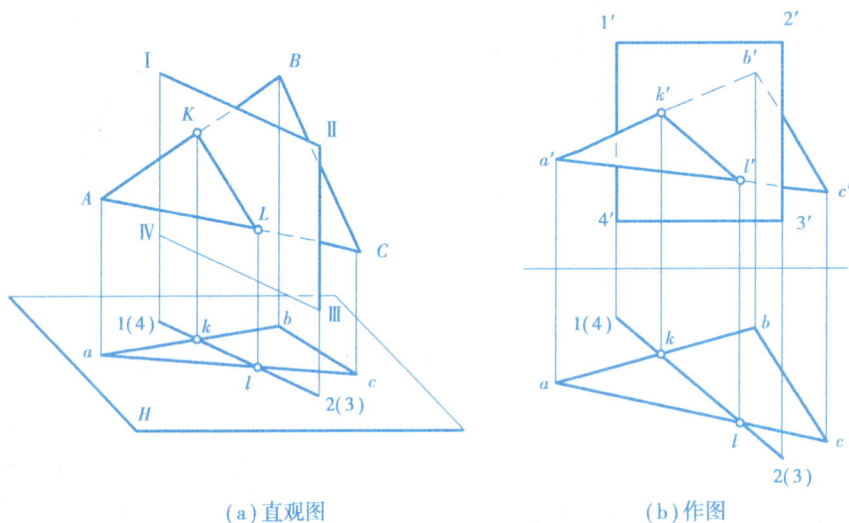

(a)直观图　　　　　　　　　　(b)作图

图 4.17　一般位置平面与铅垂面相交

方法一:重影点判断法。利用交叉两直线的重影点来进行判断。图 4.17(b)中,如 $1'4'$ 和 $a'b'$ 的投影交点向下作投影连线至 H 面投影,可知 $1'4'$ 在 $k'a'$ 之后,$1'4'$ 与△$a'b'c'$ 重合部分不可见,$k'a'$ 可见。由此在 V 面投影中 $k'l'b'c'$ 一侧两个图形重叠的部分,属于△ABC 的边都为不可见,属于Ⅰ Ⅱ Ⅲ Ⅳ的边为可见;$k'l'a'$ 一侧两个图形重叠的部分各边的可见性与 $k'l'b'c'$ 一侧相反。

方法二:直接观察法。在 H 面投影中以交线 KL 为界,分△abc 为前后两部分,左前侧 kla 在 1234 之前,那么 V 面投影 $k'l'a'$ 可见,而 $1'4'$ 居后,投影重叠部分不可见。△abc 右后侧可见性与左前侧相反,如图 4.17(b)所示。

两平面相交的问题作图过程相对复杂,涉及判别可见性的图线比较多,作图完成后可用"虚实相间法"再次进行全图的关系验证。无论平面关系是全交还是互交,投影中必然会出现两类点:两个交线端点、若干两平面边线投影相交点(实为重影点)。在无积聚性投影的情况下,均为可见部分与不可见部分的分界点,即"虚实分界点"。虚实分界点并不包括平面图形的顶点。每过这样的点,平面边线重叠部分的虚实性就会发生一次变化,呈现"虚→实→虚→实"的循环状态。正确的交线作图和可见性判断,会使平面投影出现虚实交替的结果。假若发现应该变为虚线时,所作图线仍是实线,则必然出现了错误,然后应逐项检查,找到问题并更正。

这里要特别注意图 4.17(b)中 b' 所在位置,b' 平面图形的顶点的 V 面投影就不是上述所说的虚实分界点,则两侧的图线都是不可见的。

4.2.3　一般位置直线和一般位置平面相交

一般位置直线与一般位置平面的投影均无积聚性,不能直接利用积聚性确定交点投影,需要先通过直线作一辅助平面来求交线。

如图 4.18 所示,交点 K 属于 $\triangle ABC$,同时也在属于 $\triangle ABC$ 上的一条直线 MN,MN 与已知直线 DE 可确定一平面 P。换言之,交点 K 属于包含已知直线 DE 的辅助平面 P 与已知平面 $\triangle ABC$ 的交线 MN。故找到已知直线 DE 与两平面交线 MN 的交点,就可以得到一般位置直线与一般位置平面的交点 K。为便于找到交线 MN,一般以特殊平面作为辅助平面。因此,求一般位置直线与一般位置平面交点的作图步骤如下:

①含已知直线 DE 作一辅助特殊平面 P;

②作出辅助平面 P 与已知平面 $\triangle ABC$ 的交线 MN;

③求已知直线 DE 与平面交线 MN 的交点 K,即为直线 DE 与 $\triangle ABC$ 的交点。

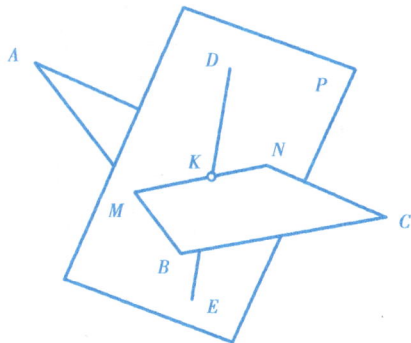

图 4.18　利用辅助平面求一般位置直线与一般位置平面相交的交点

【例 4.8】求直线 DE 与 $\triangle ABC$ 的交点 K,并判别其可见性,如图 4.19(a)所示。

【解】分析:由已知条件可知,直线与平面均为一般位置,其投影均无积聚性。

作图:如图 4.19 所示。

①过直线 DE 作辅助正垂面 P,如图 4.19(b)所示。由于直线 DE 的 V 面投影 $d'e'$ 与辅助正垂面的 V 面投影重合,辅助正垂面 P 用迹线 P_V 表示。

②求平面 P 和 $\triangle ABC$ 的交线 MN,如图 4.19(c)所示。

③交线 MN 的 H 面投影 mn 和 de 的交点 k,就是交点 K 的 H 面投影,再由 k 求 k',即得所求交点 K,如图 4.19(d)所示。

④判别可见性。如图 4.19(e)所示,直线和平面均为一般位置,故其 V、H 面投影都要判别

可见性,判别方法同前面所述内容相同。

例如,判别 V 面投影可见性时,先从 $d'e'$ 与 $a'c'$ 的投影交点(DE 与 AC 的 V 面的重影点)向下作投影连线至 H 面投影,DE 上的点 Ⅰ 在 AC 上的点 Ⅱ 的正前方,这说明直线 DE 在前,V 面投影上 $d'e'$ 投影与 $a'c'$ 重叠段可见。用同样的方法,依据 H 面的 Ⅲ、Ⅳ 两点可判别 H 面投影上 ek 这一端可见。

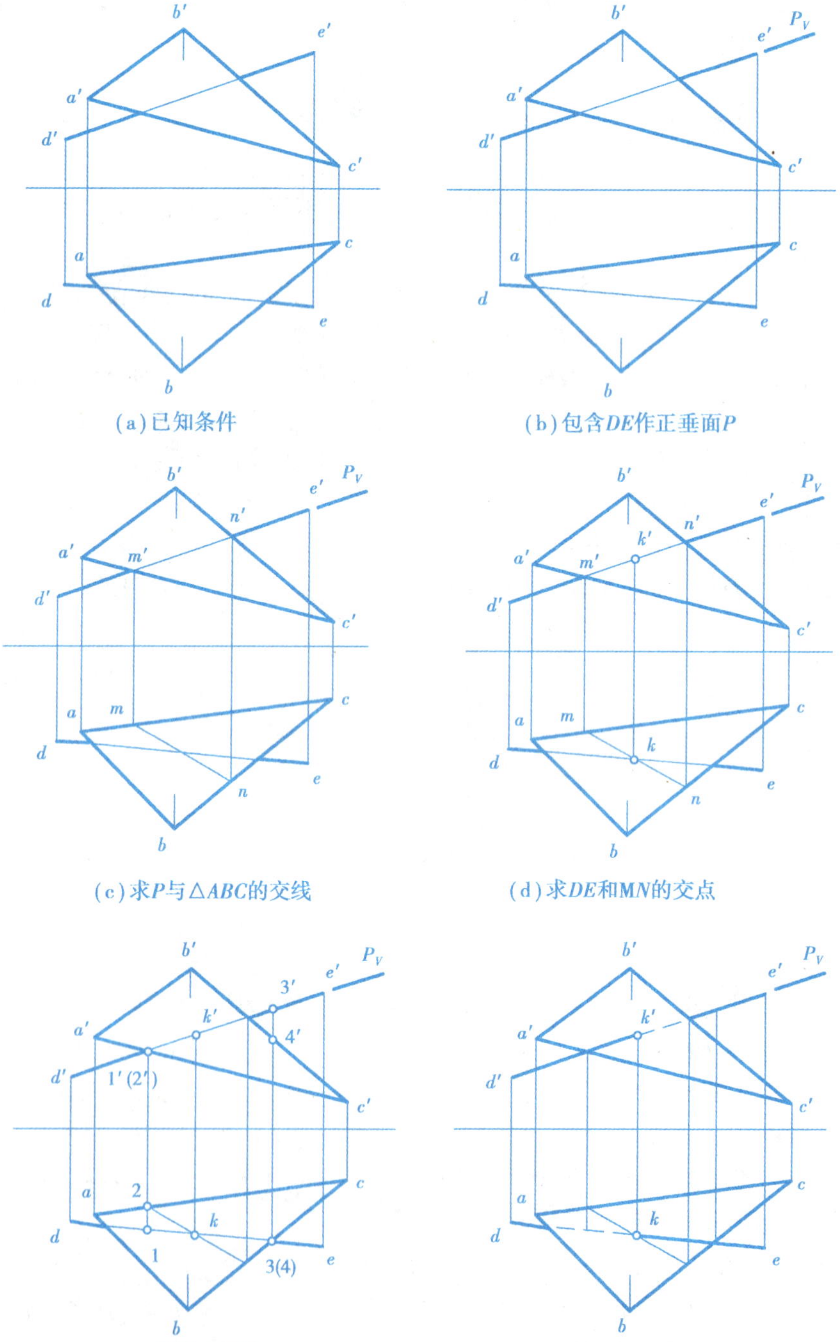

(a)已知条件

(b)包含 DE 作正垂面 P

(c)求 P 与 $\triangle ABC$ 的交线

(d)求 DE 和 MN 的交点

(e)判别可见性

(f)完成作图

图 4.19　求直线 DE 与 $\triangle ABC$ 的交点

简单判别方法:观察平面多边形顶点标注顺序,如其 H 面投影和 V 面投影标注顺序回转方向相同,则直线的两投影在交点投影的同一端为可见,此类平面称为上行平面;如标注顺序回转方向相反,则直线的两投影在交点投影的两端可见性相反,此类平面称为下行平面。这样,只要判别一个投影的可见性,即可确定另一投影的可见性。

④完成作图,如图 4.19(f)所示。

4.2.4　两个一般位置平面相交

两一般位置平面的投影均无积聚性,所以必须通过辅助手段才能求得其交线。可采用辅助面和三面共点的原理作交线。

1)线面交点法

两个一般位置平面的投影相互重叠,通常用线面交点法求交线。一平面图形的边线与另一平面的交点,是两平面的共有点,也是两平面交线上的点,只要求得两个这样的交点并连接它们,便可获得两平面的交线。可见,两个一般位置平面求交线是第4.2.3节中一般位置直线与一般位置平面求交点的应用。

【例4.9】求 $\triangle ABC$ 与 $\triangle DEF$ 的交线,如图 4.20(a)所示。

【解】分析:两个一般位置平面无积聚性可利用,由于它们的投影重叠,可采用线面交点法。选作辅助面的边,首先剔除投影不重叠的边(如 AC、BC、DE),因为这样的边在有限的长度下不与另外一个平面相交。在 BC、DE、DF 中选两个,并尽量选择与另一图形重叠范围较多的边来作辅助面。

作图:如图 4.20所示。

①求交线 KG。包含直线 DF 作一个辅助正垂面 P,P 与 $\triangle ABC$ 的交线为 MN,求 MN 与直线 DF 的交点 K,得交线的一个点;同时包含 EF 作一辅助铅垂面 Q,求出 Q 与 $\triangle ABC$ 的交线,此交线与直线 EF 的交点是 G,得交线的另一个点,如图 4.20(b)所示。连接 KG,得 $\triangle ABC$ 与 $\triangle DEF$ 的交线,如图 4.20(c)所示。

②判别可见性。判别 V 面投影的可见性时,找任意一个 V 面的重影点,如以 $a'b'$ 和 $d'f'$ 的交点开始,向下作投影连线可知,AB 上的点 I 在 DF 上的点 II 正前方,则 $a'b'$ 可见,$d'k'$ 与 $\triangle a'b'c'$ 重叠部分不可见。故以 V 面投影 $k'g'$ 为界,在 $\triangle k'g'f'$ 一侧,两平面投影重叠部分属于可见;而在 $k'g'e'd'$ 一侧,可见性则与 $\triangle k'g'f'$ 侧相反。当然也可以利用"虚实相间性"来作图,$d'k'$ 侧不可见,为虚线。交点是可见与不可见的分界点,所以 $k'f'$ 可见为实线,$a'c'$ 相应段不可见为虚线,顺次循环,回到可见性判别的起点 k'。

判别 H 面投影的可见性,方法与 V 面投影的可见性判断一样,如图 4.20(c)所示。

两平面相交的可见性判别,还可以利用第4.2.3节中的方法加以简化。从图 4.20(b)可知,DF、EF 分别与下行平面 $\triangle ABC$(标注编号得顺序回转方向相反)相交于 K、G,故直线 DF、EF 的 V、H 面投影在交点 K、G 的两侧可见部分相反,所以只需判别一个投影的可见性即可推断另一投影的可见性。

③完成作图,如图 4.20(d)所示。

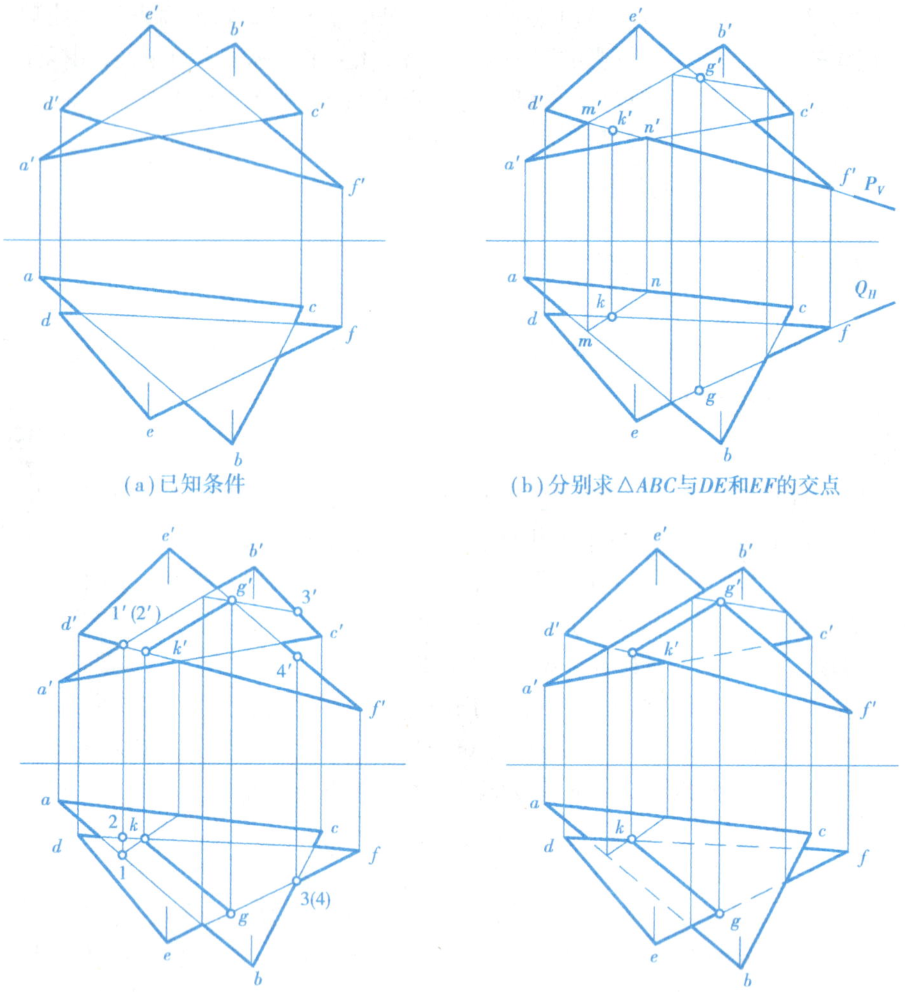

(a)已知条件

(b)分别求△ABC与DE和EF的交点

(c)连交线并判别可见性

(d)完成作图

图4.20 线面交点法求两个一般位置平面的交线

2)线线交点法

线线交点法又称三面共点法。当相交两平面的投影图互不重叠时,其交线不会在两图形的有限范围内,此时可用三面共点原理,通过作辅助平面求其交线。如图4.21(a)所示,辅助平面 R_1 分别与已知平面 P、Q 相交于直线 Ⅰ Ⅱ、Ⅲ Ⅳ,这两条交线同属平面 R_1,故其延长线必然相交,交点 K 一定属于 P、Q 两平面的交线(K 同时属于 R_1、P、Q 三个平面)。同理,再利用平面 R_2 可求得属于交线的另一点 G,连接 K、G 即得所求交线。

为便于作图,辅助平面一般都选特殊平面,尤其是平行平面。过已知点作辅助平面更为方便、准确。如图4.21(b)所示,三面共点法求交线的作图步骤如下:

①作水平面 R_1 的 V 面迹线 R_{1V},R_1 与 $P(p',p)$、$Q(q',q)$ 的交线(属于各平面的水平线)分别是 Ⅰ Ⅱ(1'2',12)、Ⅲ Ⅳ(3'4',34),两者相交于点 $K(k',k)$。

②用同样的方法,作辅助平面 R_2 的 V 面迹线 R_{2V},得属于交线的又一交点 $G(g',g)$。注意:同一平面的水平线应相互平行。

③连接 $kg,k'g'$。得两平面的交线 KG。

此时,两相交平面投影图形相互不重叠,也就不需要判别可见性。

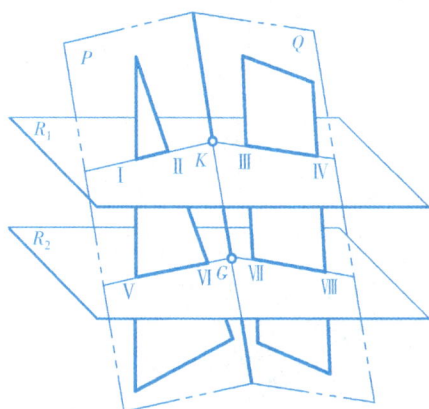

(a)直观图　　　　　(b)投影图

图 4.21　三面共点法求交线

4.3　直线与平面垂直、平面与平面垂直

直线与平面、平面与平面垂直是其相交的特殊情况。

4.3.1　直线和平面垂直

1)几何条件及其投影特点

直线垂直平面的几何条件是:若直线垂直于平面内的任意两条相交直线,则该直线必与平面垂直。

为直接在投影图中反映垂直关系,应该选择属于平面的投影面平行线,此时就可以直接运用直角投影定理反映垂直关系。根据初等几何原理,若直线垂直于平面,则该直线必垂直于平面内的所有直线,自然也包括平面内的平行于投影面的直线,如图 4.22(a)所示。

由此可以推出直线垂直平面的投影特点是:

①若直线垂直于平面,则该直线的 H 投影一定垂直于平面内的水平线的 H 投影(包括平面的水平迹线),直线的 V 投影一定垂直于平面内的正平线的 V 投影(包括平面的正面迹线)。

②若一直线的 H 面投影垂直平面内的水平线的 H 面投影或平面的水平迹线,直线的 V 面投影垂直于平面内的正平线的 V 面投影或平面的正面迹线,则直线垂直于平面,如图 4.22(b)所示。

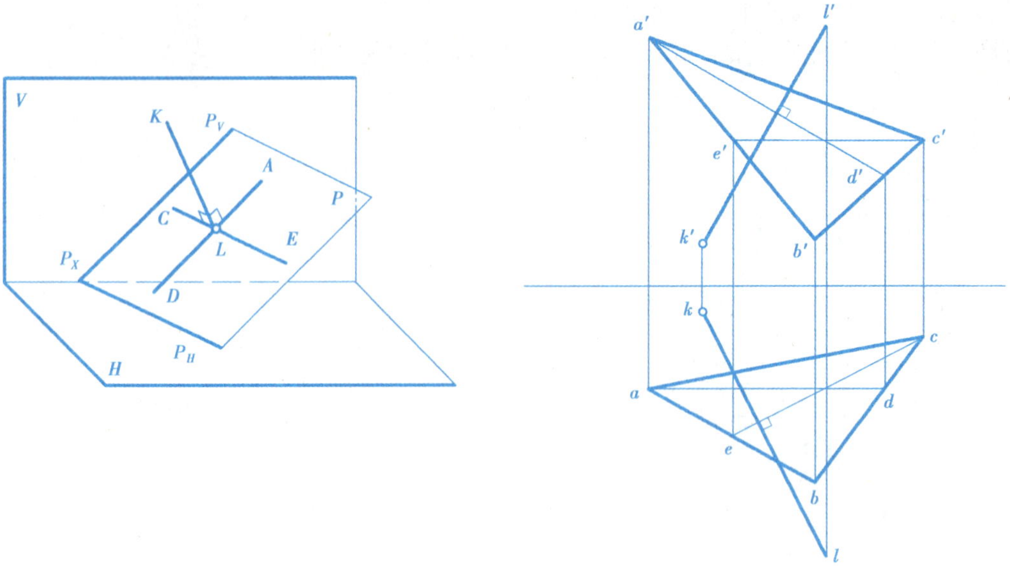

(a)几何条件   (b)投影图

图4.22 直线垂直平面

2)投影作图

(1)特殊情况:直线垂直于特殊位置平面

直线垂直于特殊位置平面,则直线一定是特殊位置直线,该平面具有积聚性的投影与其垂线的同面投影必然垂直。例如,与铅垂面垂直的直线一定是水平线,与正垂面垂直的直线一定是正平线,与侧垂面垂直的直线必是侧平线。简而言之,某投影面垂直面的垂线一定是该投影面的平行线。

【例4.10】过点 K 作直线 KL 垂直于平面 P,如图4.23(a)所示。

【解】分析:已知平面 P 为铅垂面,其 H 面投影具有积聚性,则直线 KL 的 H 面投影垂直于该积聚性投影;又因为 $P \perp H$,$KL \perp P$,所以 KL 一定是水平线。

作图:如图4.23(b)所示。

①过 k 作 $kl \perp p$(或 P_H),交 p 于 l;

②过 k' 作 X 轴的平行线,与过 l 的投影连线交于 l',直线 KL 为所求垂线。

(2)一般情况:一般位置直线与平面垂直

一般位置直线与一般位置平面垂直时,投影图中不能直接反映垂直关系。因此,无论作直线垂直于平面或作平面垂直于直线,还是判断直线与平面是否垂直的问题,都必须先作平面内的平行线,然后问题就归结为一般位置直线与平行线相垂直的问题,这时可以用直角投影定理在投影图中直接反映垂直关系。

【例4.11】过点 K 作直线 KL 垂直于 $\triangle ABC$,如图4.24(a)所示。

【解】分析:由图4.24可知,$\triangle ABC$ 为一般位置平面,故其垂线也是一般位置直线。根据直线垂直于平面的投影特点,应首先作出平面内的水平线和正平线,然后作垂线。

作图:如图4.24(b)所示。

①过属于平面的已知点 C、A 分别作属于平面的水平线 CE 和正平线 AD。

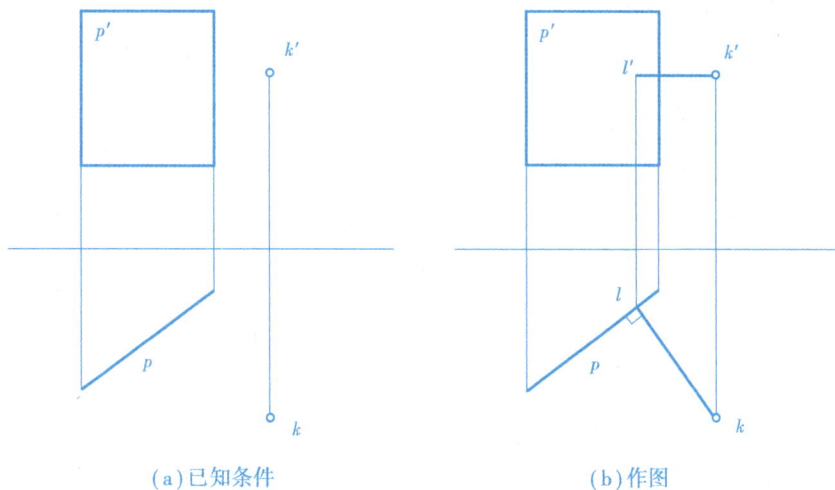

<table>
<tr><td>（a）已知条件</td><td>（b）作图</td></tr>
</table>

图 4.23　直线与投影面垂直面相垂直

②过 k 作 kl 垂直于平面内的水平线的 H 面投影 ce，过 k' 作 $k'l'$ 垂直于平面内正平线的 V 面投影 $a'd'$，所得直线 KL 为所求的平面的垂线。

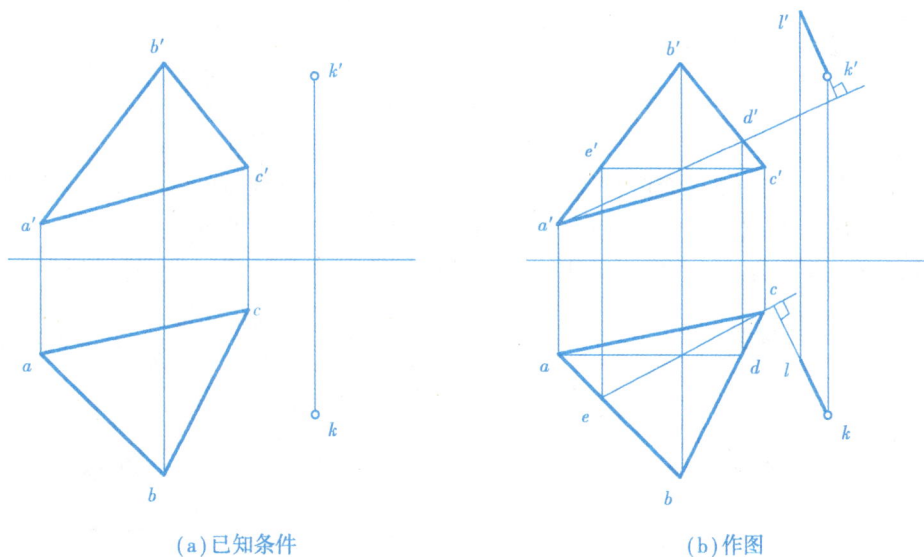

<table>
<tr><td>（a）已知条件</td><td>（b）作图</td></tr>
</table>

图 4.24　过点 K 作直线垂直于平面 $\triangle ABC$

【例 4.12】判断已知直线 MN 与 $\triangle ABC$ 是否垂直，如图 4.25（a）所示。

【解】分析：已知直线和平面均属一般位置，故应先作平面内的水平线和正平线，再检验已知直线是否同时垂直于所作水平线和正平线。若已知直线的 H 面投影垂直于所作水平线的 H 面投影，同时已知直线的 V 面投影垂直于所作正平线的 V 面投影，则直线与平面垂直；否则，不垂直。

作图：如图 4.25（b）所示。

①过点 A 作属于 $\triangle ABC$ 的水平线 AD，过点 C 作属于 $\triangle ABC$ 的正平线 CE。

②检验已知直线 MN 是否垂直于水平线 AD 和正平线 CE。作图表明，虽然 $mn \perp ad$，但 $m'n'$

与 $c'e'$ 不垂直,故直线 MN 与 $\triangle ABC$ 不垂直。

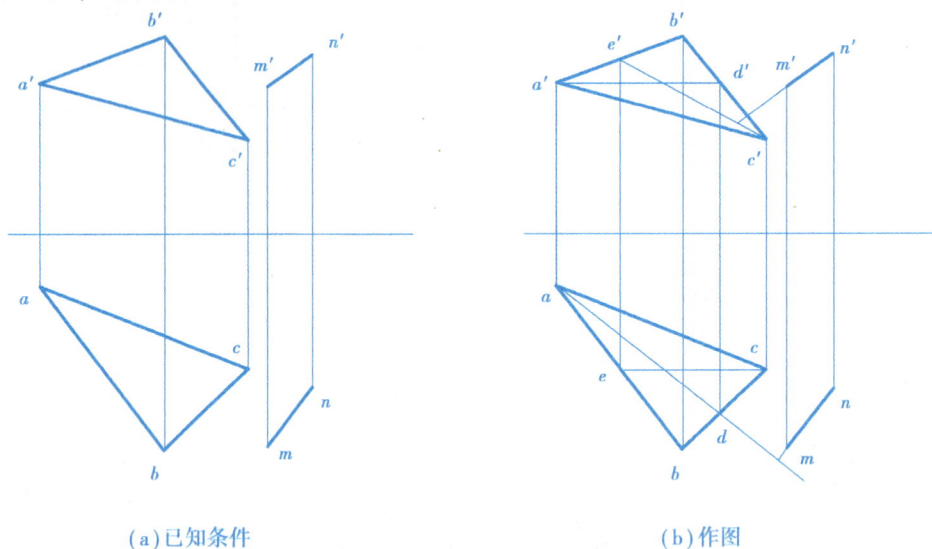

(a)已知条件 　　　　　　　　　　　(b)作图

图 4.25　判断已知直线 MN 是否垂直于 $\triangle ABC$

4.3.2　平面与平面垂直

1)几何原理

　　若直线垂直于平面,则包含此直线的所有平面都垂直于该平面,如图 4.26(a)所示。同理,若两平面相互垂直,则其中一个平面包含另一平面的垂线,如图 4.26(b)所示。反之,若过属于一平面的任意一点向另一平面所作垂线不在该平面上,则两平面不垂直,如图 4.26(c)所示。

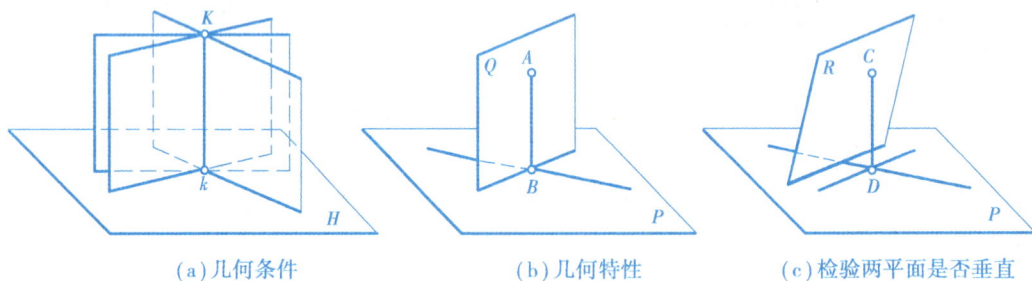

(a)几何条件 　　　　(b)几何特性 　　　　(c)检验两平面是否垂直

图 4.26　两平面相互垂直的几何原理

2)投影作图

　　(1)特殊情况

　　同一投影面的垂直面与平行面必垂直;同一投影面的两个垂直面相互垂直,则两者积聚性投影(迹线)相互垂直,且交线为该投影面的垂直线,如图 4.27 所示。例如两个正垂面相互垂直,则 V 面投影积聚且相互垂直,交线为正垂线;两个铅垂面相互垂直,则 H 面投影积聚且相互垂直,交线为铅垂线。

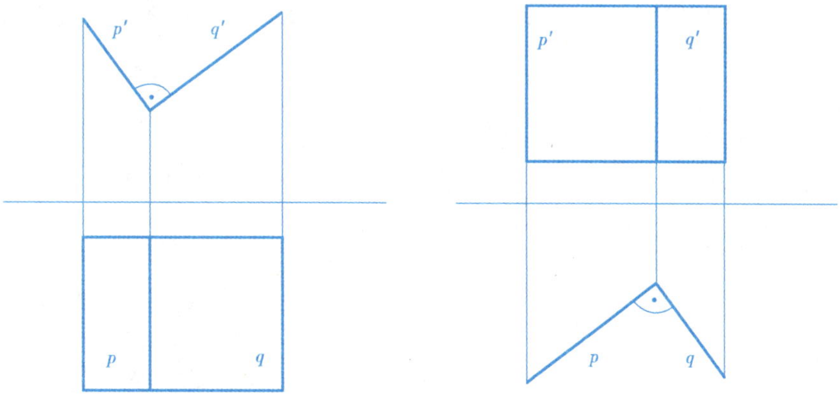

(a)两正垂面垂直　　　　　(b)两铅垂面垂直

图 4.27　同一投影面的两垂直面相互垂直

【例 4.13】过点 K 作铅垂面 P 垂直于 $\triangle ABC$,如图 4.28(a)所示。

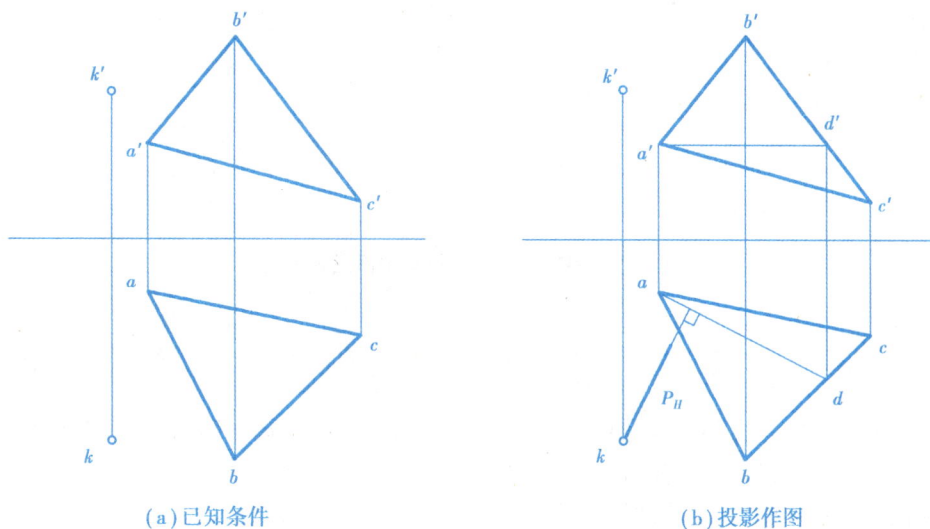

(a)已知条件　　　　　(b)投影作图

图 4.28　过点作铅垂面垂直于已知平面

【解】**分析:**根据题目几何条件得知,所作的铅垂面要与已知平面垂直,则已知平面上的水平线一定垂直于此铅垂面。那么,首先作平面上的水平线,然后作垂直于水平线的铅垂面即可。同时,题目没有限定平面表示法,所求的铅垂面 P 用迹线 P_H 表示最为简单。

作图:如图 4.28(b)所示。

①作 $\triangle ABC$ 上的水平线 AD。

②过点 K 作一铅垂面 P 垂直于水平线 AD 的 H 面投影 ad,用迹线 P_H 表示平面 P。

(2)一般情况

直线与平面均为一般位置时,无积聚性投影,只能利用辅助的平行线,利用直角投影定理来寻求垂直关系。

【例 4.14】判断已知 $\triangle ABC$ 和 $\triangle DEF$ 是否垂直,如图 4.29(a)所示。

【解】**分析:**判断已知 $\triangle ABC$ 和 $\triangle DEF$ 是否垂直,实质上是检查 $\triangle ABC$ 是否包含 $\triangle DEF$ 的一

条垂线，或者是检查△DEF是否包含△ABC的一条垂线。若能作出一条满足该要求的垂线，则两平面垂直；否则，不垂直。

作图：如图4.29(b)所示。

①作属于平面△ABC的水平线CN和正平线AM。

②过△DEF的点E在其V面投影上作e′g′⊥a′m′，EG在△DEF上，求出eg。

③可知eg不垂直于cn，故△ABC和△DEF不垂直。

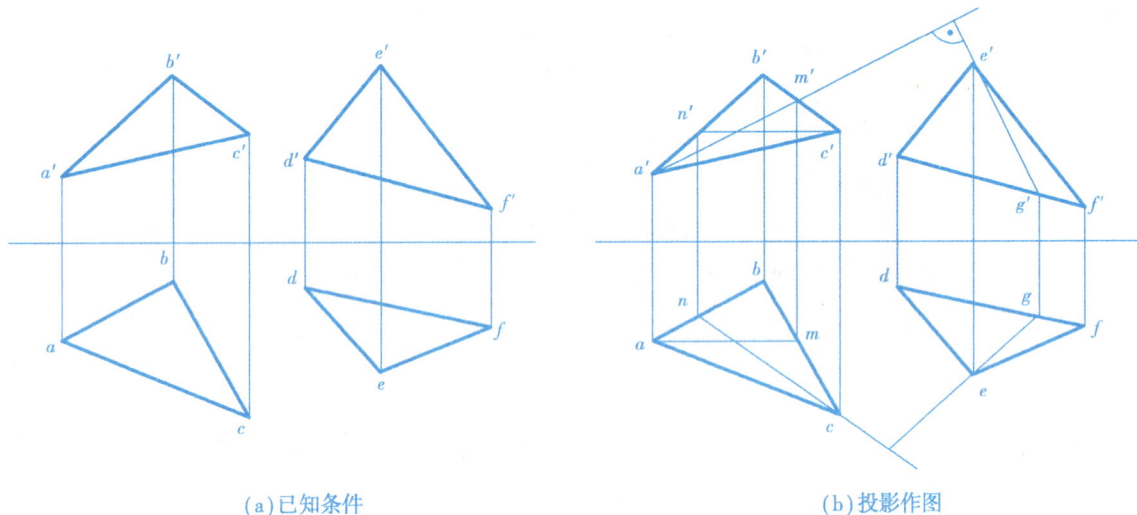

(a)已知条件　　　　　　　　　　　　(b)投影作图

图4.29　判断两个一般位置平面是否垂直

4.4　关于空间几何元素的综合问题

空间几何元素的综合问题涉及点、直线、平面之间的从属、距离问题，直线与平面的平行、相交、垂直、距离、夹角等问题，以及直线、平面本身的实长、实形等问题。这些综合问题归结起来就是两大问题：量度问题和定位问题。

4.4.1　关于空间几何元素的量度问题

1)实长和实形

(1)直线段的实长

特殊位置直线在所平行的投影面上的投影反映其实长。一般位置直线段可用直角三角形法求其实长。

(2)平面图形的实形

平行面在所平行的投影面上的投影反映平面图形实形。其他位置平面图形可依据最基本的平面多边形——三角形，用直角三角形法求出三角形三条边的实长，再按已知三边作出三角形的实形。所有的平面多边形均可分为若干个三角形，求得各三角形实形后，就能拼画成多边形的实形。

2）有关距离的量度

（1）两点之间的距离

两点连成直线，该直线的实长即为两点之间的距离。

（2）点到直线的距离、两平行线间的距离

若直线为垂直线，其积聚性投影与已知点同面投影的距离即为点到直线的距离，如图4.30（a）所示；若直线为平行线，在平行的投影面上可直接作出已知点到已知平行线的垂线，并得到垂足，求垂足与已知点的连线长度即得所求点到直线得距离，如图4.30（b）所示。

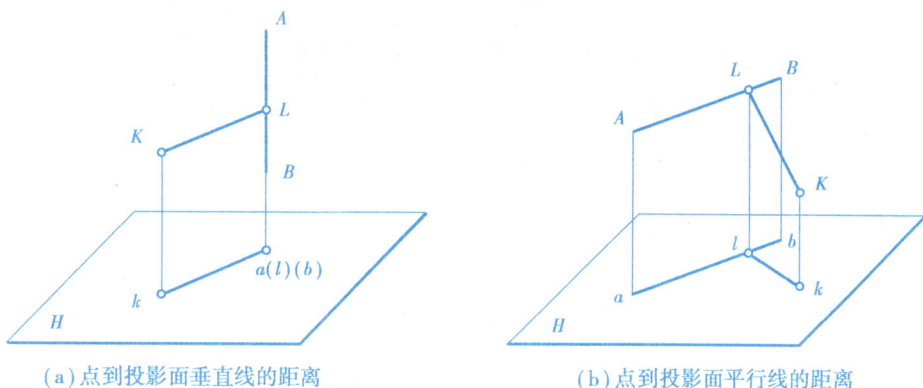

（a）点到投影面垂直线的距离　　　　　（b）点到投影面平行线的距离

图4.30　点到特殊位置直线的距离

如图4.31（a）所示，求点到一般位置直线的距离，其作图步骤为：

①过点 K 作平面 P 垂直于已知直线 MN。

②求出平面 P 与 MN 的交点，即垂足 G。

③连接已知点 K 和垂足 G，求 KG 的实长。该实长即为点到直线的距离。

（a）点到一般位置直线的距离　　　　　（b）两平行的一般位置直线间的距离

图4.31　点到直线的距离、两平行线间的距离

两平行线间的距离，可视为直线 M_1N_1 上的任一点 K 到直线 MN 的距离，其空间作图步骤与点到一般位置直线的距离作图步骤类似，如图4.31（b）所示。

（3）点到平面、相互平行的直线和平面之间的距离、两平行平面间的距离

若平面为特殊位置平面，点到平面的距离就是平面积聚性投影与点的同面投影的距离，如图4.32所示。

点到直线的距离

点到平面的距离

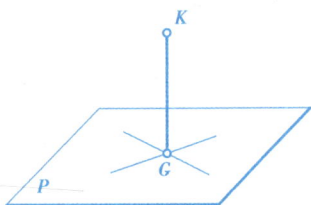

图 4.32　点到特殊位置平面的距离

如图 4.33(a)所示,求点到一般位置平面的距离,其作图步骤为:

①过已知点 K 向平面 P 作垂线。

②求出此垂线与平面 P 的交点,即垂足 G。

③求 KG 的实长,即得点与一般位置平面的距离。

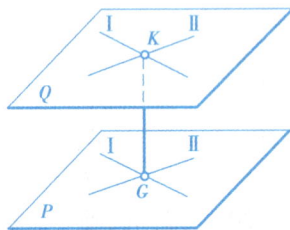

(a)点到平面的距离　　　(b)直线与其平行平面的距离　　　(c)平行平面的距离

图 4.33　点到平面、直线与其平行平面、平行平面的距离

如图 4.33(b)所示,相互平行的直线和平面的距离,可视为直线 MN 上任一点 K 到平面 P 的距离;如图 4.33(c)所示,平行平面 P、Q 间的距离,可视为平面 P 上任一点 K 到平面 Q 的距离。作图方法都可以利用求点到平面的距离的方法作图。

3)交叉两直线的最短距离

交叉两直线的最短距离即交叉两直线的公垂线的长度。若交叉两直线有一条直线为投影面垂直线,则其最短距离为从垂直线积聚为点的投影,到另一直线的同面投影的垂线段的长度,如图 4.34(a)所示;当然若交叉两直线均为某投影面的平行线,则其最短距离为两平行线在其不平行投影面上投影的间距,如图 4.34(b)所示。

如图 4.34(c)所示,求交叉两直线 M 和 M_1 间最短距离的空间作图步骤为:

①包含直线 M_1 作平面 P,P 平行于直线 M。

②求相互平行的直线 M 和平面 P 之间的距离,此距离即为交叉两直线 M 和 M_1 之间的最短距离。

如果还要求出公垂线,则空间作图步骤为[如图 4.34(d)所示]:

①包含直线 M_1 作平面 P 平行于直线 M。

②自属于直线 M 的任一点 A 作平面 P 的垂线,并求出垂足 B。

③过垂足 B 作直线 M_2 平行于已知直线 M，且与已知直线 M_1 交于点 G。

④过点 G 作直线平行于上述垂线 AB，与已知直线 M 交于点 K。KG 即为直线 M 和 M_1 的公垂线，其实长为直线 M、M_1 的最短距离。

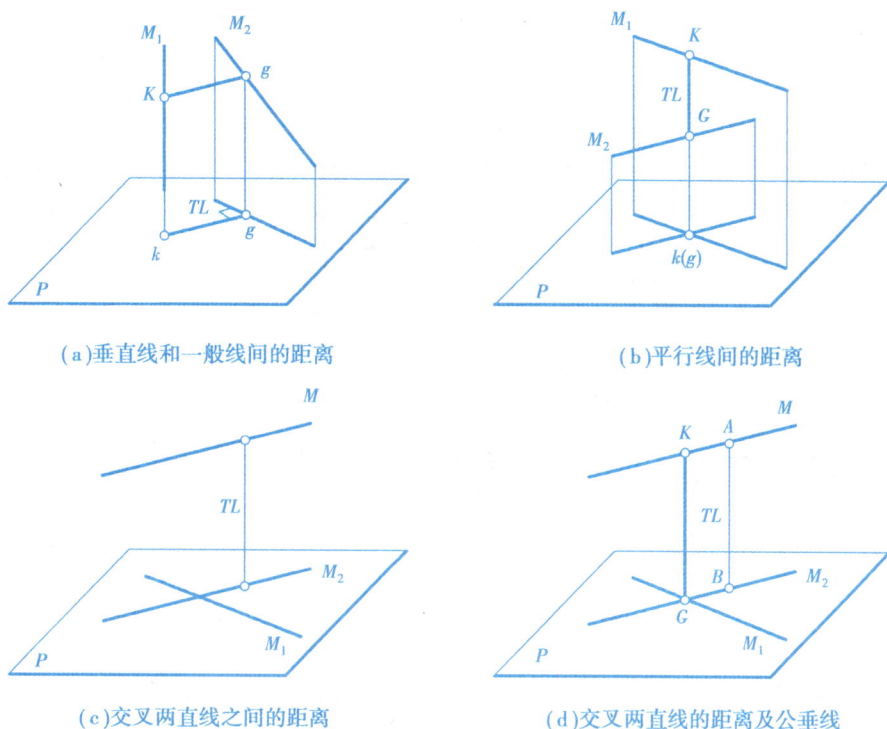

(a)垂直线和一般线间的距离　　　　(b)平行线间的距离

(c)交叉两直线之间的距离　　　　(d)交叉两直线的距离及公垂线

图4.34　交叉两直线的最短距离(TL)及公垂线 KL

4)有关角度的量度

（1）相交二直线的夹角

如图 4.35 所示，以相交直线 AB、AC 为两边，可连成 $\triangle ABC$，求出 $\triangle ABC$ 的实形即得相交直线 AB、AC 的夹角 α。

（2）直线与平面的夹角

如图 4.36 所示，求直线 AB 与平面 P 的夹角的空间作图步骤为：

①过直线上任一点 B 向平面 P 作垂线；

②求出相交直线 BC、BD 的夹角 δ（取第三边为投影面平行线较简便，如图 4.36 中第三边 $CD /\!/ P_H /\!/ H$）；

③δ 的余角（$90° - \delta$），即为直线与平面的夹角 θ。

（3）两平面的夹角

如图 4.37 所示，求两平面 P、Q 夹角的空间作图步骤为：

①过空间任一点 K 分别向 P、Q 两平面作垂线 KA、KB。相交二直线 KA、KB 所构成的平面是 P、Q 二平面的公垂面。

②求出相交二直线 KA、KB 的夹角 ω（取第三边为投影面平行线，参考图 4.36）。

③ω 的补角（$180° - \omega$）即为 P、Q 两平面的夹角 φ。

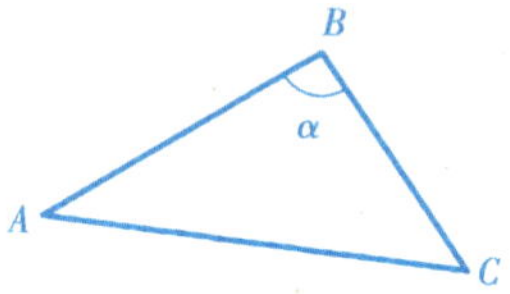

图 4.35 相交两直线的夹角

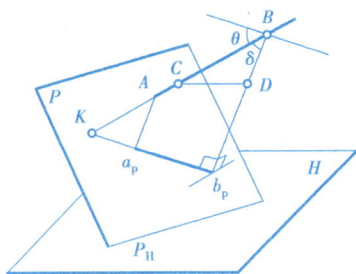

图 4.36 直线与平面的夹角

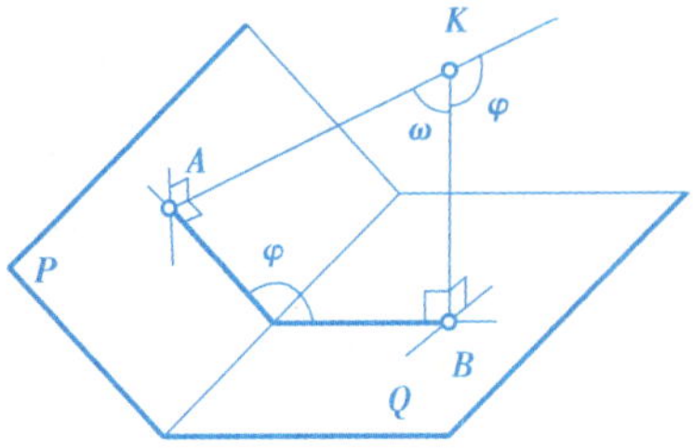

图 4.37 两平面的夹角

4.4.2 有关空间几何元素间的定位问题

关于空间几何元素间的定位问题,可归纳为在直线上、平面上取点,求直线与平面的交点及两平面的交线的问题。这些问题的基本作图方法已在前面讨论过,不再赘述。

4.4.3 解决综合问题的一般步骤

综合性的空间几何问题比较复杂,需要同时满足几个要求,其求解的一般步骤包括:分析、作图、检查。

1)分析

作图前的分析内容大致有:弄清题意,明确已知条件有哪些,需要求解什么。把需要求解的问题拿到空间里去解决,想象出已知条件在空间的状态,即所谓的空间分析,拟订作图步骤或解题方案。注意:应尽量应用在画法几何中已有的相应结论,例如与铅垂面垂直的直线一定是水平线等,见表 4.1 和表 4.2。

表 4.1 两特殊位置平面相交

	正垂面	铅垂面	侧垂面	正平面	水平面	侧平面
正垂面	正垂线	一般线	一般线	正平线	正垂线	正垂线
铅垂面	一般线	铅垂线	一般线	铅垂线	水平线	铅垂线
侧垂面	一般线	一般线	侧垂线	侧垂线	侧垂线	侧平线
正平面	正平线	铅垂线	侧垂线	不交//	侧垂线	铅垂线
水平面	正垂线	水平线	侧垂线	侧垂线	不交//	正平线
侧平面	正垂线	铅垂线	侧平线	铅垂线	正平线	不交//

表 4.2 特殊位置平面与直线垂直

	正垂面	铅垂面	侧垂面	正平面	水平面	侧平面
直线	正平线	水平线	侧平线	正垂线	铅垂线	侧垂线

空间分析有相对位置关系分析法和轨迹分析法两种方法。前者假设题目所要求的几何元

素已作出,将其加入题目给定的几何元素中,按照题目所要求的各个条件逐一分析它们之间的相对位置和从属关系,探求几何元素的确定条件,从而获空间解题方案。后者根据题目给定的若干条件,逐条运用空间几何轨迹的概念,分析所求几何元素在该条件下的空间几何轨迹,然后综合这些单个条件下的几何轨迹,从而得出空间解题步骤。如图 4.38(a)所示,过点 E 作一条直线与两交叉直线 AB、CD 均相交,可分别用空间分析的两种分析法进行分析。

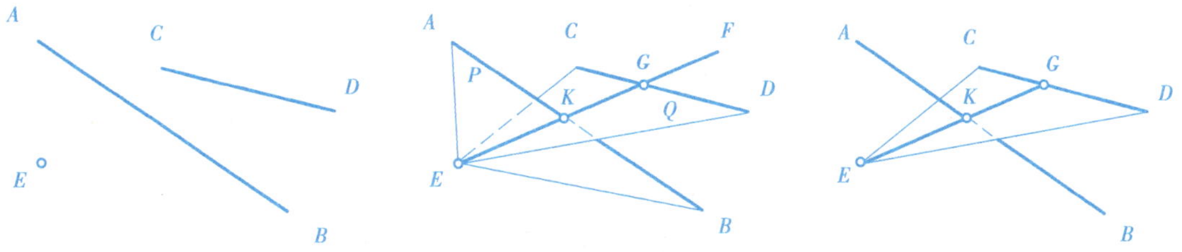

(a)已知条件　　　　　　　(b)分析　　　　　　　(c)实际解题方案

图 4.38　过已知点 E 作一直线与两交叉直线 AB、CD 均相交

(1)相对位置关系分析法

假定所求直线 EF 已作出,直线 EF 与已知直线 AB 相交于点 K,则 EF 必然属于点 E 和直线 AB 所确定的平面 P。同理,EF 必然属于点 E 和直线 CD 所确定的平面 Q,故所求直线 EF 为平面 P、Q 的交线,如图 4.38(b)所示。

(2)轨迹分析法

过点 E 与直线 AB 相交的直线的轨迹是由定点 E 和直线 AB 所确定的平面 P。同理,过点 E 与直线 CD 相交的直线的轨迹是由定点 E 和直线 CD 所确定的平面 Q。能同时满足这两条几何轨迹要求,只有平面 P、Q 的交线,如图 4.38(b)所示。

由于已有共有点 E,此时只需再求一点即可。实际解题方案为:由 E、CD 得△ECD,然后求 AB 与△ECD 的交点 K,再连接 E 并延长 EK 交 CD 于点 G。EG 即为所求直线,如图 4.38(c)所示。

2)作图

在已有空间解题方案的基础上,分清投影作图步骤。有时,空间作图的一步需要几个基本投影作图才能完成,所以一定要明确投影作图步骤后方可开始作图。

3)检查

检查即是检查几何条件是否成立,有无过失性错误等方面内容。例如,判别可见性以后,可用三角板、铅笔等模拟空间相交情况来验证结果正确与否。通过解答题目,可巩固投影理论知识,增强空间想象能力,尽可能地展开一些认知思维活动可达到事半功倍的效果。

4.4.4　综合举例

【例 4.15】过点 K 作平面既与直线 MN 平行,又与△ABC 垂直,如图 4.39(a)所示。

【解】分析:要求所作平面平行于直线 MN,只需要保证平面包含一条平行于 MN 的直线;同时,平面垂直于另一平面,只需要保证此平面包含另一平面的垂线。本题对平面的表达方式没有特殊限定,因此只需要过已知点 K 分别作满足上述条件的两条相交直线表达的平面即为所求,如图 4.39(b)所示。

作图:如图 4.39(c)所示。

①过点 K 作直线 $KL /\!/ MN$。投影作图步骤为:分别过 k'、k 作 $k'l' /\!/ m'n'$,$kl /\!/ mn$。

②过点 K 作直线 $KF \perp \triangle ABC$。投影作图步骤为:分别在平面 ABC 上作出水平线 AD 与正平线 CE,分别过 k'、k 作 $k'f' \perp c'e'$,$kf \perp ad$。相交直线 KL、KF 所表示的平面即为所求。

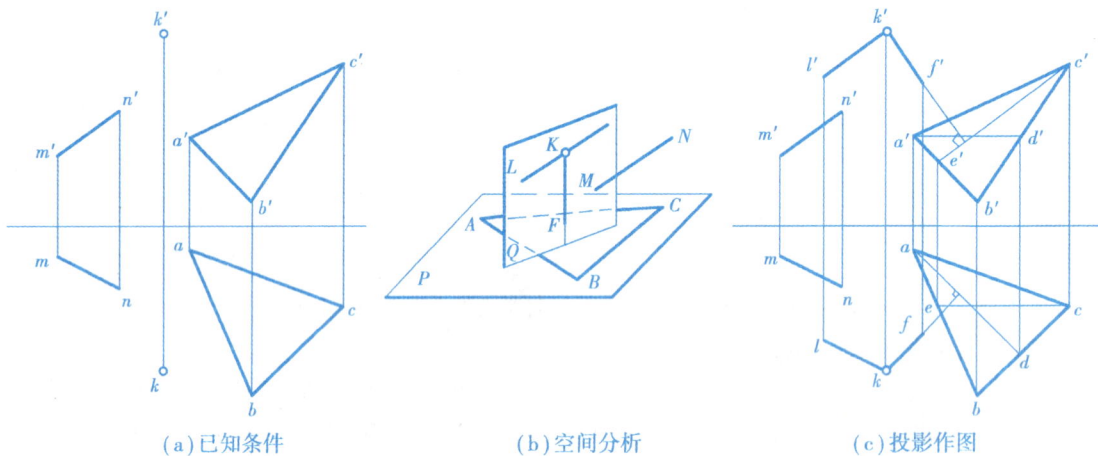

(a)已知条件　　　　　(b)空间分析　　　　　(c)投影作图

图 4.39　过点 K 作一平面既与直线 MN 平行又与 $\triangle ABC$ 垂直

注意:此题只需要作出垂直于 $\triangle ABC$ 的直线的方向,并不需要求出准确的垂足位置,因此 F 点可以是垂线上任意一点。

【例 4.16】作直线 MN 与交叉直线 AB 和 CD 相交,并平行于直线 EF,如图 4.40(a)所示。

【解】分析:要求作直线 MN 平行于 EF,且交叉直线 AB、CD 均相交。如果用轨迹分析法进行空间分析,先少考虑一个要求,与已知直线 AB 相交并和已知直线 EF 平行的直线的轨迹是一个包含 AB 且平行于 EF 的平面。同理,与已知直线 CD 相交并和已知直线 EF 平行的直线的轨迹是一个包含 CD 且平行于 EF 的平面。要同时满足这两条几何轨迹的要求,所求直线 MN 必为上述两平面的交线。EF 已确定 MN 的方向,故只需求得属于交线的一个交点即可。所以,空间作图步骤为:过 AB(或 CD)作平面平行于 EF(图中过点 A 作直线 AG 平行于 EF,AG 和 AB 所确定的平面平行于 EF);再求此平面与另一直线 CD 的交点 N;最后过 N 作 MN 平行于 EF,交 AB 于 M,MN 即为所求直线,如图 4.40(b)所示。

作图:如图 4.40(c)所示。

①过点 A 作直线 $AG /\!/ EF$。分别过 a'、a 作 $a'g' /\!/ e'f'$,$ag /\!/ ef$。相交直线 AB、AG 确定的平面平行于 EF。

②求 CD 与上述平面的交点 M。含 CD 作正垂面 R 为辅助面,R_V 与 $c'd'$ 重合,在 V 面投影上直接确定辅助面 R 与上述平面交线的 V 面投影 $g'j'$,由 $g'j'$ 求出 gj。gj 与 cd 的交点 n 即为点 N 的 H 面投影,由 n 求出 n'。

③过点 N 作直线 $MN /\!/ EF$。过 n 作 $mn /\!/ ef$,且交 ab 于 m,再过 n' 作 $m'n' /\!/ e'f'$,且交 $a'b'$ 于 m'。作图时注意 nn' 必须垂直于投影轴 OX,$MN(mn,m'n')$ 即为所求直线。

按空间分析,本题还有另一种作图方法。即过交叉直线 AB、CD 分别作平面平行于直线 EF,求出两平面的交线即得所求直线。此题和图 4.38 中过点 E 作一直线与两交叉直线 AB、CD

均相交的题属同一类型,思路相同,只是限定所求直线不同,一个是通过同一点,而另一个是平行于同一直线。

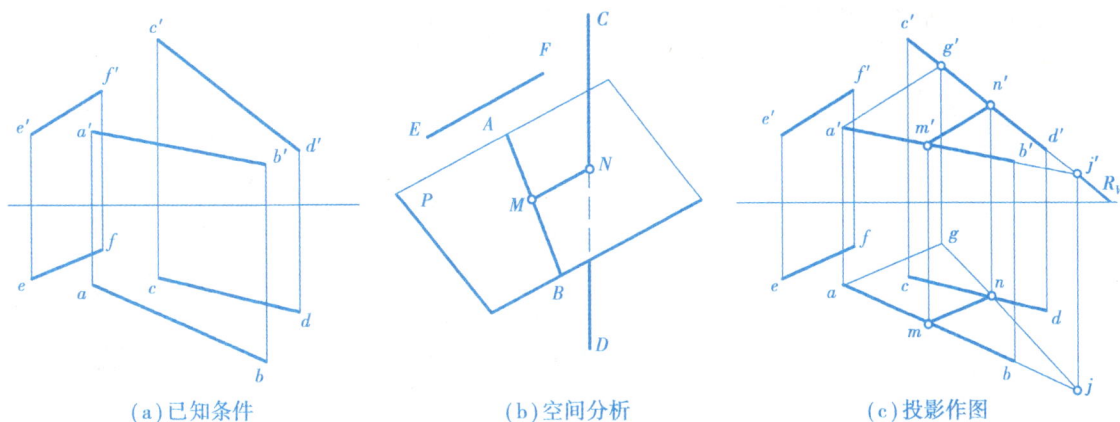

(a)已知条件　　　　　(b)空间分析　　　　　(c)投影作图

图 4.40　作直线 MN 平行于直线 EF 并与两交叉直线 AB、CD 均相交

【例 4.17】求作以 AB 为底,顶点 C 属于直线 MN 的等腰 △ABC,如图 4.41(a)所示。

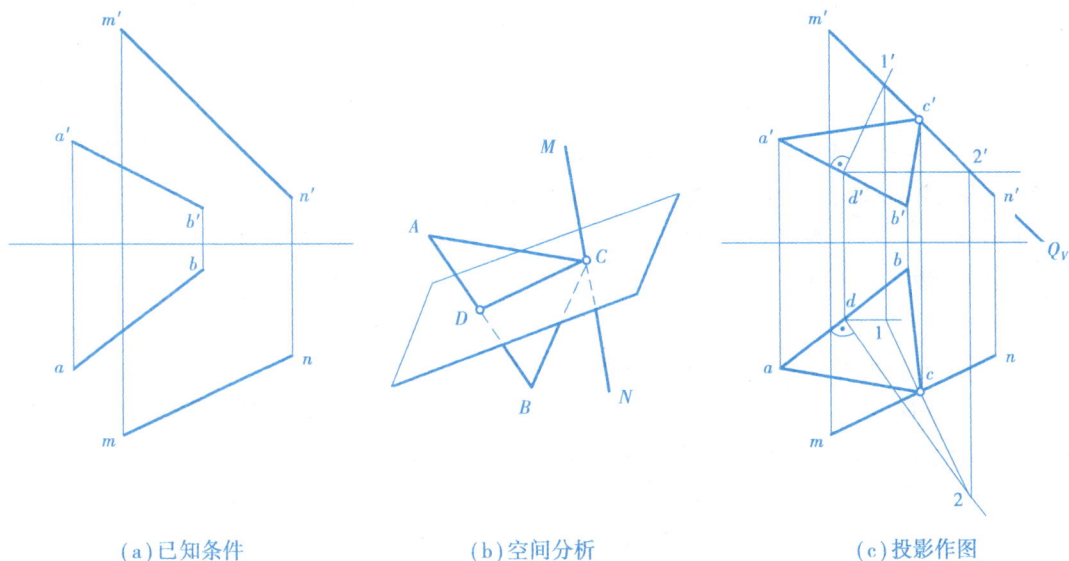

(a)已知条件　　　　　(b)空间分析　　　　　(c)投影作图

图 4.41　作等腰 △ABC

【解】分析:如图 4.41(b)所示,如果等腰 △ABC 已作出,其顶点 C 既属于 AB 的中垂面,又属于直线 MN,所以顶点 C 必为 AB 的中垂面与 MN 的交点。

作图:如图 4.41(c)所示。

①作 AB 的中垂面 P。过 AB 的中点 D,分别作 ⊥AB 的正平线 DⅠ和水平线 DⅡ,DⅠ和 DⅡ所确定的平面为 AB 的中垂面。

②求 MN 与所作中垂面的交点。含 MN 作辅助正垂面 Q,求平面 Q 与中垂面的交线 ⅠⅡ (1′2′,12)。12 与 mn 的交点 c 即为等腰 △ABC 的顶点 C 的 H 面投影,由 c 作出 c′。

③分别连接 △a′b′c′,△abc,△ABC 即为所求等腰三角形。

此题要求还可能有其他描述方式,例如:求 MN 上一点 C,使其到线段 AB 两端点 A、B 距离

109

相等;求 MN 上一点 C,使 AB 分别与 CA、CB 的夹角均相等;求作以 AB 为对角线、顶点 C 属于 MN 的菱形等,但其分析、作图均与本例相同。

【例 4.18】作平面 P,使 $P /\!/ \triangle ABC$,且距 $\triangle ABC$ 为定长 L,如图 4.42(a)所示。

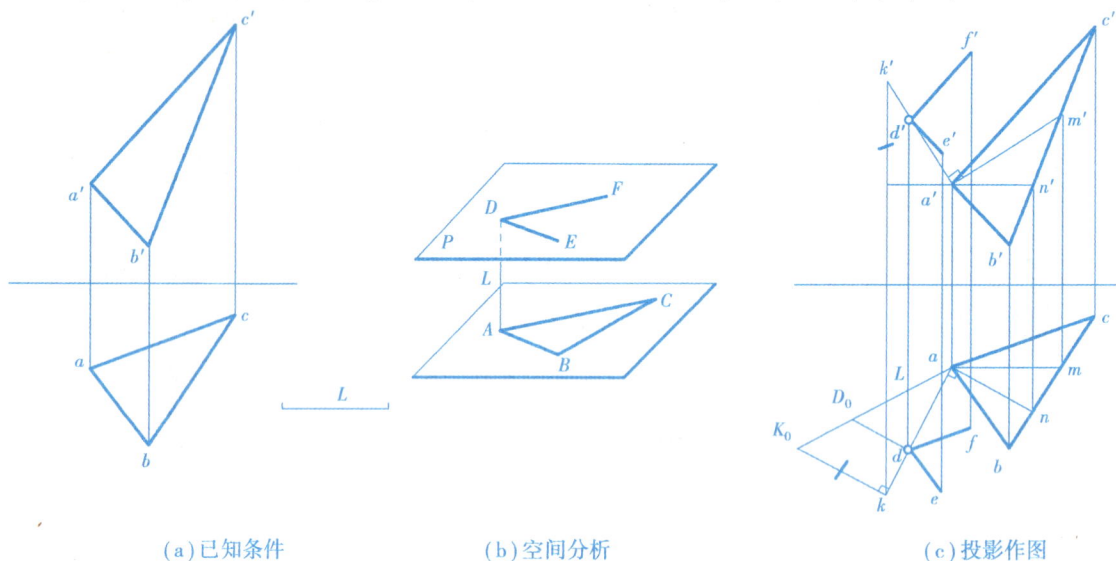

(a)已知条件   (b)空间分析   (c)投影作图

图 4.42　作与已知平面距离为定长 L 的平行平面

【解】分析:如图 4.42(b)所示,假定所求平面 P 已作出,则相互平行的平面 P 和 $\triangle ABC$ 之间的任一垂线实长为 L。故过点 A 作的垂线上取 $AD = L$,然后过点 D 作平面 P 平行于 $\triangle ABC$ 即可。

作图:如图 4.42(c)所示。

①过点 A 作 $\triangle ABC$ 的垂线 AK。先在 $\triangle ABC$ 内取正平线 AM 和水平线 AN,然后过 a 作 $ak \perp an$,过 a' 作 $a'k' \perp a'm'$,K 点可以为垂线 AK 上的任意一点。

②在 $\triangle ABC$ 的垂线 AK 上取点 D,使 $AD = L$。先用直角三角形法求 AK 的实长,然后确定 D。在 AK 的实长 aK_0 上量取 $aD_0 = L$,作 $D_0 d /\!/ K_0 k$ 交 ak 于 d,由 d 求出 d'。

③过点 D 作平面 P 平行于 $\triangle ABC$(用相交直线表示)。过 d 作 $de /\!/ ab$,$df /\!/ ac$;再过 d' 作 $d'e' /\!/ a'b'$,$d'f' /\!/ a'c'$,由 $DE(de, d'e')$ 和 $DF(df, d'f')$ 确定的平面 P 为平行于 $\triangle ABC$ 且距离为 L 的平面。

本题有两解,另一解在 $\triangle ABC$ 的另一侧距离为 L 处。另外,本题涉及一个重要的基本作图,即在一条定直线上利用定比确定所需要的点。

本章小结

(1)熟悉直线与平面平行、平面间平行的几何条件,掌握平行的投影特性及作图方法。

(2)熟练掌握特殊情况下,直线与平面相交交点的求法和两个平面相交的交线的求法,一般位置直线、平面相交求交点的方法;掌握两个一般位置平面相交求交线的作图方法;掌握利用重影点判别投影可见性的方法。

(3)了解直线与平面垂直、平面间垂直的投影特性及作图方法。

（4）对点、直线、平面综合问题能够进行空间分析，能运用直角三角形法和直角投影定理解决有关距离和角度的问题。

复习思考题

4.1   直线与平面的相对位置有哪几种？对作图有利的特殊状态中有哪些？

4.2   平面与平面的相对位置有哪几种？如何进行判断？

4.3   直线与平面相交，交点有何特性？如何判断可见性？

4.4   两一般位置平面相交的交线如何求得？如何判断可见性？

4.5   空间几何元素的距离如何确定？特殊情况下的距离问题，其作图的关键有哪些？

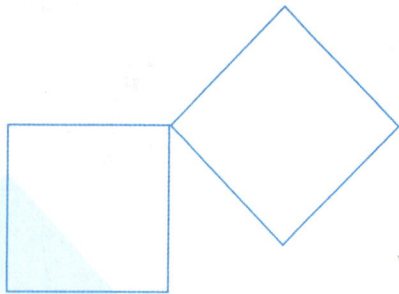

5

辅助正投影

本章导读：

当直线、平面对投影面处于特殊位置时，空间几何问题的求解就变得容易。辅助正投影正是改变空间几何元素与投影面的相对位置，以达到简化解题的目的。

5.1 辅助正投影的概述

前面几章已经讨论了在投影图中解决空间几何元素间定位和度量问题的基本原理和方法。本章将讨论用辅助正投影的方法，使空间几何问题的图示更为简单明了，图解更为简捷方便。

5.1.1 投影变换的目的

在正投影的情况下，空间几何元素与投影面的相对位置直接影响空间几何元素的投影性质。从表 5.1 的对比中不难发现，当直线、平面对投影面处于特殊位置时，其投影或具有显实性，或具有积聚性，或直接反映距离，或直接反映交点位置等一些特殊的投影性质。这些性质对解决定位和度量问题是很有利的。从中我们得到启示：如能把空间几何元素从一般位置改变成为特殊位置，空间几何问题的求解就变得容易。

表 5.1 直线和平面的相对位置在两种情况下的比较

	实长、倾角	实 形	距 离	交 点
特殊位置	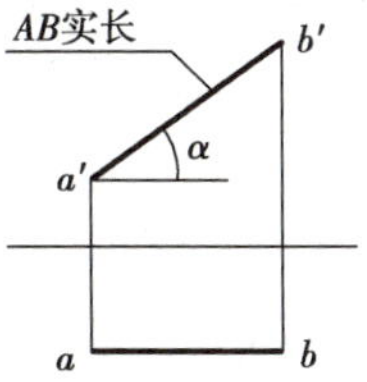 AB实长	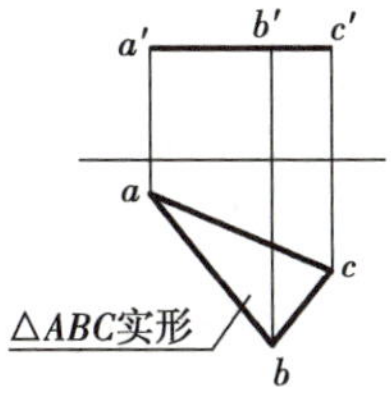 △ABC实形	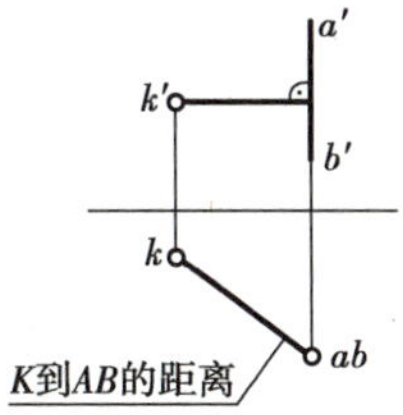 K到AB的距离	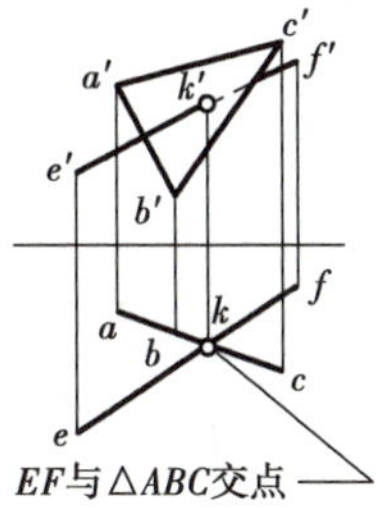 EF与△ABC交点
一般位置	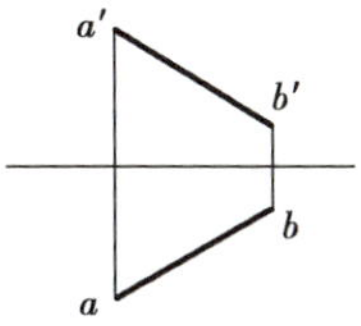 不能反映实长、倾角	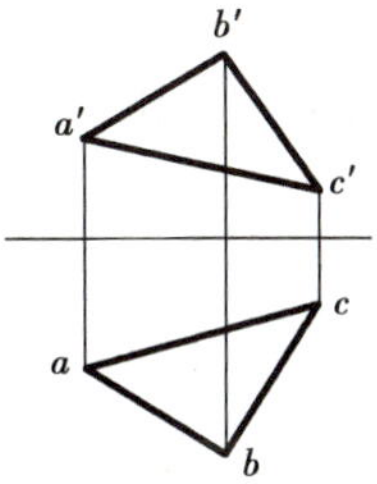 不能反映实形	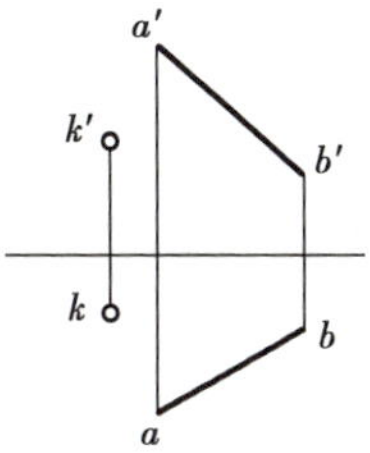 不能反映距离	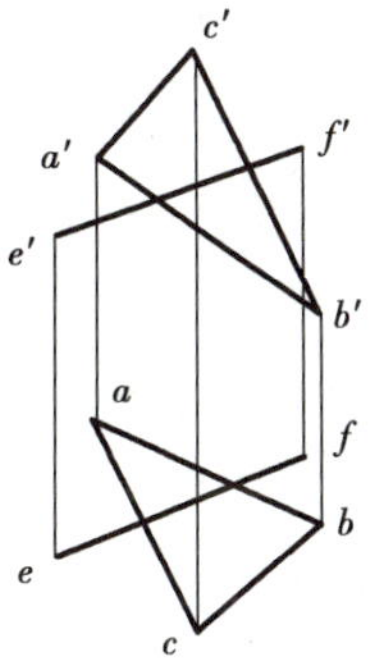 不能反映交点

5.1.2　辅助正投影的类型

我们知道,形成投影的三要素是:投射线、空间几何元素和投影面,当这三者之间的相互关系确定后,其投影也就确定了。如要变动其中的一个要素,则它们之间的相对位置随之而异,其投影也会因此而变化。投影变换就是通过变动其中一个要素的方法来实现有利解题的目的。常用下述两种方法:

①空间几何元素保持不动,用新的投影面来代替旧的投影面,使空间几何元素对新投影面的相对位置变成有利于解题的位置,作出空间几何元素在新投影面上的投影。这种方法称为变换投影面法,简称换面法。

②投影体系(也即投影面)保持不动,使空间几何元素绕某一轴旋转到有利解题的位置,作出空间几何元素旋转后的新投影。这种方法称为旋转法。

如图 5.1(a)所示,要求出铅垂面 △ABC 的实形,在采用换面法时使 △ABC 不动,设置一个既平行于 △ABC 同时又垂直于 H 面的新投影面 V_1 代替 V 面,建立一个新的 V_1/H 投影体系。这时,△ABC 在新体系(V_1/H)中就成了正平面,在新投影面 V_1 的投影 $\triangle a_1'b_1'c_1'$ 即反映 △ABC 实形。

又如图 5.1(b)所示,要求出铅垂面 △ABC 实形,采用旋转法时投影体系 V/H 保持不动,将 △ABC 以铅垂线 BC 为轴旋转,直至与 V 面处于平行的位置。旋转后 △ABC 得到的 $\triangle A_1B_1C_1$ 在 V 面上的投影 $\triangle a_1'b_1'c_1'$ 反映出 △ABC 的实形。

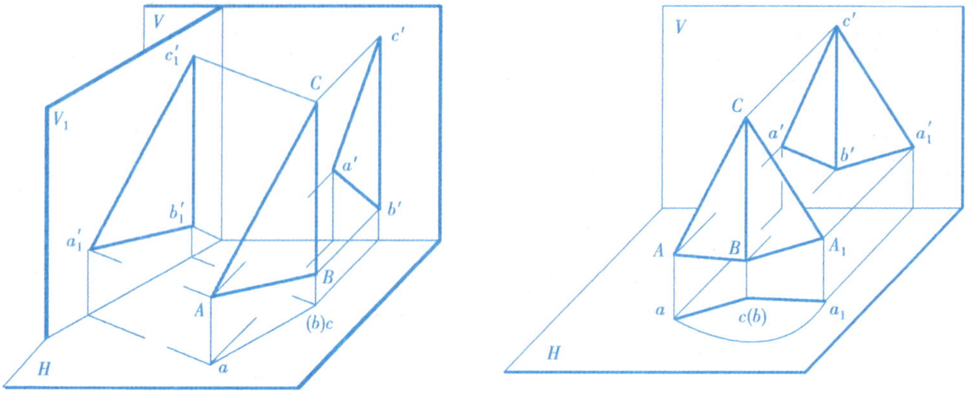

（a）换面法　　　　　　　　　　　　　（b）旋转法

图 5.1　投影变换的类型

5.2　换面法

5.2.1　基本概念

在换面法中,核心问题是如何设置新的投影面。从图 5.1(a)中可看出,新投影面是不能随便选取的。既要使空间元素与新投影面处于特殊位置,又要使新投影面必须垂直于原有投影面之一,以构成新的投影体系。只有满足这两个条件,才能应用正投影原理作出点、线、面等几何元素新的投影图。因此,新投影面的选择必须符合以下两个基本原则:

①新投影面必须使空间几何元素处于有利解题的位置。

②新投影面必须垂直于原有投影面之一。

5.2.2　基本作图方法

点是最基本的几何元素,因此在换面法中,必须先掌握点的投影变换规律。

1)点的一次换面

如图 5.2 所示,已知点 A 在 V/H 投影体系中的两面投影(a, a')。设置一个新的投影面 V_1 代替原投影面 V,同时使 V_1 面垂直于 H 面,如图 5.2(a)所示,建立起一个新的投影体系 V_1/H 取代原体系 V/H。这时,V_1 面与 H 面的交线便生成新投影轴 X_1,将点 A 向新投影面 V_1 投影,便获得点 A 的新投影 a_1'。

从图 5.2 中不难看出:在以 V_1 面代替 V 面的过程中,点 A 到 H 面的距离是没有被改变的。

即　　　　　　　　　　　$a_1' a_{x1} = Aa = a' a_x$　　　　　　　　　　　　　　(1)

将新的投影体系 V_1/H 展开:使 V_1 面绕 X_1 轴旋转至与 H 面重合,由于 V_1 面垂直于 H 面,展开后 a 与 a_1' 的连线必定垂直于 X_1 轴,又得出:

$$aa_1' \perp X_1$$　　　　　　　　　　　　　　(2)

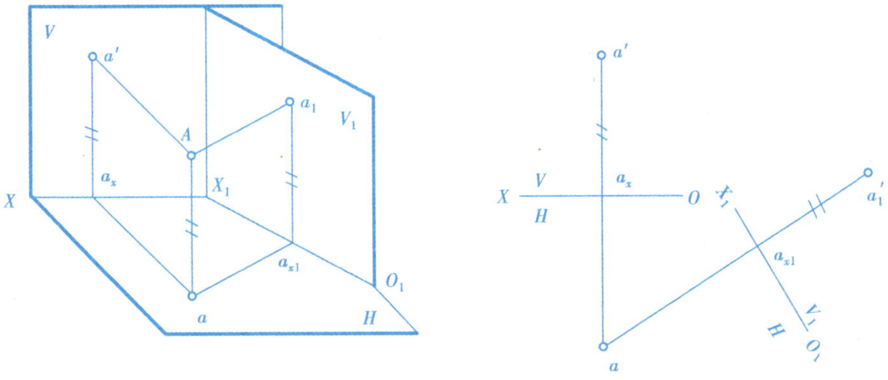

(a)立体图　　　　　　　　　(b)投影图

图5.2　点的一次换面(替换 V 面)

在图5.2(b)中,可由上述关系作图求出点 A 在 V_1 面上的新投影 a'_1。在这样一个作图过程中, a'_1 称为新投影, a' 称为旧投影, a 称为新(V_1/H)、旧(V/H)体系中共有的保留投影; X 称为旧投影轴,简称旧轴; X_1 称为新投影轴,简称新轴。

通过以上分析,可得出点的**换面法投影规律**如下:

①**点的新投影到新轴的距离等于点的旧投影到旧轴的距离。**

②**点的新投影和保留投影的连线,必垂直于新轴。**

图5.3 表示当替换水平面时,设置一个 H_1 面代替 H 面,建立一个新体系(V/H_1),获得点 A 在 H_1 面的新投影 a_1,如图5.3(a)立体图所示。由点的换面法投影规律,得: $a_1a' \perp X_1$; $a_1 a_{x1} = Aa' = aa_x$。图5.3(b)表示了求新投影的作图过程。

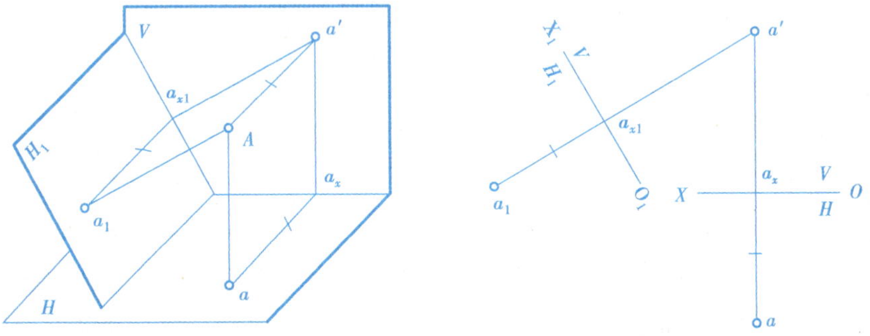

(a)立体图　　　　　　　　　(b)投影图

图5.3　点的一次换面(替换 H 面)

从以上两投影图中,不难得出点的换面法作图步骤如下:

①建立新轴(新轴的建立是有条件的),这是用换面法来解题时最关键的一步。

②过保留投影作新轴的垂线。

③量取点的新投影到新轴的距离等于点的旧投影到旧轴的距离,从而得到点的新投影。

2)点的二次换面

点的二次换面是在点的一次换面的基础上,再进行的一个点的一次换面。图5.4 表示在第二次变换投影面时,求作点的新投影的方法,其原理与点的一次换面时完全相同。

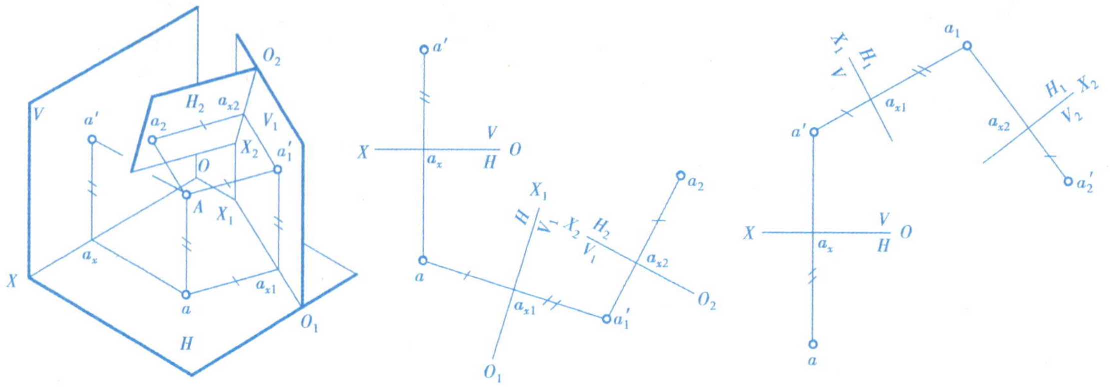

(a) 立体图　　　　　　(b) 投影图（先换 V 面，后换 H 面）　　　　(c) 投影图（先换 H 面，后换 V 面）

图 5.4　点的二次换面

如图 5.4(a) 所示，在点 A 已进行一次换面后的 V_1/H 体系中，再作新投影面 H_2 代替 H 面（H_2 面必须垂直于 V_1 面），得到新体系 V_1/H_2，同时产生新投影轴 X_2。这时，点 A 在新投影面 H_2 的投影 a_2 到 X_2 轴的距离，即点的新投影到新轴的距离，等于点 A 在 H 面上的投影 a 到 X_1 轴的距离，即点的旧投影到旧轴的距离，也就是 $a_2a_{x2} = aa_{x1} = Aa_1'$，点 A 在 H_2 面上的投影 a_2 与点 A 在 V_1 面上投影 a_1' 的连线垂直于 X_2 轴，即 $a_2a_1' \perp X_2$。图 5.4(b) 表示的是求点 A 二次换面后投影的作图过程。

同理，也可先作 H_1 面代替 H 面（一次换面），得到 V/H_1 体系。再作 V_2 面代替 V 面（二次换面），得到 V_2/H_1 体系。在这种情况下，是由点 A 的正投影 a' 及第一次换面后的投影 a_1，作出点 A 在 V_2 面上的新投影 a_2'，如图 5.4(c) 所示。二次换面的作图步骤与一次换面的作图步骤相同，只是重复进行一次。

5.2.3　换面法在解决定位和度量问题中的运用

换面法求一般位置直线的实长和倾角

1) 一次换面的运用

在换面法中，新投影面的设置是十分关键的。下面结合几个例子来说明用一次换面解决空间几何元素间定位和度量问题时，新投影面是如何设置的。从前面的分析中我们得知：新投影面必须垂直原投影面之一；新面的设置必须有利解题。**在投影图上，新投影面的设置是体现在画新轴的位置上。**

【例 5.1】如图 5.5(a) 所示，求一般位置直线 AB 的实长及其倾角 α。

【解】分析：当直线 AB 为正平线时，AB 的正面投影就反映实长，同时正面投影与投影轴 X 的夹角反映直线 AB 的 α 倾角。所以，在考虑本例的变换过程中，应将直线 AB 变换成正平线，如图 5.5(a) 所示。不难看出，用新的 V_1 面代替 V 面，可使 V_1 面平行于直线 AB 的同时垂直于 H 面。注意，该图中新轴与保留投影之间的关系：新轴平行于保留投影，即 $X_1 /\!/ ab$。

作图：如图 5.5(b) 所示。

①作新轴 $X_1 /\!/ ab$。

②过保留投影 a、b 作新轴垂线。

③量取 $a_1'a_{x1} = a'a_x$，$b_1'b_{x1} = b'b_x$，从而获得 A、B 两点在 V_1 面上的新投影 a_1'、b_1'。

④连接 a_1'、b_1' 得直线 AB 的新投影。此时 $a_1'b_1'$ 反映实长,它与 X_1 轴的夹角即为直线 AB 的倾角 α。

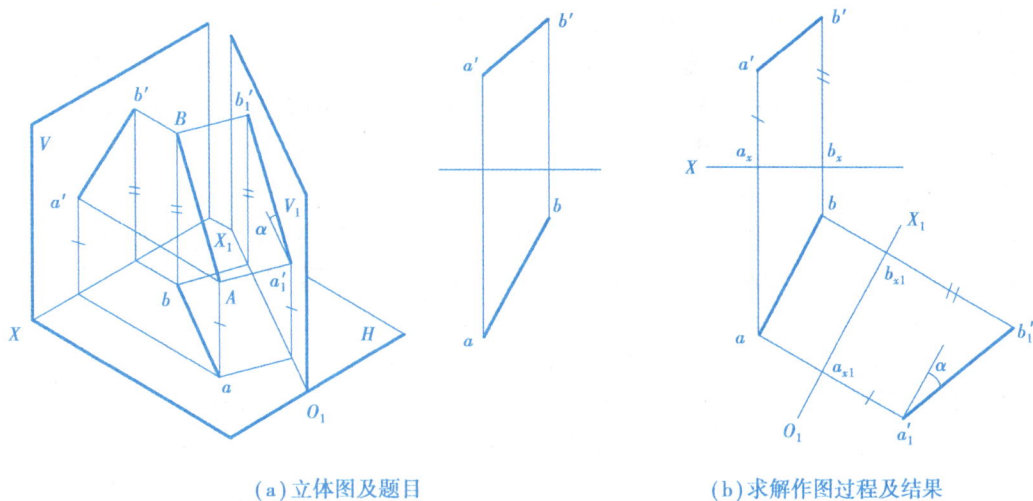

(a)立体图及题目　　　　　　　　(b)求解作图过程及结果

图 5.5　求一般位置直线 AB 的实长及其倾角 α

注意:在如图 5.5(b)所示的作图过程中,X_1 轴只需保证与 ab 平行,两者间的距离对于求 AB 直线的实长及倾角是没有影响的。

【**例 5.2**】如图 5.6 所示,求铅垂面 $\triangle ABC$ 的实形。

【**解**】**分析**:从图 5.6(a)中可以看出,需设置新投影面 V_1 代替原投影面 V。由于 $\triangle ABC$ 是铅垂面,所以 V_1 面在平行于 $\triangle ABC$ 的同时一定要垂直于 H 面。注意:此图中新轴与铅垂面积聚投影的关系是:新轴平行于铅垂面积聚性投影,即 $X_1 /\!/ abc$。

(a)题目　　　　　　　　(b)求解作图过程及结果

图 5.6　求三角形 ABC 的实形

作图:如图 5.6(b)所示。

①作新轴 $X_1 /\!/ abc$(铅垂面的积聚性投影)。

②过保留投影 a、b、c 作新轴垂线。

③分别量取点的新投影到新轴距离等于点的旧投影到旧轴距离,得 a'_1、b'_1、c'_1,此时 $\triangle a'_1 b'_1 c'_1$ 反映 $\triangle ABC$ 实形。

【例 5.3】如图 5.7 所示,求点到水平线 AB 的距离 L 及其投影 cd、$c'd'$。

【解】分析:如设置新投影面垂直于直线 AB,则直线 AB 在新面上投影积聚为一点,此时,点 C 的新投影亦是一个点,这两点间的距离就是所求点 C 到直线 AB 的距离;由于 AB 是正平线,所以,应保留 V 面,用新投影面 H_1 代替原投影面 H,H_1 面垂直 AB 的同时一定垂直 V 面。

作图:如图 5.7(b)所示。

①作新轴 $X_1 \perp a'b'$;过保留投影 a'、b' 作新轴垂线,分别量取点的新投影到新轴距离等于点的旧投影到旧轴距离,求出直线 AB 的新投影 $a_1(b_1)$(积聚)。同理,可求出点 C 的新投影 c_1。

②积聚点 $a_1(d_1、b_1)$ 与 c_1 的连线即为所求距离的实长 L。

③对于 H_1 面,由于距离 L 是一条水平线,所以 $c'd' \parallel X_1$。

④根据距离的一个端点属于直线 AB,即可求出 cd。

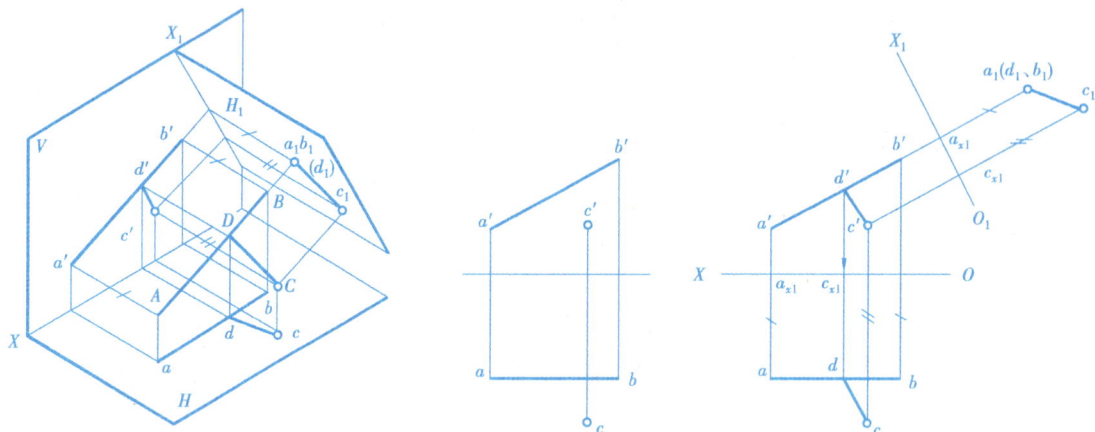

(a)立体图及题目   (b)求解作图过程及结果

图 5.7　求点到平行线(正平线)的距离

【例 5.4】如图 5.8(a)所示,求一般位置平面 $\triangle ABC$ 的倾角 α。

【解】分析:当把一般位置面变成垂直面后,倾角就可由垂直面的积聚性投影与对应投影轴的夹角来获得。由于题目中要求的是 α 倾角,故 H 面应当保留。从前面章节的学习中我们得知,正垂面的正投影具有积聚性,它与投影轴的夹角反映该平面的 α 角。所以,需设置一个既与 H 面垂直又与 $\triangle ABC$ 垂直的 V_1 面来代替 V 面。如图 5.8(a)立体图中所示,如果在 $\triangle ABC$ 上作一条水平线 AD,使 V_1 面垂直于水平线 AD,这样就保证了新建 V_1 面既垂直于 $\triangle ABC$ 又垂直于 H 面。

作图:如图 5.8(b)所示。

①在 $\triangle ABC$ 中作一条水平线 AD,由 $a'd' \parallel X$,作出 ad。

②作新轴 $X_1 \perp ad$,由换面法的作图步骤,求出 $\triangle ABC$ 的新投影 $a'_1 b'_1 c'_1$,此投影具有积聚性。

③积聚性投影 $a'_1 b'_1 c'_1$ 与 X_1 轴的夹角反映 $\triangle ABC$ 的 α 倾角。

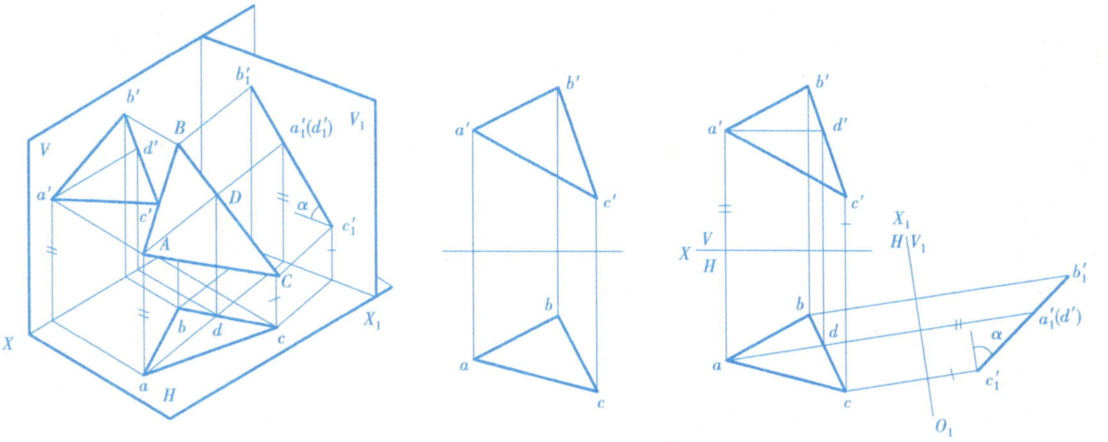

(a)立体图及题目　　　　　　　　　　(b)求解作图过程及结果

图5.8　求平面的水平倾角

【例5.5】如图5.9(a)所示,求直线EF与$\triangle ABC$的交点K。

【解】**分析**:由前例可知,若将$\triangle ABC$变换成垂直面,则新投影具有积聚性,此时可由平面的积聚性投影,直接求出它与直线的交点。从题目的条件中可看出,$\triangle ABC$的AB边是水平线,所以需要建立新投影面V_1垂直于AB。

作图:如图5.9(b)所示。

①由于$\triangle ABC$中的AB是水平线,所以作新轴$X_1 \perp ab$,便可将$\triangle ABC$变换成正垂面。此时直线EF应随之进行投影变换。

②根据换面法作图步骤,求出$\triangle ABC$及直线EF的新投影$a_1' b_1' c_1'$(积聚)及$e_1' f_1'$。此时便可直接获取交点k_1'。

③将k_1'返回到原投影体系中,由点K从属于直线EF,得k及k',便求出了交点的投影。

④判断出可见性,即完成题目的要求。

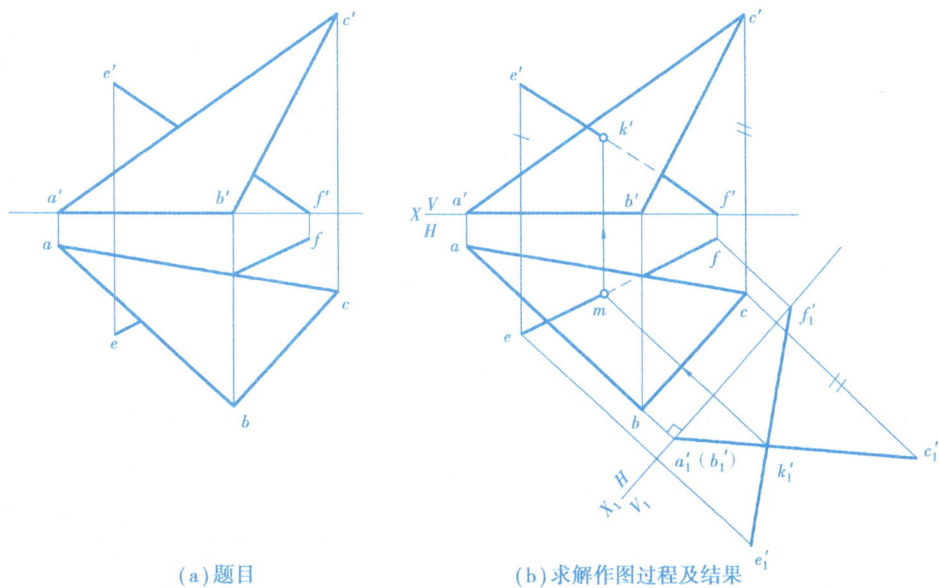

(a)题目　　　　　　　　　　　　(b)求解作图过程及结果

图5.9　求直线EF与三角形ABC的交点

2)二次换面法的运用

【例5.6】如图5.10(a)所示,求一般位置平面△ABC的实形。

【解】分析:若直接设置新投影面平行△ABC,则新投影反映△ABC实形。但由于△ABC是一般位置面,与它平行的新投影面也一定是一般位置面,不能与原体系(V/H)之一的V面或H面构成相互垂直的新体系。从【例5.2】可知,垂直面可以通过一次换面成为平行面,从而反映实形;又从【例5.4】可知,一般位置面可以通过一次换面成为垂直面。因此得到启示:可先将一般位置面经一次换面变换成垂直面,再将垂直面经第二次换面变换成平行面,从而获得△ABC的实形。

作图:如图5.10(b)所示。

①在△ABC中作出正平线AD,即作ad//X,再由d得d'。

②作一次换面的新轴$X_1 \perp a'd'$。

③由换面法作图步骤,求出△ABC一次换面后在H_1面上的新投影$a_1b_1c_1$(具有积聚性)。

④作二次换面的新轴X_2//$a_1b_1c_1$,再由换面法作图步骤,求出△ABC在V_2面上的新投影△$a_2'b_2'c_2'$,则该投影即反映△ABC的实形。

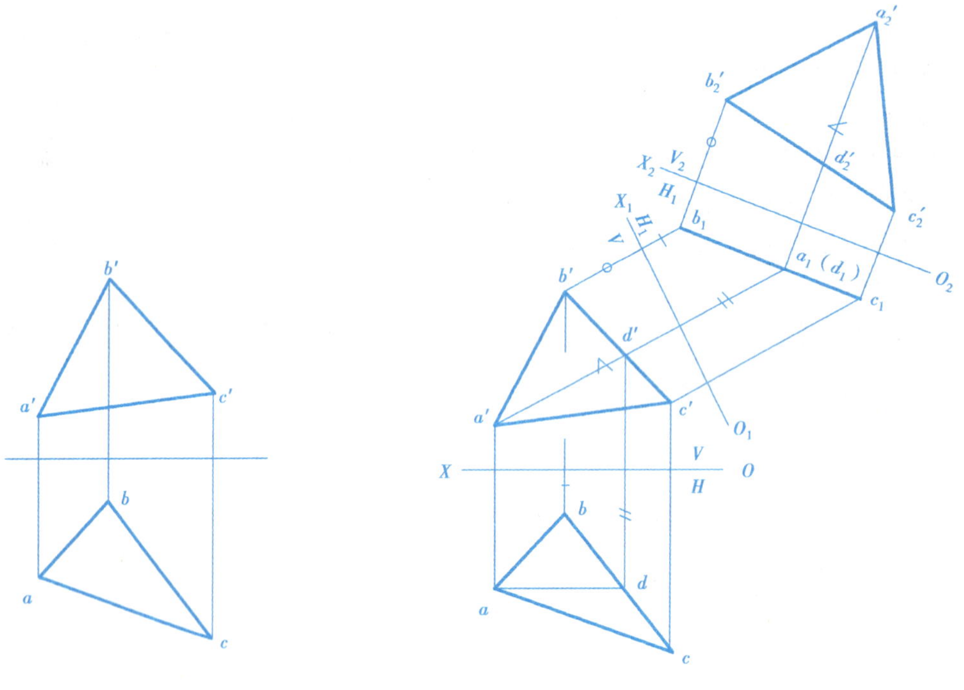

(a)题目   (b)求解作图过程及结果

图5.10 求一般位置平面△ABC的实形

【例5.7】如图5.11(a)所示,求点C到一般位置直线AB的距离CD及投影cd、c'd'。

【解】分析:从前面【例5.1】及【例5.3】的求解中知道,当把一般位置直线变换成垂直线时,点到直线的距离在积聚性投影中可直接反映出来。如图5.11(a)所示,一般位置直线只能先变换成平行线后,才能再次变换成垂直线;在直线的二次变换过程中,点C是随之进行变换的。

作图:如图5.11(b)所示。

①作一次换面的新轴 $X_1 /\!/ ab$，将直线 AB 变换成一平行线（正平线），此时点 C 随之变换。

②由换面法作图步骤，求出直线 AB 在 V_1 面的新投影 $a_1' b_1'$ 及 c_1'。

③再作二次换面的新轴 $X_2 \perp a_1' b_1'$，将直线 AB 变换成垂直线（铅垂线），此时点 C 也随之变换。

④再由换面法作图步骤，求出直线 AB 及点 C 在 H_2 面上的投影 $a_2 b_2$（积聚）及 c_2，连线积聚点 $a_2 b_2$ 与 c_2，即获得所求点 C 到直线 AB 的距离 CD 在 H_2 面上的投影 $c_2 d_2$。$c_2 d_2$ 反映距离 CD 的实长。

⑤此时，由于 $CD \perp AB$，故在 V_1/H_2 体系中直线 CD 为 H_2 面的平行线。作 $c_1' d_1' /\!/ x_2$，再由点 D 从属于直线 AB，就可逐步返回求出直线 CD 的 H 面及 V 面投影。

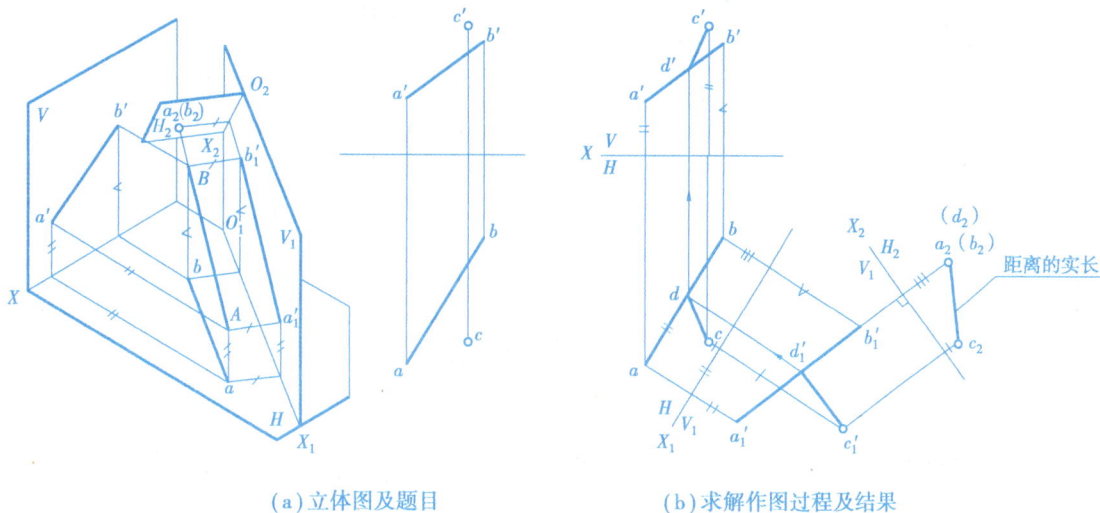

(a) 立体图及题目　　　　　(b) 求解作图过程及结果

图 5.11　求点到一般直线的距离

【例 5.8】已知由四个梯形平面组成的漏斗，如图 5.12(a)所示。求漏斗相邻两平面 $ABCD$ 和 $CDEF$ 的夹角 θ。

【解】分析：如图 5.12(b)所示，只要将两个平面的交线 CD 变换成投影面的垂直线，两个平面积聚投影线段间的夹角就反映出这两个平面间的真实夹角。由于平面 $ABCD$ 与平面 $CDEF$ 的交线是一般位置直线 CD，由前例知道，要将它变换成垂直线需要经过两次变换。又由于直线及直线外一点可确定一个平面，所以对于平面 $ABCD$ 和平面 $CDEF$，只需变换共有的交线 CD 以及平面 $ABCD$ 上的点 A 和平面 $CDEF$ 上的点 E 即可，无须变换整个平面。

作图：如图 5.12(c)所示。

①作一次换面的新轴 $X_1 /\!/ c'd'$，根据换面法的作图步骤，求出 c_1、d_1、b_1、e_1 并连接 $c_1 d_1$。此时，共有的交线 CD 变换成了平行线（水平线）。

②作二次换面的新轴 $X_2 \perp c_1 d_1$，根据换面法的作图步骤，求出 c_2'、d_2'、a_2'、e_2'。此时 c_2'、d_2' 具有积聚性，它与 a_2'、e_2' 的连线即为平面 $ABCD$ 和平面 $CDEF$ 的积聚性投影，即反映出了两平面的夹角 θ。

【例 5.9】如图 5.13(a)所示，正方形 $ABCD$ 的顶点 A 在直线 SH 上，顶点 C 在直线 BE 上，请补全正方形 $ABCD$ 的两面投影。

【解】分析：因为正方形相邻两边相互垂直并相等，其中 BC 边在直线 BE 上，所以需经过一次换面,将直线 BE 变换成平行线。此时可利用直角投影定理,求出 BC 边相邻边 AB 的投影。在一次换面后的投影体系中,AB 边仍为一般位置直线,故应再作第二次换面,只将 AB 边变换成平行线,这样,就求出了正方形的边长。在直线 BE 反映实长的投影中,由 AB 等于 BC 便可确定出 C 点。

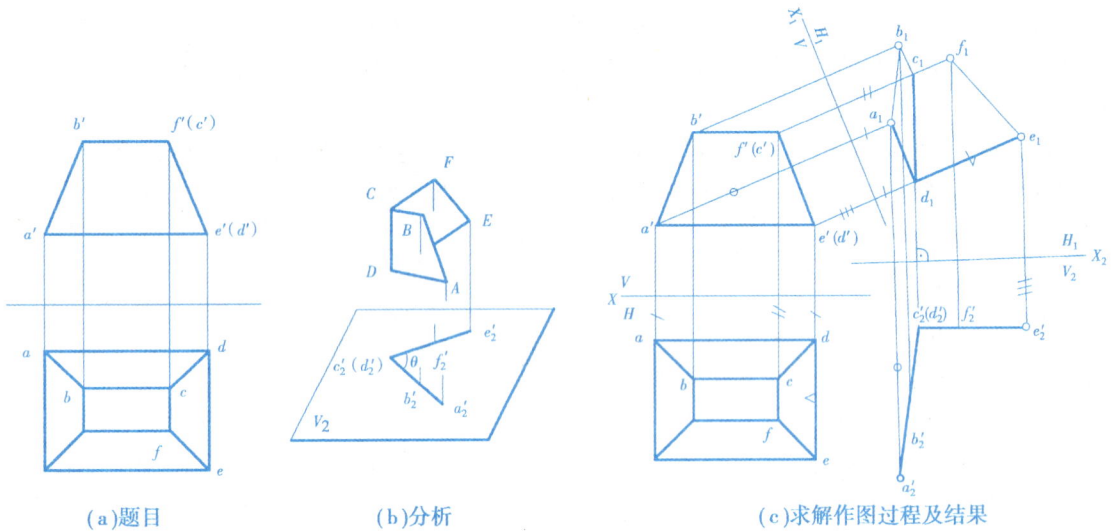

| (a)题目 | (b)分析 | (c)求解作图过程及结果 |

图 5.12　求相邻两平面的夹角 θ

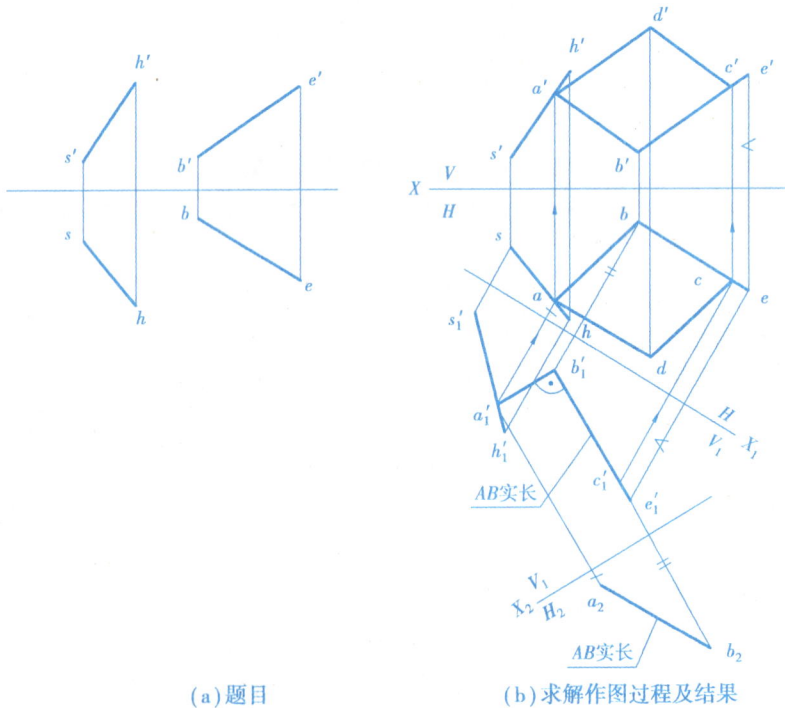

| (a)题目 | (b)求解作图过程及结果 |

图 5.13　补全正方形 $ABCD$ 的投影

作图:如图 5.13(b)所示。

①将直线 BE 变换成平行线,求出顶点 A 和 AB 边。作一次换面的新轴 $X_1 /\!/ be$,根据换面法

的作图步骤，求出 b'_1、e'_1、s'_1、h'_1，并且连接 $b'_1e'_1$ 和 $s'_1h'_1$ 线段，此时，已将直线 BE 变换成了正平线。由直角投影定理，作 $a'_1b'_1 \perp b'_1e'_1$，求出点 a'_1 及线段 $a'_1b'_1$。

②进行第二次换面，此时只需将 AB 边变换成平行线。作新轴 $X_2 /\!/ a'_1b'_1$，根据换面法的作图步骤，求出线段 a_2b_2，即为反映正方形边长的实长投影（即 $AB = a_2b_2$）。

③由 $a_2b_2 = b'_1c'_1$（即 $AB = BC$），得到 c'_1 点。再由点 C 从属于直线 BE，点 A 从属于直线 SH，逐次返回原投影体系中，根据正方形的几何性质——对边平行并且相等，便可求出正方形 $ABCD$ 的投影。

【例5.10】如图5.14所示，已知点 K 到 $\triangle ABC$ 的距离为10 mm，求点 K 的水平投影 k。

【解】分析：从前面的【例5.4】中我们知道，一般位置平面可以经过一次换面变换成为垂直面；当平面在新投影面上的投影具有积聚性时，平面外一点到平面的距离就会在平面具有积聚性的投影中直接反映出来。

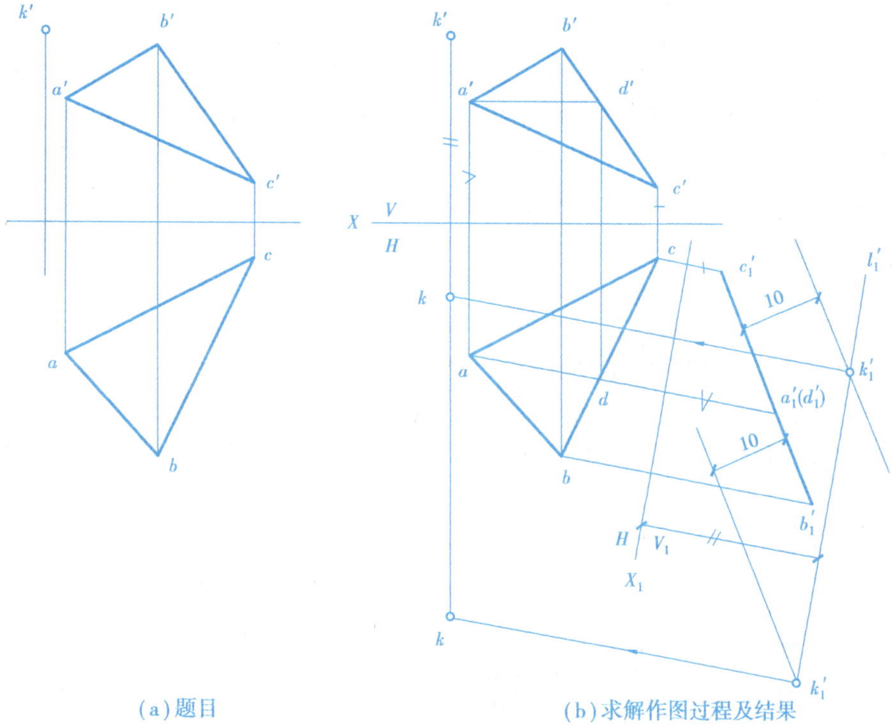

(a)题目　　　　　　　　(b)求解作图过程及结果

图5.14　已知点 K 到平面的距离为定长10 mm，求水平投影 k

作图：如图5.14(b)所示。

①进行一次换面，将 $\triangle ABC$ 变换成投影面的垂直面。先在 $\triangle ABC$ 上作水平线 AD，作新轴 $X_1 \perp ad$。根据换面法的作图步骤，作出 $\triangle ABC$ 在新投影面 V_1 上的投影 $a'_1b'_1c'_1$。此投影具有积聚性，点 K 在 V_1 面上的投影只能根据 K 点的旧投影到旧轴的距离等于新投影到新轴的距离，画出一条平行于 X_1 轴的直线 l'_1。

②根据已知条件，K 点到 $\triangle ABC$ 的距离等于10 mm，在 $\triangle ABC$ 具有积聚性的投影面（V_1 面）上，作与积聚性投影 $a'_1b'_1c'_1$ 相距10 mm 的平行线（可作出两条），这两条平行线与前面作的平行于 X_1 轴的平行线 l'_1 相交，就是 K 点在 V_1 面上的新投影 k'_1。

③由 k'_1 向 X_1 轴作垂线并延长，它与由 k' 向 X 轴所作垂线的交点，就为 K 点的水平投影 k。

④由于第②步骤所作的距离等于 10 mm 平行线有两条,所以本题有两解。

5.2.4　换面法的四个基本问题及换面中应注意的问题

1) 四个基本问题

从上述一系列的例子可以看出,当将空间几何元素变换成有利于解题的特殊位置时,其定位和度量问题就容易解决。直线、平面对投影面的特殊情况有这样四种:直线平行于投影面,直线垂直于投影面,平面垂直于投影面,平面平行于投影面。因此,换面法的基本问题就是围绕这四种情况进行的投影变换,归纳起来有以下四条:

①用一次换面,将原体系中的一般位置直线变换成新体系中的平行线(如【例 5.1】)。此时,新轴平行于原体系中选定的保留投影。例如:若需获得水平线,保留投影为直线的正面投影;若需获得正平线,保留投影为直线的水平投影。

②用一次换面,将原体系中的一般位置平面变换成新体系中的垂直面(如【例 5.4】)。此时,应先在平面上确定一条平行线。例如:若要获得正垂面,需先在平面上作水平线;若要获得铅垂面,需在平面上作正平线;新轴垂直于该平行线反映真长的投影,便可获得所需垂直面。

③用连续的二次换面,将原体系中的一般位置线变换成新体系中的垂直线(如【例 5.7】)。此时 ,先作第一次变换:作新轴平行于原体系中选定的保留投影,将一般位置直线变换成平行线(同第一种基本问题);再作第二次变换:作新轴垂直于第一次变换后获得的平行线反映真长的投影,将平行线变换成垂直线。

④用连续二次换面,将原体系中的一般位置平面变换成新体系中的平行面(如【例 5.6】)。此时,先作第一次变换:作新轴垂直于平面上一条投影面平行线反映实长的投影,将一般位置平面变换成垂直面(同第二种基本问题);再作第二次变换:作新轴平行于垂直面的积聚性投影,将垂直面变换成平行面。

2) 应用换面法解决题目中遇到的有关角度的问题

如图 5.15(a)所示,欲求两平面的夹角 θ,换面的关键是确定出两平面的交线,并将交线经过换面变换成垂直线。此时,夹角 θ 必定在交线产生积聚的投影图中直接反映。这一问题可归结为将原体系中的一般位置线变换成新体系中的垂直线,即基本问题③,此问题已在【例 5.8】中讲述过。

如果欲求两直线间的夹角 φ,换面的关键是求出直线 AB、BC 所在的平面的实形(求 $\triangle ABC$ 的实形),即可获得夹角 φ 的真实大小,这一问题可归结为基本问题④,如图 5.15(b)所示。

如图 5.15(c)所示,欲求直线与平面的倾角 θ,可先过直线上的一点向平面作垂线,将求直线与平面倾角 θ 的问题,转换成求该直线与垂线的夹角 φ。φ 与 θ 的关系是互为余角,此时求解的方法与图 5.15(b)相同,仍然归结为基本问题④。

3) 应用换面法解决题目中遇到的有关距离的问题

如图 5.16(a)所示,欲求点到直线的距离,换面的关键是将直线变换成垂直线,在直线具有积聚性的投影中距离可直接反映出来。这一问题可归结为基本问题③,此问题已在【例 5.7】中讲述过。

如图 5.16(b)所示,欲求交叉两直线间的公垂线或距离,换面的关键是将其中一条直线变换成具有积聚性投影的垂直线,在该投影中公垂线或距离可直接反映出来,这一问题可归结为基本问题③。

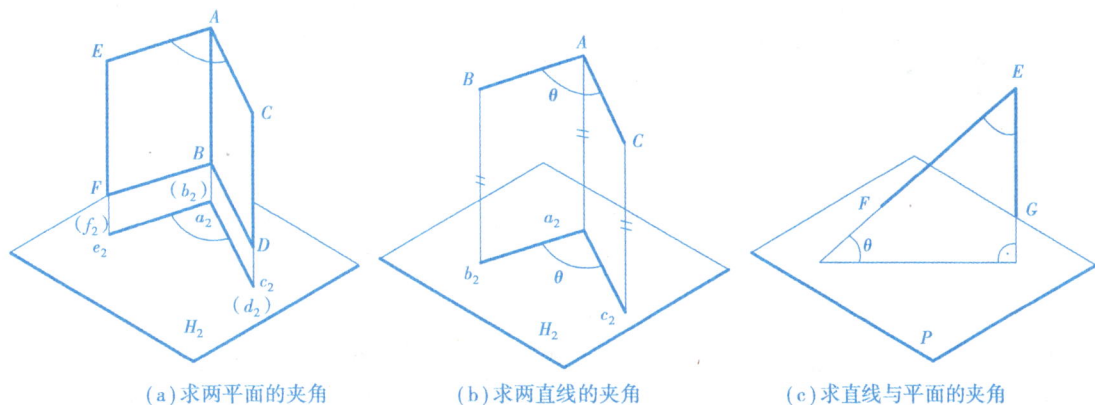

(a)求两平面的夹角　　(b)求两直线的夹角　　(c)求直线与平面的夹角

图5.15　有关角度方面的问题

如图5.16(c)所示,欲求点到平面的距离,换面的关键是将平面变换成具有积聚性投影的垂直面,这一问题可归结为基本问题②,此问题已在【例5.10】中讲述过。

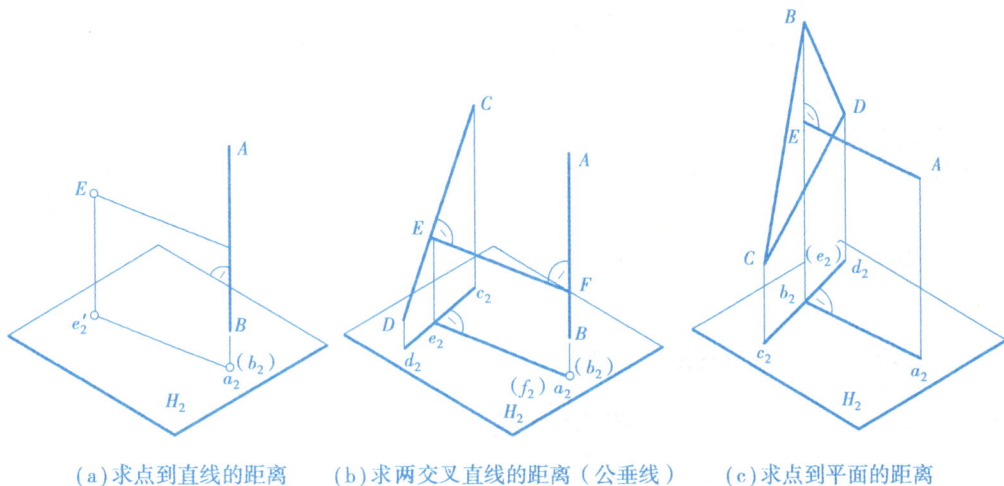

(a)求点到直线的距离　　(b)求两交叉直线的距离(公垂线)　　(c)求点到平面的距离

图5.16　有关距离的问题

如图5.17(a)所示,要求在直线 EF 上找出一点 K ,使它到△ ABC 的距离为定长 L 。此时换面的关键是,首先将平面变换成具有积聚性投影的垂直面,在该投影中作一个与已知平面△ ABC 距离为 L 并且相互平行的辅助平面 Q ,而直线 EF 与辅助平面 Q 的交点即为所求 K 点,如图5.17(b)所示。

通过对以上几类问题的分析,不难总结出,空间几何问题的求解,均可归结为利用这四个基本问题来解决。

4)在用换面法解题时应注意的一些问题

①在换面过程中,每次只能变换一个投影面,新的投影面必须与保留投影面垂直,使之构成一个新的投影体系。如 $V/H→V_1/H$ 或 $V/H→V/H_1$,绝不能一次同时变换两个投影面。

②换面时要交替进行,即第一次以 V_1 面代替 V 面,第二次必须以 H_2 面代替 H 面,若还需继

续变换下去,则第三次以 V_3 面代替 V_1 面,……,即由 $V/H \rightarrow V_1/H \rightarrow V_1/H_2 \rightarrow V_3/H_2$ ……地交替进行下去。

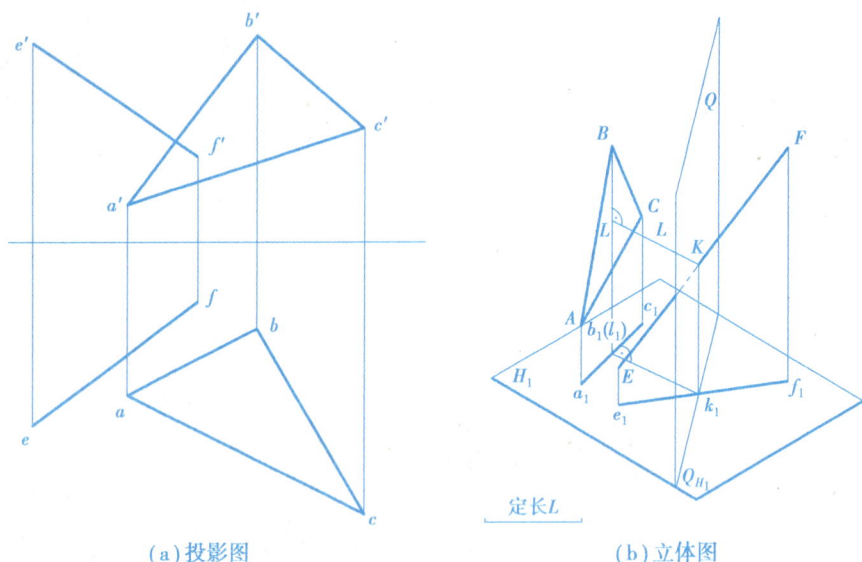

(a)投影图　　　　　　　　　　　(b)立体图

图 5.17　求满足一定条件的点

③每一次换面后所构成的新投影体系,都是在前一次两面体系的基础上进行的。因此,必须弄清楚每次换面的过程中,谁是新投影,谁是旧投影,谁是保留投影,以及谁是新轴,谁是旧轴。如在由 $V_1/H \rightarrow V_1/H_2$ 的变换过程中,在 H_2 面中的投影是新投影,V_1 面中的投影是保留投影,H 面中的投影是旧投影。此时,X_1 轴是旧轴,X_2 轴是新轴。这样,才能保证在等量量取新投影到新轴距离等于旧投影到旧轴距离时不会出错。

5.3　绕垂直轴旋转法

投影变换的另一种常用方法是绕垂直轴旋转法:保持原投影体系不动,将选定的空间几何元素以投影面的垂直线为轴旋转一个角度,使之与另一投影面处于有利解题的位置。此时,将问题所涉及的其他几何元素,按"**绕同一条轴,按同一方向,旋转同一角度**"的"三同"原则,求出各几何元素旋转到新位置的投影,可利于解题。在旋转法的投影变换中,选择什么样的垂直轴,是能否有利于解题的关键所在。

5.3.1　旋转轴的选择

如图 5.18 所示,直线 AB 对 H 面倾角为 α,绕过 A 点的铅垂线 OO 轴旋转。过 B 点向 OO 轴作垂线,得 $Rt\triangle ABO$,其中 $\angle ABO = \alpha$。当 AB 旋转至 AB_1 位置时

图 5.18　绕垂直轴旋转时的倾角

$(AB_1 /\!/ V$ 面$)$,有 $\angle AB_1O = \angle ABO = \alpha$,即:直线 AB 在绕 OO 轴的旋转过程中,它对 H 面的倾角 α 没有改变;在 H 投影面上,有 $ab = ab_1$,即:旋转前后直线 AB 的水平投影长度也没有改变;在 V 投影面上,直线在新位置 AB_1 的投影 $a'b'_1$ 反映真长。由此可知:如果要保持直线或平面的水平倾角 α 不变,必须以铅垂线为旋转轴;要保持直线或平面的正面倾角 β 不变,必须以正垂线为旋转轴。

5.3.2　点的旋转

如图 5.19(a)所示,当点 A 绕一过 O 点的正垂轴旋转时,其轨迹为一正平圆线,该圆所在的平面称为旋转平面,它必定垂直于旋转轴并平行于 V 面。因此,轨迹圆的 V 面投影反映实形,其圆心 o' 为旋转轴 OO 的投影,轨迹圆投影的半径 $o'a'$ 等于旋转半径 OA;轨迹圆的 H 面投影积聚为一条平行于 X 轴的线段,长度等于轨迹圆的直径。当点 A 绕 OO 轴旋转 θ 角到达 A_1 位置时,A 点的正面投影同样旋转 θ 角,形成 $a'a'_1$ 圆弧,其水平投影则沿 X 轴的平行线方向移动,为一线段 aa_1,如图 5.19(b)所示。

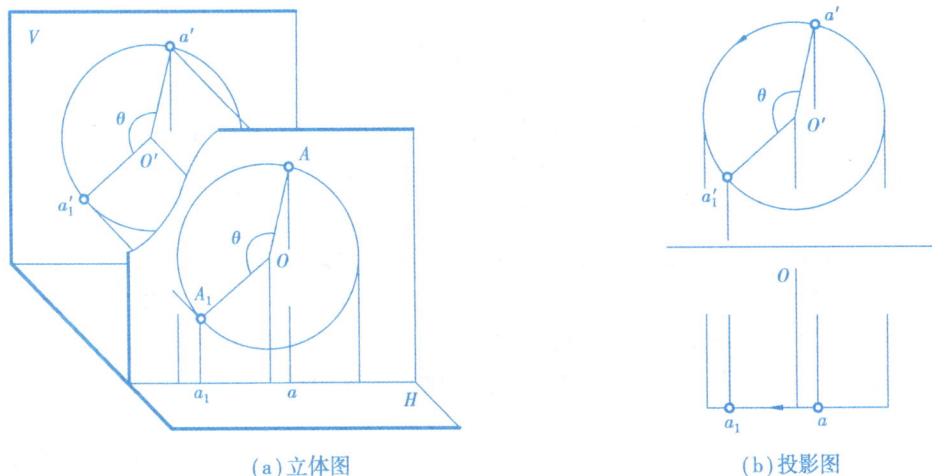

(a)立体图　　　　　　　　　　　(b)投影图

图 5.19　点绕正垂线旋转

如果点绕铅垂轴旋转,则旋转平面平行于 H 面,如图 5.20 所示。轨迹圆的 H 面投影反映实形,旋转半径等于轨迹圆投影的半径(即 $OA = oa$),而它的 V 面投影则积聚为一条平行于 X 轴的线段,其长度为轨迹圆直径。

从上面的分析可得出点绕垂直轴的旋转投影变换规律:当点绕垂直于某一投影面的轴旋转时,点在该投影面上的投影做圆周运动,在另一投影面上的投影则在作平行于投影轴的直线运动。

5.3.3　直线、平面的旋转

直线的旋转可用直线上两点的旋转来决定,平面则由不在同一直线上的三点(或其他几何要素组成)来决定。但必须遵循这样的原则:绕同一轴、按同一方向、旋转同一角度的"三同原则",以保证其相对位置不变。

(a)立体图   (b)投影图

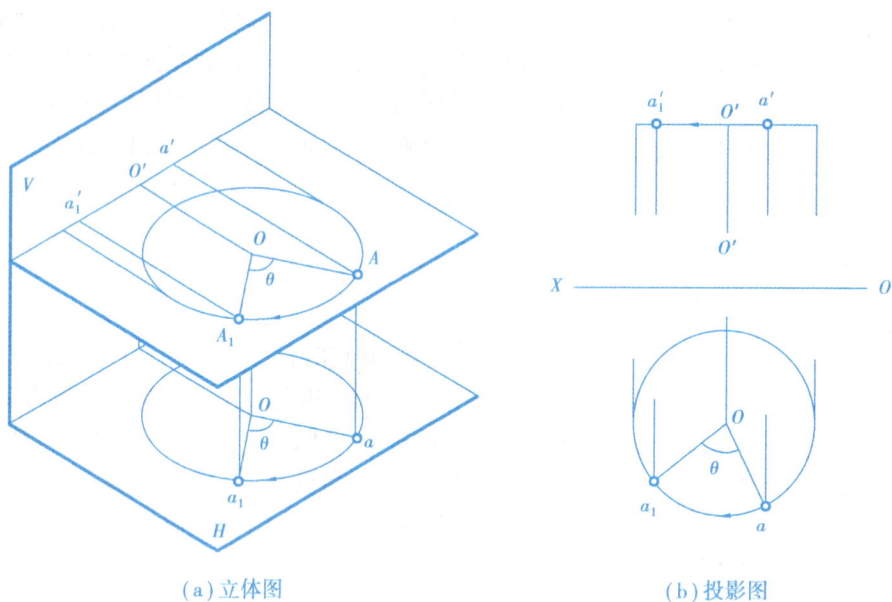

图 5.20   点绕铅垂轴旋转

如图 5.21 所示,为一般位置直线 AB 绕铅垂轴 OO 按逆时针方向旋转 θ 角的情况。此时,直线两端点的水平投影分别做逆时针方向旋转 θ 角的圆周运动,同时,直线两端点的正面投影亦分别做平行于 X 轴的直线移动,由此得到线段的新投影 a_1b_1 及 $a_1'b_1'$。

观察其水平投影,不难证明出 $\triangle abo \cong \triangle a_1b_1o$、$ab = a_1b_1$。即直线绕铅垂轴旋转时,其水平投影长度不变。同理,可推论出:直线如果绕正垂轴旋转,则直线的正面投影长度不变。

综上所述,再结合第 5.3.1 节的分析,得出直线绕垂直轴旋转的投影变化规律为:当直线绕垂直于某一投影面的轴旋转时,直线在该投影面上的投影长度不变,直线相对于该投影面的倾角也不变;直线上各点的另一投影则做平行于投影轴的直线运动。

图 5.21   直线段的旋转

图 5.22   三角形平面的旋转

由直线的旋转规律可以知道,当平面△ABC绕垂直于投影面的轴旋转时(如图5.22),其三边 AB、BC 和 CD 在该投影面上的投影长度不变,因而投影所形成的三角形形状不变。由此可以推论出平面绕垂直轴旋转的投影变化规律:当平面图形绕垂直于某一投影面的轴旋转时,它在该投影面上的投影形状和大小不变,平面相对于该投影面的倾角也不变;平面上各点的另一投影则作平行于投影轴的直线运动。

5.3.4 旋转法在解决定位和度量问题中的运用

旋转法求一般位置直线的实长和倾角

【例5.11】如图5.23(a)所示,求直线 AB 的实长和倾角 α。

【解】分析:欲求水平倾角,旋转时应保持水平倾角不变,应选择铅垂线旋转轴。令旋转轴过 A 点,在旋转过程中 A 点将不动,只需将 B 点旋转。

作图:如图5.23(b)所示。

①在水平投影图中,以 a 为圆心、ab 为半径作 bb_1 圆弧,使 $ab_1 /\!/ x$。

②在正投影图中,由点的旋转规律,B 点正投影应作平行于投影轴的直线移动 ,即由 $b' \rightarrow b'_1$,$b'b'_1 /\!/ x$,得 b'_1。

③连 $a'b'_1$ 即获得反映 AB 直线实长的投影;$a'b'_1$ 与 X 轴的夹角,即为所求倾角 α。

图5.23(b)中旋转轴的位置很明显,在应用时旋转轴经常无须指明,而图5.23(c)则表示了一般位置直线 AB 绕不指明位置的铅垂轴旋转成正平线的情况。由于保证了旋转时其水平投影长度不变,正面投影高差不变,故旋转后的正投影反映该直线实长和倾角。由此可见,当旋转轴性质不变时,仅改变其位置,对旋转后的结果是没有影响的。在解题中,为了使图面更加清晰,常采用不指明轴的旋转法。

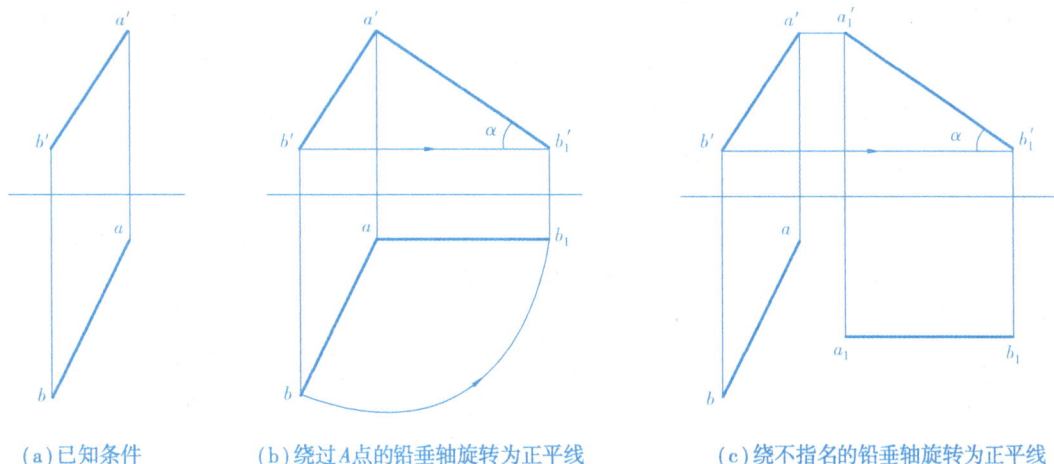

(a)已知条件   (b)绕过A点的铅垂轴旋转为正平线   (c)绕不指名的铅垂轴旋转为正平线

图5.23 求直线的实长及倾角 α

【例5.12】如图5.24所示,求平面△ABC 的倾角 α。

【解】分析:由于需要求出平面的水平倾角 α,所以必须绕铅垂轴旋转;若要将一般位置面旋转成正垂面,则必须将属于△ABC 的一条水平线旋转为正垂线。

作图:使用绕不指明轴旋转法。

①在△ABC 中作水平线 AD,由 $a'd' /\!/ X$,$a'd' \rightarrow ad$。

②将 AD 绕铅垂轴旋转成正垂线的同时(即 $a_1 d_1 \perp X$),用 $\triangle abc \cong \triangle a_1 b_1 c_1$ 求出 $\triangle ABC$ 新的水平投影 $\triangle a_1 b_1 c_1$。

③过 a'、b'、c' 分别作平行于 X 轴的直线,并以 $a'_1 a_1 \perp X$、$b'_1 b_1 \perp X$、$c'_1 c_1 \perp X$,求出 $a'_1 b'_1 c'_1$,此投影具有积聚性。

④积聚性投影 $a'_1 b'_1 c'_1$ 与 X 轴的夹角即为所求 α。

用同样的思考方法,可求出平面的正面倾角 β。如图 5.25 所示,在 $\triangle ABC$ 上作正平线 BE,将正平线 BE 绕正垂轴旋转成铅垂线,根据平面绕垂直轴旋转的投影规律,有 $\triangle a'b'c' \cong \triangle a'_1 b'_1 c'_1$,过 a、b、c 分别作平行于 X 的直线,由 $a_1 a'_1 \perp X$、$b_1 b'_1 \perp X$、$c_1 c'_1 \perp X$,得到 $\triangle ABC$ 具有积聚性的投影 $a_1 b_1 c_1$,它与 X 轴的夹角即为 $\triangle ABC$ 的 β。

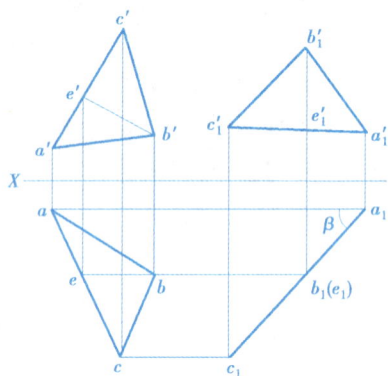

图 5.24　求 $\triangle ABC$ 的倾角 α　　　　图 5.25　求 $\triangle ABC$ 的倾角 β

【例 5.13】如图 5.26(a)所示,过点 C 作直线 CD 与 AB 垂直相交,求 CD。

【解】分析:当直线 AB 垂直于某一投影面时,由于 $AB \perp CD$,直线 CD 一定平行于该投影面,且反映实长,同时,在该投影面上的投影反映出 $AB \perp CD$ 的直角。因此,需将直线 AB 旋转成垂直线。而一次旋转只能将一般位置直线旋转成平行线(如【例 5.11】),所以还需将平行线再次旋转成垂直线,故本例应进行二次旋转。

作图:使用不指明旋转法,如图 5.26(b)所示。

①第一次旋转,使 AB 直线成为正平线 $A_1 B_1$,C 点按"三同"原则随着直线 AB 一起旋转至 C_1。即 $a_1 b_1 /\!\!/ X$,$a_1 b_1 = ab$;c_1 与 $a_1 b_1$ 的相对位置与旋转前 c 与 ab 的相对位置保持不变,以点、直线绕垂直轴旋转的规律,作出 $a'_1 b'_1$ 及 c'_1。

②第二次旋转,使 $A_1 B_1$ 直线变换成铅垂线 $A_2 B_2$,C_1 点按"三同"原则随 $A_1 B_1$ 一起旋转。即 $a'_1 b'_1 = a'_2 b'_2$,$a'_2 b'_2 \perp X$;c'_2 与 $a'_2 b'_2$ 的相对位置与旋转前 c'_1 与 $a'_1 b'_1$ 的相对位置保持不变,$c'_2 c_2 \perp X$。同样,以点、直线绕垂直轴旋转的规律,作出 a_2、b_2 及 c_2。

③过点 C 作直线 CD 垂直于 AB。由于此时 $a_2 b_2$ 已积聚,它与 c_2 的连线 $c_2 d_2$ 就是反映垂线 CD 实长的投影,其正投影平行于 X 轴($c'_2 d'_2 /\!\!/ X$)。

④按旋转前后旋转轴所垂直投影面中的投影,其相对位置不变的规律,同时,由于 D 点是属于 AB 直线上的,逐次返回,求出 D 点的各个投影 d_1、d'_1,d、d',与 C 点同名投影的连线就是距离的各个投影。

【例 5.14】如图 5.27(a)所示,求一般位置平面 $\triangle ABC$ 的实形(a'_2 即 a'_1)。

【解】分析:为求 $\triangle ABC$ 实形,需将 $\triangle ABC$ 旋转成平行平面。在两面体系中,平行面的倾角一个为 90°,一个为 0°。从【例 5.12】中可获得启示:先用一次旋转将 △ABC 旋转成垂直面,产生一个具有 90°倾角的积聚性投影;保持这个 90°倾角不变(在投影图中体现为积聚性投影不变),再进行一次旋转,产生另一个倾角为 0°的投影,该投影就反映 △ABC 的实形。

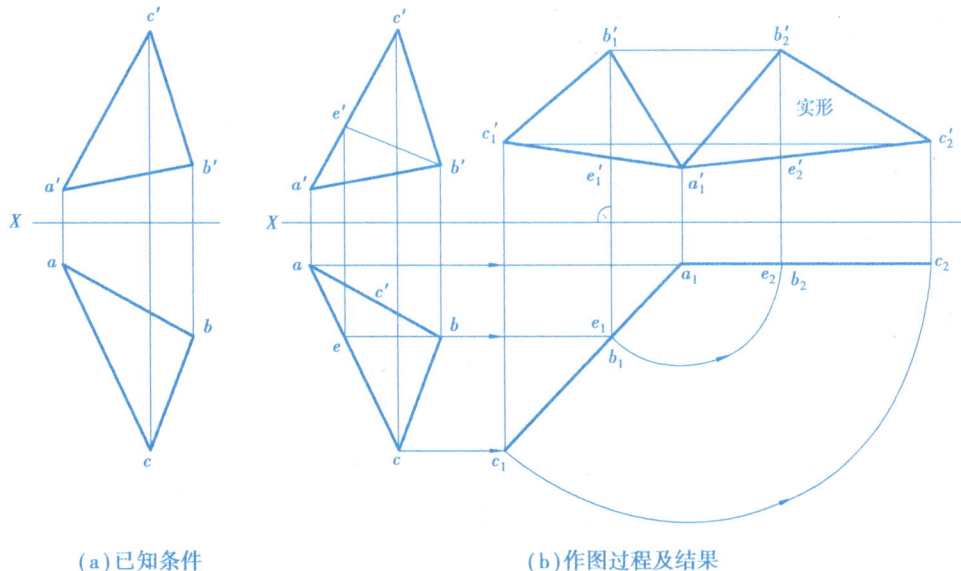

(a)已知条件　　　　　　　　　　　(b)作图过程及结果

图 5.26　求 C 点到直线 AB 的距离

作图:如图 5.27(b)所示,综合运用不指明垂直轴和指明旋转法。

①第一次旋转,绕过不指明的正垂轴,将 △ABC 旋转成铅垂面。作图方法同【例 5.12】,产生 $c_1'a_1'b_1'$,$c_1'a_1'b_1'$ 具有积聚性的正面投影 $a_1b_1c_1$ 及 $\triangle a_1'b_1'c_1'$。

②第二次旋转。绕过 C 点的铅垂轴旋转,将积聚性投影 $a_1b_1c_1$ 旋转至平行于 X 轴的位置,即 $a_2b_2c_2 /\!/ X$。由平面绕垂直轴旋转的规律,作出 $\triangle a_2'b_2'c_2'$,即为 △ABC 实形(a_2' 即 a_1')。

(a)已知条件　　　　　　　　　　　(b)作图过程及结果

图 5.27　求一般位置平面 △ABC 的实形

【**例 5.15**】如图 5.28(a)所示,求直线 AE 与平面 △ABC 的夹角 θ。

【**解**】**分析**:通过对平面 △ABC 的两次旋转,使它变换成平行面。此时,直线 AD(其中 A 点是直线与平面的共有点)也随着平面进行旋转。在平面 △ABC 反映实形的投影中,保持平面不动,只将直线 AD 绕垂直于平面 △ABC 所平行投影面的轴(一条垂直轴)旋转,将直线 AD 旋转成另一投影面平行线,则在这个直线 AD 所平行的投影面中,直线 AD 与平面 △ABC 的夹角 θ 就可直接反映出来。

作图:如图 5.28(a)所示。

①第一次旋转,将平面 △ABC 旋转成垂直面。在 △ABC 上作一条水平线 AE,绕不指明的铅垂轴将它旋转成正垂面。此时,直线 AD 随之进行旋转。

②第二次旋转,再将平面 △ABC 旋转成平行面。将第一次旋转中平面 △ABC 具有积聚性的投影,绕过 C 点的正垂轴旋转,将平面 △ABC 旋转成水平面。此时,直线 AD 也随之进行旋转。

③第三次旋转,保持平面不动,只将直线 AD 绕过 A 点的铅垂轴旋转,使直线 AD 旋转成正平线。这时,直线 AD 反映实长的投影 $a_3'd_3'$ 与平面 △ABC 具有积聚性的投影 $a_2'b_2'c_2'$ 之间的夹角,即为题目所求的夹角 θ。

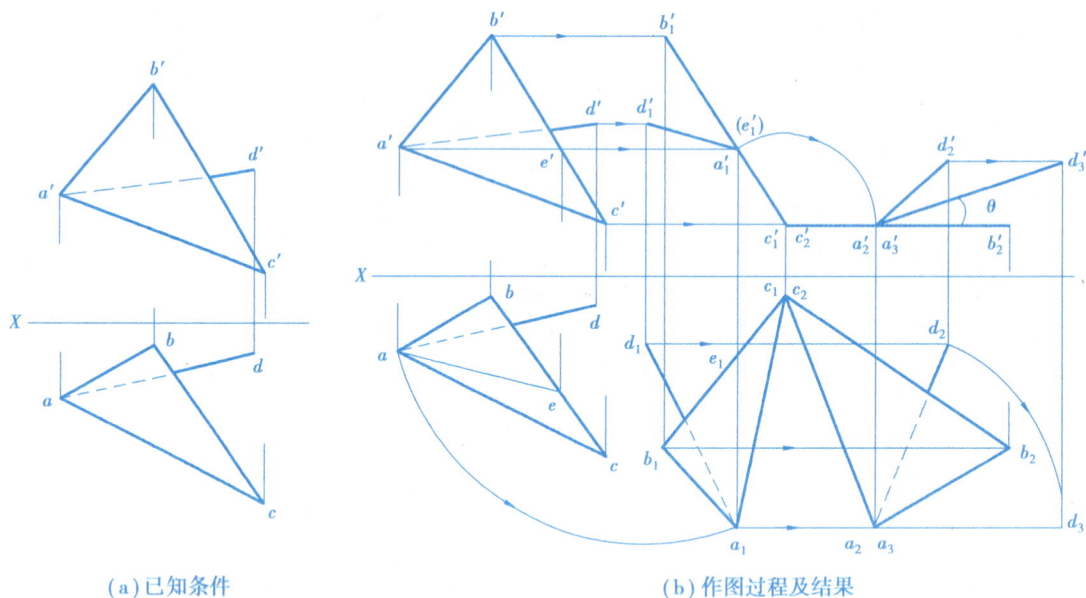

(a)已知条件　　　　　　　　　　　(b)作图过程及结果

图 5.28　求直线 AE 与平面 △ABC 的夹角 θ

5.3.5　旋转法的四种基本问题及几点注意事项

1)四个基本问题

①一般位置直线经一次旋转成为投影面平行线(如【例 5.11】)。将直线其中一个投影"不变"地旋转到平行于 X 轴的位置,另一投影始终作平行于 X 轴的"移动",便获得直线反映实长的投影。

②一般位置平面经一次旋转成为投影面垂直面(如【例 5.12】)。先在平面上确定一条平行线,将这条平行线反映实长的投影"不变"地旋转到垂直于 X 轴的位置,此时,平面上其他各点与平行线的相对位置保持不变;另一投影始终作平行于 X 轴的"移动",便可获得平面反映积聚的投影。

③一般位置直线经两次旋转成为投影面垂直线(如【例 5.13】)。先作一次旋转:将一般位置直线旋转成平行线(同第一种基本问题);再作二次变换:将平行线反映实长的投影"不变"地

旋转到垂直于 X 轴的位置,另一投影始终作平行于 X 轴的"移动",便可获得直线反映积聚的投影。

④一般位置平面经两次旋转成为投影面平行面(如【例 5.14】)。先作一次旋转:将一般位置平面旋转成垂直面(同第二种基本问题);再作二次旋转:将垂直面反映积聚的投影"不变"地旋转到平行于 X 轴的位置,另一投影始终作平行于 X 轴的"移动",便可获得平面反映实形的投影。

2)在用旋转法解决问题时还应注意到的几点问题

①当直线、平面进行旋转变换时,除点的旋转规律是基础外,它们对旋转轴所垂直投影面的倾角不变,在该投影面上的投影大小不变往往是解题的关键所在。无论是属于直线的两点,还是属于平面的点和直线,在旋转过程中,其相对位置必须保持不变。

②在具体作图时,虽然旋转轴的选择是关键,但在知道直线、平面的旋转规律后,就可按解题需要,直接将某面的投影"不变"地与投影轴处于有利解题的新位置,此时的旋转轴自然是该投影面的垂线;另一投影则作平行于投影轴的"移动"。

③旋转亦是交替进行的,第一次若是绕铅垂轴旋转,则第二次必须是绕正垂轴旋转,第三次又必须是绕铅垂轴旋转,……,依次类推。

本章小结

(1)理解投影变换的目的。

(2)了解常用的投影变换类型和特点。

(3)理解换面法的概念,掌握换面法的基本作图方法和技巧。

(4)理解旋转法的概念和作图规律,熟悉旋转法在解决空间问题中的应用。

复习思考题

5.1　在正投影的情况下,投影变换是通过什么途径实现的? 常用的方法有哪几种?

5.2　在换面法中,新面设置的基本原则是什么? 为什么要遵守这个原则?

5.3　点的换面的规律是什么?

5.4　试述换面的四个基本问题,并举例说明在解题中如何运用。

5.5　在旋转法中,点、直线、平面绕垂直轴旋转的规律是什么?

5.6　若空间几何元素不止一个,在旋转过程中应注意什么?

6

平面立体的投影

本章导读：

    由各表面围成，占有一定空间的形体称为立体。凡各表面均由平面多边形围成的立体称为**平面立体**。基本的平面立体有**棱柱、棱锥**和**棱台**等。

    本章主要介绍平面立体的三面投影及平面立体表面取点、平面与平面立体相交、直线与平面立体相交以及两平面立体相交，进一步讲解平面立体在工程实际中的应用——同坡屋面。

6.1　平面立体的三面投影

6.1.1　棱柱的三面正投影

    在一个平面立体中，如果有两个面互相平行且形状全等，其余每相邻两个面的交线均相互平行且等长，这样的平面立体称为**棱柱**。两个平行且相等的多边形称为**棱柱的底面**，其余的面称为棱柱的**侧面**或**棱面**，相邻两棱面的交线称为棱柱的**侧棱**或**棱线**。棱柱底面的边数与侧面数、侧棱数相等，所以棱柱的名称由底面边数决定。当底面边数为 N 时（底面是 N 边形），就称为 N **棱柱**（$N \geqslant 3$）。

    两底面之间的距离为**棱柱**的高；侧棱垂直于底面的棱柱为**直棱柱**，其高等于侧棱的长度，其中底边是正多边形的直棱柱称为**正棱柱**；侧棱倾斜于底面的棱柱为**斜棱柱**，斜棱柱的高与侧棱长度并不相等。

1）直棱柱

下面以直三棱柱为例,对直棱柱的特征、安放、投影作图等进行讲解。

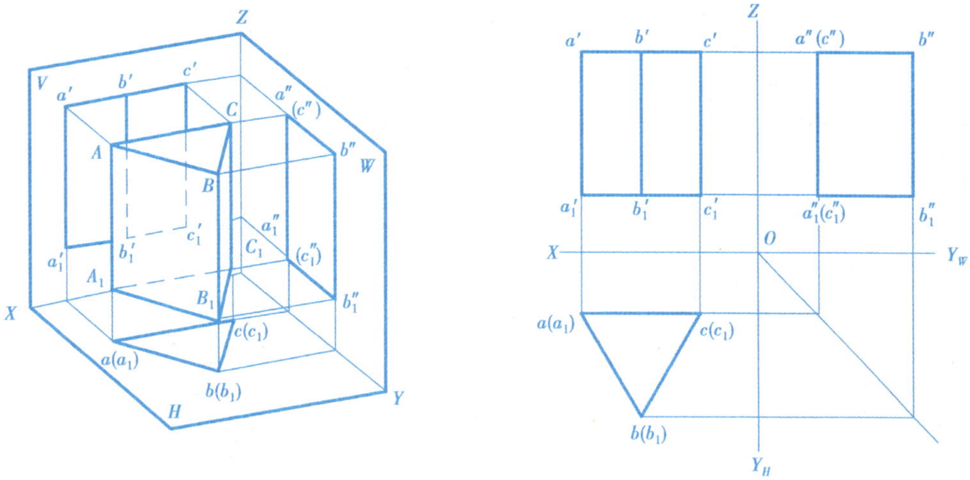

（a）直观图　　　　　　　　（b）投影作图

图6.1　直三棱柱的投影

（1）直棱柱的特征

如图6.1（a）所示,直棱柱有以下3个特征:

①上、下底面是两个相互平行且相等的多边形,如图6.1（a）中,上、下底面为等腰三角形。

②各个侧面都是矩形,如图6.1（a）中,侧面一个较宽,两个较窄且相等。

③各条侧棱相互平行、相等,且垂直于底面,其长度等于棱柱的高。

（2）直棱柱的安放位置

安放原则为:为便于识图和画图,放置形体时,应使棱柱尽可能多地表面平行或垂直于某一投影面,以便投影图中出现较多的反映物体表面实形的投影或积聚性投影。

如图6.1（a）所示,放置三棱柱于三面投影体系时,使三棱柱的两底面平行于 H 面,后侧面平行于 V 面,左、右两侧面垂直于 H 面。若另有需要时,也可使两底面平行于 V 面或 W 面,而较大的侧面平行于 H 面。

（3）直棱柱的投影作图

完成直棱柱的三面投影,就是画出直棱柱两底面和各侧面的三面投影。

作图:如图6.1（b）所示。

①画上、下底面的各投影。先画其实形投影,如 H 面中的（$\triangle abc$ 和 $\triangle a_1b_1c_1$;后画积聚投影,如 V、W 面中的水平线段 $a'b'c'$、$a_1'b_1'c_1'$ 和 $a''b''c''$、$a_1''b_1''c_1''$。

②画每条侧棱的各投影。画出 AA_1、BB_1、CC_1 侧棱的三面投影,完成棱柱的投影作图,如图6.1（b）所示。

（4）直棱柱的投影分析

直棱柱的 H、V、W 面各个投影,应包含该直棱柱所有表面的该面投影,如图6.1（b）所示。

水平面投影:棱柱上下底面的实形投影重合(上底面可见,下底面不可见),投影边线是棱柱各侧面的 H 面积聚性投影,顶点为棱柱各侧棱的 H 面积聚性投影。

正面投影:基本形状为矩形,根据底面形状不同,在矩形内部出现对应的高度方向侧棱投影,如图 6.1(b)所示为左右两个矩形合成的一个大矩形。左右矩形是左右侧面的类似形投影(可见),大矩形是后侧面的实形投影(不可见),大矩形的上下边线是棱柱上下底面的积聚投影。

侧面投影:基本形仍为矩形加高度侧棱投影的形式。侧面投影为一个矩形,是左右侧面的类似形投影重合(左侧面可见,右侧面不可见)。矩形的上下边线及左边线是三棱柱上下底面及后侧面的积聚性投影,右边线是前侧棱(BB_1)的 W 面投影。

2)斜棱柱

下面以斜三棱柱为例,对斜棱柱的特征、安放、投影作图等进行讲解。

(1)斜棱柱的特征

如图 6.2(a)所示,斜棱柱有以下 3 个特征:

①上下底面是两个相互平行且相等的多边形,如图 6.2(a)中底面为等腰三角形。

②各个侧面都是平行四边形。

③各条侧棱相互平行、相等,且倾斜于底面,其长度不等于棱柱的高。

(2)斜棱柱的安放

斜棱柱的安放原则同直棱柱。如图 6.2(a)所示,使此斜三棱柱的上下底面平行于 H 面,后侧棱面垂直于 W 面,三条侧棱相互平行,且与底面倾斜。

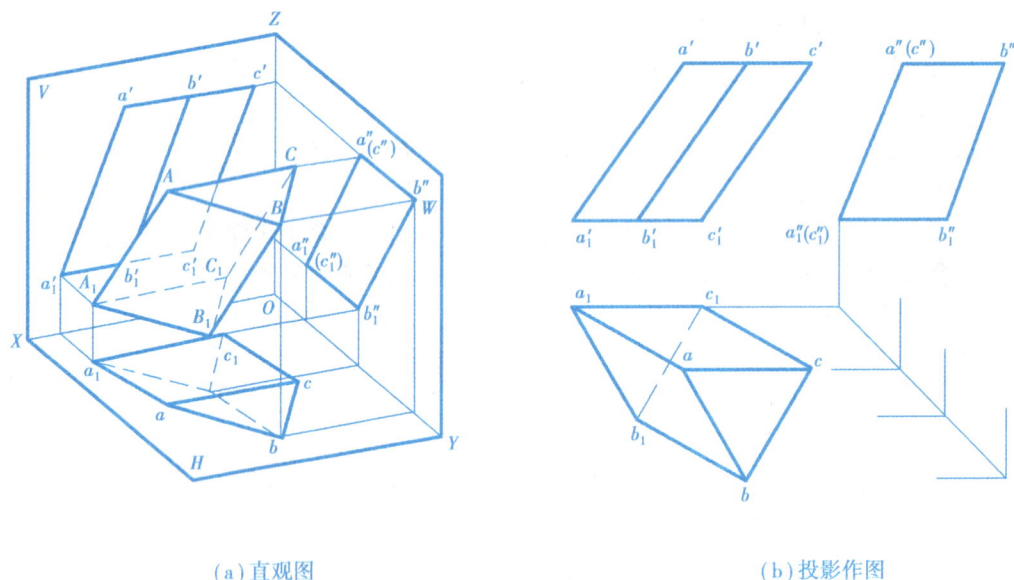

(a)直观图 (b)投影作图

图 6.2 斜三棱柱的投影

(3)斜棱柱的投影

完成斜棱柱的三面投影,就是画出此斜棱柱两底面和各侧面的三面投影。

作图:如图 6.2(b)所示。

①画上、下底面的各投影。先画实形投影,如 H 面中的 $\triangle abc$ 和 $\triangle a_1b_1c_1$;后画积聚性投影,如 V、W 面中的水平线段 $a'b'c'$、$a_1'b_1'c_1'$ 和 $a''b''c''$、$a_1''b_1''c_1''$。

②画每条侧棱的各投影。如画出图中 AA_1、BB_1、CC_1 侧棱的三面投影,完成斜棱柱的投影

作图。

(4)斜棱柱的投影分析

斜棱柱的 H、V、W 面各个投影,应包含该斜棱柱所有表面的该面投影,如图 6.2(b)所示。

斜棱柱侧棱面常不具有积聚性投影,需要判别表面可见性的情况较直棱柱多。判断某一表面投影的可见性原则是:若该表面的全部边线在此面投影可见,则该表面此面投影可见;若该表面有一条边线在此面投影不可见,则该表面此面投影不可见,如图 6.2(b)所示。

水平面投影:斜棱柱上下底面的实形投影(上底面可见,下底面不可见),以及侧棱的相应可见投影。如图 6.2(b)所示为两个底面的三角形投影,加上三条斜线,是该斜棱柱三条侧棱的 H 面投影。

正面投影:基本形状为平行四边形,如图 6.2(b)所示为左右两个平行四边形合成的一个较大的平行四边形。左右两个平行四边形是左右侧面的类似形投影(可见),较大平行四边形是后侧面的类似形投影(不可见);其上下边线是棱柱上下底面的积聚性投影。

侧面投影:基本形状仍为平行四边形,如图 6.2(b)所示平行四边形是左右侧面类似形投影的投影重合(左侧面可见,右侧面不可见);该平行四边形的上下边线及左边线是该斜三棱柱上下底面及后侧面的积聚性投影,右边线是前侧棱(BB_1)的 W 面投影。

6.1.2　棱锥的三面正投影

底面为平面多边形,其余各侧面都是三角形,且各侧棱相交于一个顶点的平面立体称为棱锥。棱锥底面的边数与侧面数、侧棱数相等,当底面边数为 N 时(底面是 N 边形),就称为 N 棱锥($N \geq 3$)。

顶点到底面的距离称为**棱锥的高**。当棱锥的底面为正多边形,且棱锥的顶点与该正多边形中心的连线即为棱锥的高,与底面垂直,则该棱锥被称为**正棱锥**;反之,则为**斜棱锥**。

下面以正三棱锥为例对棱锥的特征、安放、投影作图等进行讲解。

(1)棱锥的特征

如图 6.3(a)所示,棱锥有以下 3 个特征:

①底面为多边形,如图 6.3(a)中底面为 $\triangle ABC$。

②每个侧面均为三角形,如图 6.3(a)中侧面分别为 $\triangle SAB$、$\triangle SBC$、$\triangle SAC$。

③每条侧棱均交于同一顶点,如图 6.3(a)中 SA、SB、SC 均交于顶点 S。

(2)棱锥的安放位置

安放原则:使棱锥的底面平行于某一投影面,顶点通常朝上、朝前或朝左。

如图 6.3(a)所示,使三棱锥的底面 $\triangle ABC$ 平行于 H 面,后侧面 $\triangle SAC$ 垂直于 W 面。

(3)棱锥的投影作图

作棱锥的投影,就是画出该棱锥底面及各侧面的投影。

作图:如图 6.3(b)所示。

①画底面 $\triangle ABC$ 的实形投影($\triangle abc$)和积聚性投影[$a'b'c'$、$a''(c'')b''$];

②画顶点 S 的三面投影(s、s'、s'');

③连各侧棱的三面投影,完成棱锥的投影作图。

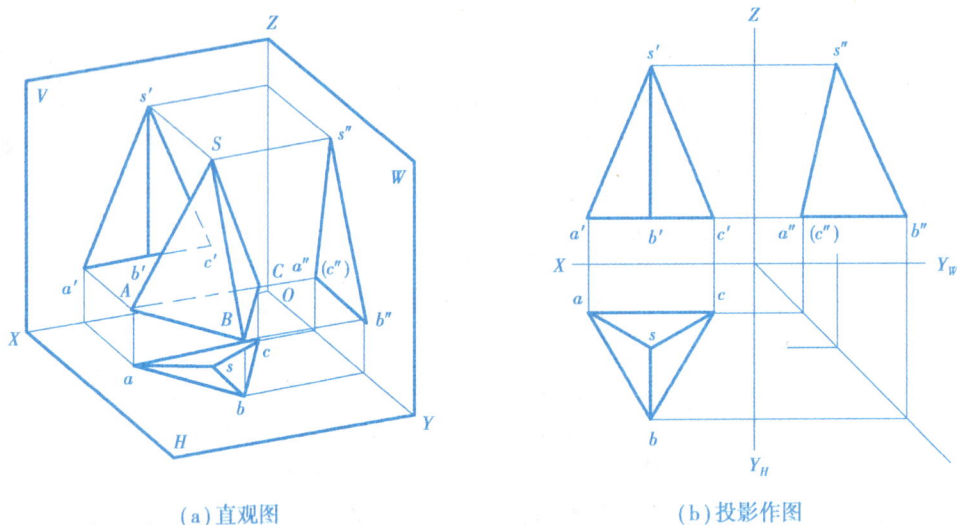

(a)直观图　　　　　　　　　　(b)投影作图

图6.3　三棱锥的投影

(4)棱锥的投影分析

棱锥的 H、V、W 面各个投影,应包含该棱锥所有表面的该面投影,如图6.3(b)所示。

水平面投影:由若干个小三角形组合而成,小三角形的数量由底面边数决定,是该棱锥各个侧面的类似形投影与底面的实形投影的重合(各侧面可见,底面不可见),图6.3(b)所示为由三个小三角形组合成的大三角形。

正面投影:基本形状为三角形,图6.3(b)所示为左右两个小三角形合成的一个大三角形。左右两个小三角形是棱锥左右侧面类似形投影(可见),大三角形是后侧面的类似形投影(不可见),大三角形的下边线是棱锥底面的积聚性投影。

侧面投影:基本形状为三角形,图6.3(b)中三角形是三棱锥左右侧面的类似形投影的重合(左侧面可见,右侧面不可见),三角形的左边线及底边线是棱锥后侧面及底面的 W 面积聚投影,三角形右边线是前侧棱(SB)的 W 面投影。

6.1.3　棱台的三面正投影

当棱锥被一个平行于底面的平面截割时,得到的平面立体称为**棱台**。棱台底面的边数与侧面数、侧棱数相等,当底面边数为 N,底面是 N 边形时,就称为 N **棱台**($N \geqslant 3$)。

两底面之间的距离称为**棱台的高**。当棱台的底面为正多边形,且棱台的上下底面正多边形中心的连线与底面垂直时,该棱台被称为**正棱台**。

下面以正四棱台为例对棱台的特征、安放、投影作图等进行讲解。

(1)棱台的特征

如图6.4(a)所示,棱台有以下三个特征:

①底面为多边形;

②每个侧面均为梯形;

③每条侧棱延长后,均交于同一顶点。

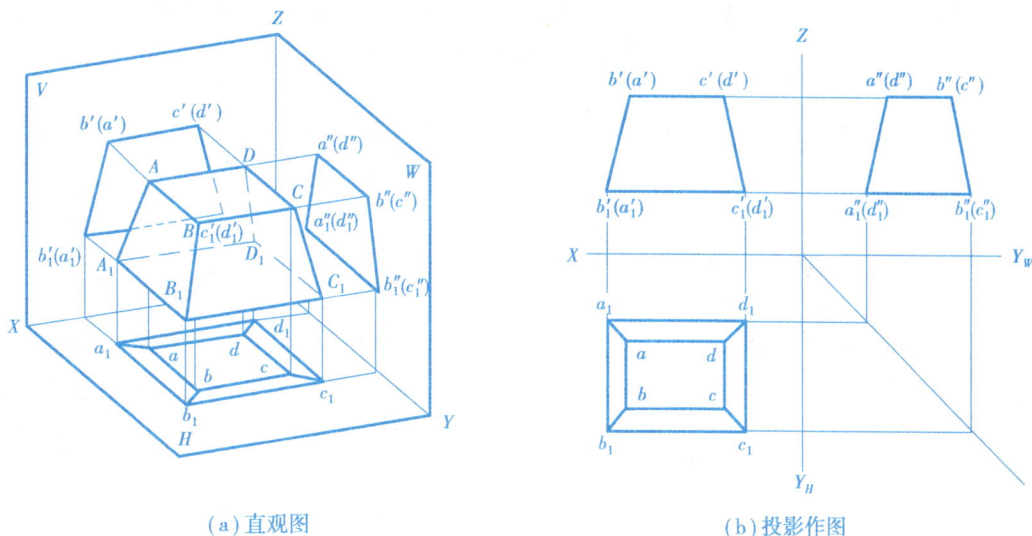

(a)直观图　　　　　　　　　　　(b)投影作图

图6.4　棱台的投影

（2）棱台的安放

安放原则：使棱台的底面平行于某一投影面。

如图6.4（a）所示，使四棱台的上下底面平行于 H 面，左右侧面垂直于 V 面，前后侧面垂直于 W 面。

（3）棱台的投影作图

作棱台的投影，就是画出此棱台底面及各侧面的投影。

作图：如图6.4（b）所示。

①画出上下底面的各投影。先画实形投影，如 H 面上的矩形 $abcd$ 和 $a_1b_1c_1d_1$；后画积聚投影，如 V 面上的水平线段 $(a')b'c'(d')$ 和 $(a_1')b_1'c_1'(d_1')$，以及 W 面上的 $a''(d'')b''(c'')$ 和 $a_1''(d_1'')b_1''(c_1'')$。

②画出侧棱的各面投影，如遇投影重合的情况只用画出一条，完成正棱台的投影作图。

（4）棱台的投影分析

水平面投影：如图6.4（b）中的两个矩形，是该四棱台上下底面的实形投影（上底面可见，下底面不可见），左右及前后共4个梯形是棱台左右及前后侧面的类似形投影（均可见）。

正面投影：如图6.4（b）所示为一个梯形，是棱台前后侧面的类似形投影（前侧面可见，后侧面不可见），梯形的上下边线是棱台上下底面的积聚性投影，其左右边线是棱台左右侧面的积聚投影。

侧面投影：如图6.4（b）所示为一个梯形，是棱台左右侧面的类似形投影（左侧面可见，右侧面不可见），梯形的上下边线是棱台上下底面的积聚性投影，其左右边线是棱台后前侧面的积聚投影。

6.2　平面立体的表面取点

在平面立体表面取点，要满足一定的作图条件，结合作图原理并按照作图步骤进行。

作图条件:当点的一个**已知投影**位于立体的某一表面、棱线或边线的**非积聚性投影**上时,可由该已知投影,根据点的从属性及点的三面投影规律,补出立体表面点的另两个投影;反之,不能补出点的另两个投影。

作图原理:平面立体所有的表面均为平面,故其表面取点、直线的作图原理与作属于平面的点、直线的作图相同。

作图步骤:

①**分析**。根据点的某一已知投影位置及其可见性,判断、分析出该点所属表面的空间位置及其投影。

②**作图**。当点所属表面有**积聚性投影**时,根据点属于面可直接补出点在该面的积聚性投影上的投影,再根据点的三面投影规律,补出点的第三面投影;当点所属表面**无积聚性投影**时,则应过点在其所属面内作一条合理的辅助线,找到该线的三面投影,再根据点属于该线,求出点的三面投影。

③**判别可见性**。对某一投影面而言,根据点属于表面,则点的该面投影的可见性,与点所属表面的该面投影的可见性一致;当点的某一投影位于面的该面积聚性投影上时(一般不可见),通常不必判别点的该面投影的可见性,其投影不用打括号。

注意:立体表面取点的作图方法是立体表面取点、线,以及求平面截割立体的截交线、两立体相交的相贯线投影作图的基础,必须熟练掌握。

6.2.1　棱柱表面取点

【例6.1】如图6.5(a)所示,已知三棱柱表面 K 点的 H 面投影 k,以及 M 点的 V 面投影 m',求 K、M 点的另两面投影。

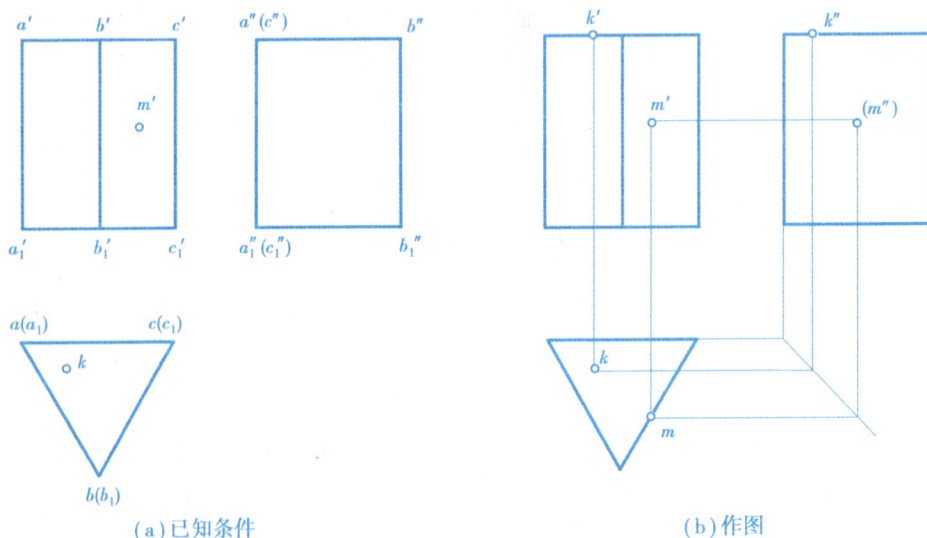

(a)已知条件　　　　　　　　　　　　(b)作图

图6.5　棱柱表面取点

【**解**】分析:根据 K 点的 H 面投影 k 可见,判断 K 点应属于上底面 $\triangle ABC$,且上底面的 V、W 面投影有积聚性,积聚性投影为 $a'b'c'$,$a''b''(c'')$。根据 M 点的 V 面投影 m' 可见,判断 M 点应属于棱柱的右侧面,且其 H 面投影有积聚性,积聚性投影为 bc。

作图:如图6.5(b)所示。

①求 K 点:由 k 向上作投影连线与积聚性投影 $a'c'$ 相交得 k',再根据三等关系由 k、k' 求得 k''。

②求 M 点:由 m' 向下作投影连线与 bc 相交得 m,再由 m、m' 求得 m''。

判别可见性:对 K 点,因 k'、k'' 属于上底面的 V、W 面的积聚性投影,故不必判别其可见性。对 M 点,因 m 属于右侧面的 H 面的积聚性投影,故不必判别其可见性,右侧面的 W 投影不可见,故 m'' 不可见,记为 (m'')。

6.2.2 棱锥表面取点

【例6.2】 如图6.6(a)所示,已知三棱锥表面 K 点的 H 面投影 k,M 点的 V 面投影 m',求 K、M 点的另两面投影。

三棱锥表面
上取点

【解】分析:根据 K 点的 H 面投影可见,判断 K 点应属于 $\triangle SAC$,且 $\triangle SAC$ 的 W 面有积聚投影 $s''a''(c'')$,故 $k'' \in s''a''$。根据 M 点的 V 面投影 m' 可见,判断点 $M \in \triangle SBC$,且该面的3个投影均无积聚性。

作图:如图6.6(b)所示。

①求 K 点。方法一:由已知 k 根据三等关系向 W 投影面作宽相等的投影连线交 $s''a''$ 上得 k'',再由 k、k'' 求得 k'。方法二:在 $\triangle sac$ 内过 k 引辅助直线 sk,并延长与 ac 相交得1点,过1点向上作投影连线交 $a'c'$ 得 $1'$,连 $s'1'$ 与过 k 向上所作的投影连线相交得 k',再由 k、k' 求得 k''。

②求 M 点。在 $\triangle s'a'c'$ 内过 m' 作辅助直线 $m'2'$,与 $s'c'$ 相交于 $2'$,由 $2'$ 求得2。过2作平行 bc 的辅助线(由于 $m'2' /\!/ b'c'$,故 $m2 /\!/ bc$)与由 m' 向下所作的投影连线相交得 m。再由 m'、m 可求得 m''。

判别可见性:对于 K 点,因 K 点所在的 $\triangle SAC$ 的 V 面投影 $\triangle s'a'c'$ 不可见,故 k' 不可见,记为 (k'),$k'' \in s''a''(c'')$(面的积聚性投影),不判别可见性。对于 M 点,因 M 点所在的 $\triangle SBC$ 的 H 投影可见,故 m 为可见;$\triangle SBC$ 的 W 投影为不可见,故 m'' 为不可见,记为 (m'')。

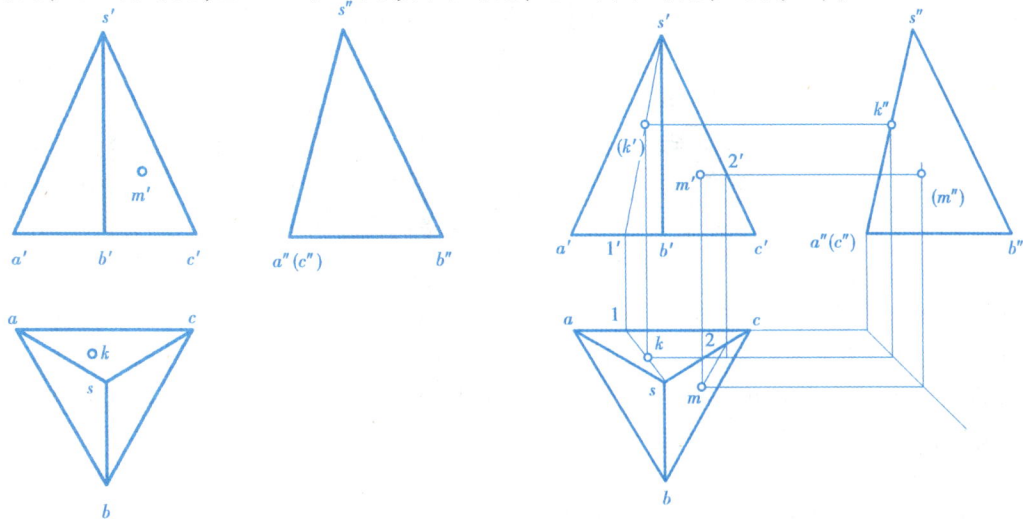

(a)已知条件   (b)作图

图6.6 棱锥表面取点

6.3 平面与平面立体相交

平面与立体相交,在立体表面产生交线称为**截交线**。与立体相交的平面,称为**截平面**。截平面截切立体所得的由截交线围合成的图形,称为**截断面**,简称**断面**。

图 6.7　截平面与三棱锥相交

如图 6.7 所示为截平面与三棱锥相交的情况。从图中不难看出,截交线的形状由截平面相对平面立体的位置来决定,任何截交线都具有两个共同性质:

①平面立体各表面均为平面,故截交线是封闭的多边形;多边形的各边是截平面与平面立体各表面的交线;多边形的各个顶点则是截平面与平面立体各条棱线的交点。

②截交线是截平面与平面立体的共有线,截交线上每个点都是截平面与平面立体的共有点。

因此,平面与平面立体相交的问题,实质上是平面立体各表面或各棱线与截平面相交产生交线或交点的问题。求截交线的方法,也可归纳为两种:

①交线法:求出截平面与平面立体各表面的交线,即得截交线。

②交点法:求出截平面与平面立体各棱线的交点,按照一定的连点原则将交点两两相连,也可得截交线。

6.3.1 特殊位置平面与平面立体相交

当截平面处于特殊位置时,截平面具有积聚性的投影必与截交线在该投影面上的投影重合,即:截交线有一个投影为已知。此时,可根据这个已知的投影,利用前面所述表面取点的方法,求出截交线的其余投影。

【例 6.3】如图 6.8(a)所示,求正垂面与三棱锥的截交线。

【解】分析:截平面为正垂面,故它与三棱锥的交线的正面投影为已知;又因截平面与三棱锥三条棱线均相交,所以截平面与三条棱线 SA、SB、SC 的交点 Ⅰ、Ⅱ、Ⅲ 的正面投影 $1'$、$2'$、$3'$ 也已知;只需求出截交线的水平投影及侧面投影,即可完成题目要求。

作图:由交点法求截交线,如图 6.8(b)所示。

①由已知截平面与三条棱线 SA、SB、SC 的交点 Ⅰ、Ⅱ、Ⅲ 的正面投影 $1'$、$2'$、$3'$,根据直线上点的从属性,求出其余两投影 1、2、3 及 $1''$、$2''$、$3''$。

②依次连接同名投影,得截交线的水平投影和侧面投影。

③根据截交线所在表面的可见性确定其可见性。

【例 6.4】如图 6.9(a)所示,求正三棱锥被水平面 P_V 和正垂面 Q_V 截切后的三面投影。

【解】分析:水平面 P_V 截切三棱锥,将得一个与底面相似的正△ⅠⅡⅢ,它的 V 投影积聚为一段水平线 $1'2'3'$;正垂面 Q_V 截切正三棱产生的截交线,求解方法同【例 6.3】。两平面均未切

断正三棱锥,它们的交线是一条正垂线Ⅵ Ⅶ。立体图如图 6.9(c)所示。

(a)已知条件   (b)作图过程及结果   (c)立体图

图 6.8 正垂面与三棱锥的截交线

作图: 如图 6.9(b)所示。

① 首先求出正三棱锥未被截切前的侧面投影。

② 水平面 P_V 截切正三棱锥的正面投影 1′、2′、3′为已知,由此可求出其水平投影 1、2、3 及侧面投影 1″、2″、3″。

③ 正垂面 Q_V 截切正三棱锥的正面投影 4′、5′、6′、7′已知,其中积聚点 6′、7′是 P_V 面与 Q_V 面交线的正面投影,求出其水平投影和侧面投影 4、5、6、7 和 4″、5″、6″、7″。

④ 如图 6.9(c)所示,分两个截面按 P_V 截面上从Ⅰ→Ⅱ→Ⅵ→Ⅶ→Ⅰ, Q_V 截面上从Ⅳ→Ⅴ→Ⅵ→Ⅶ→Ⅳ的顺序,连接其水平投影和侧面投影。

⑤ 判定可见性:两个截切平面截切三棱锥得到一个向左上方的缺口,所以产生的截交线在投影中全部可见,仅截面 P 与截面 Q 的交线Ⅵ Ⅶ的水平投影不可见。

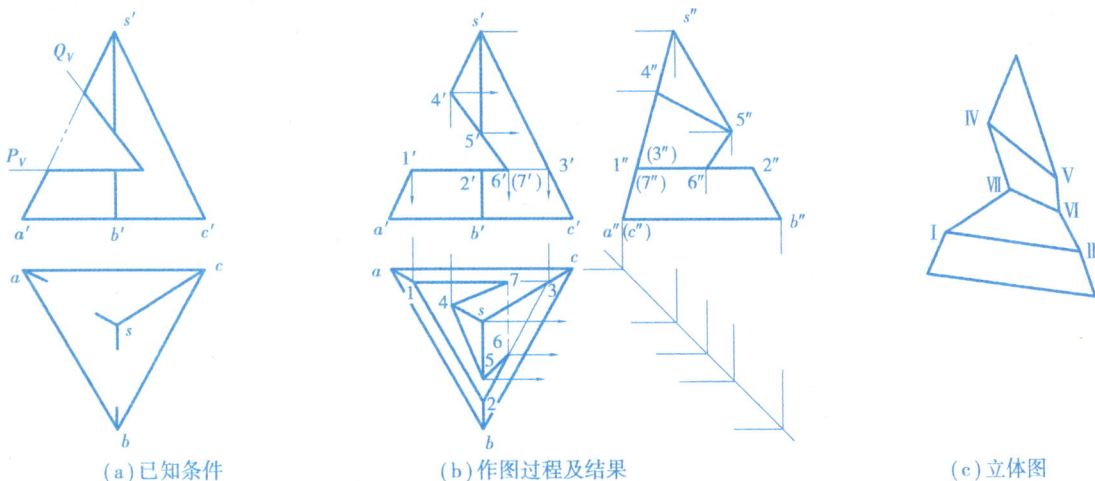

(a)已知条件   (b)作图过程及结果   (c)立体图

图 6.9 完成正三棱锥被截割后的三面投影

如图 6.10 所示仍是一个正三棱锥被水平面 P 和正平面 Q 截切,但是,截切口与立体间相对位置与图 6.9 所示的立体不同,所以两组截交线是完全不相同的。

(a)已知条件　　　　　　　　(b)作图过程　　　　　　　　(c)求作结果及立体图

图 6.10　正三棱锥被截割后的三面投影

【例 6.5】如图 6.11(a)所示,求带缺口的三棱柱的投影。

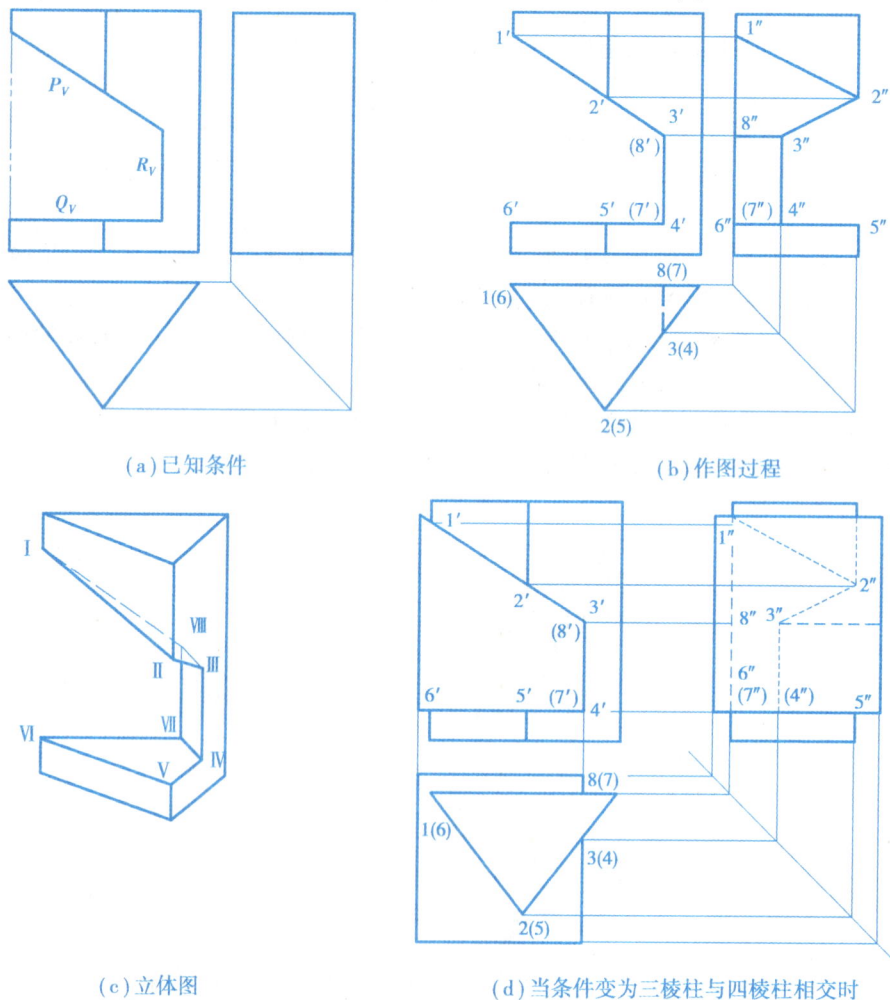

平面与四棱柱相交求截交线

(a)已知条件　　　　　　　　　　　　(b)作图过程

(c)立体图　　　　　　　　　　(d)当条件变为三棱柱与四棱柱相交时

图 6.11　求带缺口的三棱柱投影

【解】分析:三棱柱分别被正垂面 P_V 水平面 Q_V 及侧平面 R_V 截切;观察该三棱柱,其水平投影具有积聚性。所以,属于三棱柱表面截交线的水平投影一定重合在该积聚性投影上,也就是截交线的水平投影已知;三个截切平面的正面投影均具有积聚性,所以它们与三棱柱产生的交线的正面投影也已知。只需要求出截交线的侧面投影,即可完成题目要求。

作图:如图 6.11(b)所示。

①先求正垂面 P_V 与三棱柱产生截交线上的点 Ⅰ、Ⅱ、Ⅲ、Ⅷ。截平面 P_V 是正垂面,与棱柱的交点 1′、2′已知,同时,它与侧平面 R_V 的交线 3′、8′也已知。根据平面立体表面取点的方法,求出这些点的水平投影和侧面投影。

②再求水平面 Q_V 与三棱柱相交产生截交线上的点 Ⅳ、Ⅴ、Ⅵ、Ⅶ。水平面 Q_V 的正面投影具有积聚性,它与棱柱的交点 5′、6′已知,同时,它与侧平面 R_V 的交线 4′、7′也已知。同理,可求出这些点的水平投影和侧面投影。

③侧平面 R_V 与三棱柱相交产生截交线上的点 Ⅲ、Ⅳ、Ⅶ、Ⅷ的正面投影 3′、4′、7′、8′已知,其水平投影和侧面投影已经在前面的作图中完成。

④根据同在一个表面的两点才能相连的原则,按 Ⅰ→Ⅱ→Ⅲ→Ⅳ→Ⅴ→Ⅵ→Ⅶ→Ⅷ→Ⅰ 的顺序连接,其中交线 Ⅲ→Ⅷ和Ⅳ→Ⅶ在水平投影中为不可见的虚线。

⑤从题目正投影中可知:三棱柱的左边棱线 Ⅰ→Ⅵ、中间棱线 Ⅱ→Ⅴ 已经被切掉,只有右边棱线是完整的。在水平投影中,三棱柱投影的积聚性使缺口无法体现。在侧投影中,1″→6″、2″→5″之间无棱线,但右边棱线完整且后侧面的大部分都存在,故在该投影中只有 2″→5″间无线段。

当条件变为三棱柱与四棱柱相交时,所求各点的位置完全不变,连线的顺序和形状也不变,但截交线变为相贯线,可见性必须严格判断。同时,原三棱柱的棱线也由于四棱柱的遮挡,产生局部的虚线,如图 6.11(d)所示。

6.3.2 一般位置平面与平面立体相交

平面立体与一般位置平面相交时,通常用求一般位置平面与棱线交点的方法来求出截交线。

【例6.6】如图 6.12(a)所示,求平面 △DEF 与三棱锥 S-ABC 的截交线。

【解】分析:用一般位置直线与一般位置平面相交求交点的方法是辅助平面法,求出平面 △DEF 分别与 SA、SB、SC 棱线产生的交点 Ⅰ、Ⅱ、Ⅲ,两两相连即得截交线。

作图:如图 6.12(b)所示。

①求 SA 棱线与 △DEF 的交点。包含 a′s′作辅助正垂面 P_V,P_V 与 △DEF 的交线 GH 的正面投影 g′h′直接得到,由 g′h′求出水平投影 gh,gh 和 as 的交点即为 SA 棱线与 △DEF 的交点 Ⅰ 的水平投影 1,再由 1 作出 1′。

②同理,可求出 SB、SC 棱线与 △DEF 的交点 Ⅱ、Ⅲ。

③依次连接 Ⅰ、Ⅱ、Ⅲ 各点的同名投影,同时考虑 △DEF 的范围,得到 △DEF 与三棱锥 S-ABC 的截交线。

④判定可见性:截交线的可见性由截交线线段所属立体表面的可见性来判断。三棱锥与 △DEF 平面的可见性,可按交叉两直线可见性判断方法进行。

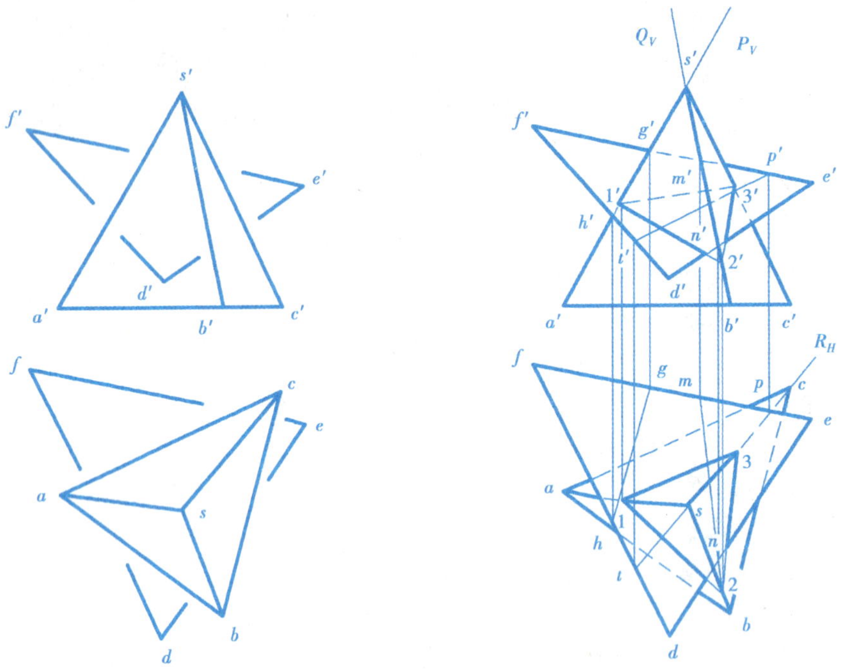

(a)已知条件　　　　　　　　(b)作图过程及结果

图 6.12　求平面 △DEF 与三棱锥的截交线

6.4　直线与平面立体相交

直线与平面立体相交产生的交点,称为贯穿点。求贯穿点的实质就是求真线与立体表面的交点。由于直线是"穿入""穿出"立体,所以 ,一般情况下贯穿点有两个。当直线或平面立体表面的投影具有积聚性时,应利用积聚性来求贯穿点;当直线或平面立体表面的投影无积聚性时,则采用辅助平面法求贯穿点。

6.4.1　直线或平面立体表面的投影具有积聚性

【例 6.7】如图 6.13(a)所示,求直线 MN 与三棱柱的贯穿点。

【解】分析:从图 6.13(a)所示的水平投影中可知,三棱柱的水平投影具有积聚性,直线 MN 贯穿过三棱柱的左右侧棱面。所以,贯穿点的水平投影可直接得到。再由直线上点的从属性,可求出贯穿点的正投影。

作图:如图 6.13(b)所示。

①求贯穿点的水平投影。线段 mn 与三棱柱左右侧面的积聚性水平投影的交点,即为贯穿点的水平投影 1,2。

②求贯穿点的正面投影。根据直线上点的从属性,由水平投影 1、2 求出正面投影 1′、2′。

③判断可见性。根据 Ⅰ、Ⅱ 点所属三棱柱左、右侧棱面的可见性,判断 1′、2′均可见。

必须注意:直线穿入立体时,与立体已融为一整体,故直线在立体内部的一段并不存在,不能画线。

（a）已知条件　　　　　　　　　（b）作图过程及结果

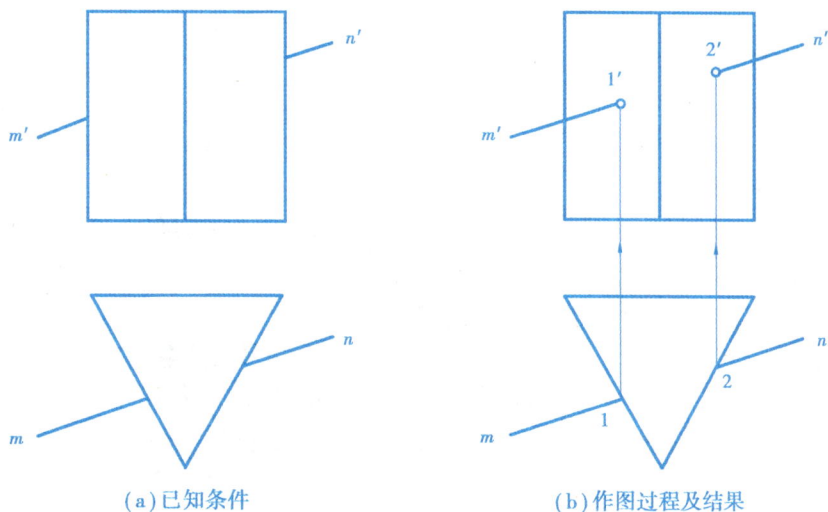

图6.13　求一般位置直线与三棱柱的贯穿点

【例6.8】如图6.14（a）所示,求正垂线 ED 与三棱锥的贯穿点。

【解】分析:正垂线 ED 的正面投影具有积聚性,故属于 DE 直线的贯穿点其正面投影必定与积聚点重合,即贯穿点的正面投影为已知。用立体表面取点法即可求出贯穿点的其余两个投影。

（a）已知条件　　　　　　　　　（b）作图过程及结果

图6.14　求正垂线与三棱锥的贯穿点

作图:如图6.14（b）所示。

①求贯穿点的水平投影。由 DE 的正面投影积聚,直接得到贯穿点 F、G 的正面投影 f'、g'。

②求贯穿点的水平投影。由立体表面取点的方法,过 f' 作 $1'2' /\!/ a'b'$,过 m' 作 $1'3' /\!/ a'c'$,求得贯穿点的水平投影 f,g 和侧面投影 f''、g''。

③判断可见性。由贯穿点所属表面的可见性,分别判断出 G 点的三面投影均可见;F 点的 H 投影可见,V、W 投影不可见,由此完成直线贯穿立体后的投影。同样要注意的是,直线穿入立体内部后,两贯穿点之间不能画线。

6.4.2 直线或平面立体表面的投影无积聚性

直线或平面立体表面的投影无积聚性可利用时,贯穿点的求解就要采用辅助平面法,其作图步骤如下:

①包含直线作辅助平面。为使作图简便,辅助平面宜为垂直面或平行面。

②求辅助平面与立体表面的交线(截交线)。

③该交线与已知直线的交点,即为所求的贯穿点。

【例6.9】如图6.15(a)所示,求一般位置直线 MN 与三棱锥的贯穿点。

【解】分析:直线与三棱锥表面的投影均无积聚性,所以,本例采用辅助平面法求贯穿点。包含直线 MN 作辅助平面(垂直面),再求出辅助平面与三棱锥的截交线,便可求出直线 MN 与三棱锥的贯穿点 K、G。

作图:如图6.15(b)所示。

①包含 MN 作辅助正垂面 P_V,P_V 与三棱锥截交线的正面投影 $1'$、$2'$、$3'$ 为已知。

②求出截交线的水平投影 $\triangle 123$。

③$\triangle 123$ 与线段 mn 的交点 k、g,即为贯穿点 K、G 的水平投影,再由直线上点的从属性,求出贯穿点的正面投影 k'、g'。

④根据贯穿点所属立体表面的可见性,判断贯穿点 k、g、g' 为可见,k' 为不可见,完成直线 MN 与三棱锥相交后的投影。同样,直线与立体相交后,贯穿点之间不能画线。

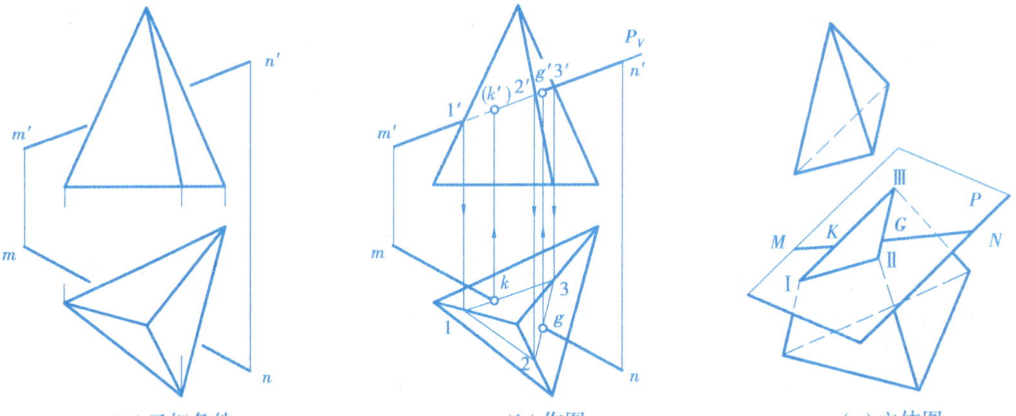

(a)已知条件   (b)作图   (c)立体图

图6.15 求一般位置直线与三棱锥的贯穿点

6.5 两平面立体相交

6.5.1 两平面立体相交的基本概念

两平面立体表面相交产生的交线,称为相贯线。一般情况下,相贯线为封闭的空间折线或平面多边形。如图6.16所示,除图6.16(a)后侧面上产生的交线是平面多边形(四边形)外,其余均为封闭的空间折线;在特殊情况下,相贯线也可能不封闭,三棱柱与三棱锥共底面,故产生的交线是不封闭的空间折线,如图 6.16(c)所示。

当一个立体全部贯穿另一个立体时,称为全贯,如图 6.16(a)所示;当两立体相互贯穿时,称为互贯,如图 6.16(b)、(c)所示。

6.5.2 两平面立体相交的作图方法

从图 6.16 可看出:两平面立体相交产生的空间折线或平面多边形的各线段,是两平面立体相关表面产生的交线,折线的顶点是两平面立体相关棱线与表面的交点。所以,求两平面立体相交的相贯线问题,实质上是求直线(棱线)与平面(立体表面)的交点及求两平面(立体表面)交线的问题。

相贯线连线原则:属于某立体同一表面,同时也属于另一立体同一表面上的两点才能相连。

相贯线可见性判别原则:相贯线上的线段只有同时属于两立体可见表面上时,才为可见,否则为不可见。

当求出属于相贯线上的点之后,按照上述原则连接得到相贯线。应当注意:两立体贯穿后是一个整体,相贯线既是两立体表面共有线,也是两立体表面的分界线,立体表面的棱线只能画到相贯线处为止,不能穿入另一立体中,如图 6.16 所示。

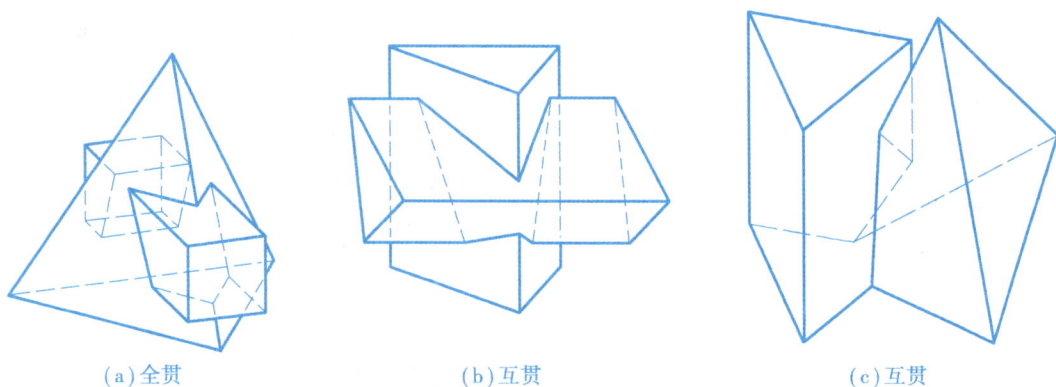

(a)全贯　　　　　　　(b)互贯　　　　　　　(c)互贯

图 6.16　两平面立体相交

【例 6.10】如图 6.17(a)所示,求两三棱柱的相贯线。

【解】分析:从图 6.17(a)可看出,两三棱柱为互贯,三棱柱 ABC 的棱线垂直于 H 面,它的水平投影 abc 具有积聚性,故属于其上的相贯线的水平投影为已知。又因三棱柱 DEF 的棱线垂直于 W 面,它的 W 面投影 $d''e''f''$ 具有积聚性,故属于其上的相贯线的 W 面投影也为已知,只需求出相贯线的 V 面投影,即可完成两三棱柱相交的投影。

三棱锥与三棱柱相交求相贯线

作图:如图 6.17(b)所示。

①三棱柱 ABC 的 H 面投影具有积聚性,可以确定它与三棱柱 DEF 的交点 1、2、(3)、(4)、5、(6);三棱柱 DEF 的 W 面投影具有积聚性,也可以确定它与三棱柱 ABC 的交点 1''、(2'')、3''、(4'')、5''、6''。

②相贯线各点的 H 面投影和 W 面投影 Ⅰ(1、1'')、Ⅱ(2、2'')、Ⅲ(3、3'')、Ⅳ(4、4'')、Ⅴ(5、

5″)、Ⅵ(6、6″)均已知,即可求出它们的 V 面投影 1′、2′、3′、4′、5′、6′。

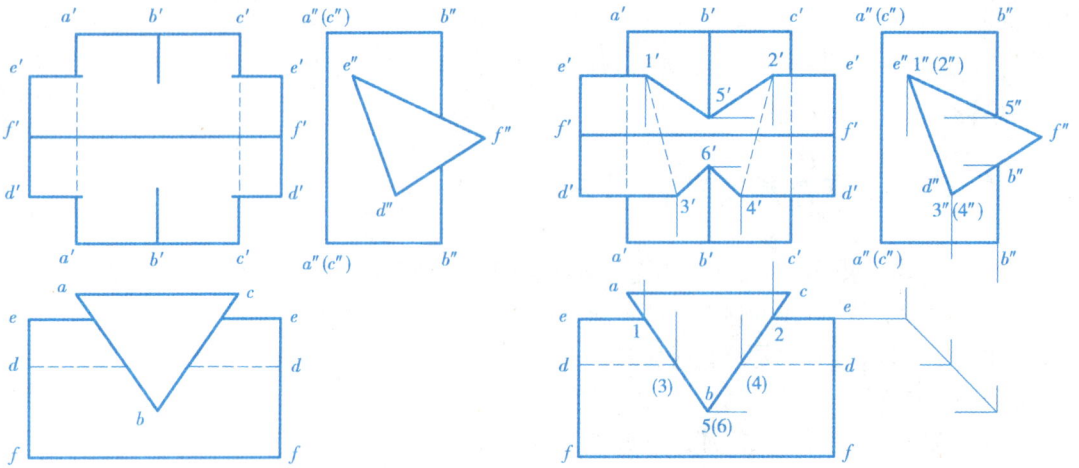

(a) 已知条件   (b) 作图过程

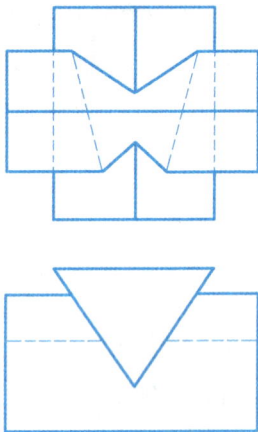

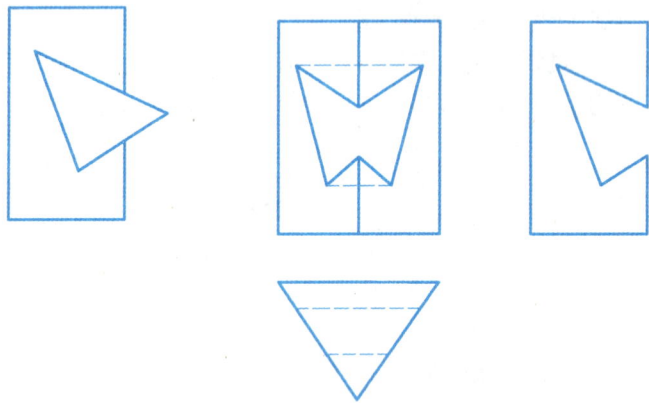

(c) 作图结果   (d) 直三棱柱被贯穿一个三棱柱孔

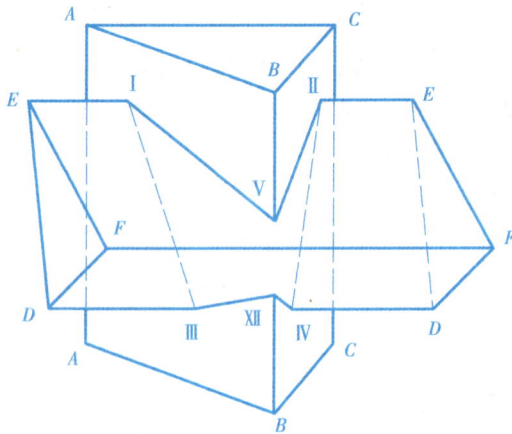

(e) 相贯体的轴测图

图 6.17 两三棱柱相交

③根据相贯线的连线原则,从任一点开始连线,可按Ⅰ→Ⅴ→Ⅱ→Ⅳ→Ⅵ→Ⅲ→Ⅰ的顺序连线。在图6.17(b)的正面投影中,将它们的同名投影相连,即得相贯线的正面投影,为封闭的空间折线。

④判定可见性。根据相贯线上的线段,只有同时属于两立体可见表面时才可见的原则,在图6.17(b)的正面投影中,判断 1′5′、2′5′、3′6′、4′6′线段为可见;1′3′、2′4′线段为不可见,完成相贯线的可见性判定。同时,判断出三棱柱 ABC 的 AA 棱线、BB 棱线被遮住部分不可见,完成两三棱锥相交后的投影。

若相交的两立体一个为实体、一个为虚体,相贯线的求解方法与两实体相交时完全相同。如图6.17(d)所示,可看成将三棱柱 DEF 沿水平方向抽出(形成虚体)。同时,应注意相贯线可见性与图6.17(c)的变化,以及新出现的虚线。

【例6.11】如图6.18(a)所示,求三棱锥与四棱柱相交后的投影。

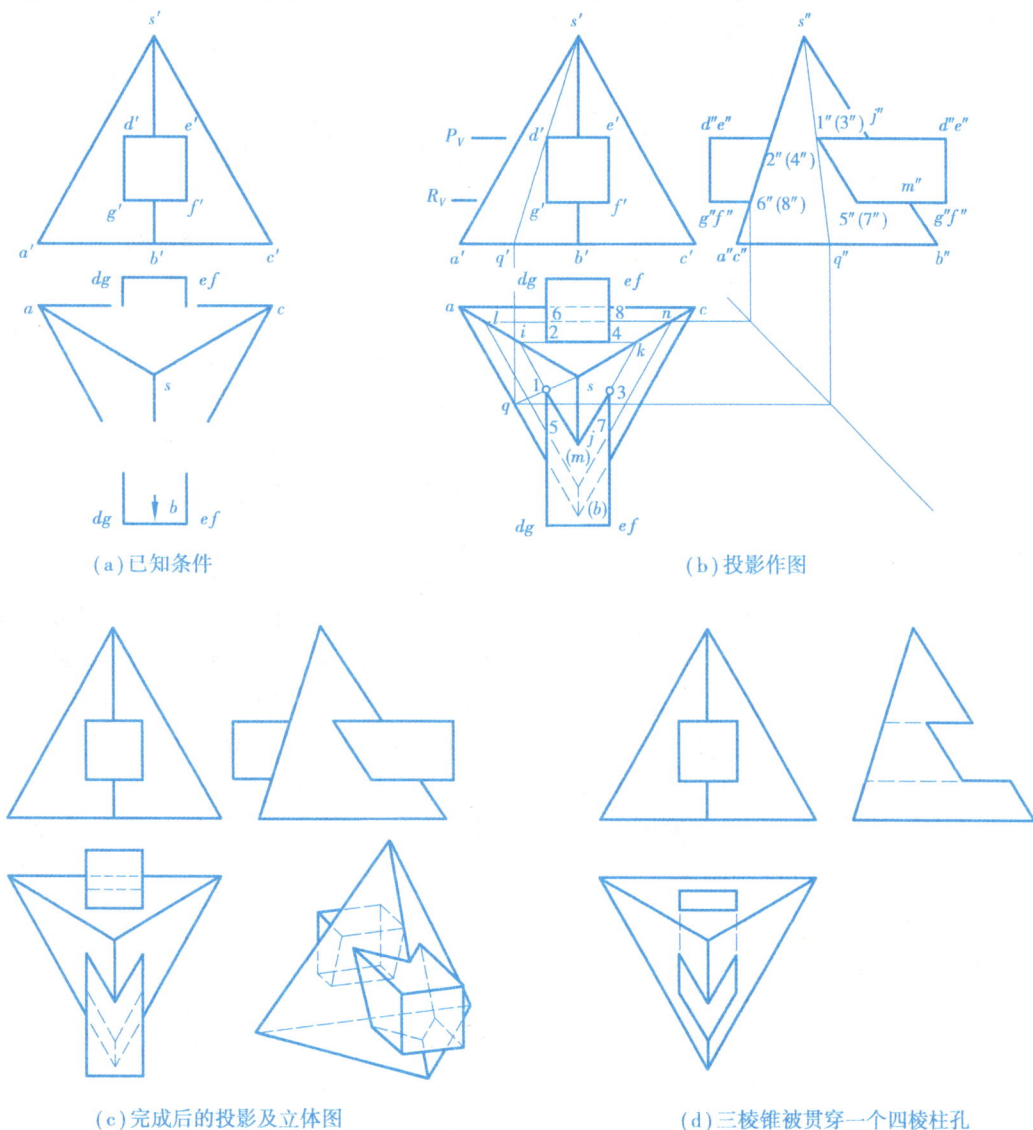

(a)已知条件　　　　　　　　　　　　　　　(b)投影作图

(c)完成后的投影及立体图　　　　　　　　　(d)三棱锥被贯穿一个四棱柱孔

图6.18　三棱锥与四棱柱相贯

【解】分析：①四棱柱的四条棱线均正垂线，故其 V 面投影具有积聚性，属于四棱柱表面的相贯线的 V 面投影为已知。

②从正面投影观察，四棱柱完全贯穿三棱锥，为全贯，从水平投影观察，四棱柱"穿入""穿出"三棱锥，所以相贯线有前后两组。

③三棱锥的底面是水平面，四棱柱上下表面为水平面，左右表面为侧平面。它们相交后产生的相贯线，将分别属于四棱柱的水平及侧平表面上。

④投影图左右对称，所以相贯线也是左右对称的。

作图：如图 6.18(b)所示，分别采用辅助线法和辅助面法。

①辅助线法：要求四棱柱 DD 棱线与三棱锥表面的交点，可利用 DD 棱线正面投影的积聚性，连 $s'd'$ 到 q'，$s'q'$ 为三棱锥 SAB 表面上过 I 点的一辅助线，按投影关系求出 sq、$s''q''$，其上的 1、$1''$ 即为贯穿点 I 的两个投影。同理，可求出贯穿点 II、III、IV、V、VI、VII、VIII 的投影，又有棱线 SB 与四棱柱上下表面的交点 J、M，便求出了相贯线上各点的投影。

②辅助面法：要求三棱锥表面与四棱柱表面的交线，可作包含四棱柱上表面 $DDEE$ 平面的水平面 P_V 及包含四棱柱下表面 $GGFF$ 平面的水平面 R_V，与三棱锥相交产生截交线 $\triangle IJK$ 和 $\triangle LMN$。这两组交线分别与四棱柱 4 条棱线相交于 I、II、III、IV、V、VI、VII、VIII 点，同时与三棱锥 SB 棱线交于 J、M 点，便求出了相贯线上各线段的投影。

③根据相贯线的连线原则，可得三棱锥与四棱柱全贯后前、后两部分的相贯线，前面为封闭的空间折线，后面为封闭的平面多边形。它们的 W 面投影具有积聚性和重影性。

④判定可见性。根据同时属于两立体可见表面的相贯线线段才可见的原则，判断属四棱柱上表面的相贯线线段为可见，属于四棱柱下表面的相贯线为不可见。同时，判断两立体相交后，三棱锥底面被四棱柱遮住部分的投影不可见，如图 6.18(c)所示。

如图 6.18(d)所示为一个实体的三棱锥被一虚体的四棱柱相贯穿后(将四棱柱沿水平方向抽出)的投影图，其作图方法与上述相同，应注意对比两种情况下相贯线可见性、三棱锥可见性的变化及新出现的虚线。

【例 6.12】 如图 6.19(a)所示，求正六棱柱被一个三棱柱穿孔后的投影。

【解】分析：从正六棱柱被穿孔的 V 面投影和正六棱柱具有积聚性的 H 面投影可以看出，正六棱柱被穿孔后，前后、左右均是对称的。前面孔口是正三棱柱的三个棱面与正六棱柱的左前、前、右前三个侧表面产生的交线，分别为 $I\,II$、$II\,III$、$III\,IV$、$IV\,V$、$V\,VI$、$VI\,VII$、$VII\,I$。交线的 V 面投影为已知，交线的 H 面投影积聚在正六棱柱的 H 面投影中(在前面)；后面孔口为正三棱柱的三个棱面与正六棱柱的左后、后、右后 3 个侧表面产生的交线，分别为 $I_0\,II_0$、$II_0\,III_0$、$III_0\,IV_0$、$IV_0\,V_0$、$V_0\,VI_0$、$VI_0\,VII_0$、$VII_0\,I_0$。前后两组交线具有对称性，如它们的正投影重影，水平投影积聚在正六棱柱的 H 面投影中(在后面)。

作图：如图 6.19(c)所示。

①确定出前面孔口所产生的相贯线上各点 I、II、III、IV、V、VI、VII 的 V 面投影 $1'$、$2'$、$3'$、$4'$、$5'$、$6'$、$7'$；后面孔口所产生的相贯线上各点与之对称，有 $1_0'$、$2_0'$、$3_0'$、$4_0'$、$5_0'$、$6_0'$、$7_0'$。

②这 14 个点分别属于正六棱柱前后 6 个侧表面，正六棱柱各表面的 H 面投影具有积聚性，从而确定出这 14 个点的 H 面投影。

③相贯线上各点的 H 面投影和 V 面投影均已知，便可求出相贯线上各点的 W 面投影。

④根据相贯线的连线原则，并对照 V 面投影和 H 面投影，进行相贯线 W 面投影的连线：

$1'' \to 2'' \to 3'' \to 4'' \to 5'' \to 6'' \to 7'' \to 1''$ 及 $1_0'' \to 2_0'' \to 3_0'' \to 4_0'' \to 5_0'' \to 6_0'' \to 7_0'' \to 1_0''$。

⑤判断可见性。正六棱柱被正三棱柱穿孔,所以穿入正六棱柱内部的棱线均不可见,应画成虚线。

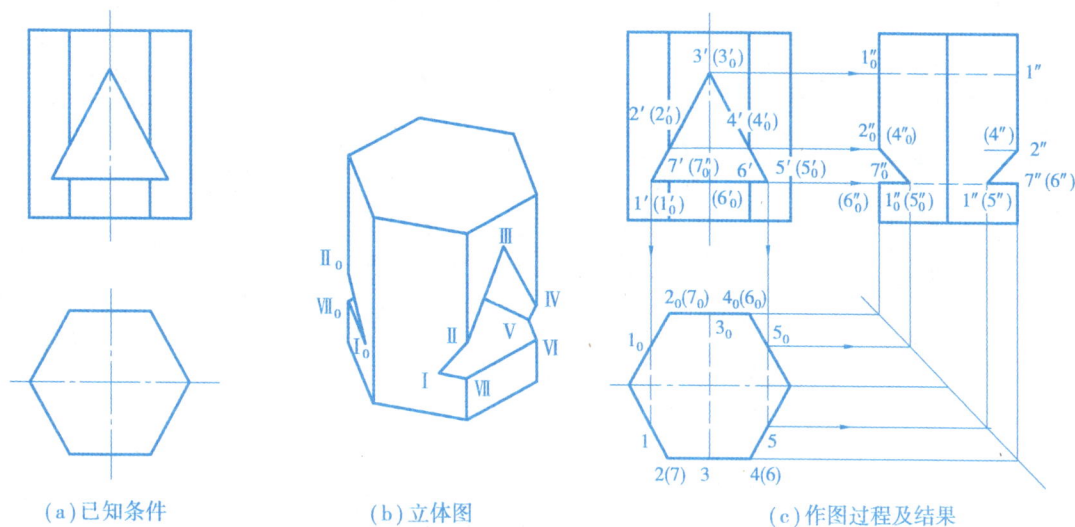

(a)已知条件　　　　　(b)立体图　　　　　(c)作图过程及结果

图6.19　求正六棱柱被正三棱柱穿孔后的相贯线

【例6.13】如图6.20(a)所示,求三棱柱与正四棱锥相交后的投影。

【解】分析:①三棱柱的 V 面投影具有积聚性,所以,属于三棱柱表面的相贯线的 V 面投影已知。

②通过对题目的观察可知,三棱柱完全贯穿正四棱锥,且"穿入""穿出"正四棱锥,所以相贯线应有各自独立的前后两组。

③两相贯体前后具有完全的对称性,所以,前后两组各自独立的相贯线也是对称的。

作图:采用辅助平面法求解,如图6.20(b)所示。

①在 V 面投影中,包含三棱柱底面(水平面)作辅助平面 P_V,它与正四棱锥产生一平行于四棱锥底边截交线,其中有效交线为前面部分 $I \to II \to III$、后面部分 $I_0 \to II_0 \to III_0$。由 V 面投影 $1'(1_0') \to 2'(2_0') \to 3'(3_0')$ 求出 H 面投影 $1(1_0) \to 2(2_0) \to 3(3_0)$ 和 W 面投影 $1''(1_0'') \to 2''(2_0'') \to 3''(3_0'')$。

②在 V 面投影中,包含三棱柱最上面的棱线作一辅助平面 Q_V,同样产生一平行于四棱锥底边截交线,其中有效交点为 V、V_0,即由 $5'(5_0')$ 求出 $5(5_0)$ 和 $5''(5_0'')$。

③在 V 面投影中,正四棱锥的最前、最后棱线分别与三棱柱的右侧面和底面相交,故分别产生交点 IV、IV_0 及 II、II_0,其中 II、II_0 前面已经求出,IV、IV_0 的求解根据直线上点的从属性,便可由 $4'(4_0')$ 求出 $4''(4_0'')$ 和 $4(4_0)$。

④根据相贯线的连线原则,可得前后两组相贯线分别按 I、$I_0 \to II$、$II_0 \to III$、$III_0 \to IV$、$IV_0 \to V$、$V_0 \to I$、I_0 的顺序连接,它们的 V 面投影前后重影、H 面投影和 W 面投影前后对称。

⑤判断可见性。根据同时属于两立体可见表面的线段才可见的原则,判断 H 面投影中属于三棱柱底面的前、后各两段线段为不可见,W 面投影中属于正四棱锥右侧面的前、后各三段线段为不可见。

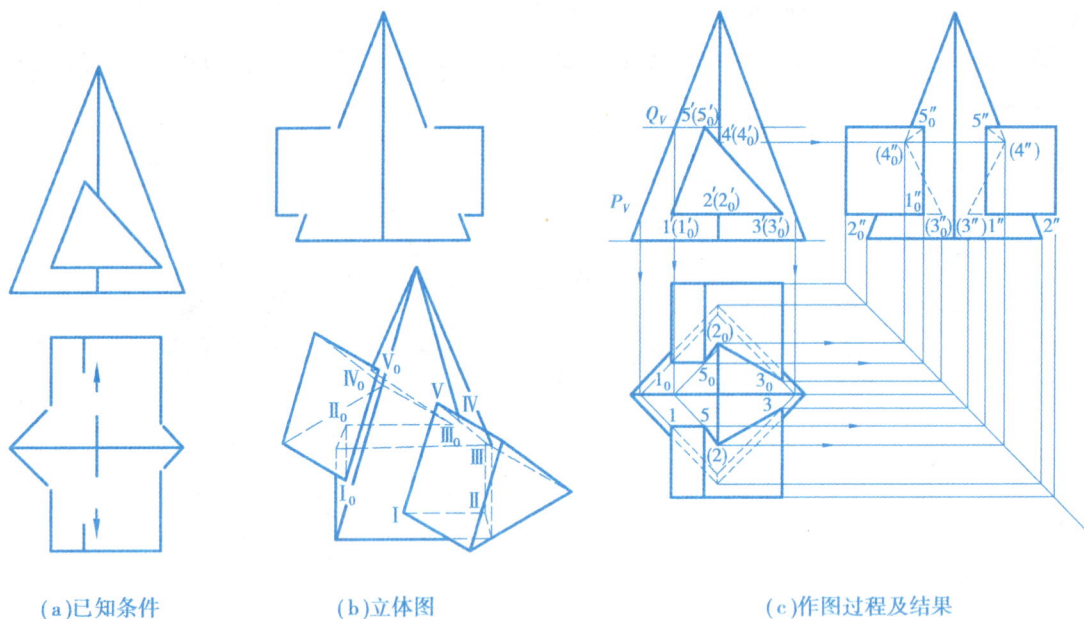

(a)已知条件 　　　　(b)立体图 　　　　(c)作图过程及结果

图6.20　求三棱柱与正四棱锥的相贯线

本章小结

(1)掌握平面立体的投影特征。

(2)掌握基本平面立体以及与平面、直线、立体相交后的平面立体的三面投影作图。

(3)掌握同坡屋面的三面投影作图。

复习思考题

6.1　什么是平面立体？常见的平面立体有哪些？

6.2　直棱柱的投影特征是什么？如何确定其安放位置？

6.3　平面截割立体，截交线如何确定？如何判别可见性？

6.4　两平面立体相交，相贯线通常有何特征？如何判别可见性？

6.5　同坡屋面的 H 面投影有何特征？为什么必须采用依次封闭法作图？

7

规则曲线、曲面及曲面立体

本章导读：

本章将学习工程中常见曲线、曲面及各种曲面立体的形成及投影；曲面立体表面上取点及其可见性；平面与曲面立体相交；平面立体与曲面立体相交及曲面立体与曲面立体相交等。

7.1　规则曲线及工程中常用的曲线

7.1.1　曲线的形成

曲线可以看作由以下三种方式形成：

① 不断改变方向的点的连续运动的轨迹，如图 7.1(a)所示；

② 曲面与曲面或曲面与平面相交的交线，如图 7.1(b)所示；

③ 直线族或曲线族的包络线，如图 7.1(c)所示。

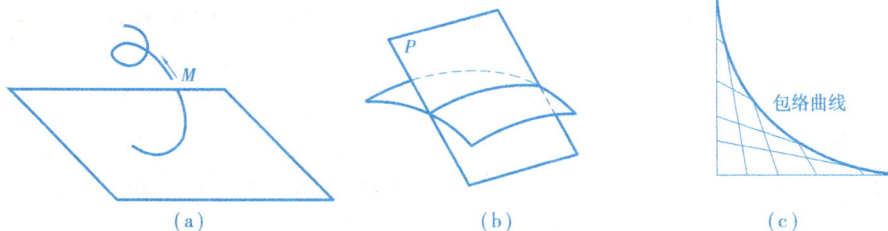

图 7.1　曲线的形成

7.1.2 曲线的分类

根据点的运动有无规律,曲线可分为规则曲线和不规则曲线。规则曲线一般可以列出其代数方程,且为单参数方程,如圆、椭圆、双曲线、抛物线、渐伸线、螺旋线等。

根据曲线上各点的所属性,可以分成两类:

①平面曲线:曲线上所有的点都属于同一平面的,称为平面曲线,如圆、椭圆、双曲线、抛物线等。

②空间曲线:曲线上任意连续四个点不属于同一平面的,称为空间曲线,如圆柱正螺旋线等。

7.1.3 曲线的投影

由于曲线可看作由点的运动而形成,只要作出曲线上一系列点的投影,并将各点的同面投影依次光滑地连接起来,即得该曲线的投影。

1)曲线投影的性质

曲线的投影一般仍为曲线。在特殊情况下,当平面曲线所在的平面垂直于某投影面时,它在该投影面上的投影积聚为直线(图7.2)。

曲线的切线在某投影面上的投影仍与曲线在该投影面上的投影相切。

二次曲线的投影一般仍为二次曲线,如圆和椭圆的投影一般为椭圆。

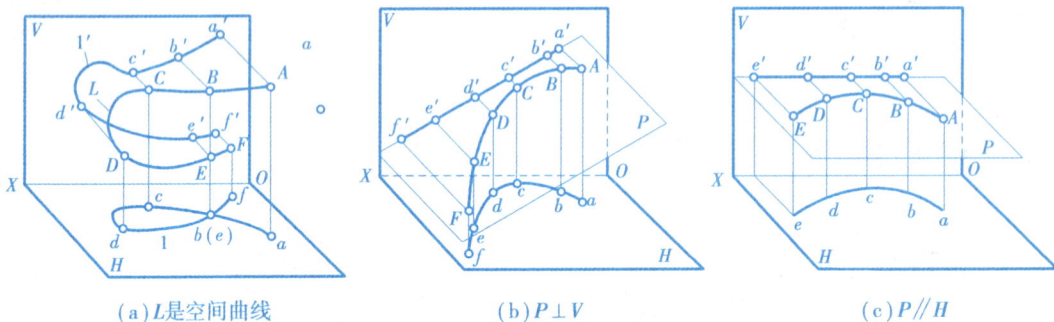

(a)L是空间曲线　　　　(b)P⊥V　　　　(c)P∥H

图7.2 曲线的投影

2)圆的投影

圆是工程中常用的平面曲线,当它所在的平面平行于投影面时,其投影反映实形;当圆所在的平面垂直于投影面时,其投影积聚成一直线段,该线段的长等于圆直径;若圆所在的平面倾斜于投影面,其投影为一椭圆。

【例7.1】如图7.3所示,已知圆 L 所在平面 $P⊥V$ 面,P 与 H 面的倾角为 α,圆心为 O,直径为 ϕ,求圆 L 的 V、H 投影。

【解】分析:①由于圆 L 所在平面 $P⊥V$ 面,其 V 投影积聚为一直线 $1'$,$1' = $ 直径 ϕ,$1'$ 与 OX 轴的夹角为 α。

②圆 L 所属平面倾斜于 H 面,其 H 投影为一椭圆 l,圆心 O 的 H 投影是椭圆中心 O,椭圆长

轴是圆 L 内平行于 H 面的直径 AB 的 H 投影 ab，$ab = AB$（直径），椭圆短轴是圆 L 内对 H 面最大斜度方向的直径 CD 的 H 投影 cd，$cd = CD \cdot \cos \alpha$。$CD // V$，故 $c'd' = \phi$。

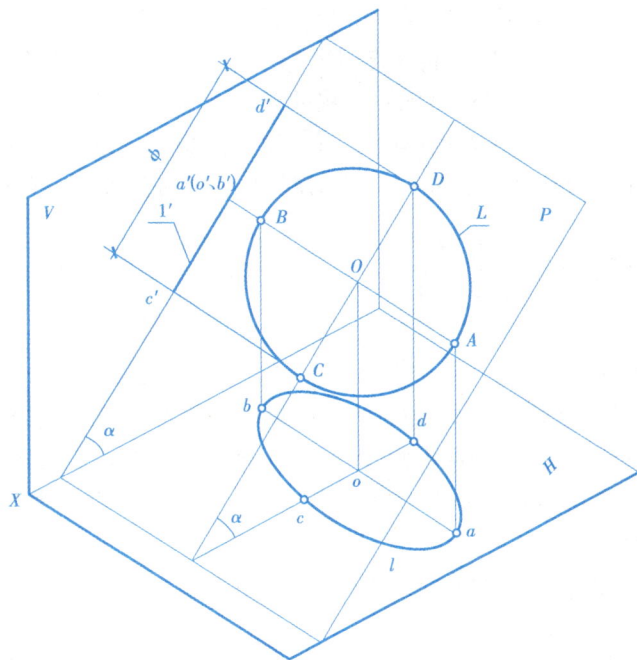

图 7.3　垂直于 V 面的圆的投影

作图：如图 7.4 所示。

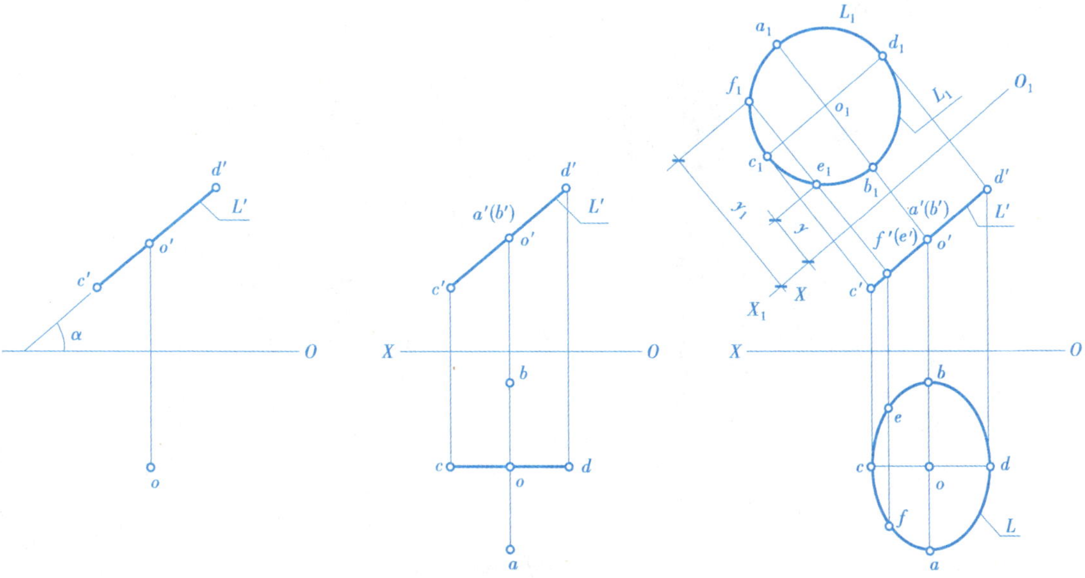

(a)定圆心和圆的V面投影　　　(b)作长短轴　　　(c)完成椭圆

图 7.4　作垂直于 V 面的圆的投影

①作圆 L 的 V 投影 l'，即过 o' 作 $c'd'$ 与 OX 轴的夹角 $= \alpha$，取 $o'd' = \phi/2$，如图 7.4(a)所示。

②作圆 L 的 H 投影椭圆 l，先作椭圆的长短轴。即过 O 作长轴 $ab \perp ox$，$ao = ob = \phi/2$，过 o

作短轴 $cd /\!/ OX$，cd 的长度由 $c'd'$ 确定，如图 7.4(b) 所示。

③由长短轴可作出椭圆。这里采用换面法完成椭圆作图。如图 7.4(c) 所示，作一新投影面 $H_1 /\!/$ 圆 L，则圆 L 在 H_1 上的投影 l_1，反映实形。在投影图中作新投影轴 $O_1X_1 /\!/ l'$。根据 o、o' 作出 o_1，并以 o_1 为圆心、ϕ 为直径作圆，就得到圆 $l_1 =$ 圆 L。由圆的 l_1 和 l' 而得椭圆 l。为此，需定出椭圆的足够数量的点，然后用曲线板依次光滑连接起来。图 7.4(c) 中示出了 e、f 点的作图。先在 l_1 上定 e_1、f_1，向 O_1X_1 作垂线，与 l' 交得 e'、f'，再过 e'、f' 向 OX 轴作垂线，并在此垂线上量取 e、f 点分别到 OX 轴的距离等于 e_1、f_1 点分别到 O_1X_1 轴的距离而定出 e、f 点。

7.1.4 圆柱螺旋线的投影

1)圆柱螺旋线的形成

一动点沿着一直线作等速移动，而该直线同时绕与它平行的一轴线等角速旋转，动点的轨迹就是一根圆柱螺旋线(图 7.5)。直线旋转时形成一圆柱面，称为导圆柱，圆柱螺旋线是圆柱面上的一根曲线。当直线旋转一周，回到原来位置时，动点在该直线上移动的距离(S)称为导程。

由此得知画圆柱螺旋线的投影必具备以下 3 个条件：

①导圆柱的直径——D。

②导程——S。它是动点(Ⅰ)回转一周时，沿轴线方向移动的一段距离。

③旋向——分右旋、左旋两种旋转方向。设以握拳的大拇指指向表示动点(Ⅰ)沿直母线移动的方向，其余四指的指向表示直线的旋转方向。符合右手情况的称为右螺旋线，如图 7.5(a) 所示；符合左手情况的称为左螺旋线，如图 7.5(b) 所示。

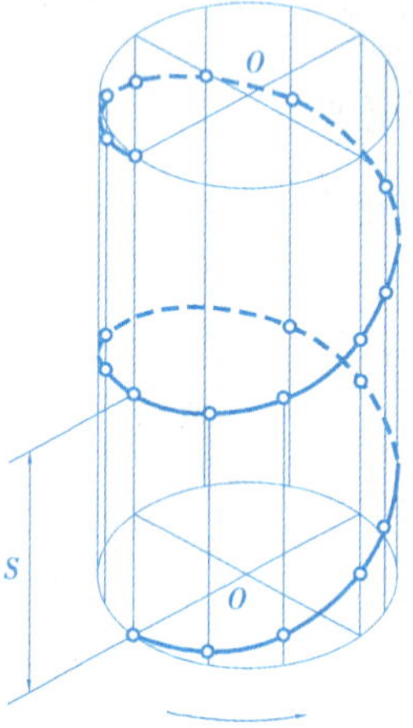

(a)右螺旋线 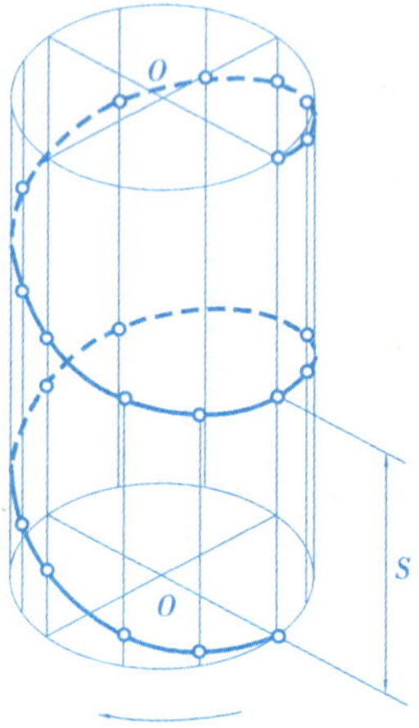　　　　　　　　　(b)左螺旋线

图 7.5　圆柱螺旋线的形成

2)画圆柱螺旋线的投影

如图 7.6(a) 所示，导圆柱轴线垂直于 H 面。

①由导圆柱直径 D 和导程 S 画出导圆柱的 H、V 投影。

②将 H 投影的圆分为若干等分(图中为 12 等分)；根据旋向，注出各点的顺序号，如 1、2、

3、…、13。

③将 V 面上的导程投影 s 相应地分成同样等分（图中为 12 等分），自下向上依次编号，如 1、2、…、13。

④自 H 投影的各等分点 1、2、…、13 向上引垂线，与过 V 面投影的各同名分点 1、2、…、13，引出的水平线相交于 1′、2′、…、13′。

⑤将 1′、2′、…、13′各点光滑连接即得螺旋线的 V 面投影，它是一条正弦曲线。若画出圆柱面，则位于圆柱面后半部的螺旋线不可见，画成虚线。若不画出圆柱面，则全部螺旋线（1′~13′）均可见，画成粗实线。

⑥螺旋线的 H 投影与导圆柱的 H 投影重合，为一圆。

3）螺旋线的展开

螺旋线展开后成为一直角三角形的斜边，它的两条直角边的长度分别为 πD 和 S，如图 7.6（b）所示。

$$L(\text{螺旋线一圈的展开长}) = \sqrt{S^2 + (\pi D)^2}$$

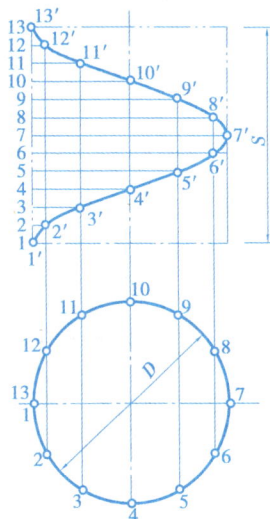

(a)圆柱螺旋线作图过程　　　　　　(b)圆柱螺旋线的展开

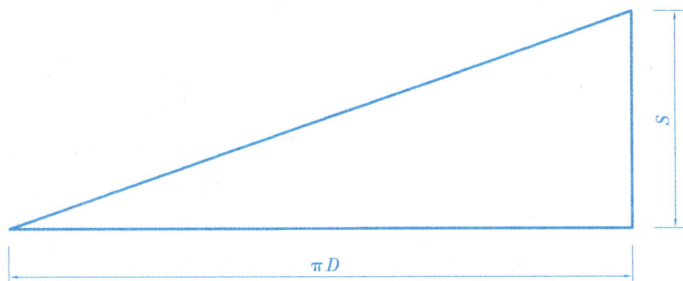

图 7.6　圆柱螺旋线的投影及展开图

7.2　基本曲面立体上的曲表面

曲面可以看成一条动线（直线或曲线）在空间按一定规律运动而形成的轨迹。该动线称为母线，控制母线运动的点、线、面分别称为导点、导线和导面，母线在曲面上任意停留位置称为素线。曲面的轮廓线是指在投影图中确定的曲面范围的外形线。

母线作规则运动则形成规则曲面，母线作不规则运动则形成不规则曲面。在图 7.7 中，圆柱面可以看作由直母线 AB 绕与 AB 平行的轴 OO（导线）回转而成。A_1B_1 称为素线；圆柱面也可以看作由圆 L 为母线，其圆心 O 沿导线平行移动而成；L_1 称为素线。

同一曲面可由不同方法形成，在分析和应用曲面时，应选择对作图或解决问题最简便的形成方法。

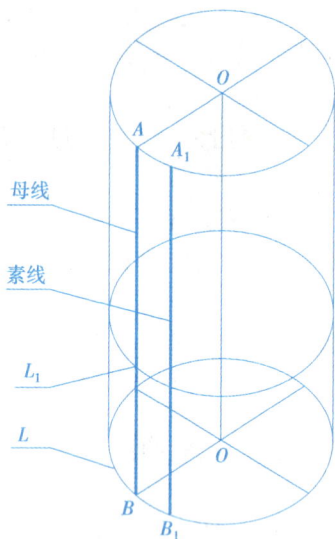

图7.7 曲面的形成

曲面的分类如图7.8所示。

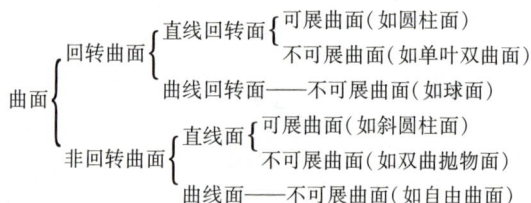

图7.8 曲面的分类

研究常用曲面的形成和分类的目的,既便于掌握常用曲面的性质和特点,有利于准确地画出它们的投影图,又有利于对常用曲面的工程物进行设计和施工。

7.2.1 回转曲面

1)直线回转曲面

一直线作母线,另一直线作轴线,母线绕轴线旋转一周形成的曲面称为直线回转面。当母线与轴线平行得到圆柱面,如图7.9(a)所示;母线与轴线相交得到圆锥面,如图7.9(b)所示;母线与轴线相叉得到单叶双曲回转面,如图7.9(c)所示。

2)曲线回转面

任意平面曲线绕一条轴线旋转一周形成的曲面称为曲线回转面。最简单的平面曲线是圆,圆母线以其自身直径为轴线,绕轴线旋转一周即得到球面;圆母线以不通过圆心,但与圆心共面的直线为轴线,绕轴线旋转一周即形成圆环面。有关球面、圆环面的图示方法在后面讨论。

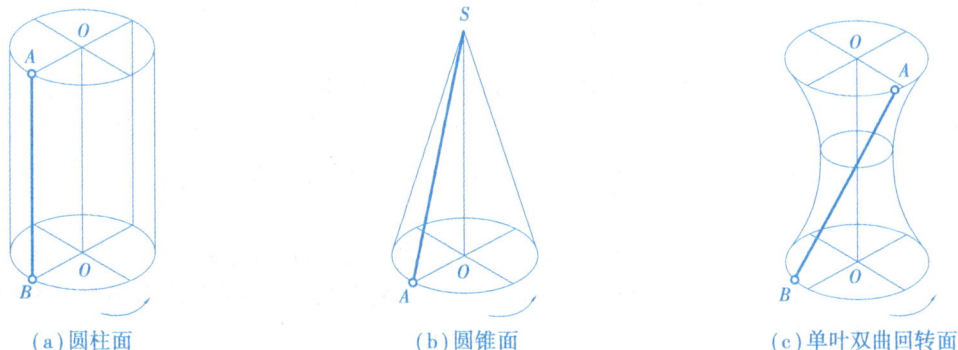

(a)圆柱面　　　(b)圆锥面　　　(c)单叶双曲回转面

图 7.9　直线回转面

7.2.2　非回转直线曲面

1)柱面

（1）柱面的形成

直母线ⅠⅡ沿着一曲导线 L_0 移动,并始终平行于一直导线 AB 而形成的曲面称为柱面。曲导线 L_0 可以是闭合的或不闭合的,如图 7.10(a)所示。此处曲导线 L_0 是平行于 H 面的圆,AB 是一般位置直线。由于柱面上相邻两素线是平行二直线,能组成一个平面,因此柱面是一种可展曲面。

（2）柱面的投影[图 7.10(b)]

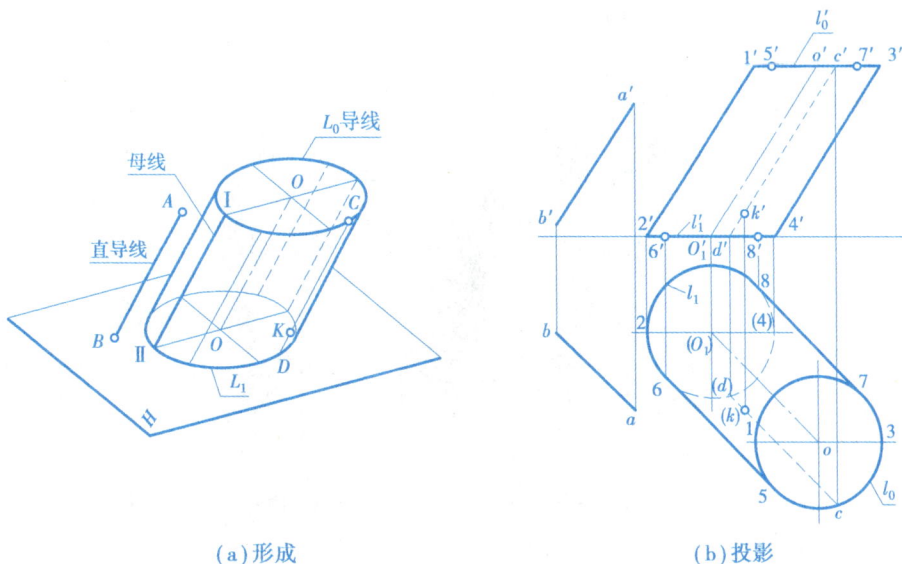

(a)形成　　　　　　　(b)投影

图 7.10　柱面的形成和投影

①画出直导线 AB 和曲导线 L_0（圆 L_0 // H）的 V、H 投影（即 $a'b'$、ab、l_0'、l_0）。

②画轴 OO_1 的 V、H 投影。显然,轴 OO_1 // AB,且 O_1 点属于 H 面,故作 $o'o_1'$ // $a'b'$,oo_1 // ab。

③画出母线端点Ⅱ运动轨迹 L_1 的 V、H 投影。显然,L_1 线属于 H 面。画 L_1 线的 H 投影：以

O_1 为圆心,以圆 L_0 的半径为半径画圆即得。L_1 线的 V 投影积聚成一段直线,在 OX 轴上,长度等于直径。

④画出柱面的 V 面投影轮廓线,即画出柱面上最左素线 Ⅰ Ⅱ 和最右素线 Ⅲ Ⅳ 的 V 面投影,如图7.10(b)中的 $1'2'$、$3'4'$。Ⅰ Ⅱ、Ⅲ Ⅳ 不是柱面 H 投影的轮廓线,其 H 投影 12、34 不必画出。

⑤画出柱面的 H 投影轮廓线,即在 H 面中作 l、l_1 两圆的公切线 56、78 即得。它们的正面投影 $5'6'$、$7'8'$ 不必画出。

需要注意的是,若曲导线 L_0 不封闭时(上述曲导线 L_0 是圆,故是封闭的),则要画出起、止素线的 V、H 投影。虽然直导线 AB 的位置和曲导线 L_0 的形状、大小可根据实际需要来确定,但其投影的画法仍如上述。

(3)柱面投影的可见性[图7.10(b)]

①V 投影是前半柱面和后半柱面投影的重合,最左(Ⅰ Ⅱ)、最右(Ⅲ Ⅳ)素线、是前后半柱面的分界线,也是可见与不可见的分界线。故包含曲线 Ⅰ、Ⅴ、Ⅲ(H 投影中逆时针顺序)的部分是可见的;包含曲线 Ⅲ、Ⅶ、Ⅰ(H 投影中逆时针顺序)的部分是不可见的。

②投影的可见性。素线 Ⅴ Ⅵ 和 Ⅶ Ⅷ 的 H 投影是柱面的 H 投影轮廓线,也是可见与不可见的分界线。包含曲线 Ⅵ Ⅶ 的部分是可见的,包含曲线 Ⅴ Ⅷ Ⅶ 的部分是不可见的。

(4)取属于柱面的点[图7.10(b)]

①已知:属于柱面的一点 K 的 V 投影 k'(k' 是可见点),求作其 H 投影 k。

②方法:用素线法,即过点 K 作一属于柱面的素线 CD,点 C 属于 L_0 圆,点 D 属于 L_1 圆。作出 CD 的 V、H 投影 cd,则 K 点的 H 投影 k 必属于 cd。

③作图:过 k' 作 $c'd' // a'b'$(或者 $1'2'$),点 c' 属于 l_0',点 d' 属于 l_1';由 c' 向下引垂线交 l_0 的前半圆于 c 点,由 d' 引垂线交 l_1 的前半圆于 d 点,连接 cd;再由 k' 向下引垂线交 cd 得 k。因 K 点所属柱面的 H 投影为不可见,故 k 为不可见。

(5)柱面的应用举例

菲律宾国际机场为柱面的应用实例,如图7.11所示。

图7.11 柱面的应用实例(菲律宾国际机场)

2)锥面

(1)锥面的形成

一直母线 SⅠ 沿着一曲导线 L_0 移动,并始终通过一定点 S 而形成的曲面称为锥面,S 为锥顶点。曲导线 L_0 可以是闭合的或不闭合的。如图7.12(a)所示,导线 L_0 是 H 面上的一个圆线,由于锥面相邻两素线是相交二直线,能组成一个平面,因此锥面是可展曲面。

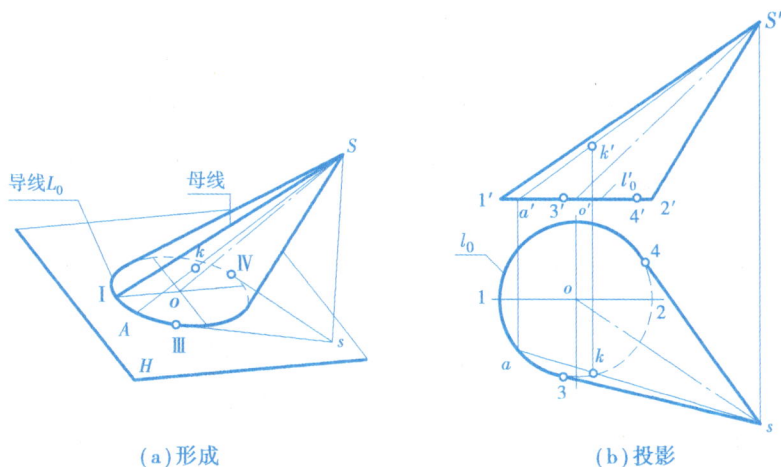

（a）形成　　　　　　　　　　（b）投影

图 7.12　圆锥面的形成和投影

（2）锥面的投影

①画出导线 L_0 和顶点 S 的 V、H 投影 l_0'、l_0 和 s'、s，并用点划线连接 s'、o' 及 s、o。

②画锥面的 V 投影，即最左素线 $S\text{I}$ 和最右素线 $S\text{II}$ 的 V 投影 $s'1'$ 和 $s'2'$。

③画锥面的 H 投影，即过 s 向 l_0 圆作的两条切线 $s3$ 和 $s4$。同理，若导线 L 不封闭，则要画出起、止素线的 V、H 投影。

（3）锥面投影的可见性［图 7.12（b）］

①V 投影是锥面前半个锥面和后半个锥面投影的重合，其最左和最右素线是前、后部分的分界线，也是可见与不可见的分界线。由 H 投影得知，锥面 $S\text{-I}$、Ⅲ、Ⅱ部分可见，锥面 $S\text{-I}$、Ⅳ、Ⅱ部分不可见。

②H 投影可见性。由 V 投影知，锥面 $S\text{-}$Ⅲ、Ⅰ、Ⅳ部分可见，锥面 $S\text{-}$Ⅲ、Ⅱ、Ⅳ部分不可见。

（4）取属于锥面的点［图 7.12（b）］

①已知：属于锥面的一点 K 的 H 投影 k，求其 V 投影 k'。

②作图：采用素线法，连接 sk 与 l_0 圆相交于 a；由 a 向上作垂线与 l_0' 相交于 a'，并连接 $s'a'$。由 k 向上作垂线与 $s'a'$ 相交于 k'，即为所求。

（5）锥面应用举例

美国古根海姆博物馆为锥面的应用实例，如图 7.13 所示。

图 7.13　锥面的应用实例（美国古根海姆博物馆）

3)锥状面

(1)锥状面的形成

一直母线沿一条直导线和一条曲导线滑动,并始终平行于一个导平面而形成的曲面,称为锥状面。如图 7.14(a)所示,直母线为 Ⅰ Ⅱ;直导线为 AB;曲导线为圆 $L_0(L_0 /\!/ H$ 面);导平面为 $P(P /\!/ V$ 面,$P \perp AB$)。由于锥状面的相邻二素线是相叉两直线,它们不属于一个平面,因此锥状面是不可展开的直线面。

(2)锥状面的投影[图 7.14(b)]

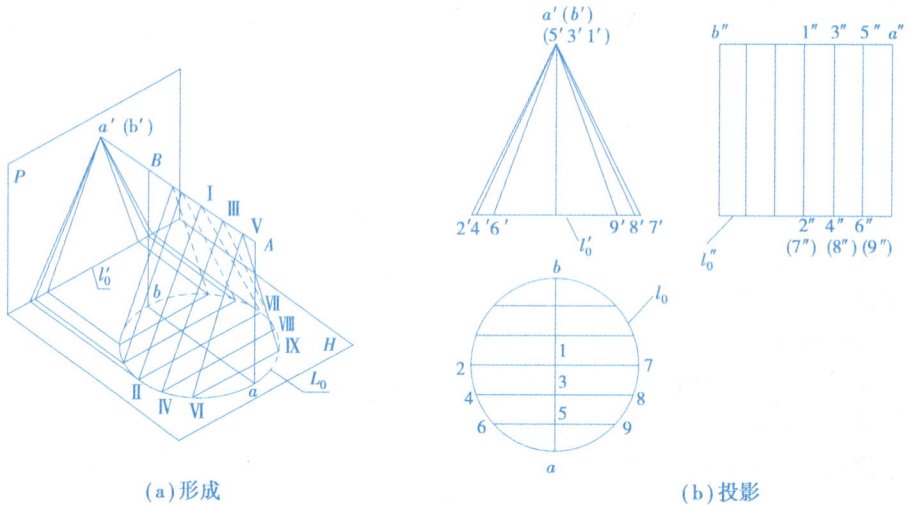

(a)形成　　　　　　　　　　　　　(b)投影

图 7.14　锥状面的形成和投影

①画出直导线 AB、曲导线 L_0 的 V、H、W 投影,导平面 $P /\!/ V$ 面,此时积聚性投影 PH 不必画出。

②画若干素线的 H、V、W 投影。由于各素线(如 Ⅴ Ⅵ Ⅸ、Ⅲ Ⅳ、Ⅲ Ⅷ等)均平行于导平面 P,它们的 H 投影均平行于 OX 轴,宜先画 H 投影,再画 V 投影。

③画锥状面的 V 投影轮廓线,即 Ⅰ Ⅱ、Ⅰ Ⅶ 的 V 投影 $1'2'$、$1'7'$,再画各素线的 V 投影,即可得锥状面的两面投影图。

(3)锥状面的应用举例

锥状面的应用举例,如图 7.15 所示。

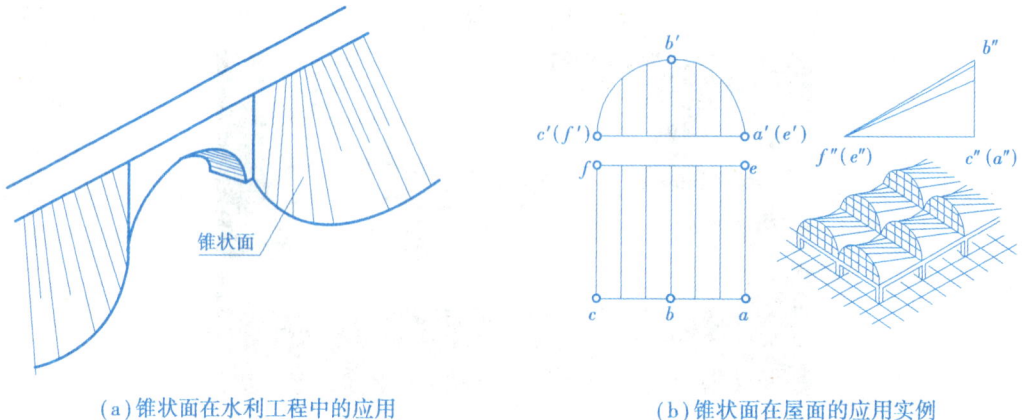

(a)锥状面在水利工程中的应用　　　　　　(b)锥状面在屋面的应用实例

图 7.15　锥状面的应用实例

4）柱状面

（1）柱状面的形成

一直母线沿两条曲导线滑动，并始终平行于一个导平面而形成的曲面，称为柱状面。如图7.16（a）所示，直母线为Ⅰ Ⅱ；曲导线为 L_1 和 L_2，直母线始终平行于导平面 $P（P /\!/ W$ 面）滑动。由于柱状面的相邻二素线是相叉的两直线，它们不能属于一个平面，因此柱状面是不可展的直线面。

（2）柱状面的投影［图7.16（b）］

①画出曲导线 L_1 和 L_2 的 H、V、W 投影如 l_1、$l_1{}'$、$l_1{}''$ 和 l_2、$l_2{}'$、$l_2{}''$（也可用两面投影表示）。

②画导平面 P 的积聚性投影 PH。若 P 平行于一投影面，则 PH 可以不画。

③画出起、止素线和若干中间素线的三面投影。由于各素线是侧平线，宜先画出其 H 或 V 投影，再画 W 投影。

④画出曲面各投影的轮廓线。如素线Ⅲ Ⅳ是曲面的 W 投影的轮廓线，其 W 投影为 $3''4''$。

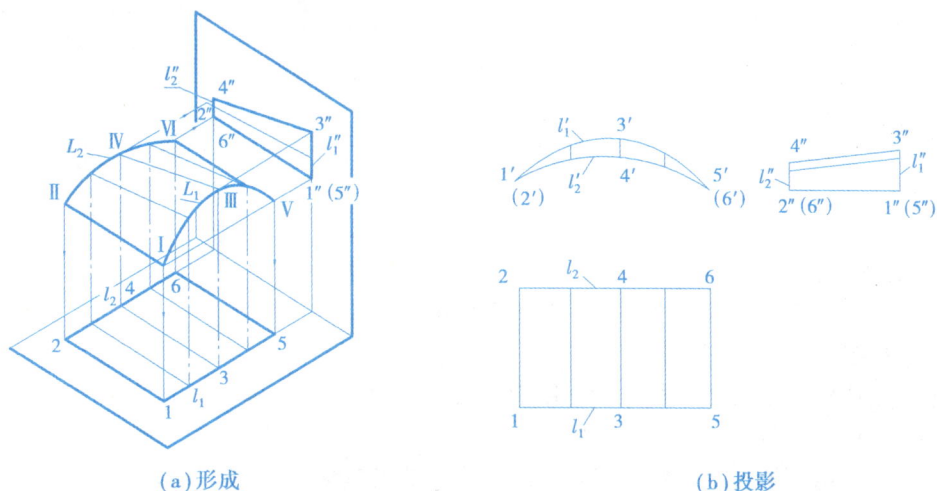

图7.16　柱状面的形成和投影

（3）柱状面的应用举例

柱状面的应用实例模型如图7.17所示。

图7.17　柱状面的应用实例模型

5)双曲抛物面

(1)双曲抛物面的形成

由一条直母线沿两条相叉的直导线滑动,并始终平行于一个导平面 P 而形成的曲面,称为双曲抛物面。如图7.18(a)所示,直母线为 AC,直导线为 AB、CD,导平面为 $P(P \perp H$ 面)。图7.18(b)则是两条相叉的直导线 AB、CD 沿平行于 Q 导平面滑动形成的双曲抛物面。由于这种曲面上相邻二素线是相叉的,故它是不可展开的直线面。

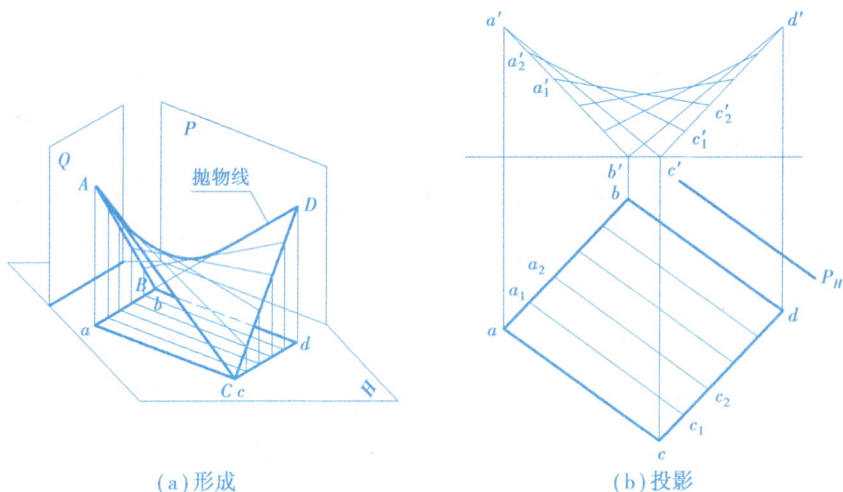

图7.18 双曲抛物面的形成及投影

(a)形成　　　　　　　　　　(b)投影

(2)双曲抛物面的应用举例

广东星海音乐厅为双曲抛物面的应用实例,如图7.19所示。在该曲面工程中,常沿两组素线方向来配置材料或钢筋。

图7.19 双曲抛物面的应用实例(广东星海音乐厅)

6)旋转单叶双曲面的投影及其应用

单叶双曲回转面的形成:直母线 AB(或 CD)绕与它交叉的轴线 OO 旋转一周而形成单叶双曲回转面,单叶双曲回转面也可由双曲线 MEN 绕其虚轴 OO 旋转一周而形成。

由于母线的每点回转的轨迹均是纬圆,母线的任一位置都称为素线,所以回转面是由一系列纬圆或一系列素线(此例既有直素线,又有双曲线素线)所组成。

母线的上、下端点 A、B 形成的纬圆,分别称作顶圆、底圆,母线至轴线距离最近的一点 E 所形成的纬圆称作喉圆,如图 7.20 所示。

单叶双曲回转面具有接触面积大、通风好、冷却快、省材料等优点,因此在建筑工程中应用较为广泛,如化工厂的通风塔、电厂的冷凝塔等(图 7.21)。

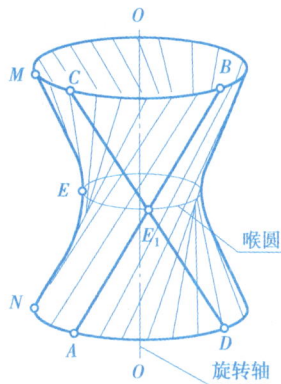

图 7.20　单叶双曲回转面的形成图

图 7.21　习水电厂冷凝塔

7)螺旋面的投影及其应用

一直母线沿一条圆柱螺旋线及该螺旋线的轴线滑动,并始终平行于与轴线垂直的导平面而形成的曲面,称为圆柱正螺旋面。如图 7.22(a)表示正螺旋面的形成,图 7.22(b)表示一条正螺旋面的投影,图 7.22(c)则表示两条螺旋线间正螺旋面的投影。图 7.22(c)的作图常常被用在螺旋楼梯的画图中,下例有对图 7.22(c)图应用的讲解。

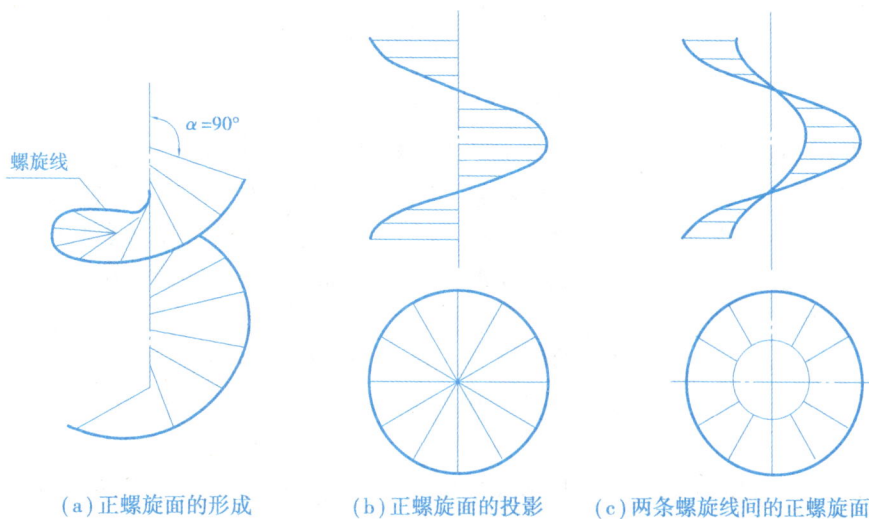

(a)正螺旋面的形成　　　(b)正螺旋面的投影　　　(c)两条螺旋线间的正螺旋面

图 7.22　圆柱正螺旋面的形成及投影

【例7.2】画螺旋楼梯的投影。已知:螺旋楼梯内、外圆柱的直径(D_1、D),导程(H),右旋,步级数(12),每步高($H/12$),梯段竖向厚度(δ)。

【解】分析:螺旋楼梯由每一步级的扇形踏面($P /\!/ H$ 面)和矩形踢面($T \perp H$ 面),内、外侧面(Q_1、Q 均为垂直于 H 面的圆柱面)、底面(R 是螺旋面)所围成。画螺旋楼梯的投影就是画出这些表面的投影,如图7.23所示。

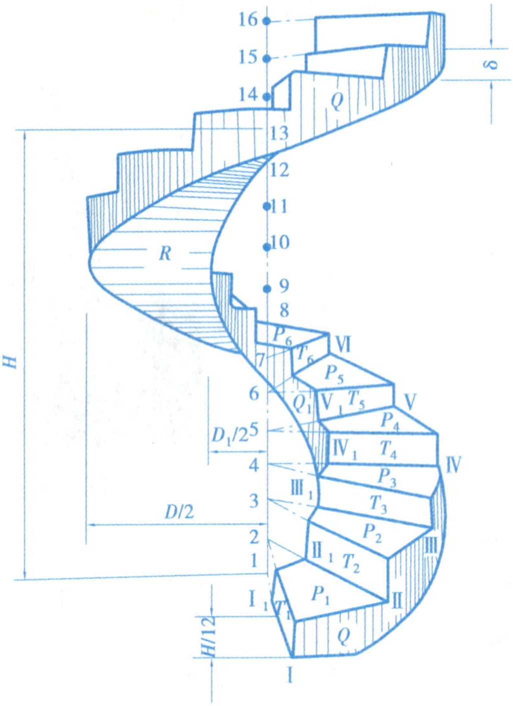

图7.23 螺旋楼梯

作图:如图7.24所示。

①先作出直径为 $D1$ 和 $D2$ 的两条圆柱螺旋线的正面投影,螺旋线的作图方法如图7.6所示,在此不赘述。这两条螺旋线之间的部分是正螺旋面,如图7.22(c)所示。

②作踏步的正面投影。分别过圆柱螺旋线的正面投影上的 $0'$、$1'$、$2'$、$\cdots$、$12'$ 和 a'、b'、c'、$\cdots$、m' 向上作竖直直线,其高度等于踏步高度($H/12$)。过各竖直直线上的上部端点再分别作水平线,则可以得到每一踏步的正投影。注意,为使图面清晰,被正螺旋面遮挡的部分踏步可不画出,如图7.24(a)所示。

③作楼梯梯板厚度 δ,过 $0'$、$1'$、$2'$、$\cdots$、$12'$ 和 a'、b'、c'、$\cdots$、m' 点分别向下作竖直直线,其高度等于 δ,光滑连接这些竖直直线的各端点,如图7.24(b)中表示出来的 $3_1'$、$6_1'$、$9_1'$、$12_1'$ 等,放大图就是表示其详细作法。

④擦去不必要的作图线,并且对楼梯板厚度进行简单的竖条纹修饰,完成螺旋楼梯的正投影,如图7.24(c)所示。

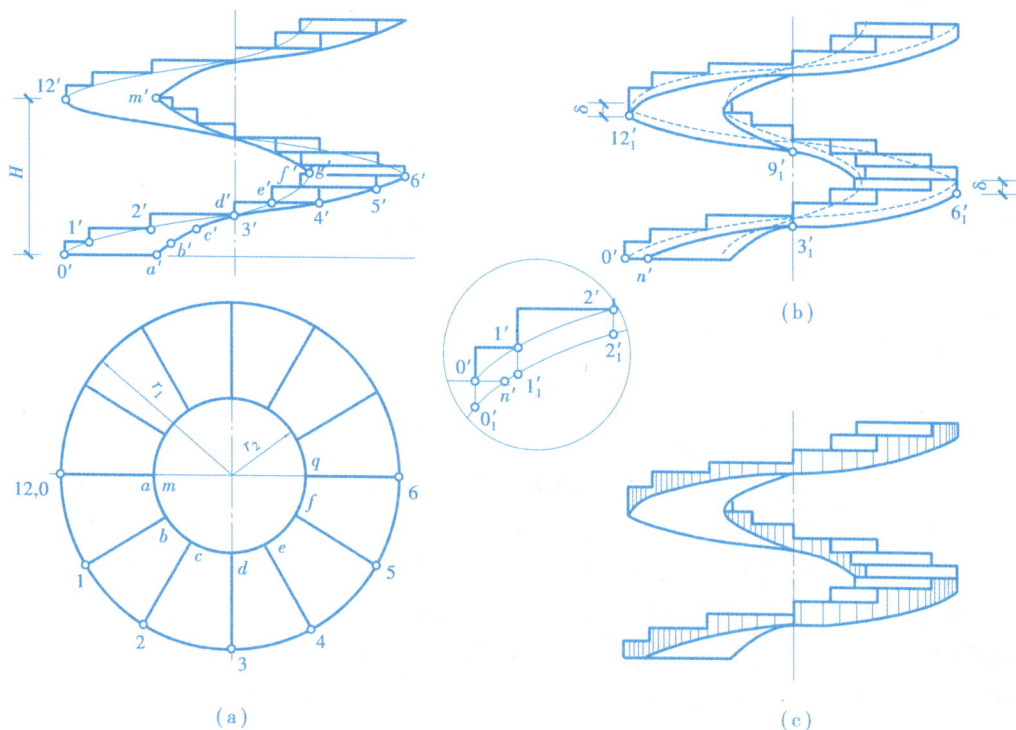

图 7.24　螺旋楼梯投影图的画法

7.3　基本曲面立体

基本的曲面立体有圆柱体、圆锥体、圆球体等,它们都是旋转体。

7.3.1　圆柱体

1)形成

由矩形(AA_1O_1O)绕其边(OO_1)为轴旋转运动的轨迹称为圆柱体,如图 7.25(a)所示。与轴垂直的两边$(OA$ 和 $O_1A_1)$的运动轨迹是上、下底圆,与轴平行的一边(AA_1)运动的轨迹是圆柱面。AA_1 称为母线,母线在圆柱面上的任一位置称为素线。圆柱面是无数多条素线的集合。圆柱体由上、下底圆和圆柱面围成,上、下底圆之间的距离称为圆柱体的高。

2)投影

(1)安放位置

为简便作图,一般将圆柱体的轴线垂直于某一投影面。如图 7.25(b)所示,令圆柱体的轴线(OO_1)垂直于 H 面,则圆柱面垂直于 H 面,上、下底圆平行于 H 面。

(2)投影分析

投影分析如图 7.25(b)所示。

169

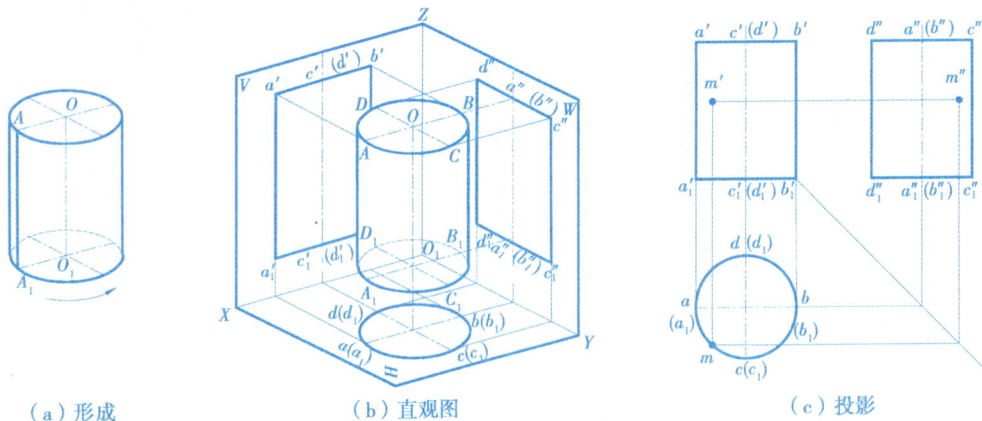

（a）形成　　　　　　　　（b）直观图　　　　　　　　（c）投影

图7.25　圆柱体的形成与投影

H 面投影：为一个圆。它是可见的上底圆和不可见的下底圆实形投影的重合，其圆周是圆柱面的积聚性投影，圆周上任一点都是一条素线的积聚性投影。

V 面投影：为一矩形。它是可见的前半圆柱和不可见的后半圆柱投影的重合，其对应的 H 面投影是前、后半圆，对应的 W 面投影是右和左半个矩形。矩形的上、下边线（$a'b'$ 和 $a_1'b_1'$）是上、下底圆的积聚性投影；左、右边线（$a'a_1'$ 和 $b'b_1'$）是圆柱最左、最右素线（AA_1 和 BB_1）的投影，也是前半、后半圆柱投影的分界线。

W 面投影：为一矩形。它是可见的左半圆柱和不可见的右半圆柱投影的重合，其对应的 H 面投影是左、右半圆；对应的 V 面投影是左和右半个矩形。矩形的上、下边线（$d''c''$ 和 $d_1''c_1''$）是上、下底圆的积聚性投影；左、右边线（$d''d_1''$ 和 $c''c_1''$）是圆柱最后、最前素线（DD_1 和 CC_1）的投影，也是左半、右半圆柱投影的分界线。

（3）作图步骤[图7.25（c）]

①画轴线的三面投影（o、o'、o''），过 O 作中心线，轴和中心线都画单点长画线。

②在 H 面上画上、下底圆的实形投影（以 O 为圆心，OA 为半径）；在 V、W 面上画上、下底圆的积聚性投影（其间距为圆柱的高）。

③画出转向轮廓线，即画出最左、最右素线的 V 面投影（$a'a_1'$ 和 $b'b_1'$）；画出最前、最后素线的 W 面投影（$c''c_1''$ 和 $d''d_1''$）。

3）圆柱体表面上取点

【例7.3】已知圆柱体上 M 点的 V 面投影 m' 及 N 点的 H 面投影 n，求 M、N 点的另二投影，如图7.26（a）所示。

【解】分析：由于 m' 可见，且在轴 o' 左侧，可知 M 点在圆柱面的前、左部分；n 不可见，则 N 点在圆柱的下底圆上。圆柱面的 H 面投影和下底圆的 V 面、W 面投影有积聚性，可从积聚性投影入手求解。

素线法求圆柱体表面上的点

作图：如图7.26（b）所示。

①由 m' 向下作垂线，交 H 面投影中的前半圆周于 m，由 m'、m 及 Y_1 可求得 m''。

②由 n 向上引垂线，交下底圆的 V 面积聚性投影于 n'，由 n、n' 及 Y_2 可求得 n''。

③判别可见性：M 点位于左半圆柱，故 m'' 可见；m、n'、n'' 在圆柱的积聚性投影上，不判别其可见性。

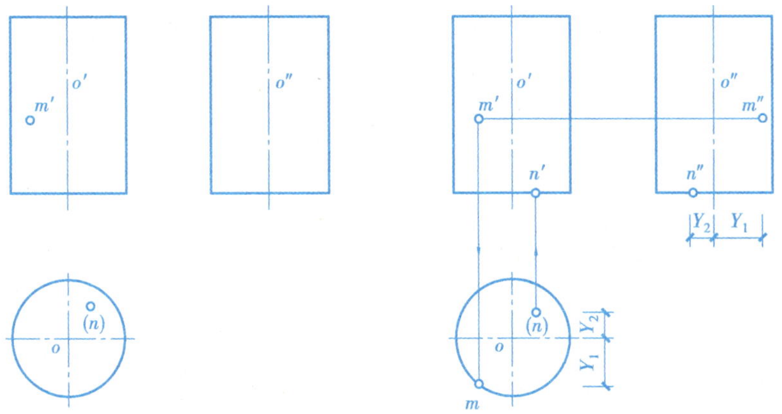

(a)已知条件　　　　　　　　　　　(b)作图

图 7.26　圆柱体表面上取点

7.3.2　圆锥体

1)形成

由直角三角形(SAO)绕其一直角边(SO)为轴旋转运动的轨迹称为圆锥体,如图7.27(a)所示。另一直角边(AO)旋转运动的轨迹是垂直于轴的底圆;斜边(SA)旋转运动的轨迹是圆锥面。SA 称为母线,母线在圆锥面上任一位置称为素线。圆锥面是无数多条素线的集合。圆锥由圆锥面和底圆围成。锥顶(S)与底圆之间的距离称为圆锥的高。

2)投影

(1)安放位置

如图 7.27(b)所示,将圆锥体的轴线垂直于 H 面,则底圆平行于 H 面。

(2)投影分析

H 面投影:为一个圆。它是可见的圆锥面和不可见的底圆投影的重合。

V 面投影:为一等腰三角形。它是可见的前半圆锥和不可见的后半圆锥投影的重合,其对应的 H 面投影是前、后半圆;对应的 W 面投影是右、左半个三角形。等腰三角形的底边是圆锥底面的积聚性投影;两腰($s'a'$ 和 $s'b'$)是圆锥最左、最右素线(SA 和 SB)的投影,也是前、后半圆锥的分界线。

W 面投影:为一等腰三角形。它是可见的左半圆锥和不可见的右半圆锥投影的重合,其对应的 H 面投影是左、右半圆;对应的 V 面投影是左、右半个三角形。等腰三角形的底边是圆锥底圆的积聚性投影;两腰($s''c''$ 和 $s''d''$)是圆锥最前、最后素线(SC 和 SD)的投影,也是左、右半圆锥的分界线。

(3)作图步骤[图 7.27(c)]

①画轴线的三面投影(o、o'、o'')过 o 作中心线,轴和中心线都画点画线。

②在 H 面上画底圆的实形投影(以 O 为圆心,OA 为半径);在 V、W 面上画底圆的积聚投影。

③画锥顶(S)的三面投影(s、s'、s'',由圆锥的高定 s'、s'')。

171

④画出转向轮廓线,即画出最左、最右素线的 V 面投影($s'a'$和$s'b'$);画出最前、最后素线的 W 面投影($s''c''$和$s''d''$)。

(a)形成　　　　　　　　(b)直观图　　　　　　　　(c)投影

图 7.27　圆锥体的形成与投影

3)圆锥体表面取点

【例7.4】已知圆锥上一点 M 的 V 面投影 m',求 m 及 m'',如图 7.28(a)所示。

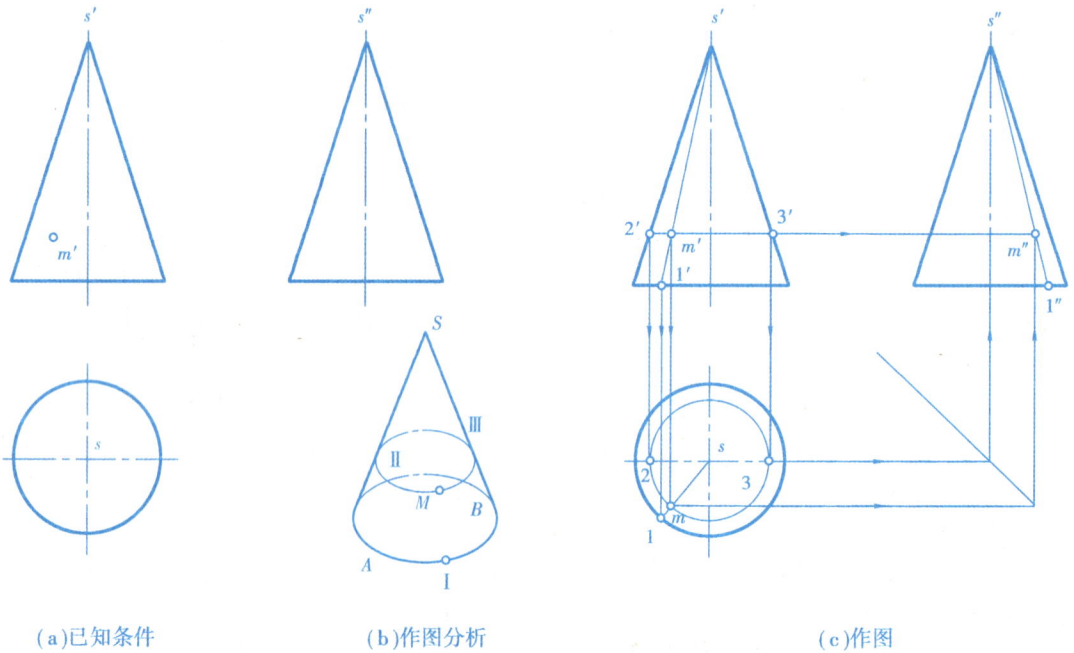

(a)已知条件　　　　　　(b)作图分析　　　　　　(c)作图

图 7.28　圆锥体表面上取点

【解】分析：由于 m' 可见，且在轴 o' 左侧，可知 M 点在圆锥面的前、左部分。由于圆锥面的 3 个投影都无积聚性，所缺投影不能直接求出，可利用素线法和纬圆法求解。利用素线法，即过锥顶 S 和已知点 M 在圆锥面上作一素线 $S\mathrm{I}$，交底圆于 I 点，求得 $S\mathrm{I}$ 的三面投影，则 M 点的 H、W 面投影必然在 $S\mathrm{I}$ 的 H、W 面投影上。利用纬圆法，即过 M 点作垂直于圆锥轴线的水平圆（其圆心在轴上），该圆与圆锥的最左、最右素线（SA 和 SB）相交于 II、III 点，以 $\mathrm{II}\mathrm{III}$ 为直径在圆锥面上画圆，则 M 点的 H、W 面投影必然在该圆 H、W 面投影上，如图 7.28（b）所示。

作图：如图 7.28（c）所示。

①素线法：连接 $s'm'$ 并延长交底圆的积聚性投影于 $1'$；由 $1'$ 向下作投影连线交 H 面投影中圆周于 1，连接 $s1$；由 m' 向下作垂线交 $s1$ 于 m，由 Y_1 和利用"高平齐"关系求得 m''。

②纬圆法：过 m' 作平行于 OX 轴方向的直线，交三角形两腰于 $2'$、$3'$，线段 $2'3'$ 就是所作纬圆的 V 面积聚性投影，也是纬圆的直径；再以 $2'3'$ 为直径在 H 面投影上画纬圆的实形投影；由 m' 向下作垂线，与纬圆前半部分相交于 m，由 m'、m 可得 m''。

③判别可见性：由于 M 点位于圆锥面前、左部分，故 m、m'' 均可见。

7.3.3　圆球体

1）形成

半圆面绕其直径（O 轴）为轴旋转运动的轨迹称为圆球体，如图 7.29（a）所示。半圆线旋转运动的轨迹是球面，即圆球的表面。

2）投影

（1）安放位置

由于圆球形状的特殊性（上下、左右、前后均对称），无论怎样放置，其三面投影都是相同大小的圆。

（2）投影分析［图 7.29（b）］

圆球的三面投影均为圆。

H 面投影的圆是可见的上半球面和不可见的下半球面投影的重合。圆周 a 是圆球面上平行于 H 面的最大圆 A（也是上、下半球面的分界线）的投影。

V 面投影的圆是可见的前半球面和不可见的后半球面投影的重合。圆周 b' 是圆球面上平行于 V 面的最大圆 B（也是前、后半球面的分界线）的投影。

W 面投影的圆是可见的左半球面和不可见的右半球面投影的重合。圆周 c'' 是圆球面上平行于 W 面的最大圆 C（也是左、右半球面的分界线）的投影。

三个投影面上的三个圆对应的其余投影均积聚成直线段，并重合于相应的中心线上，不必画出。

（3）作图步骤［图 7.29（c）］

①画球心的三面投影（o、o'、o''）。过球心的投影分别作横、竖向中心线（单点长画线）。

②分别以 o、o'、o'' 为圆心，以球的半径（即半球面的半径）在 H、V、W 面投影上画出等大的 3 个圆，即为球的三面投影。

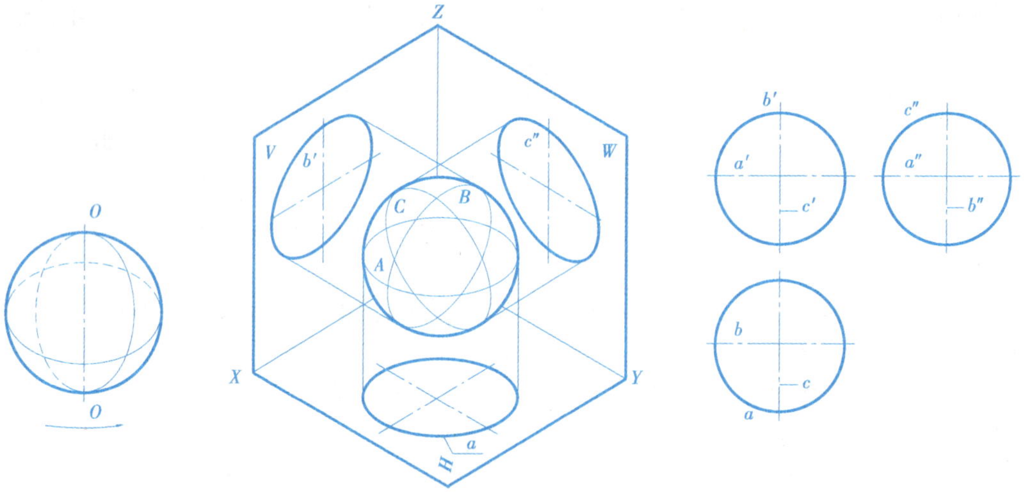

(a)形成　　　　　　　　(b)直观图　　　　　　　　(c)投影

图7.29　圆球体的形成与投影

3)圆球面上取点

【例7.5】已知球面上一点 M 的 V 面投影 m'(可见),求 m 及 m'',如图7.30(a)所示。

【解】分析:球的三面投影都没有积聚性,且球面上也不存在直线,故只有采用纬圆法求解。可设想过 M 点在圆球面上作水平圆(纬圆),该点的各投影必然在该纬圆的相应投影上。作出纬圆的各投影,即可求出 M 点的所缺投影。

作图:如图7.30(b)所示。

①过 m' 作水平纬圆的 V 面投影,该投影积聚为一线段 $1'2'$。

②以 $1'2'$ 为直径在 H 面上作纬圆的实形投影。

③由 m' 向下作垂线交纬圆的 H 面投影于 m (因 m 可见, M 点必然在圆球面的前半部分),由 m、m' 可求得 m''。

④判别可见性:因 M 点位于圆球面的上、左、前半部分,故三个面的投影都可见。

纬圆法求圆
球体表面上
的点

(a)已知条件　　　　　　　　　　　(b)作图

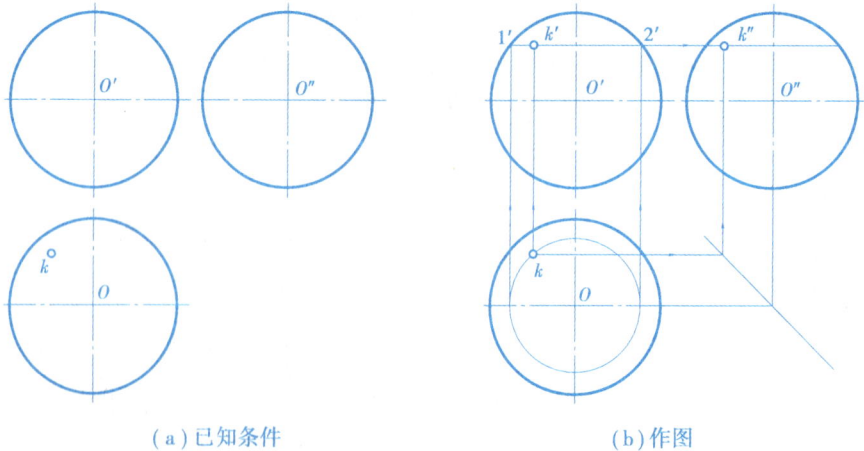

图7.30　圆球体表面上取点

7.3.4 圆环体

1)形成

圆环可以看成以圆为母线,绕与它共面的圆外直线旋转而成的。该直线为旋转轴,如图7.31(a)所示。

离轴线较远的半圆周 *ABC* 旋转成外环面;离轴线较近的半圆周 *ADC* 旋转成内环面;当轴线 *OO*⊥*H* 面时,上半圆周 *BAD* 旋转成上环面,下半圆周 *BCD* 旋转成下环面。这个运动着的圆线属于母线圆,且距离轴线最远的 *B* 点、最近的 *D* 点分别旋转成最大、最小纬圆(也称赤道圆、颈圆),它们是上、下半环面的分界线,也是圆环面的 *H* 面投影轮廓线。母线圆的最高点 *A*、最低点 *C* 旋转成最高、最低纬圆,它们是内、外环面的分界线。

2)投影作图

如图7.31(b)所示,首先画出中心线,然后画 *V* 投影中平行于 *V* 面的素线圆 *a'b'c'd'* 和 *e'f'g'h'*。再画上下两条轮廓线,它们是内外环面分界处圆的投影。因圆环的内环面从前面看是不可见的,所以素线圆靠近轴线的一半应该画成虚线(*W* 投影的画法与 *V* 投影相似)。最后画出 *H* 投影中最大、最小轮廓圆,并用细点画线画出母线圆心的轨迹圆。

3)圆环面投影的可见性分析

圆环的 *H* 投影,内、外环面的上半部都可见,下半部都不可见;*V* 投影,外环面的前半部可见,外环面的后半部及内环面都不可见;*W* 投影,外环面的左半部可见,外环面的右半部及内环面都不可见。

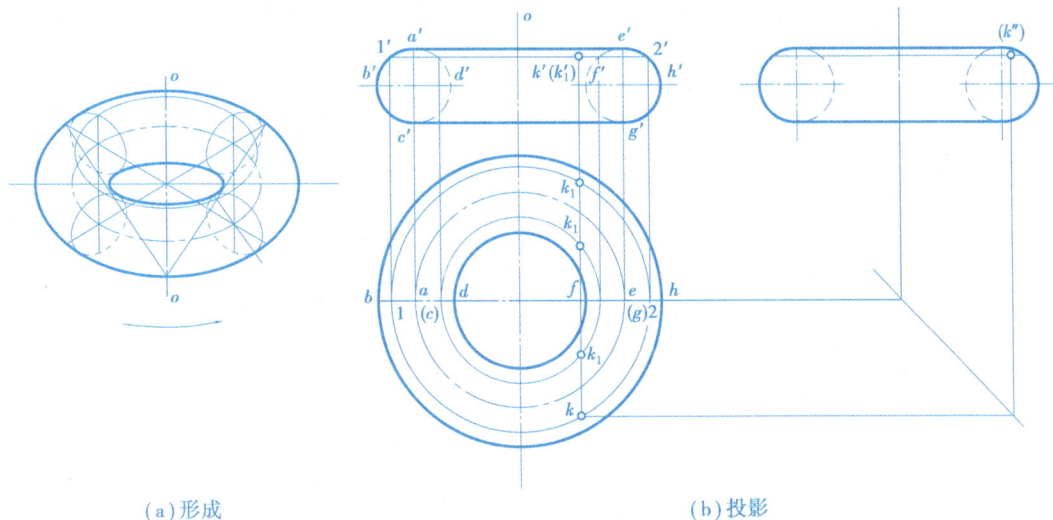

(a)形成   (b)投影

图7.31 圆环的形成和投影

4)圆环表面取点

圆环表面取点,采用纬圆法,如图7.31(b)所示。

已知:属于圆环面的一点 *K* 的 *V* 投影 *k'*(可见),求其余二面投影 *k*、*k"*。

作图:由 k' 可见而知点 K 在外环面的前半部。

①过点 K 作纬圆的 V 投影,即过 k' 作 OX 轴的平行线与外环面最左、最右素线的 V 投影相交得 $1'2'$。

②以 $1'2'$ 为直径,在 H 面上画圆,此圆即所作纬圆的 H 投影。

③点 K 属于此纬圆,因 k' 为可见,故 k 位于此纬圆 H 投影的前半圆上。再由 k'、k 得 k''。

④判别可见性:因 k' 可见,且位于轴的右方,故 K 位于外环面的右前上部,因此 k 为可见,k'' 为不可见。

若圆环面的点 K_1 的 V 投影 k_1' 为不可见,且与 k' 重合,其 H 投影有如图 7.31(b)中所示的 3 个位置。

7.4 平面与曲面体或曲表面相交截交线的投影分析

平面和曲面体相交,犹如用平面去截割曲面体,所得截交线一般为闭合的平面曲线。求平面与曲面体截交线的实质,是如何确定属于曲面的截交线的点的问题,其基本方法是采用辅助平面。

①对于直线面,辅助平面应通过直素线。如图 7.32(a)中辅助面 R 通过直素线 SM 和 SN,R 交截平面 P 于直线 KL。KL 与 SM、SN 的交点 A 和 B 便是属于截交线的点。作一系列的辅助面,可得属于截交线的一系列的点,将这些点光滑地连成曲线即为平面与曲面体的截交线。此法亦称为素线法。

②凡是回转体,则采用垂直于回转轴的平面为辅助面,如图 7.32(b)中垂直于回转轴的辅助面 R,交回转体于纬圆 L,交截平面 P 于直线 MN。纬圆 L 与 MN 的交点,便是属于截交线的点。作一系列的辅助面,可得属于截交线一系列的点。将这些点依次光滑地连成曲线,即得截平面与回转体的截交线。此法亦称为纬圆法。

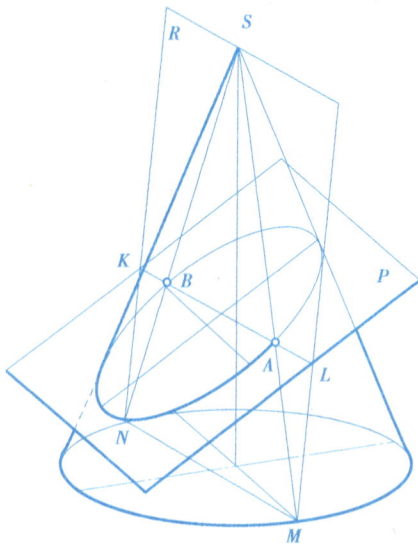

(a)素线法

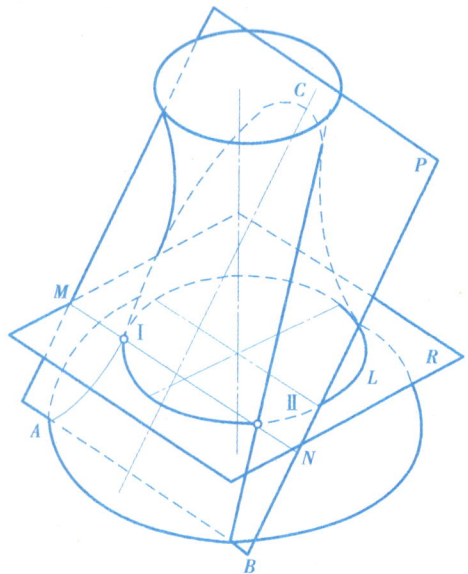

(b)纬圆法

图 7.32 曲面立体的截交线作图分析

注意:选择辅助平面时,应使辅助平面与曲面立体表面的交线是简单易画的圆或直线。

为了较准确而迅速地求出截交线的投影,首先应求出控制截交线形状的点。例如,截交线上的最高、最低、最前、最后、最左、最右以及可见性的分界点等。以上这些统称为特殊点。

7.4.1　平面与圆柱相交

平面截割圆柱,其截交线因截平面与圆柱轴线的相对位置不同而有不同的形状。当截平面平行或通过圆柱轴线时,平面与圆柱面的截交线为两条素线,而平面与圆柱体的截交线是一矩形,如图7.33(a)所示;当截平面与圆柱轴线垂直时,截交线是一个直径与圆柱直径相等的圆周,如图7.33(b)所示;当截平面倾斜于圆柱轴线时,截交线为椭圆,该椭圆短轴的长度总是等于圆柱的直径,长轴的长度随截平面对圆柱轴线的倾角不同而变化,如图7.33(c)所示。

(a)平面平行于圆柱轴线　　　　(b)平面垂直于圆柱轴线　　　　(c)平面倾斜于圆柱轴线

图7.33　平面截割圆柱的直观图及投影图

【例7.6】已知圆柱切割体的正面投影和水平投影,补出它的侧面投影,如图7.34(a)所示。

【解】分析:圆柱切割体可以看作圆柱被正垂面 P 切割而得。正垂面 P 与圆柱轴线斜交,其截交线为椭圆。椭圆的长轴平行于正立投影面,短轴垂直于正立投影面,椭圆的正面投影与 P_V 重合,其水平投影与圆柱的水平投影重合。所以截交线的两个投影均为已知,可用已知二投影求第三投影的方法,作出截交线的侧面投影。

作图:如图7.34(b)所示。

① 求特殊点:即求椭圆长、短轴的端点Ⅰ、Ⅱ和Ⅲ、Ⅳ。P_V 与圆柱正面投影轮廓素线的交点

1′、2′是椭圆长轴端点Ⅰ、Ⅱ的正面投影;P_V与圆柱最前、最后素线的正面投影的交点3′、4′是椭圆短轴端点Ⅲ、Ⅳ的正面投影。由此求出长短轴端点的侧面投影1″、2″、3″、4″。

②求一般点:为了使作图准确,还需要再求出属于截交线的若干个一般点。例如在截交线正面投影上任取一点5′,由此求得Ⅴ点的水平投影5和侧面投影5″。由于椭圆是对称图形,可作出与Ⅴ点对称的Ⅵ、Ⅶ、Ⅷ点的各投影。

③连点:在侧投影上用光滑的曲线依次连接各点,即得截交线的侧面投影。

④判别可见性:由图中可知,截交线的侧面投影均为可见。

从【例7.6】可知,截交线椭圆的侧面投影一般仍是椭圆。椭圆长、短轴在侧立投影面上的投影,仍为椭圆投影的长、短轴。当截平面与圆柱轴线的夹角 α 小于45°时,椭圆长轴的投影仍为椭圆侧面投影的长轴,如图7.34(b)所示。而当夹角 α 大于45°时,椭圆长轴的投影变为椭圆侧面投影的短轴。当 α=45°时,椭圆长轴的投影等于短轴的投影,则椭圆的侧面投影成为一个与圆柱底圆等大的圆,读者可自行作图。

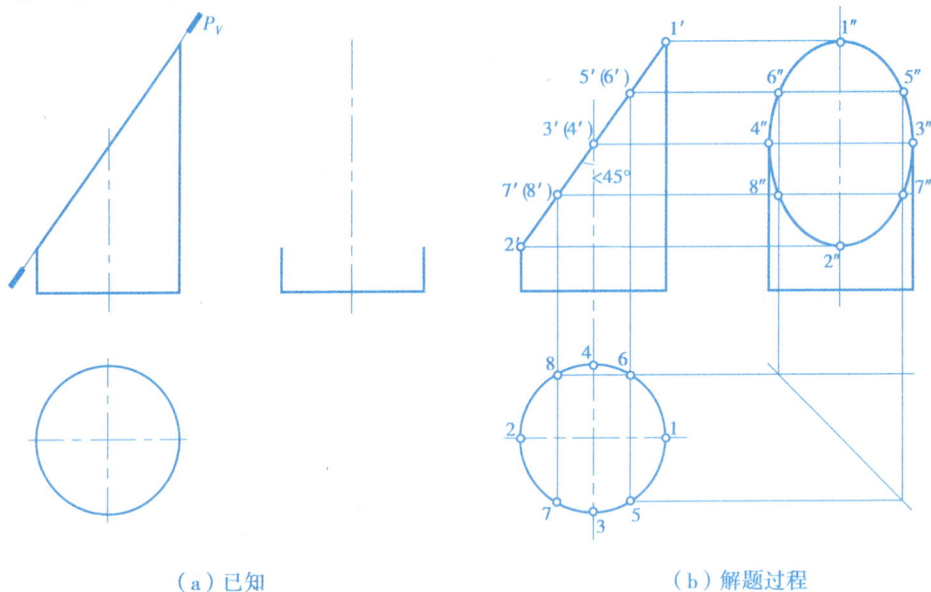

(a)已知　　　　　　　　　　　　(b)解题过程

图7.34　正垂面与圆柱的截交线

【例7.7】求平面 P 与斜圆柱的截交线(素线法),如图7.35(a)所示。

【解】分析:斜圆柱被正垂面 P 切割。斜圆柱的柱面其 V、H 投影无积聚性投影,故其截交线上的一般点的求解只能用素线法来求解。

作图:如图7.35(b)所示。

①求特殊点:即求椭圆长、短轴的端点Ⅰ、Ⅱ和Ⅲ(前后两条素线上的特殊点都以Ⅱ点表示)。P_V与圆柱正面投影轮廓素线的交点1′、3′,是椭圆长轴端点Ⅰ、Ⅲ的正面投影;P_V与圆柱最前、最后素线的正面投影的交点以2′统一表示,由此求出长短轴端点的水平投影1、2(注意2是前后各一个点)、3。

②求一般点:为了使作图准确,还需要再求出属于截交线的若干个一般点。例如在截交线正面投影上任取一点4′。4′是椭圆上一般点的正面投影,我们采用对称的方式来求解Ⅳ点在 H 面4个位置上的投影。根据椭圆是对称图形,可作出4_1、4_2、4_3、4_4四个点。

③连点:在 H 投影面上用光滑的曲线依次连接各点,即得截交线的水平投影。

④判别可见性：由图中可知，截交线以短轴为分界线，左半部分为可见，右半部分为不可见。

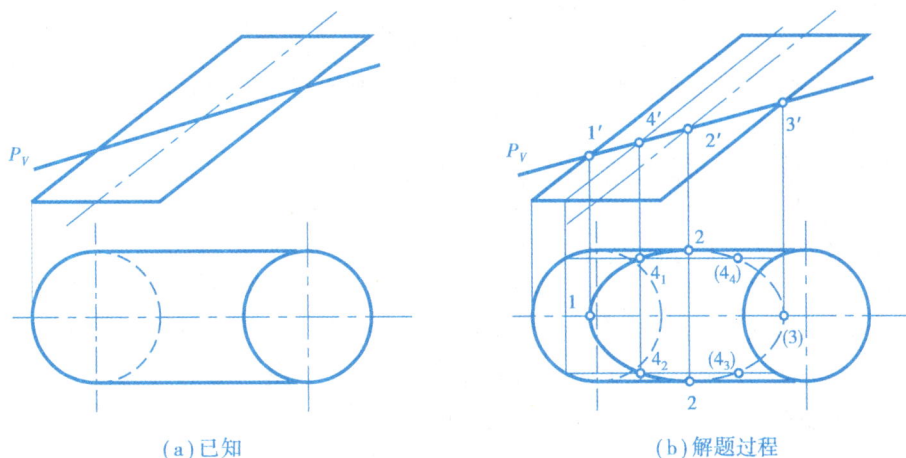

(a) 已知　　　　　　　　　　　　(b) 解题过程

图 7.35　平面 P 与斜圆柱的截交线

7.4.2　平面和圆锥相交

当平面截割圆锥时，由于截平面与圆锥的相对位置不同，其截交线有以下 5 种形状：

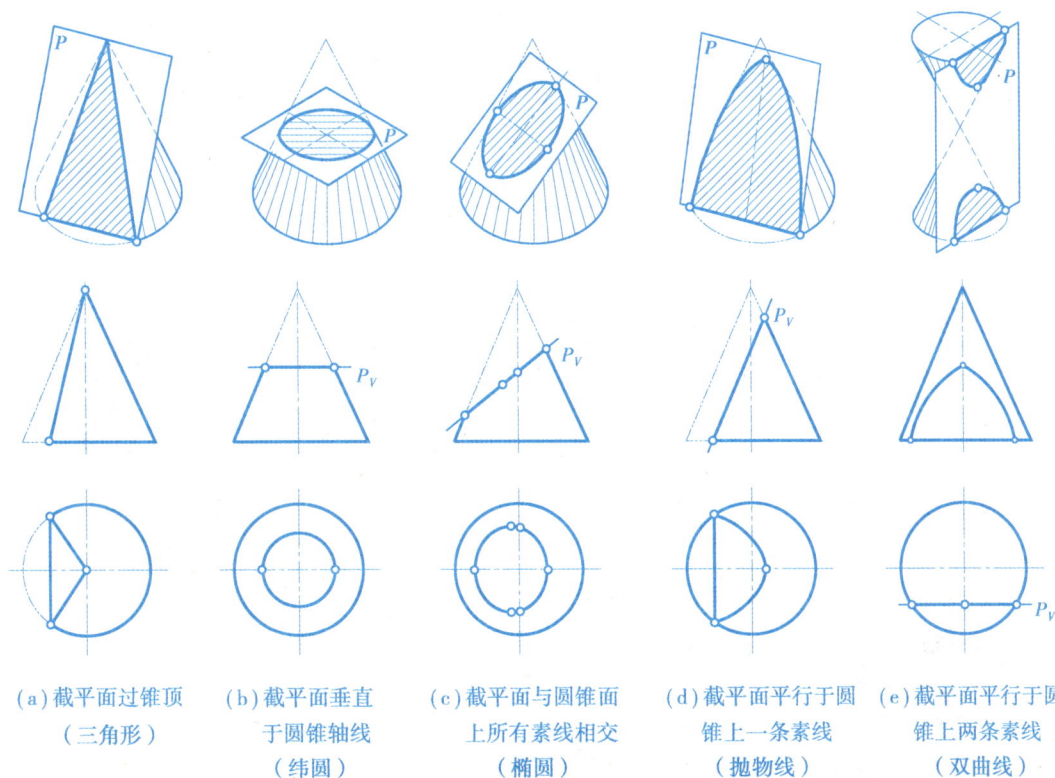

(a) 截平面过锥顶　　(b) 截平面垂直　　(c) 截平面与圆锥面　　(d) 截平面平行于圆　　(e) 截平面平行于圆
　　（三角形）　　于圆锥轴线　　上所有素线相交　　锥上一条素线　　锥上两条素线
　　　　　　　　　（纬圆）　　　　（椭圆）　　　　（抛物线）　　　（双曲线）

图 7.36　平面截割圆锥

①当截平面过锥顶时,截平面与圆锥面的截交线为两条直素线,而截平面与圆锥体的截交线是一个过锥顶的三角形,如图 7.36(a)所示。

②当截平面垂直于圆锥的回转轴时,其截交线是一个纬圆,如图 7.36(b)所示。

③当截平面倾斜于圆锥的回转轴线,并与圆锥面上所有素线均相交时,其截交线为椭圆,如图 7.36(c)所示。

④当截平面倾斜于圆锥的回转轴线,并平行于圆锥面上的一条素线时,其截交线为抛物线,如图 7.36(d)所示。

⑤当截平面平行于圆锥面上的两条素线时,其截交线为双曲线,如图 7.36(e)所示。

平面与圆锥相交所得的截交线圆、椭圆、抛物线和双曲线,统称为圆锥曲线。当截平面与投影面倾斜时,椭圆、抛物线、双曲线的投影,一般仍分别为椭圆、抛物线和双曲线,但有变形。

作圆锥曲线的投影,实际上是定属于锥面的点的问题。不论它是什么圆锥曲线,作图方法都相同。可用素线法或纬圆法或二者并用,求出截交线上若干点的投影,然后依次连接起来即可。

【例7.8】作正垂面 P 与圆锥的截交线的投影和截断面实形,如图 7.37 所示。

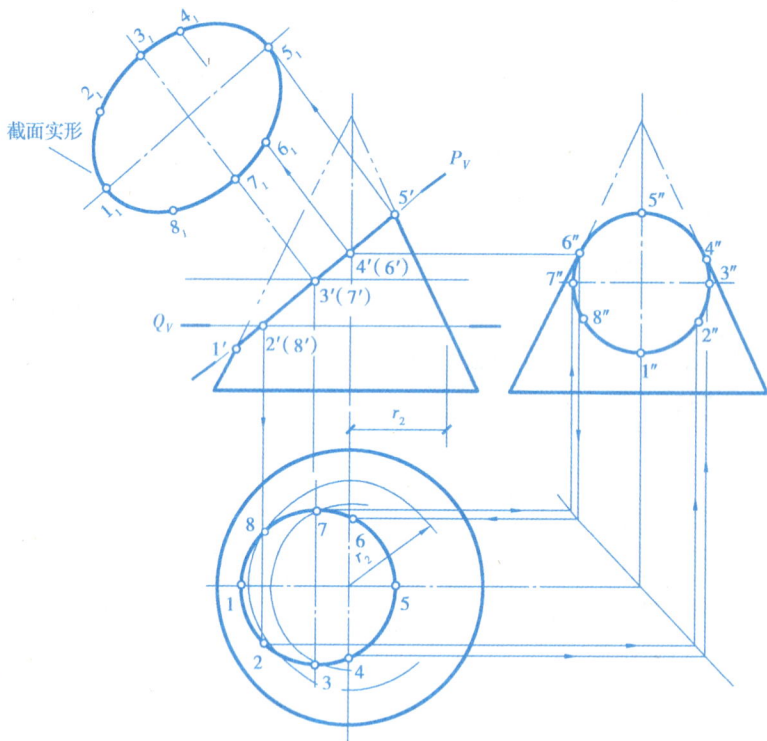

图 7.37 正垂面 P 与圆锥的截交线和截断面实形

【解】分析:因截平面 P 与圆锥轴线倾斜,并与所有素线相交,故截交线是一个椭圆。它的长轴平行于正立投影面,短轴垂直于正立投影面,并垂直平分长轴。椭圆的正面投影积聚在 P_V 上。又因截平面 P 倾斜于水平投影面,椭圆的水平投影仍为椭圆,但不反映实形,椭圆长、短轴的水平投影仍为椭圆投影的长、短轴。本例以纬圆法作图。

作图:如图 7.37 所示。

①求特殊点:在正面投影中,P_V 与圆锥正面投影轮廓素线的交点即为椭圆长轴 Ⅰ Ⅴ 两端点

的正面投影 $1'$ 和 $5'$，由此向下引投影连线得 I、V 的水平投影 1、5；线段 $1'5'$ 的中点 $3'(7')$ 是椭圆短轴 III、VII 的两端点的正面投影，过 III、VII 作纬圆，即可求出 III、VII 的水平投影 3 和 7；P_V 与圆锥最前、最后素线的正面投影的交点 $4'(6')$ 是圆锥面的最前、最后素线与 P 面的交点 $IV(VI)$ 的正面投影，用纬圆法作出其水平投影 4、6。

②用纬圆法求一般点 II、VIII 的水平投影 2、8，在 II、$VIII(Q_V)$ 位置作纬圆，在此纬圆的水平投影上，从 $2'8'$ 向下作投影连线，即得 II、VIII 点的水平投影 2 和 8。

③在水平投影中，用光滑的曲线依次连接 $1—2—3—4—5—6—7—8—1$ 各点，便得椭圆的水平投影。

④用换面法作出长、短轴端点 I、V、III、VII 和中间点 IV、VI、II、VIII 等点的新投影，新投影 3_1、7_1 点间的距离等于水平投影 3、7 间的距离。其他各点原理相同，画出的椭圆即截断面的实形。

7.4.3　平面和圆球相交

平面截割圆球体，不管截平面处在何种位置，截交线的空间形状总是圆。截平面距球心越近，截得的圆就越大，截平面通过球心，截出的圆为最大的圆。当截平面平行于投影面时，截交线圆在该投影面上的投影反映圆的实形；当截平面倾斜于投影面时，其投影为椭圆。

图 7.38 分别表示水平面 P、正平面 Q、侧平面 R 与圆体截交所得投影的作法。从图中可以看出，在截平面所平行的投影面上截交线圆的投影反映实形，其半径等于空间圆的半径，其余两个投影积聚成直线段，并分别平行于对应的投影轴，直线段的长度等于空间圆直径。

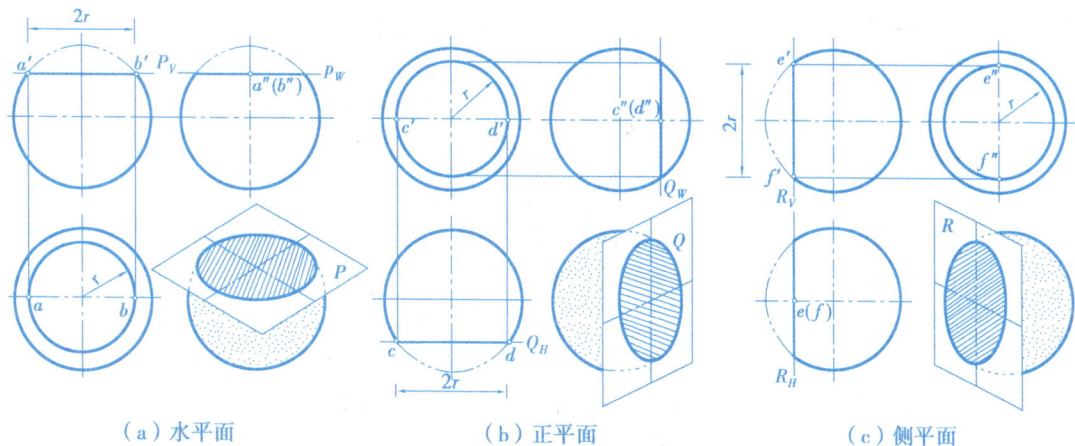

（a）水平面　　　　　　　　（b）正平面　　　　　　　　（c）侧平面

图 7.38　与投影面平行的平面截割球体

【例 7.9】作铅垂面 P 与圆球的截交线的投影和截断面实形，如图 7.39 所示。

【解】**分析**：截平面 P 为一铅垂面，截交线圆的水平投影积聚在属于 P_H 的一段直线上，其长度等于截交线圆的直径；截交线圆的正面投影和侧面投影变为椭圆。画这两个椭圆时，可分别求出它们的长、短轴后作出。

作图：如图 7.39 所示。

①截交线的水平投影为积聚线 37，3、7 点在圆球水平投影轮廓线上，由投影关系长对正、宽相等即可得 $3'$、$7'$ 和 $3''$、$7''$，它们分别在圆球的赤道圆的正面投影和侧面投影上（与水平中心线重合）。

平面与圆球体相交求截交线

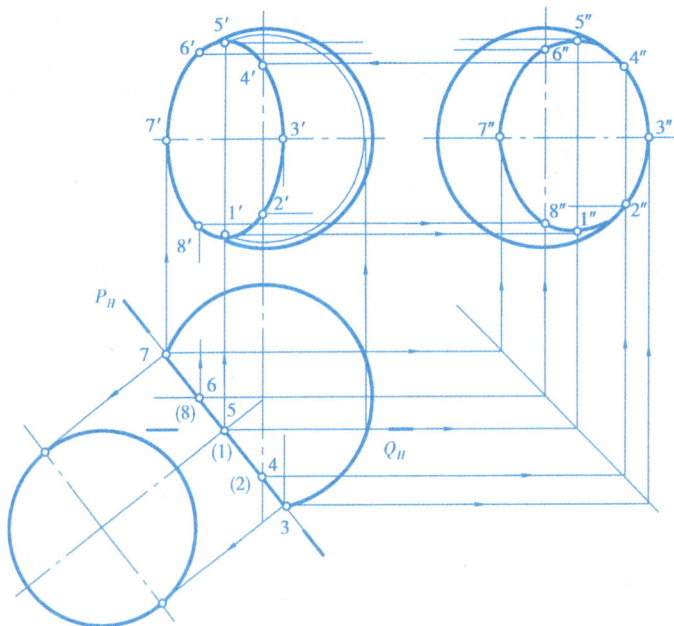

图7.39　铅垂面截割球体并求截面实形

②取截交线圆的另一直径ⅠⅤ⊥ⅢⅦ,ⅠⅤ构成铅垂线。Ⅰ、Ⅴ的水平投影1、5积聚在3、7的中点,1′、5′间距离等于1″、5″点间距离,等于截交线圆直径,即等于3、7点间距离。得到1′5′和1″5″的投影位置后,这里1′5′、3′7′和1″5″、3″7″分别是截交线圆的正面投影和侧面投影椭圆的长、短轴。另外,Ⅰ、Ⅴ点也可以用辅助平面Q_H所对应的纬圆来做。

③求点Ⅵ、Ⅷ的各投影。水平投影中,P_H与最大子午圆水平投影(水平中心线)的交点便是6(8)。由6(8)引铅垂线与圆球正面轮廓线相交,即得6′、8′;再由6(8)和6′8′即可求得6″8″。6′8′是截交线圆正面投影椭圆的可见与不可见的分界点。

④求点Ⅱ、Ⅳ的各投影。水平投影中,P_H与最大侧平圆水平投影(竖直中心线)的交点便是2(4)。由2(4)做宽相等在最大侧平圆轮廓线相交,即可求得2″4″。再由2(4)和2″、4″求得2′、4′是截交线圆侧面投影椭圆的可见与不可见的分界点。

⑤判别可见性:对于正面投影,由于截交线圆ⅥⅦⅧ属于后半球面,为不可见,理论上6′7′8′应画为虚线。但是由于球体左边部分已经被切掉,故截交线圆ⅥⅦⅧ露出来了,所以应为实线。对于侧面投影,由于截交线圆都属于左半球面,故椭圆1″3″5″7″都是实线。

⑥截断面的实形为圆,圆的直径等于3、7或1′5′。

【例7.10】已知半球体被切割后的正面投影,求半球体被切割后的水平投影和侧投影,如图7.40(a)所示。

【解】分析:从正面投影可以看出,半球体的缺口是被左右对称的两侧平面和水平面所截割而成的。

由水平面截得的截交线的水平投影反映圆弧实形,在V面投影中量取半径r_1,在H面上画出水平纬圆。

由侧平面截得的截交线的侧面投影反映圆弧的实形,因此在V面投影中量取半径r_2,在W面画出侧平纬圆。

最后判别可见性,求得正确的图解,如图7.40(b)所示。

(a)题目   (b)求解过程

图7.40　平面截割半球体

7.5　直线与曲面立体相交贯穿点的投影分析

求直线和曲面体的表面交点(相贯点),也就是求直线与曲面体的共有点,其求法可分两种情况。

7.5.1　特殊情况

当曲面垂直于某一投影面或直线垂直于某一投影面时,可利用积聚性用曲面上取点的方法求出交点。

【例7.11】求直线AB与正圆柱体的贯穿点,如图7.41(a)所示。

【解】分析:因圆柱顶面的正面投影和侧面投影都有积聚性,当直线AB与圆柱顶面相交时,交点的正面投影和侧面投影必属于圆柱顶面的积聚性投影。又由于正圆柱面的水平投影有积聚性。当直线AB与圆柱面相交时,交点的水平投影必属于圆柱面的积聚性投影。

直线与圆柱体相交求贯穿点

作图:如图7.41(b)所示。

①在正面投影中,直线$a'b'$与圆柱顶面的正面投影的交点m',即为贯穿点M的正面投影。由m'向下引投影连线与ab的假想连接线交于m,则m为贯穿点的水平投影。

②在水平投影中,ab与圆周的交点n,为另一贯穿点N的水平投影,由n向上引投影连线与$a'b'$交于点n',则点n'即为贯穿点N的正面投影。

③判别可见性:在如图7.41(c)所示的正面投影中,因贯穿点N属于前半圆柱面,其正面投影n'为可见,故自点n'到圆柱轮廓素线的那一段线为可见。贯穿点M属于顶面,故在水平投影中mb为可见。

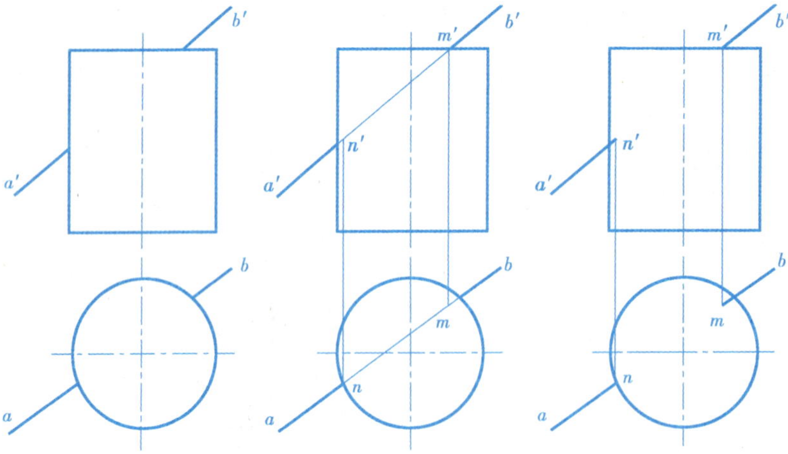

（a）已知　　　　　　（b）求解过程　　　　　　（c）作图结果

图7.41　直线与圆柱相交求贯穿点

【例7.12】求直线 *CD* 与圆锥的贯穿点，如图7.42（a）所示。

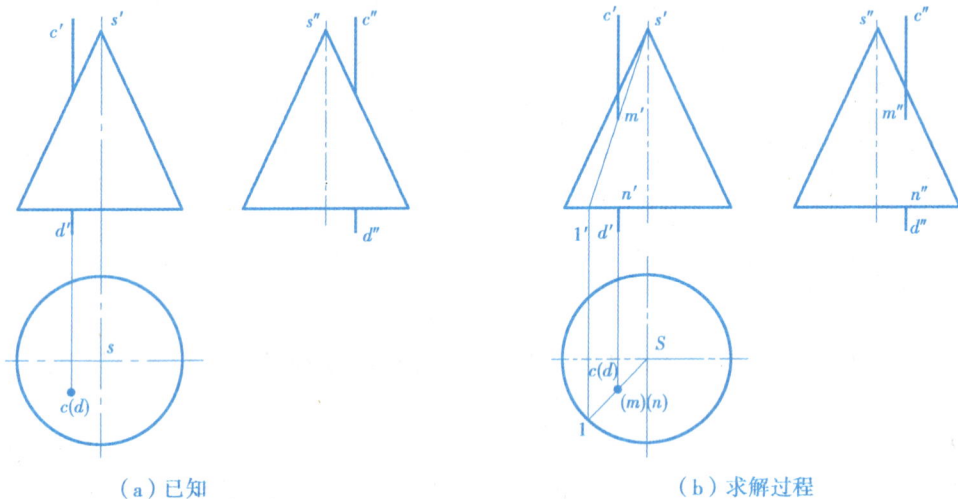

（a）已知　　　　　　　　　　（b）求解过程

图7.42　直线与圆锥相交

【解】分析：由于直线 *CD* 垂直于 *H* 面，所以交点的 *H* 投影 *m*、*n* 与直线 *CD* 的积聚性投影 *cd* 重合。故在 *H* 投影中经过积聚性投影（即 *m* 点）在锥面上作一条素线 *s*1，便可求出 *s'*1'，再由 *m* 点向上作铅垂联系线与 *s'*1' 交于 *m'*，由 m_1、*m'* 定出 *m"*。

作图：如图7.42（b）所示。

7.5.2　一般情况

当直线和曲面体的投影都没有积聚性时，只能应用作辅助面的方法来解决，它的解题步骤与求直线与平面立体的交点相类似。即：

①包含已知直线作一辅助截平面；

②求出截平面与已知曲面体的截交线；

③截交线与直线的交点,即为所求直线与曲面体的交点(贯穿点)。

解题的关键是如何根据曲面体的性质来选取适当的辅助截平面,使它和已知曲面体的截交线的投影是简单易画的图形。

【例7.13】求直线 AB 与圆锥的贯穿点,如图7.43(a)所示。

（a）已知　　　　　　　（b）求解过程

图7.43　水平直线与圆锥相交

【解】分析:由于直线 AB 是水平线,故可包含直线 AB 作水平辅助截平面 P。P 平面与圆锥的截交线为水平圆,其 H 投影反映实形,它与直线 AB 的 H 投影 ab 的交点 k、l 即为所求交点的 H 投影,再对应求出 V 投影 k'、l'。

作图:如图7.43(b)所示。

可见性判断:圆锥的 H 投影为可见,故交点的 H 投影为可见;在 V 投影中 k' 可见,l' 为不可见。

【例7.14】求直线 AB 与斜圆柱的贯穿点,如图7.44所示。

【解】分析:包含直线 AB 作平行于斜圆柱轴线的平面为辅助截平面,其截交线为平行四边形。故可通过 B 点作一直线 BN 平行于斜圆柱轴线,则由 AB 和 BN 所决定的辅助截平面,截斜圆柱所得的截交线为平行四边形 Ⅰ Ⅱ Ⅲ Ⅳ,如图7.44(a)所示。

作图:如图7.44(b)所示。

①作直线 BN 平行于斜圆柱轴线,并求出 BN 与斜圆柱底面所在平面的交点 N。

②求出直线 AB 与斜圆柱底面所在平面的交点 M。连接 MN 交斜圆柱底圆于 Ⅰ、Ⅱ;过 Ⅰ、Ⅱ作斜圆柱的素线 Ⅰ Ⅲ 和 Ⅱ Ⅳ,则平行四边形 Ⅰ Ⅱ Ⅲ Ⅳ 为辅助截平面与斜圆柱的截交线。

③AB 与截交线 Ⅰ Ⅱ Ⅲ Ⅳ 的交点 K、L 即为所求的贯穿点。

④判别可见性:直线 AB 从前半斜圆柱面穿过,由其投影确定 k'、l' 和 k、l 均为可见。

【例7.15】求一般线 AB 与圆锥的贯穿点,如图7.45所示。

【解】分析:如果包含直线 AB 作辅助正垂面或铅垂面,则截割圆锥所得截交线是椭圆或双曲线,作图较困难。但从图7.36中可知,截平面通过锥顶时,截交线为一三角形。因此,可以由锥顶和直线 AB 所决定的平面作为辅助面。

185

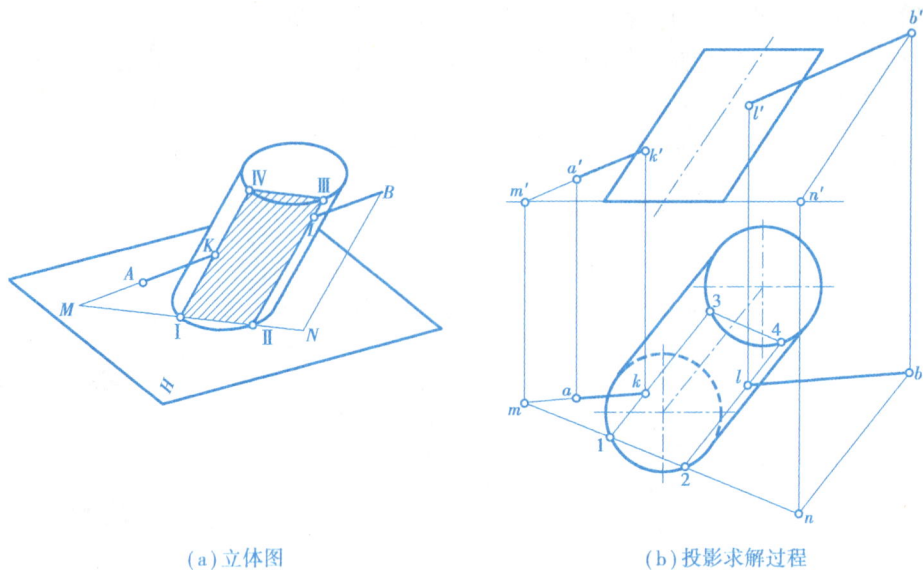

(a)立体图　　　　　　　　　　　(b)投影求解过程

图 7.44　直线与斜圆柱的贯穿点

作图：如图 7.45(b)所示。

①求锥顶 S 和直线 AB 所确定的辅助平面与圆锥的截交线。为此，连接 SA，并延长使其与圆锥底面所在平面相交，其交点为 E；再取直线 AB 的任一点 C，连接 SC，并延长使它与圆锥底面所在平面相交，其交点为 F；连接 EF 交圆锥底圆于 I、II；又连接 $S\mathrm{I}$、$S\mathrm{II}$，则 $\triangle S\mathrm{I}\mathrm{II}$ 为辅助平面与圆锥的截交线。

②截交线与直线 AB 的交点 M、N 即为所求贯穿点。

③判别直线 AB 的可见性：直线 AB 从前半圆锥表面穿过，故其投影均为可见。

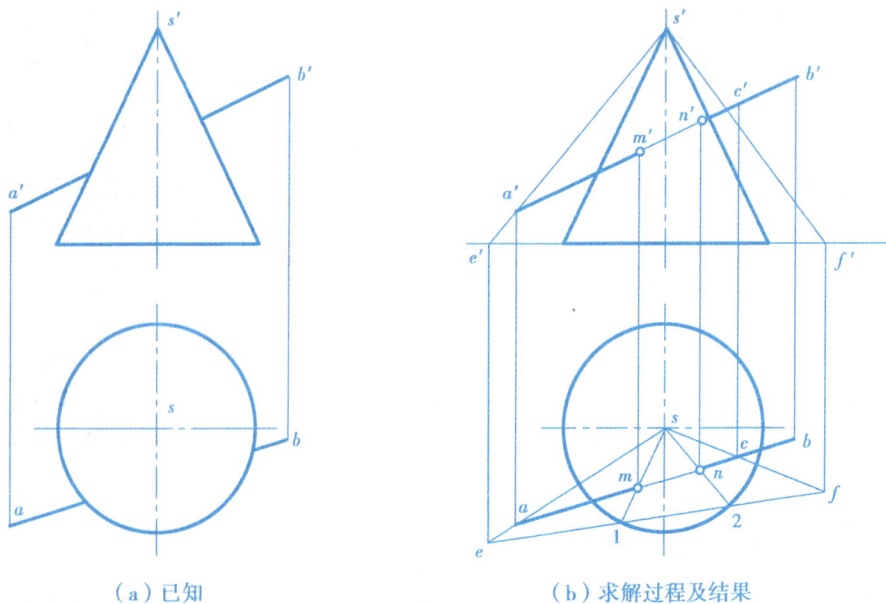

(a)已知　　　　　　　　　　　(b)求解过程及结果

图 7.45　一般线与圆锥相交

【例7.16】求直线 EF 与圆球的贯穿点,如图7.46(a)所示。

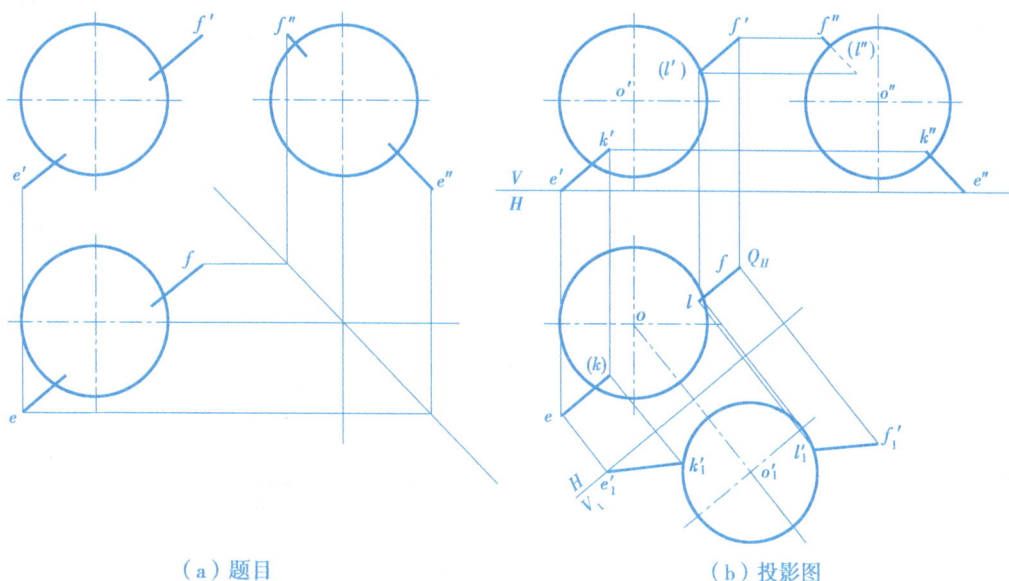

（a）题目　　　　　　　　　　　　（b）投影图

图 7.46　直线与圆球的贯穿点

【解】分析:直线 EF 为一般位置直线,如果包含该直线作投影面垂直面为辅助平面,则辅助平面与圆球的截交线圆的另外两投影为椭圆,作图比较麻烦,准确性又较差。于是,用一次换面法作出截交线圆的实形和直线 EF 的实长投影 $e'_1 f'_1$。它们的交点 k'_1、l'_1 即为所求贯穿点 K、L 的新投影。然后返回到 K、L 点的各个原投影上。

直线与圆球体相交求贯穿点

作图:如图7.46(b)所示。

①过 EF 直线作铅垂面 Q,显然 Q_H 与 ef 重合。

②取新投影面 $V_1 // Q$,用换面法在 V_1 面上作出截交线圆的实形和直线 EF 的实长投影 $e'_1 f'_1$,直线 $e'_1 f'_1$ 与圆 o'_1 的交点 k'_1、l'_1 即为贯穿点的新投影。

③将属于 $e'_1 f'_1$ 的点 $k'_1 l'_1$ 反投影到 ef,即得所求贯穿点的水平投影 k、l。根据直线的点的投影对应关系,求出贯穿点 K、L 的正面投影和侧面投影。

④判别可见性:直线 EF 由前、下、左半球穿入球体,从后、上、右半球穿出球体。

7.6　平面立体与曲面立体相交相贯线的投影分析

平面体和曲面体相交(相贯),所得的交线是由若干段平面曲线或若干段平面曲线和直线段组成的空间闭合线。每段平面曲线是平面体的某一棱面与曲面体相交的截交线。两段平面曲线的交点称为转折点,它是平面体的棱线与曲面体的交点,由此可见,求平面体与曲面体的交线,可归结为求平面与曲面体的截交线和直线与曲面体的交点。

【例7.17】求一直立圆柱与一四棱柱的表面交线(相贯线),如图7.47所示。

【解】分析:①圆柱的水平投影有积聚性,四棱柱的侧面投影有积聚性,故相贯线的水平投影和侧面投影均为已知。

②四棱柱贯入、贯出圆柱,故相贯线为两组。

③根据水平投影图左右、前后对称,可知两组相贯线也左右、前后对称。各组均为上下前后四段椭圆弧所组成。

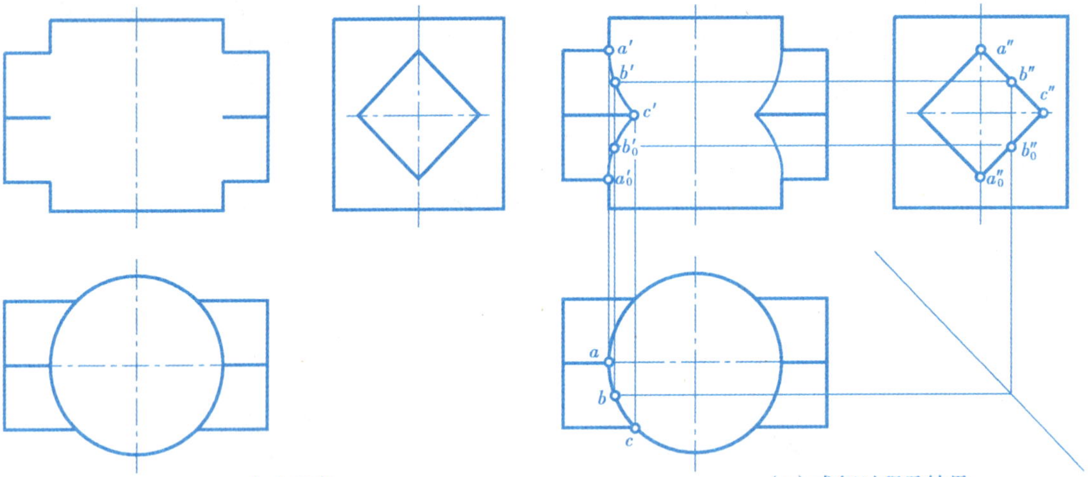

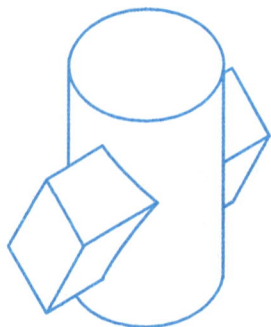

（a）已知　　　　　　　　　　（b）求解过程及结果

图 7.47　直圆柱与四棱柱相贯

作图：如图 7.47(b)所示。

①先求特殊点。由水平投影和侧面投影知四棱柱上棱线与圆柱的贯穿点 A、A_0,前方棱线与圆柱的贯穿点 C(由于棱柱上下、前后对称,故只画出可见贯穿点即可),求出 A、A_0、C 三点的正面投影 a'、a_0'、c'。

②再求一般点。在四棱柱的侧面积聚性投影上取一般点 B、B_0。利用点 B、B_0 在圆柱面上的素线和属于四棱柱表面这一特性,求出其在正面投影上的投影 b'。根据对称性求出 B_0 点的对称投影 b_0';最后将其依次连接,求出相贯线的正面投影。根据对称性质,补画完整正面投影的中相贯线的右侧投影。该相贯体的立体图如图 7.48 所示。

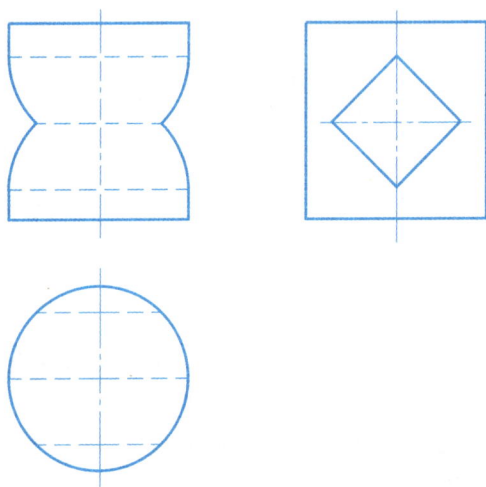

图 7.48　直圆柱与四棱柱相贯立体图

图 7.49　圆柱穿一四棱柱通孔

注意：该四棱柱是一正四棱柱,柱面与圆柱轴线呈 45°夹角,因此相贯线的正面投影的圆弧是一个与圆柱等直径圆的一部分。

如果将四棱柱沿棱线方向抽出,则成为直立圆柱贯一矩形棱柱孔,其投影如图 7.49 所示。水平投影中的虚线是四棱柱孔的四条棱线的水平投影。该四棱柱孔的正面投影是上下两段椭圆弧线围成。中间的虚线仍为四棱柱孔的四条棱线的投影。

【例7.18】 求直圆柱与四棱锥的交线,如图 7.50(a)所示。

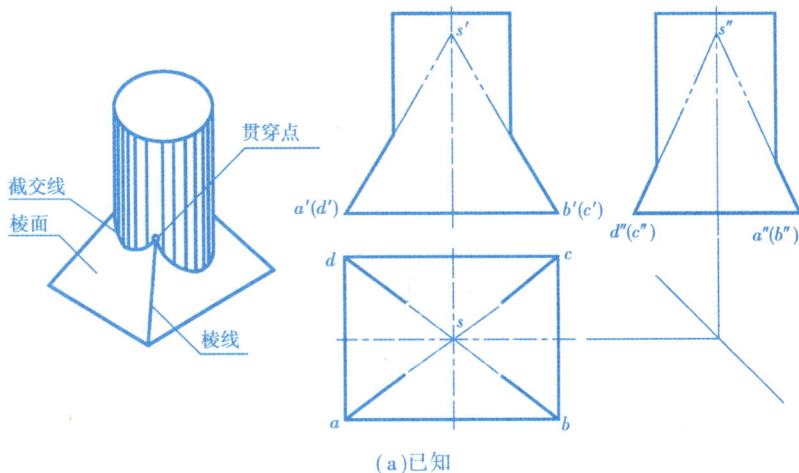

(a)已知

(b)求解过程及结果

图 7.50 圆柱与四棱锥相贯

【解】分析: ①圆柱的水平投影有积聚性,四棱锥的正面投影和侧面投影无积聚性,故相贯线的求解首先要从圆柱的积聚性投影入手。从立体的几何特性我们可以判断,直圆柱与四棱锥的相贯线在水平投影中可以找出。即圆柱的积聚性投影。

②圆柱与四棱锥为互贯,故相贯线为一组。

③根据水平投影图左右、前后对称,可知相贯线也左右、前后对称。为四段圆弧线组成。

作图: 如图 7.50(b)所示。

①将四棱锥四条棱线与圆柱的贯穿点用 Ⅰ、Ⅱ、Ⅲ、Ⅳ 表示在水平投影面上,即 1、2、3、4 点。求出这四个点的正面投影和侧面投影。

②将直圆柱四条特殊素线用 Ⅶ、Ⅷ、Ⅸ、Ⅹ 表示在水平投影面上,即 7、8、9、10 点。求出这四个点的正面投影和侧面投影。

③在水平投影上取一般点 Ⅴ、Ⅵ 点,即 5、6 点。两点是左右对称,这样方便我们求解一般点

的投影。根据投影原理我们求出以上各点的正面投影和侧面投影。最后将其依次连接,求出相贯线的正面投影和侧面投影。

【例7.19】求三棱柱与半圆球的交线,如图7.51(a)所示。

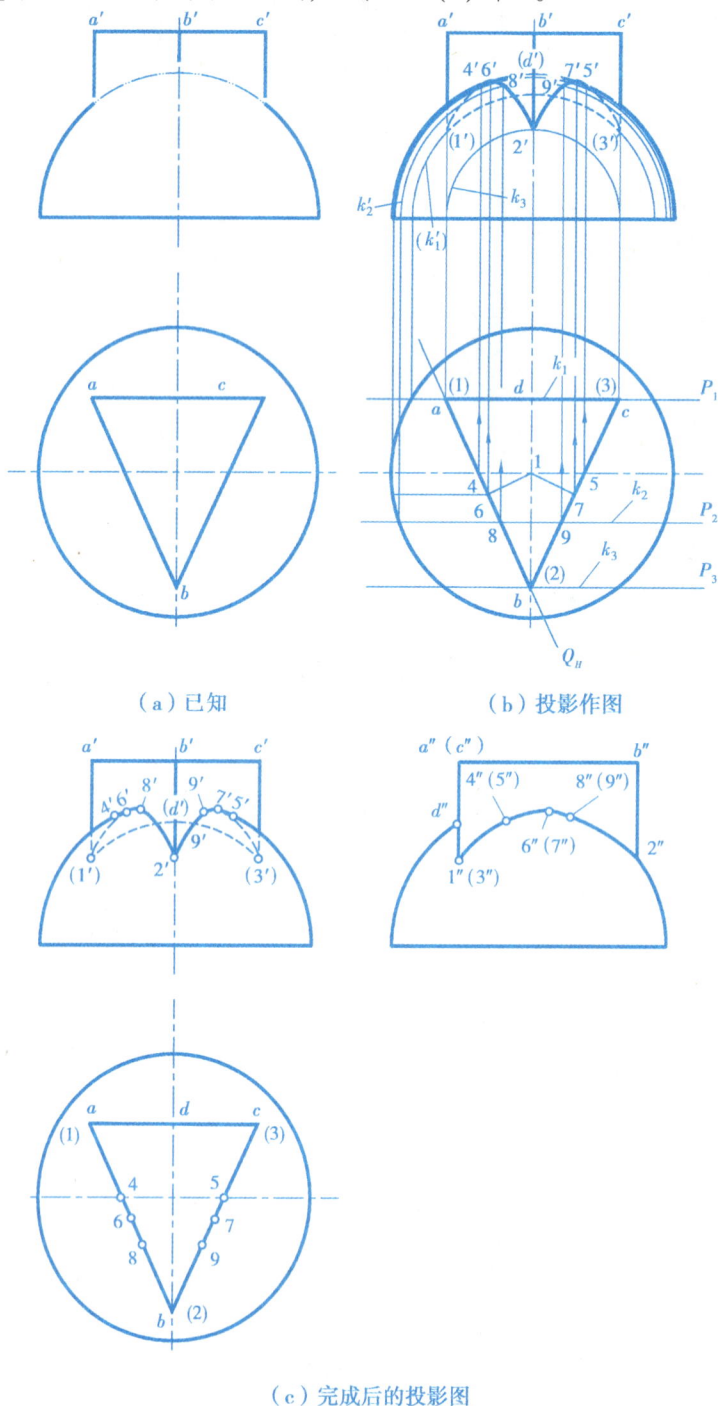

（a）已知   （b）投影作图

（c）完成后的投影图

图 7.51　半球与三棱柱相贯

【解】分析:①观察投影图具有左右对称性,故其相贯线也是左右对称的。

②平面和球的截交线为圆,故知相贯线由三段圆弧所组成,转折点属于三棱柱的三根棱线。

③三棱柱的 H 投影有积聚性,故相贯线的 H 投影为已知。

作图:如图 7.51(b)所示。

①棱面 AC 为正平面 P_1,P_1 与半球相交于线段 1、3,这段截交线的最高点为 D,弧线 k_1' 的 V 投影反映了该位置截交线的实形,截交线为圆弧 $1'3'$。A 棱的 V 投影 a',C 棱的 V 投影 c' 和半圆弧 k_1' 的交点 $1'$、$3'$ 就是 A 棱和 C 棱与半球的相贯点 Ⅰ、Ⅲ 的 V 投影。

②AB 棱面 Q 倾斜于 V 面,故与半球的交线圆的 V 投影为椭圆弧。图中 B 棱与半球的相贯点 Ⅱ 的 V 投影 $2'$,由 B 棱的 V 投影与辅助正平面 P_2 和球的交线圆的 V 投影 k_2' 相交而得。点 Ⅳ 是 V 投影椭圆弧可见与不可见的分界点,由水平中心线(即球的 V 投影轮廓线的 H 投影)和积聚线段 ab 的交点 4 向上作垂线到圆球的 V 投影轮廓线上即得 $4'$。在 H 投影图上由球心 o 引 ab 的垂线得垂足 6。过 6 点作辅助正平面 P,在正投影中画出其交线圆 k',再由点 6 向上作垂线到 V 投影图上,即得到 $6'$。$6'$ 即是这段圆弧的 V 投影成椭圆长半轴的端点,也是该圆弧的最高点。其余的点(如点 Ⅷ)是用正平面 P_3 为辅助面求得的。连接 $1'4'6'8'2'$ 得棱面 AB 和球的交线圆的 V 投影。点 $2'$ 就是 B 棱线与半球的相贯点 Ⅱ 的 V 投影。

③棱面 BC 和球的交线圆的 V 投影 $3'5'7'9'2'$ 与 $1'4'6'8'2'$ 对称,可同时求得。

④判别可见性。圆弧 $1'3'$ 属于不可见的棱面 AC 和球面,画为虚线。椭圆弧 $1'4'$ 和 $3'5'$ 属于不可见的球面,画为虚线。椭圆弧 $4'6'8'2'$ 和 $5'7'9'2'$ 属于可见的棱面和球面,画为实线。还应注意,棱线 a' 和 c' 靠近 $1'$ 和 $3'$ 的一小段被球面遮住,应画为虚线。

经过整理后完成的三面投影如图 7.51(c)所示。

如果将图 7.51 中的三棱柱抽出,则成为半球贯一三棱柱孔,其投影图如图 7.52 所示。作图方法并无不同,只虚实线有些更动。V 投影图中的三根铅垂虚线是三个铅垂面交线的投影。W 投影图中右边的铅垂虚线是左右两铅垂面交线的投影,左边上实下虚的铅垂线是后面的正平面的投影。

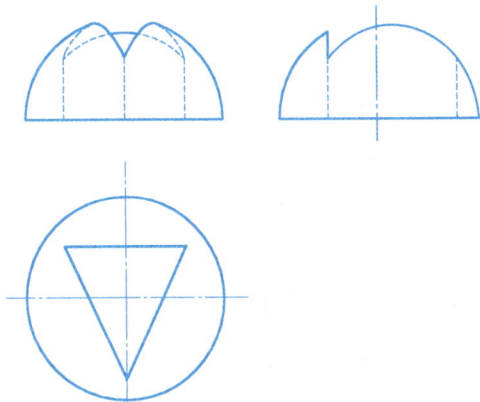

图 7.52　半球贯穿三棱柱通孔

7.7　曲面立体与曲面立体相交相贯线的投影分析

两曲面体相交的表面交线(相贯线)一般为光滑而闭合的空间曲线。曲线上每一点是两立体表面的共有点。因此求交线时,需先求出两立体表面的若干共有点,然后用光滑的曲线连接成相贯线。求共有点的基本方法是辅助面法,其具体步骤如下:

①作一辅助面 P，使其与两已知曲面体相交；

②求出辅助面与两已知曲面体的交线；

③两交线的交点，便是两曲面体表面的共有点，就是所求交线上的点。

辅助面可以是平面，也可以是球面，但应使辅助面与两曲面体相交所得交线的投影形状为简单易画的图形，如圆、矩形、三角形等。究竟采用哪一种辅助面，应根据曲面的形状和相对位置来决定。

7.7.1　辅助平面法

当两曲面体能被一系列平面截出由直线或圆组成的截交线投影时，可用这种方法。

【例7.20】已知一直立圆柱和一水平圆柱成正交，求作它们的相贯线，如图7.53所示。

【解】分析：①从 H 投影可知，水平圆柱只有左半部分参与相交，配合 V 投影或 W 投影看出直立圆柱也是部分贯穿水平圆柱，故知相贯线为一组。

②由于 H 投影前后对称，故相贯线 V 投影也是前后对称。

③因两圆柱的轴线均平行于正立投影面，作相贯线时，如采用正平面为辅助面，则辅助平面和两圆柱都交于素线，素线的交点便是属于相贯线的点。

作图：如图7.53所示。

①先求特殊点：两圆柱特殊位置的素线相交，由水平投影和侧面投影确定特殊点 Ⅰ、Ⅲ、Ⅵ、Ⅶ点，求出这四个特殊点的正面投影。

②求一般点：在侧面投影中于水平圆锥的积聚性投影上任取一个一般点Ⅱ点。根据点也属于直立圆柱的素线上这一特征，在水平投影上由直立圆柱的积聚性投影上确定Ⅱ点的水平投影2。因此，可以求到Ⅱ点的正面投影2′。根据对称性，利用求解Ⅱ点时的作图过程线求到Ⅳ、Ⅵ、Ⅷ的三面投影。

③将求到的点用光滑的曲线依次连接，即得到两圆柱的相贯线的投影。

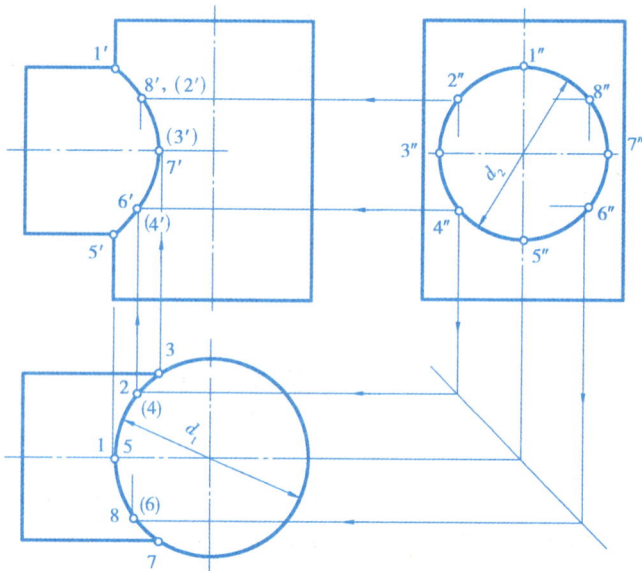

图7.53　两不等径的圆柱相交

假定将图 7.53 的水平圆柱贯穿直立圆柱,则形成一水平圆柱通孔。此时其投影图如图 7.54 所示。V 投影中的两段水平虚线是水平圆柱孔的上下轮廓素线,左右两段曲线和图 7.53 的相贯线完全一样。H 投影中的两段水平虚线是圆柱孔的最前和最后两素线。

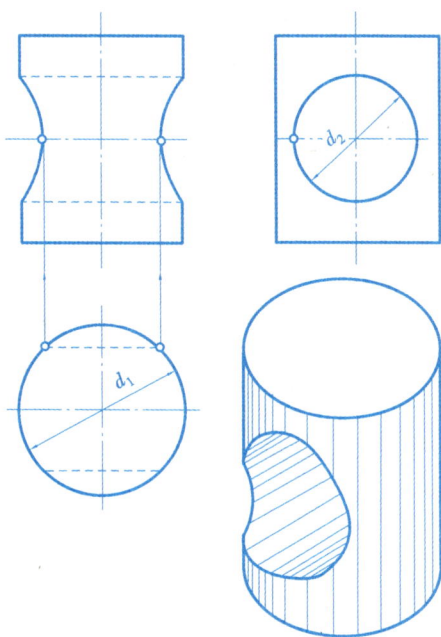

图 7.54　直立圆柱贯穿水平圆柱通孔

【例 7.21】两不等径圆柱斜交,求其相贯线,如图 7.55 所示。

【解】分析:①从 V 投影或 W 投影知斜立圆柱全部贯入水平圆柱,再由 H 或 W 投影知斜立圆柱未贯出水平圆柱,故只求一组相贯线。它为一闭合的空间曲线,且上下对称。

②由于两圆柱的轴线均平行于 H 面,故采用水平面为辅助面来求属于相贯线的点。

③水平圆柱的 W 投影有积聚性,故相贯线的 W 投影为已知。

作图:如图 7.55 所示。

①求属于相贯线的特殊点:最前点Ⅶ和Ⅲ,属于水平圆柱的最前素线,可由 H 投影 7 和 3 而得 H 投影 7′和 3′,点Ⅲ也是最左点,点Ⅶ是最右点。最高点Ⅰ和最低点Ⅴ,分别属于斜立圆柱的最上和最下素线,可由 W 投影 1″和 5″而得 V 投影 1′和 5′,最后定出 H 投影 1 和 5。Ⅲ又是最前点,Ⅳ又是最后点。

②求属于相贯线的一般点:采用上下对称位置的两水平面 P 截两圆柱于素线,素线的交点为Ⅱ(2,2′,2″)、Ⅳ(4,4′,4″),Ⅵ(6,6′,6″)和Ⅷ(8,8′,8″)。它们都是相贯线的一般点。还可作适当的正平面为辅助面以求得属于相贯线适当的点。

③连点成相贯线。依次连接各点为曲线而得相贯线为Ⅰ—Ⅱ—Ⅲ—Ⅳ—Ⅴ—Ⅵ—Ⅶ—Ⅷ—Ⅰ。

④判别可见性。V 投影前后重合,故 1′—8′—7′—6′—5′为实线。H 投影中,属于两圆柱均为可见面的交线投影是 3—2—1—8—7,应画为实线;其余不可见,画为虚线。

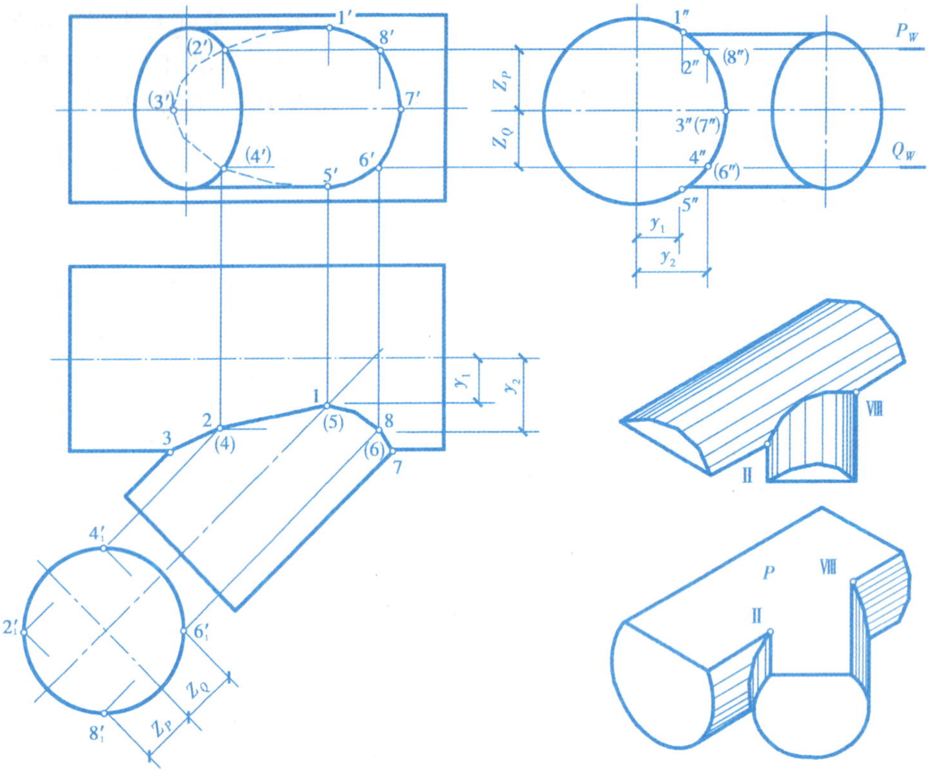

图 7.55 两不等径的圆柱斜交

【例 7.22】 求一正圆锥和一正圆柱的相贯线,如图 7.56 所示。

【解】分析: ①从 V 投影观察,两立体都有全不参与相贯的部分,故为互贯。其相贯线是一根闭合的空间曲线。

②由于 H 投影前后对称,因而相贯线也是前后对称的。

③圆柱的 W 投影有积聚性,故相贯线的 W 投影为已知,它是圆柱在圆锥内的圆投影。可用已知圆锥表面的曲线的 W 投影求其 H 和 V 投影的方法来作。下面我们仍用辅助平面法来求。以水平面为辅助面,它与圆柱交于素线,与圆锥交于纬线圆。该素线和纬线圆的交点,便是属于相贯线的点。

作图: ①求属于相贯线的特殊点:最高点 Ⅰ 和最低点 Ⅴ,由圆柱 W 投影的积聚圆和圆锥右轮廓素线的交点 $1'$ 和 $5'$ 而得到 1 和 5。最前点 Ⅶ 和最后点 Ⅲ,属于圆柱最前素线,过此素线引水平面 Q_w,Q_w 交圆锥于水平圆与素线的交点即为 Ⅶ$(7,7')$ 和 Ⅲ$(3,3')$。

②求属于相贯线的一般点。在最高点和最低点之间可作适当的水平辅助面,即可求得属于相贯线适当的点。图中示出了水平面 S_w,S_w 交圆柱于两条素线,交圆锥于水平圆,得到的交点便是一般点 Ⅸ$(9,9')$ 和 Ⅹ$(10,10')$。同理,做水平面 T_w 求得一般点 Ⅳ$(4,4')$ 和 Ⅵ点$(6,6')$。

③连点成相贯线。依次连接 1—8—9—7—6—5—4—3—10—2—1 便得相贯线的 H 和 V 投影。

④判别可见性。对于 H 投影圆锥面全可见,圆柱面的上半表面可见,故于属圆柱上半表面的 3—10—2—1—8—9—7 为可见,画为实线。属于圆柱下半表面的 3—4—5—6—7 为不可见,画为虚线。

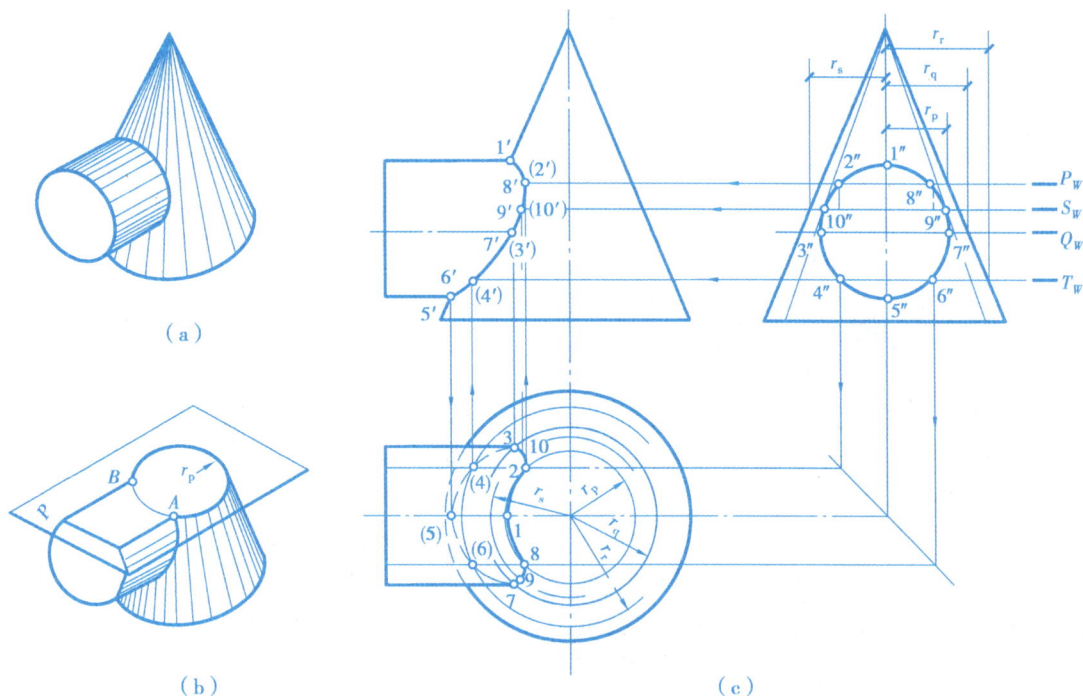

图 7.56　圆柱与圆锥相贯

如果将圆柱抽出,则成为挖去圆柱形缺口的圆锥,作图方法与上图完全相同。此时在 H 投影上,1—8—9—7—6—5—4—3—10—2—1 都属于圆锥表面,故应画为实线,且在圆锥的左侧对称有一同样的截交线。需要注意的是,此时由于是通孔,故还应该画出的是,在 V 投影中,通过"$1'$、$5'$"贯穿圆锥体的水平方向用虚线表示的上下两条轮廓素线。

综上所述,当两圆柱相贯时,如两圆柱的轴线都平行于某一投影面,则采用该投影面的平行面为辅助面,因辅助平面与两圆柱都交于素线。

当回转体与圆柱相贯时,如回转体的轴线垂直于某一投影面,而圆柱的轴平行于该投影面,则采用该投影面的平行面为辅助平面。这样,辅助面交回转体于圆,此圆在该投影面上的投影反映实形;而辅助平面交圆柱于素线。

当两回转体相贯时,如两回转体的轴均垂直于某一投影面,则选取该投影面的平行面为辅助面。此时辅助平面和两回转体交于各自的纬线圆,而两纬线圆在该投影面上的投影均为反映实形的圆。

7.7.2　辅助球面法

当球心位于回转体的轴线上时,球面和回转体表面的交线是垂直于回转轴的圆。若此时回转体的轴线又平行于某一投影面,则该圆在投影面上的投影积聚为一条垂直于回转轴的直线段。

图 7.57(a)所示球心位于直立圆柱的轴线上,它们的表面交线是两个等径的水平圆 K_1 和 K_2。

图 7.57(b)所示球心位于正圆锥的轴线上,它们的表面交线为大、小二水平圆 K_1 和 K_2。

图 7.57(c)所示球心位于斜圆柱的轴线上,斜圆柱的轴线平行于 V 面,此时它们的表面交线为两个等径的圆 K_1 和 K_2。二圆都垂直于 V 面,其 V 投影为垂直于圆柱轴线的两直线段,H 投影为两个相同的椭圆 k_1 和 k_2。

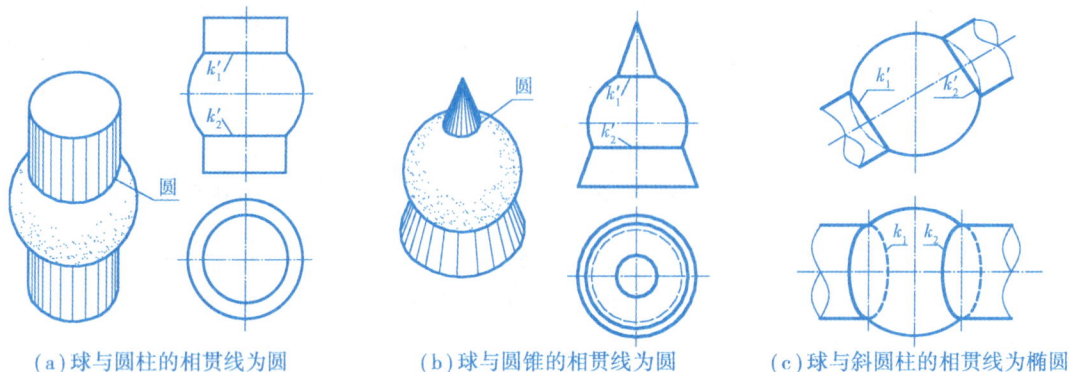

(a)球与圆柱的相贯线为圆　　(b)球与圆锥的相贯线为圆　　(c)球与斜圆柱的相贯线为椭圆

图 7.57　球心属于回转体的轴线时,球与回转体的相贯线

由上述现象可知,求两回转体的表面交线时,两回转体的轴线相交,且两轴线同时平行于某一投影面,则可用以两轴线交点为球心的球面为辅助面,来求两回转体表面的共有点。

【例 7.23】求圆锥与圆柱的交线,如图 7.58 所示。

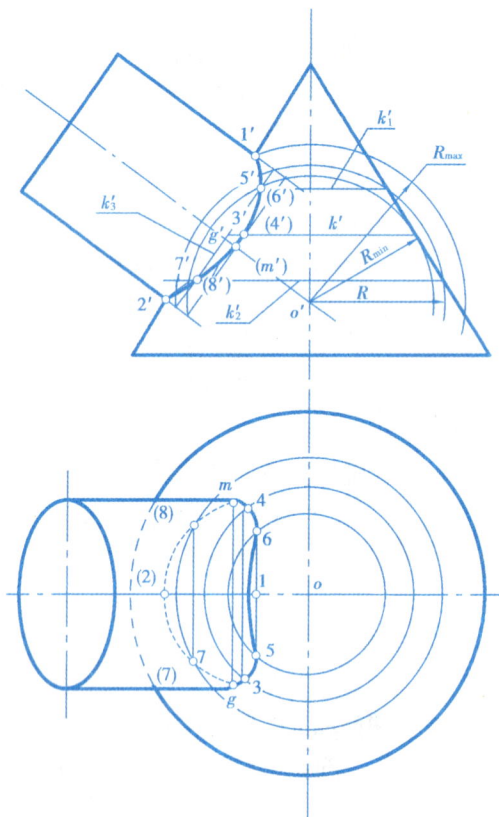

图 7.58　以球面为辅助面求圆锥与圆柱的相贯线

【解】分析:①由于 H 投影前后对称,故相交线也前后对称。再由两投影观察知,圆柱虽全贯入圆锥,但未贯出,故只求一组相交线。

②两立体都是回转体,且轴线都平行于 V 面并相交于一点,若以两轴线交点 O 为球心的球面为辅助面,则球与两回转体表面的交线都是圆。这些圆的 V 投影都是垂直于各自轴线的直线段,它们的交点就是相交线上的点的 V 投影。

作图:如图 7.58 所示。

①求相交线上的最高点Ⅰ和最低点Ⅱ是圆柱的最高和最低素线与圆锥最左素线的交点。可先在 V 投影上直接定出点 1′和 2′,然后由 1′和 2′而得 1 和 2。

②求相交线上的一般点。以两回转体轴线的交点 O 为球心,适当的长度 R 为半径作辅助球。此球与圆锥相交于水平圆 K_1 和 K_2,与圆柱相交于圆 K_3。它们的 V 投影都积聚为直线段 $k_1′$、$k_2′$和 $k_3′$。$k_1′$、$k_2′$和 $k_3′$的交点 5′、6′和 7′、8′,便是属于相交线的点Ⅴ、Ⅵ、Ⅶ、Ⅷ的 V 投影。它们的 H 投影利用水平圆 K_1 和 K_2 的 H 投影 k_1 和 k_2 来求出。

辅助球的半径 R 应在最大半径 R_{max} 和最小半径 R_{min} 之间。从 V 投影可知 $R_{max} = 0′1′$,因为半径大于 $0′1′$的球面与圆锥和圆柱的截交圆不能相交。最小半径 R_{min} 为与圆锥相切的球和与圆柱相切的球二者中半径较大者,在此应为与圆锥相切的球半径。如球半径比切于圆锥的球半径还小,则此球与圆锥无截交线。

图中的点Ⅲ(3,3′)和Ⅳ(4,4′)就是以与圆锥相切的球为辅助面而求得的。

在最大球和最小球之间还可作更多的球面为辅助面,以求得属于相交线足够数量的点。

③连点成相交线。先连接 V 投影 1′—5′—3′—7′—2′为曲线,此曲线与圆柱最前和最后的素线交于 1′和 $m′$($m′$和 1′重合),便是相交线的最前点 L 和最后点 M 的 V 投影;它们的 H 投影 1 和 m 由 1′和 $m′$求出。

圆柱的最前素线和圆锥面的交点 $G(g、g′)$还可用过此素线和锥顶的平面 P 与锥面交于素线的方法来作,图中未示出。

相交线的 H 投影为曲线 2—7—g—3—5—1—6—4—m—8—2,连此曲线时注意它对水平中心线的对称性。

④判别可见性。在 V 投影上,相交线的不可见部分 2′—8′—$m′$—4′—6′—1′和可见部分 2′—7′—$g′$—3′—5′—1′重合。在 H 投影上,g—3—5—1—6—4—m 属于圆锥与圆柱的可见表面,画为实线。m—8—2—7—g 属于柱的后半表面,为不可见,画成虚线。

7.7.3 特殊情况

两曲面体相交时,它们的相交线一般为空间曲线。但若它们外切于同一球面,则其相交线为平面曲线。

如图 7.59(a)所示,两个等径圆柱的轴线成正交时,它们必外切于同一球面。其相交线为两个相同的椭圆。它们的 V 投影为两段直线,长度等于椭圆的长轴;H 投影与直立圆柱的积聚投影重合,椭圆短轴等于圆柱的直径。

如图 7.59(b)所示,两等径圆柱的轴线成斜交。此两圆柱必外切于一球,其相交线亦为两椭圆。其中一个椭圆长轴的 V 投影为 $a′b′$,另一个的长轴的 V 投影为 $c′d′$,二者的短轴都等于圆柱的直径。两椭圆的 H 投影均与直立圆柱的 H 投影重合。

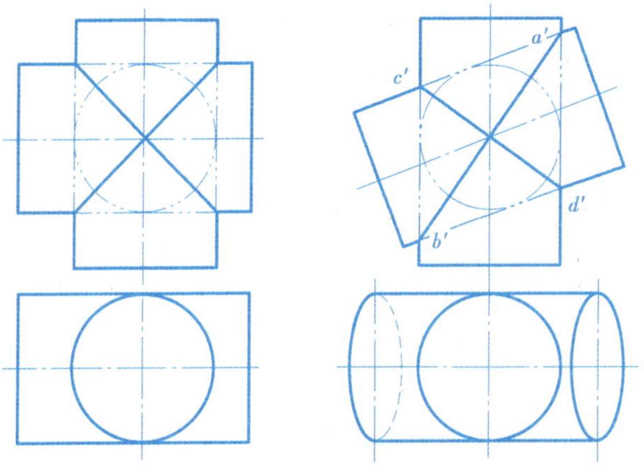

a′
c′
d′
b′
(a)两等径圆柱的轴线正交
(b)两等径圆柱的轴线斜交

图 7.59　圆柱共内切球时的相贯线为平面曲线

如图 7.60 所示的一圆锥与一圆柱，它们的轴线成正交且都外切于同一球面，它们的相交线是相同的两个椭圆。其 V 投影分别积聚为两段直线 $a'b'$ 和 $c'd'$，H 投影为两个相同的椭圆。椭圆的长轴等于其 V 投影，短轴等于圆柱的直径。

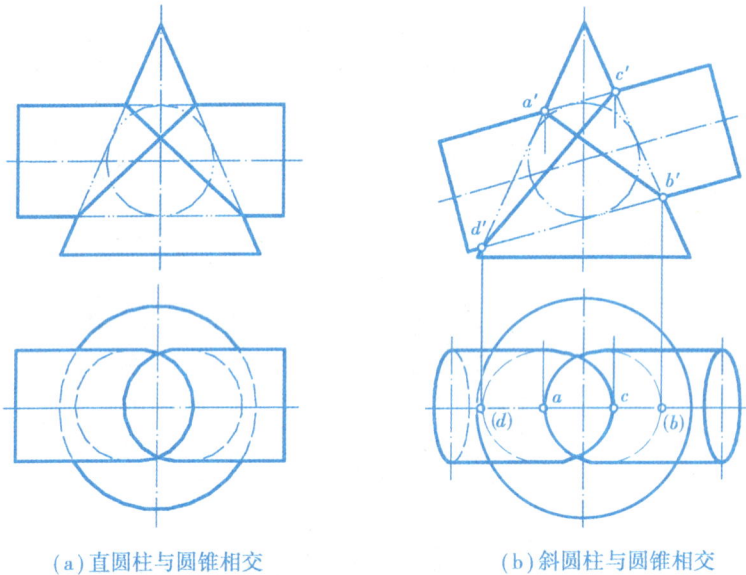

c′
a′
b′
d′
a
c
(d)
(b)
(a)直圆柱与圆锥相交
(b)斜圆柱与圆锥相交

图 7.60　圆锥共内切球时的相贯线为平面曲线

本章小结

本章的学习目的在于了解曲线曲面的形成、种类及投影绘图，重点掌握曲面立体(圆柱、圆锥、圆球)的投影特点，平面与曲面立体相交的特点及投影，直线与曲面立体相交的特点及投影，平面立体与曲面立体相交的投影特点及绘制。

复习思考题

7.1　平面曲线和空间曲线的区别是什么？空间曲线的投影能否反映实形？能否成为直线？

7.2　试以柱面、锥面、双曲抛物面为例,讨论在投影作图中需要画出哪些要素。

7.3　双曲抛物面、锥状面、柱状面、正螺旋面的形成有什么异同？

7.4　在实际工程中,双曲抛物面、锥状面、柱状面得到了广泛的应用,请举出实例说明。

7.5　以图 7.36 为例,讨论截交线上有哪特殊点及其作图方法。

7.6　作相贯线时,辅助平面的选择原则是什么？

7.7　以图 7.56 为例,讨论两曲面立体相交相贯线上有哪些特殊点及其作图方法。相贯线上距锥轴线最近点是哪点？为什么？

8 轴测图

本章导读：

　　工程上应用最广泛的图样是多面正投影图，虽然其作图方便、度量性好，但是立体感不强，直观性较差。因此，工程上常采用直观性较强、富有立体感的轴测图作为辅助图样，用以补充表达物体的结构形状。本章将学习轴测图的形成与作用，轴间角和轴向伸缩系数，正等轴测图及其画法，斜二轴测图及其画法，以及轴测剖视图画法及尺寸标注等。

8.1　轴测图的基本知识

　　前面已经学习了多面正投影图，多面正投影图能确切地表达形体的空间形状，并且作图简单，因此是工程中常用的图样。但它的缺点是立体感差，不易想象形体的空间形状，而轴测投影图是一种立体感较强的图样。

8.1.1　轴测图的形成

　　将空间一物体连同其直角坐标系，沿不平行于任一坐标面的方向，用平行投影法（正投影法或斜投影法）将其投射在单一投影面 P 上所得到的图形就称为轴测投影图，简称轴测图（如图 8.1 所示）。

　　投影面 P 为生成轴测图的投影面即轴测投影面；直角坐标轴 O_0X_0、O_0Y_0、O_0Z_0 在轴测投影面上的投影 OX、OY、OZ 称为轴测轴；相邻轴测轴之间的夹角 $\angle XOY$、$\angle YOZ$、$\angle ZOX$ 称为轴间角；生成轴测图的投射方向（S）称为轴测投射方向，物体上与直角坐标轴平行的线段称为轴向线段（如 A_0B_0、A_0D_0、A_0F_0 等），如图 8.1（a）所示。

　　轴向线段的轴测投影长与对应的空间坐标轴上真实长度的比值，称为轴向伸缩系数。OX、

图 8.1   轴测图的形成

OY、OZ 轴上的轴向伸缩系数分别用 p、q、r 表示：

$$p \text{——} X \text{ 轴向伸缩系数}, p = \frac{AD}{A_0 D_0};$$

$$q \text{——} Y \text{ 轴向伸缩系数}, q = \frac{AB}{A_0 B_0};$$

$$r \text{——} Z \text{ 轴向伸缩系数}, r = \frac{AF}{A_0 F_0}。$$

为了使轴测图具有较好的直观性,在选取投射方向时,不应使之与物体上的任一坐标平面($X_0 O_0 Y_0$、$Y_0 O_0 Z_0$、$Z_0 O_0 X_0$)平行,以避免这些平面的轴测投影转化为直线,从而损坏轴测图的直观性。

8.1.2　轴测图的分类

(1)根据投射方向与轴测投影面的相对位置分类

根据投射方向(S)与轴测投影面的相对位置不同,轴测图分为两大类。

正轴测图:投射方向与轴测投影面垂直所得轴测图,如图 8.11(a)所示。

斜轴测图:投射方向与轴测投影面倾斜所得的轴测图,如图 8.14(a)所示。

(2)根据轴测图轴向伸缩系数是否相等分类

根据轴测图轴向伸缩系数是否相等,每一类轴测图又分为 3 种。

①3 个轴向系数都相等($p = q = r$)时,称为正(或斜)等轴测图。

②只有两个轴向伸缩系数相等($p = r \neq q$ 或 $p = q \neq r$ 或 $q = r \neq p$)时,称为正(或斜)二轴测图。

③3 个轴向伸缩系数都不相等($p \neq q \neq r$)时,称为正(或斜)三轴测图。

综上可知,轴测图可分为 6 种,工程上常用的轴测图是正等轴测图、斜二轴测图。上述轴测图中,除正等轴测图唯一确定以外,其余各种若取不同轴向伸缩系数即可得到不同形式的图形,绘制时需综合考虑物体的直观性、立体感以及绘图方便来进行选择。

8.1.3　轴测图的基本性质

由于轴测图是用平行投影法得到的单面投影图,因此它完全具备平行投影的特性。

(1)平行性

物体上相互平行的线段,其轴测投影也相互平行。物体上与直角坐标轴平行的线段,其轴测投影必平行于相应的轴测轴。

(2)定比性

轴测轴及其相对应的轴向线段有着相同的轴向伸缩系数。物体上两平行线段或同一直线上两线段长度之比在其轴测投影上保持不变。

根据轴测投影的特性,按轴向伸缩系数的大小,平行于坐标轴的直线段可以根据轴向伸缩系数的大小,直接测量来作图。因此,轴测图沿轴向具有良好的度量性。要注意的是,与坐标轴不平行的线段具有不同的伸缩系数,故不能直接测量绘制,只能按"轴测"原则,根据端点坐标,作出两端点后连线绘出。

8.2　正等轴测图

正等轴测图属正轴测投影中的一种类型,它是由坐标系 $O\text{-}XYZ$ 的三个坐标轴与投影面 P 所成夹角均相等时所形成的投影。由于正等轴测图的画法简单、立体感较强,因此在工程上较常使用。

8.2.1　正等轴测图的形成及其轴间角和轴向伸缩系数

正等轴测图是斜着放(即3根坐标轴都与轴测投影面成等倾角倾斜)、正着投(即投射方向垂直于轴测投影面)获得的。此时,正等轴测图的3个轴间角相等,即 $\angle XOY = \angle YOZ = \angle ZOX = 120°$;轴向伸缩系数相等,即 $p = q = r \approx 0.82$。作图时,一般将 OZ 轴画成竖直位置,使 OX、OY 轴与水平线成30°,如图8.2所示。所有轴向线段的尺寸都可以直接度量实长得到,如图8.3(a)、(b)所示。为作图方便,轴向伸缩系数常取简化值: $p = q = r = 1$(作图时,物体轴向的长、宽、高都不变)。若采用简化轴向伸缩系数 $p = q = r = 1$ 画出的正等轴测图比按理论轴向伸缩系数作图放大了1.22倍 $\left(\dfrac{1}{0.82} \approx 1.22\right)$,如图8.3(c)所示,这对表达物体结构形状没

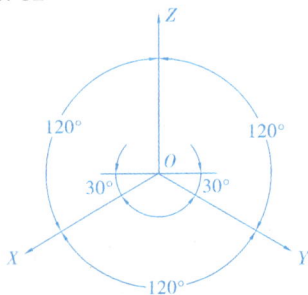

图 8.2　正等轴测图的轴间角

有影响,因此均按简化轴向伸缩系数作图。

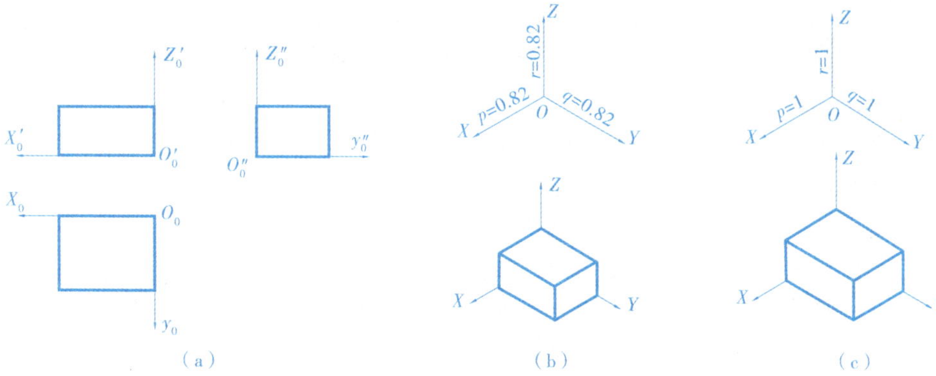

图8.3 轴向伸缩系数和简化轴向伸缩系数作图比较

8.2.2 平面立体正等轴测图画法

(1)坐标法

坐标法是根据坐标关系,画出物体表面各顶点的轴测投影,然后连线形成物体的轴测图。坐标法是画轴测图的基本方法。

【例8.1】绘制如图8.4(a)所示的正六棱柱的正等轴测图。

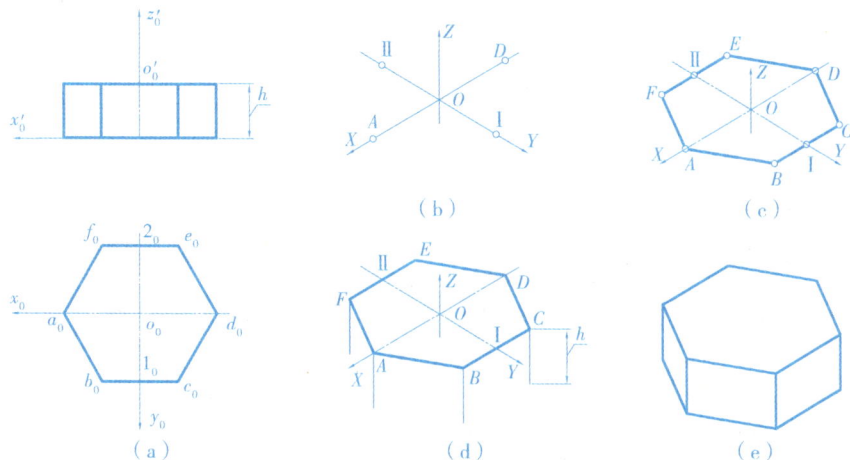

分析:正六棱柱前后、左右对称,故将坐标原点 O_0 设定在上顶面正六边形的中心,以正六边形的对称中心线为 X_0、Y_0 轴。这样便于直接作出上顶面六边形各顶点的坐标,用坐标法从上顶面开始作图。理论上讲,坐标原点可以建立在任意点上,主要以方便作图为原则。

六棱柱的正等轴测图

【解】①确定坐标原点 O_0 和坐标轴 O_0X_0、O_0Y_0、O_0Z_0,如图8.4(a)所示。

②画轴测轴 OX、OY、OZ,由于 a_0、d_0 和 1_0、2_0 分别在 O_0X_0、O_0Y_0 轴上,所以可直接量取,并在 OX、OY 上作出 A、D 和 Ⅰ、Ⅱ,如图8.4(b)所示。

图8.4 正六棱柱的正等轴测图画法

③通过 Ⅰ、Ⅱ 作 OX 轴的平行线,在该平行线上根据点 b_0、c_0 和 e_0、f_0 的 X 轴坐标截取得到

点 b_0、c_0、e_0、f_0 的轴测投影 B、C、E、F 各点,并连接 A、B、C、D、E、F 各点,即得六棱柱顶面正六边形轴测图,如图8.4(c)所示。

④过 A、B、C、F 各点向下作 OZ 轴的平行线,并在其上截取高度 h 作出六棱柱底面上可见点的轴测投影,如图8.4(d)所示。

⑤连接六棱柱底面可见点,擦去作图线,描深,完成正等轴测图,如图8.4(e)所示。

由于轴测图只画出可见轮廓线,因此将原点取在六棱柱顶面中心作图,可简化作图过程。

(2)切割法

对于不完整的物体,可先按完整物体画出,然后再利用轴测投影的特性(平行性)对切割部分进行作图,这种作图方法称为切割法。实际作图时,往往是坐标法、切割法两种方法综合使用。

【例8.2】如图8.5(a)所示为一切割体的三视图,绘制其正等轴测图。

分析:分析三视图可知该物体由一个四棱柱切割构成。一个水平面、一个正垂面切去四棱柱左上角;两个正平面、一个侧平面在四棱柱左下部切去一个方槽;两个侧垂面、一个水平面在四棱柱的右侧切去一个 V 形楔块。

【解】①设置坐标轴,如图8.5(a)所示。

②画轴测轴及基本体(四棱柱)的轴测图,如图8.5(b)所示。

③用坐标确定物体上 A_0、B_0、C_0 的轴测投影 A、B、C,再利用轴测投影特性(平行性)完成切割部分的轴测投影,如图8.5(c)所示。

④用坐标确定物体上点 D_0、E_0 的轴测投影 D、E,再利用轴测投影特性(平行性)完成左侧方槽的轴测投影,如图8.5(d)所示。

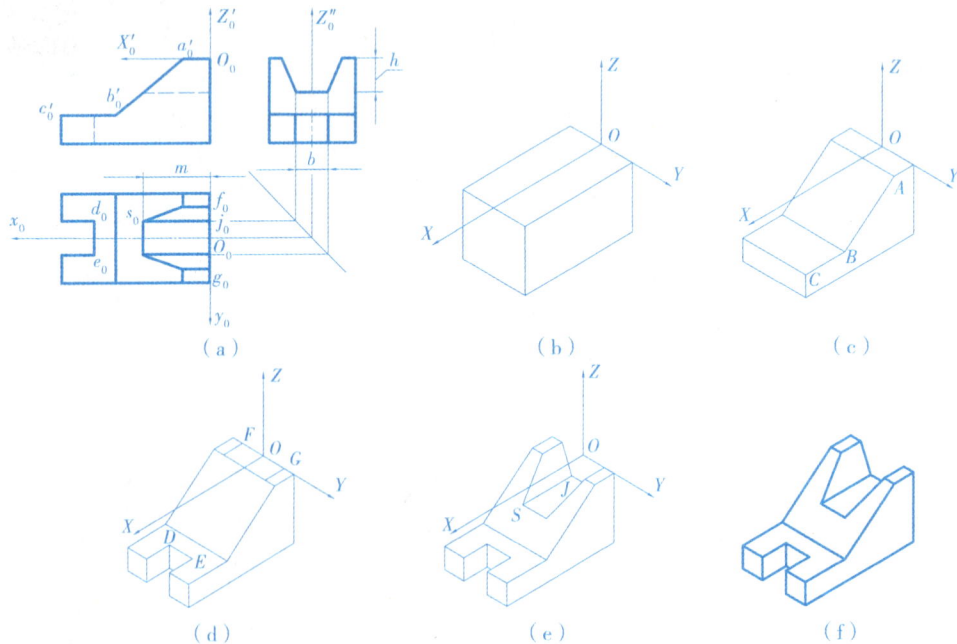

(a)　　　　　　(b)　　　　　　(c)

(d)　　　　　　(e)　　　　　　(f)

图8.5　切割体正等轴测图

⑤用坐标确定物体上点 G_0、F_0 的轴测投影 G、F,过点 G、F 作 X 轴的平行线,如图8.5(d)所示。

⑥过原点 O 沿 Z 轴负向截取槽深 h，过截点作 Y 轴平行线，在该平行线上过截点沿 Y 轴负向截取槽底半宽 $b/2$ 得点 J，过点 J 作 X 轴平行线截取槽底长 m 得点 S，再利用轴测投影特性（平行性）完成 V 形槽的轴测投影，如图 8.5(e) 所示。

⑦修剪、擦去多余作图线，整理并加深轮廓线，完成作图，如图 8.5(f) 所示。

注意：视图中与轴测轴不平行的图线在轴测图中不能直接量取作图，一般用坐标确定端点后连线绘制，如该例中线段 AB 的绘制。

（3）叠加法

在进行轴测图绘制时，对于形状较为复杂的物体，可以将其看成几个形状简单的基本形体叠加而成，通过绘制基本形体的轴测图再利用坐标位置关系进行叠加可得到所绘制物体的轴测图。

【例 8.3】绘制如图 8.6(a) 所示物体的正等轴测图。

分析：利用形体分析法，可以将物体分解为底板长方体、立板长方体以及斜板三个部分，利用叠加法进行依次作图。

【解】①确定坐标原点 O_0 和坐标轴 O_0X_0、O_0Y_0、O_0Z_0，如图 8.6(a) 所示。

②确定轴测轴 OX、OY、OZ，绘制底板的轴测图，如图 8.6(b) 所示。

③由三视图所示的相对位置关系，绘制立板的正等轴测图，如图 8.6(c) 所示。

④作出点 e_0、f_0、g_0、h_0 的轴测投影点 E、F、G、H，连接各点并由投影特性（平行性）完成作图，如图 8.6(d) 所示。

⑤修剪、擦去多余作图线，整理并加深轮廓线，完成作图，如图 8.6(e) 所示。

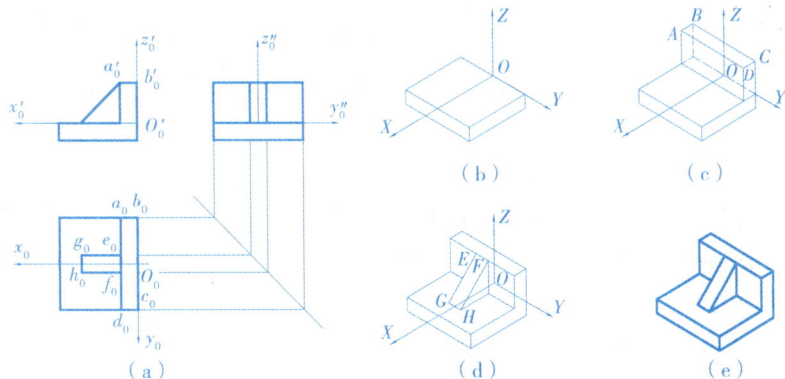

图 8.6　采用叠加法绘制物体的正等轴测图

8.2.3　曲面立体正等轴测图画法

（1）平行于坐标面的圆的正等轴测图

坐标法是绘制轴测图的基本方法，圆平面的轴测投影也可采用坐标法绘制。

作图：①在圆平面上确定直角坐标系（$X_0O_0Y_0$），并在圆周上取若干点，如图 8.7(a) 所示。

②画轴测轴（XOY），用坐标法绘制圆周上若干点的轴测投影，然后光滑连接各点即得到该圆的正等轴测图，如图 8.7(b) 所示。由此可知：平行于坐标面的圆的正等轴测图是椭圆。

四点法是绘制平行或位于坐标平面的圆的轴测图的常用方法，所谓四点法，即先作出圆的外切正方形的正等轴测投影，再利用该投影找到四个圆心，作出四段相切的圆弧，以代替椭圆的

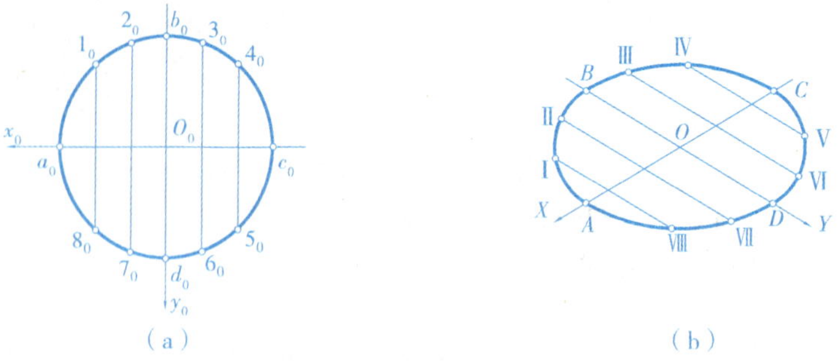

图8.7 圆的正等轴测图

方法。

【例8.4】绘制如图8.8(a)所示的圆柱的正等轴测图。

分析:如图8.8(a)所示,铅垂圆柱的顶、底面为两个与坐标平面($X_0O_0Y_0$)平行且大小相同的圆,采用四点法绘制圆的轴测投影,即椭圆,由此作出顶面和底面的椭圆,然后作两椭圆的公切线,即得圆柱的正等轴测图。

【解】①设置坐标轴如图8.8(a)所示。作顶面圆的外切正方形,得切点 a_0、b_0、c_0、d_0,如图8.8(a)所示。

②作轴测轴和四个切点的轴测投影 A、B、C、D,过四点分别作 OX、OY 的平行线,得外切正方形的轴测投影(菱形),如图8.8(b)所示。

③过菱形顶点1、2连接$1C$、$1D$ 和$2A$、$2B$,四线相交得交点3、4,则点1、2、3、4即为近似椭圆四段圆弧的圆心。分别以点1、2为圆心,$1C$ 为半径画圆弧$\overset{\frown}{CD}$,以$2A$为半径画圆弧$\overset{\frown}{AB}$;分别以3、4为圆心,$3B$ 为半径作圆弧$\overset{\frown}{BC}$,以$4D$ 为半径作圆弧$\overset{\frown}{DA}$,即完成顶面圆的轴测投影,如图8.8(c)所示。

④将椭圆的3个圆心2、3、4沿 Z 轴平移高度h,作出底面圆的轴测投影(移心法画底面圆的轴测投影),不可见的椭圆弧不必画出,如图8.8(c)所示。

⑤作两椭圆公切线,清理图面,加深可见轮廓线,完成作图,如图8.8(d)所示。

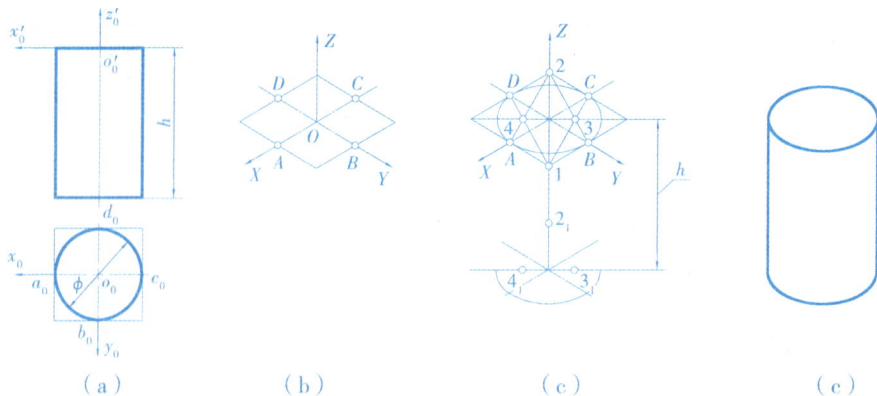

图8.8 圆柱的正等轴测图

当圆柱轴线垂直于不同的坐标面时,轴测图画法与上述相同,只是平行于不同坐标面的圆柱顶圆(底圆),其正等测椭圆的长、短轴方向不同(图8.9),分析图8.9可知:

①平行于 $X_0O_0Y_0$ 坐标面的顶圆,其正等测椭圆的长轴 $\perp OZ$,短轴 $// OZ$ 轴,如图 8.9(a)所示。

②平行于 $Y_0O_0Z_0$ 坐标面的顶圆,其正等测椭圆的长轴 $\perp OX$,短轴 $// OX$ 轴,如图 8.9(b)所示。

③平行于 $Z_0O_0X_0$ 坐标面的顶圆,其正等测椭圆的长轴 $\perp OY$,短轴 $// OY$ 轴,如图 8.9(c)所示。

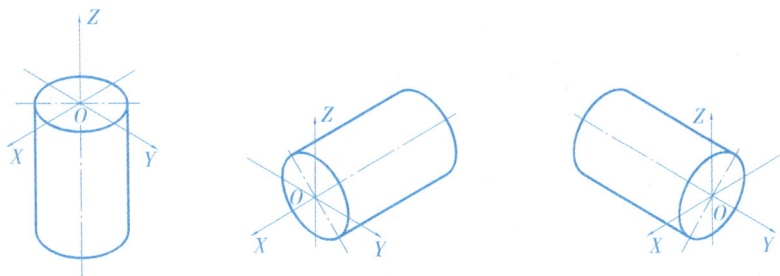

(a)平行于 $X_0O_0Y_0$ 面　　(b)平行于 $Y_0O_0Z_0$ 面　　(c)平行于 $Z_0O_0X_0$ 面

图 8.9　平行于不同坐标面的圆柱顶圆的轴测图

在对圆进行轴测图的绘制时,除坐标法和四点法的作图方法之外,八点作图法也是经常被采用的作图方法。

作图:①在圆平面上确定直角坐标系 $X_0O_0Y_0$,如图 8.10(a)所示。

②作顶面圆的外切正方形,得切点 a_0、b_0、c_0、d_0 以及圆 45°方向上的交点 e_0、f_0、g_0、h_0,如图 8.10(b)所示。

③作出轴测轴 OX、OY、OZ。得到圆的外切正方形的正交投影——菱形,并作出切点 A、B、C、D,如图 8.10(c)所示。

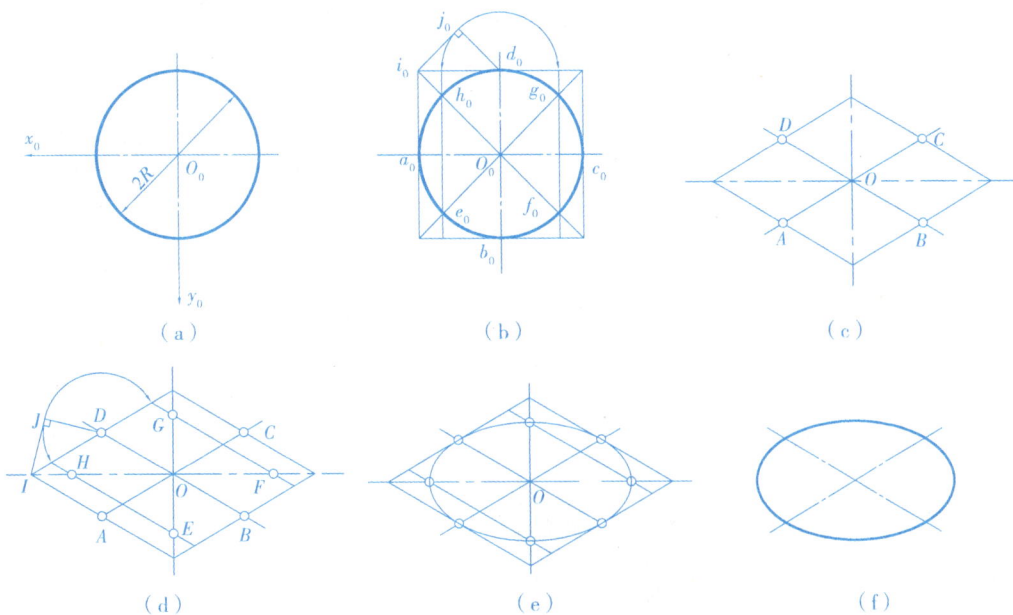

图 8.10　八点法绘制圆的轴测投影图

④易证：$O_0h_0 : O_0i_0 = 1 : \sqrt{2}$，利用等腰直角三角形 $\triangle IJD$ 及相应圆弧，得到 4 个点 e_0、f_0、g_0、h_0 的轴测投影点 E、F、G、H，如图 8.10(d) 所示。

⑤得到点 A、B、C、D、E、F、G 的轴测投影，然后光滑连接各点即得到该圆的正等轴测图，如图 8.10(e) 所示。

⑥修剪、擦去多余作图线，整理并加深轮廓线，完成作图，如图 8.10(f) 所示。

(2) 回转体正等轴测图画法举例

【例 8.5】绘制如图 8.11(a) 所示的圆锥台的正等轴测图。

分析：该圆锥台的顶面与底面为两个平行于坐标面 $X_0O_0Y_0$ 的大小不相等的圆。两个圆的轴测投影椭圆的长轴垂直于 OZ 轴，短轴平行于 OZ 轴，可先画出其顶圆与底圆的正等测投影图，再将上下椭圆相切连接，擦去不可见线条则可得到该圆锥台的正等轴测图。

【解】①确定直角坐标轴 O_0X_0、O_0Y_0、O_0Z_0 及原点 O_0，并作顶圆和底圆的外切正方形，得顶圆切点投影 a_0、b_0、c_0、d_0，如图 8.11(a) 所示。

②确定轴测轴，并由圆锥台的高 h 画出顶圆和底圆的外切四边形的正等轴测投影菱形，如图 8.11(b) 所示。

③将顶圆外切四边形投影得到的菱形的顶点 3 与点 C、D 相连，将菱形顶点 4 与 A、B 相连，得交点 1、2，则 1、2、3、4 点即为顶圆投影的近似椭圆 4 段圆弧的圆心。同理得到 5、6、7、8 点为底圆投影的近似椭圆 4 段圆弧的圆心，如图 8.11(c) 所示。

(a)　　　　(b)　　　　(c)　　　　(d)

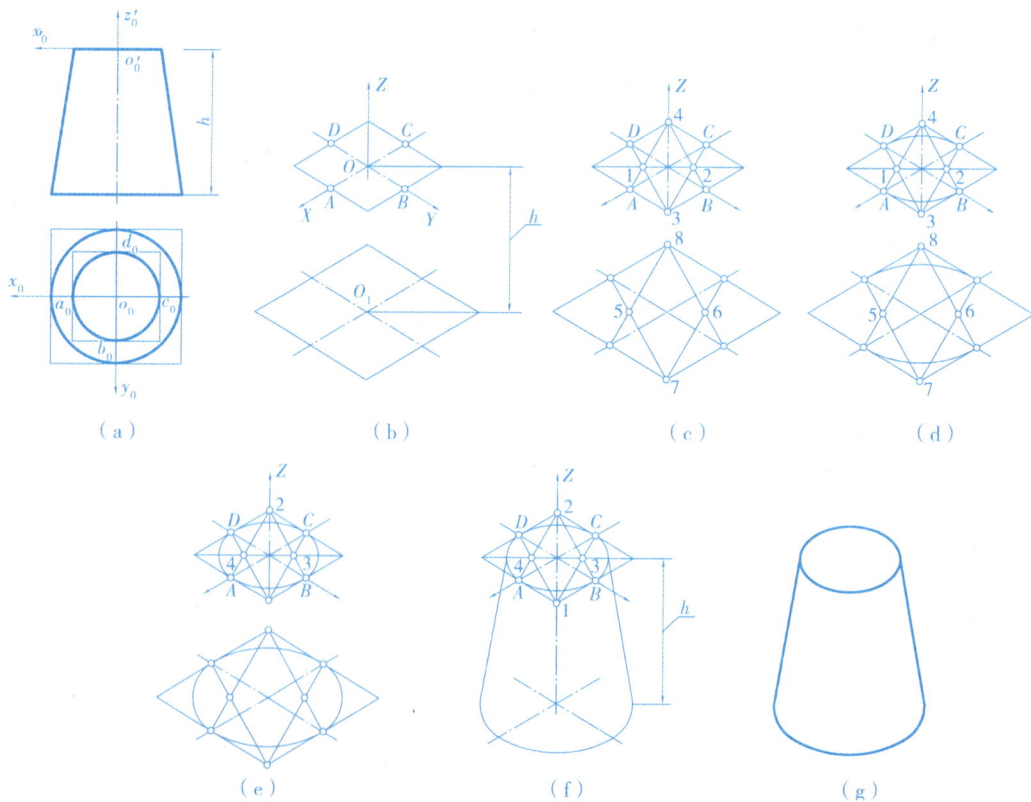

(e)　　　　(f)　　　　(g)

图 8.11　圆锥台的正等轴测图画法

④分别以点 3、4 为圆心,以 $3C($或 $4A)$ 为半径画 $\overset{\frown}{CD}$ 和 $\overset{\frown}{AB}$,如图 8.11(d) 所示;分别以点 1、2 为圆心,以 $1A($或 $2B)$ 为半径画 $\overset{\frown}{DA}$ 和 $\overset{\frown}{BC}$。同理,画出底圆投影的椭圆圆弧,即完成顶圆与底圆的轴测投影(椭圆),如图 8.11(e) 所示。

⑤作顶圆和底圆的轴测投影椭圆的公切线(外轮廓线),擦除不可见线条,即得到所求圆锥台的正等轴测图,如图 8.11(f) 所示。

⑥清理图面,加深可见轮廓线,完成作图,如图 8.11(g) 所示。

8.2.4 圆角和组合体正等轴测图画法

平行于投影面的圆的正等轴测投影是椭圆,该椭圆由 4 段圆弧构成,如图 8.11(d)、(e) 所示的水平圆的正等轴测投影。工程中平板上的圆角由 1/4 圆弧构成,该 1/4 圆弧的正等轴测投影就是上述椭圆中的 4 段圆弧之一。该圆角正等轴测图的画法见下例。

【例 8.6】如图 8.12(a) 所示为圆角 L 形平板的三面正投影图,画出其正等轴测图。

分析:平板上的圆角由 1/4 圆弧构成,在轴测图中是 1/4 椭圆弧,可采用简化画法进行作图——只要找到圆角(圆弧)在整圆中的对应位置,将椭圆画法进行分解,就不难得到它们之间的关系。

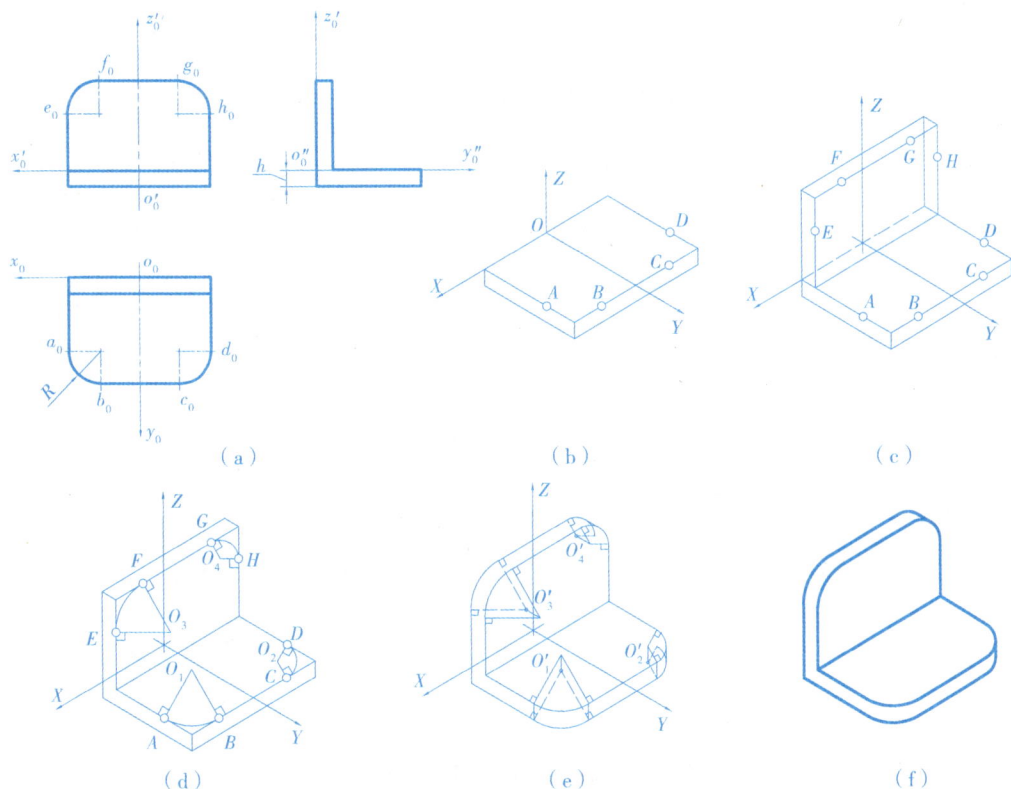

图 8.12 圆角的正等轴测图画法

【解】①确定坐标原点 O_0 和坐标轴 O_0X_0、O_0Y_0、O_0Z_0,如图 8.12(a) 所示。

②确定轴测轴 OX、OY、OZ,绘制底板的轴测图,作点 a_0、b_0、c_0、d_0 的轴测投影点 A、B、C、D,

如图 8.12(b)所示。

③利用叠加作图法作竖板的正等轴测图,同理得到 e_0、f_0、g_0、h_0 的轴测投影点 E、F、G、H,如图 8.12(c)所示。

④过点 A、B、C、D 分别作所在边的垂线,求出底板圆角圆心的轴测投影圆心 O_1、O_2,同理绘制竖板圆角圆心的轴测投影圆心 O_3、O_4;随后作底板圆角的圆弧 $\overset{\frown}{AB}$、$\overset{\frown}{CD}$。同理,绘制竖板圆角的圆弧 $\overset{\frown}{EF}$、$\overset{\frown}{GH}$,如图 8.12(d)所示。

⑤将底板圆心 O_1、O_2 以及竖板圆心 O_3、O_4 分别向底板底面以及竖板后一面投影得圆心 O_1'、O_2'、O_3'、O_4' 并作圆弧,并在 O_4' 与 O_4 以及 O_2' 与 O_2 所作两小圆弧处分别作公切线,如图 8.12(e)所示。

⑥擦去多余的图线,清理图面,加深可见轮廓线,完成作图,如图 8.12(f)所示。

【例 8.7】组合体的投影图如图 8.13(a)所示,求作其正等轴测图。

分析:该组合体由底板、竖板以及肋板叠加构成。底板为带圆角的四棱柱,竖板两侧的平面与圆柱面相切,并带有圆孔。下面按各基本形体逐一叠加的方法画出其轴测图。

组合体的正
等测图的画法

【解】①设置坐标轴,如图 8.13(a)所示。

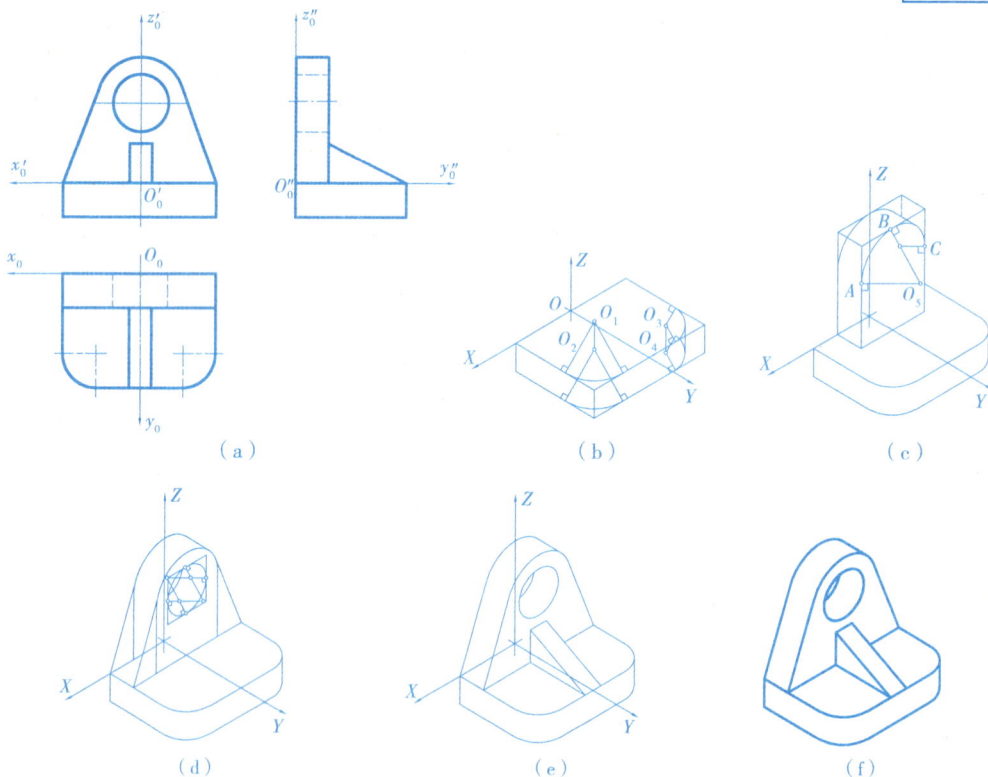

图 8.13　组合体的正等轴测图的画法

②确定轴测轴 OX、OY、OZ,绘制底板四棱柱的正等轴测投影并绘制圆角,如图 8.13(b)所示。

③绘制竖板四棱柱的正等轴测投影,再利用切点 A、B、C 绘制以 O_5 为圆心,以 O_5A 为半径

的圆弧$\overset{\frown}{AB}$。同理,绘制圆弧$\overset{\frown}{BC}$,将竖板前端半圆的轴测投影向后端面投影,用公切线连接两段圆弧,完成竖板半圆作图,如图8.13(c)所示。

④作竖板前后端面两个椭圆弧的公切线与底板相连,再绘制圆孔的轴测投影,如图8.13(d)所示。

⑤利用坐标法绘制肋板的正等轴测投影,如图8.13(e)所示。

⑥擦去多余的图线,清理图面,加深可见轮廓线,完成作图,如图8.13(f)所示。

8.3 斜二轴测图

通常将坐标系$O\text{-}XYZ$中的两个坐标轴放置在与投影面平行的位置,所以较常用的斜轴测投影有正面斜轴测投影和水平斜轴测投影。但无论哪一种,如果它的3个伸缩系数都相等,就称为斜等测投影(简称斜等测),如果只有两个伸缩系数相等,就称为斜二测轴测投影(简称斜二测)。

8.3.1 斜二轴测图的形成及其轴间角和轴向伸缩系数

由前述可知,斜二轴测图属斜轴测投影中的一种类型,它是正着放(即坐标平面$X_0O_0Z_0$平行于轴测投影面P)、斜着投(即投射方向倾斜于轴测投影面P)获得的,如图8.14(a)所示。由于坐标面$X_0O_0Z_0$平行于轴测投影面P,因此,轴测轴OX,OZ的轴向伸缩系数$p = r = 1$,轴间角$\angle XOZ = 90°$。轴测轴OY的轴向伸缩系数q及轴间角$\angle XOY$、$\angle YOZ$可随着投射方向的变化而变化。为了绘图简便,国家标准规定,选取轴间角$\angle XOY = \angle YOZ = 135°$,$q = 0.5$,$OZ$轴仍按竖直方向绘制,如图8.14(b)所示。按照这些规定绘制的斜轴测图称为斜二轴测图,简称斜二测。

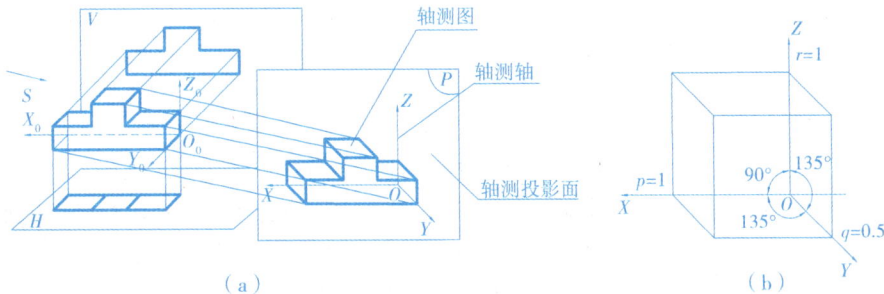

图8.14 斜二轴测图的形成

8.3.2 斜二轴测图画法

由于斜二测轴测图的轴向伸缩系数$p = r = 1$,所以物体上凡平行于$X_0O_0Z_0$坐标面的平面,其轴测投影都反映其实形。因此,可将物体上圆或圆弧较多的平面放置在与$X_0O_0Z_0$面平行的面,使其轴测投影仍为圆或圆弧,以简化作图。对于物体上不平行于$X_0O_0Z_0$面的圆或圆弧,可采用坐标法完成其轴测投影。

物体的斜二轴测图画法与正等轴测图的画法类似,均可采用坐标法、切割法和叠加法绘制,只是二者的轴间角和轴向伸缩系数不同而已。

【例8.8】物体的三视图如图8.15(a)所示,试绘制出其斜二轴测图。

分析:该物体用叠加法绘制,可先画出前端的空心半圆柱,再画后端带孔的圆角立板。

【解】①设置直角坐标轴,如图8.15(a)所示。

②画轴测轴及半个正垂圆筒,如图8.15(b)所示。

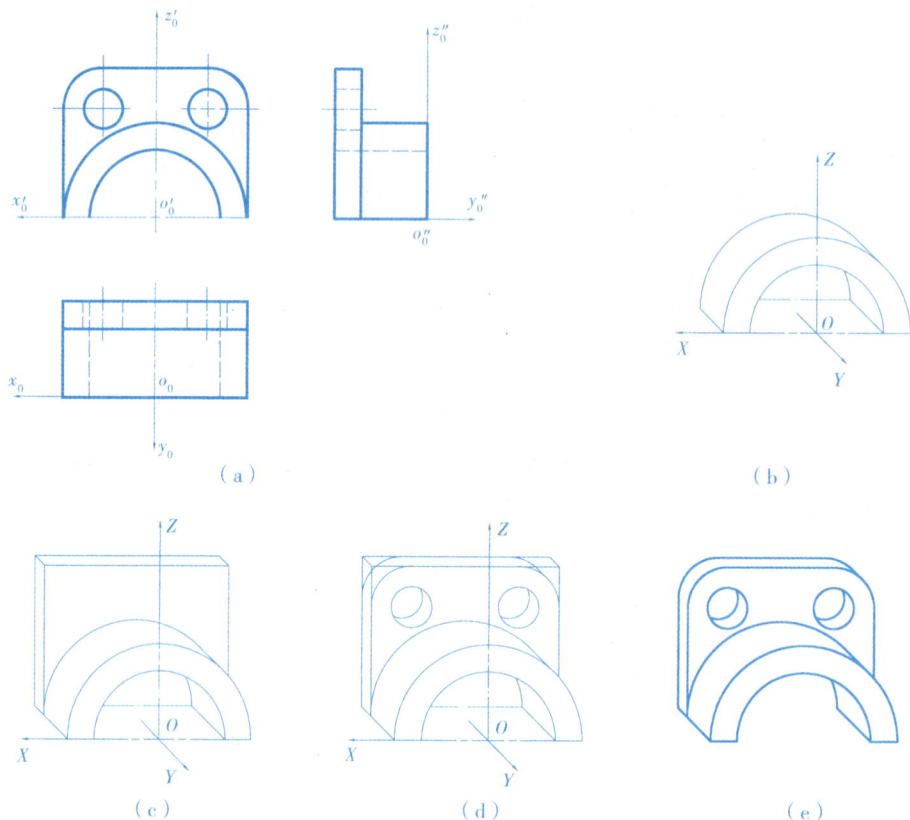

组合形体的
斜二轴测图

图 8.15 组合形体的斜二轴测图

③画竖板长方体的轴测图,注意竖板前端面与圆筒外柱面的交线,如图8.15(c)所示。

④画竖板的圆角和小孔,如图8.15(d)所示。

⑤擦除作图线,加深可见轮廓线,完成物体的斜二轴测图,如图8.15(e)所示。

8.4 轴测剖视图画法及尺寸标注

为了能在轴测图上清楚表达物体内部的结构形状,可假想用剖切平面将物体的一部分剖去,这种剖切后的轴测图称为轴测剖视图。

8.4.1　轴测剖视图的画法

（1）剖切平面和剖切位置的确定

在轴测剖视图中,剖切平面应平行于坐标面,通常用平行于坐标面的两个互相垂直的平面来剖开物体,一般只剖切物体的1/4,以免破坏物体的完整性。

剖切平面一般应通过物体的对称平面或通过内部孔等结构的轴线。

（2）剖面线画法

①用剖切平面剖开物体时,剖切平面与物体的接触部分（截断面）应画上剖面线,剖面线应画成等距、平行的细直线,其方向如图8.16所示。

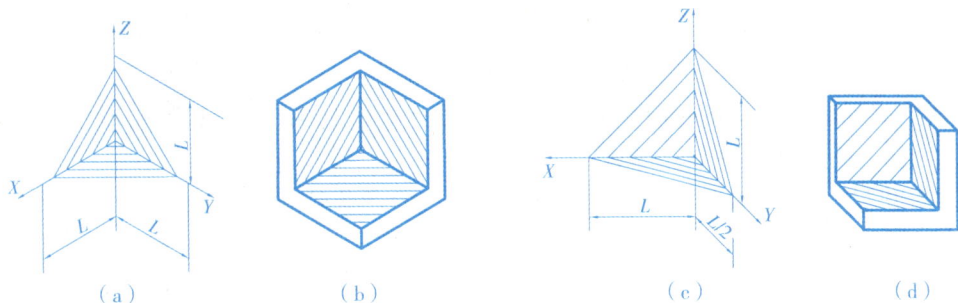

图8.16　轴测剖视图的剖面线方向

②当剖切平面通过物体的肋或薄壁的纵向对称面进行剖切时,这些结构不画剖面线,而是用粗实线将它与邻接部分分开,如图8.17所示。

③表示物体中间折断或局部断裂时,断裂处的边界线应画成波浪线,并在可见断裂面内加画细点,如图8.18所示。

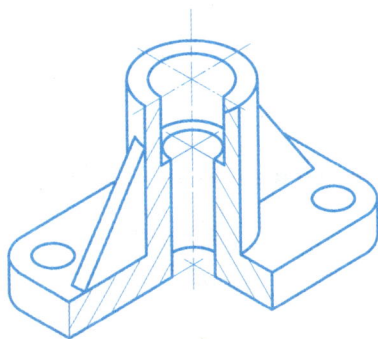

图8.17　肋或薄壁不画剖面线　　　图8.18　折断或局部断裂处画细点

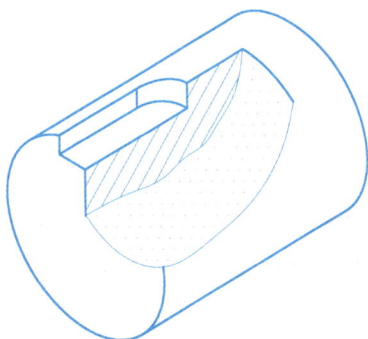

（3）轴测剖视图的画法

方法一:先画物体的完整轴测图,然后按选定的剖切位置画出断面轮廓的轴测投影,最后将剖去部分擦掉,在截断面轴测投影上画上剖面线。

【例8.9】根据物体的视图[如图8.19（a）所示],画出其正等轴测剖视图。

【解】①在视图上确定直角坐标轴,如图8.19（a）所示。

②画轴测轴及物体的完整正等轴测图,确定剖切位置,画出剖切后的截断面的轴测投影,如

图 8.19(b)所示。

③擦去被剖切掉的部分,在截断面轴测投影上画出剖面线及其他可见部分的轴测投影,描深可见轮廓线,如图 8.19(c)所示。

图 8.19　轴测剖视图画法(一)

方法二:先画出截断面的轴测投影,然后再画出物体内、外部可见轮廓线的轴测投影。使用该方法可减少不必要的作图线。

【例 8.10】根据物体的视图[如图 8.20(a)所示],画出其斜二轴测剖视图。

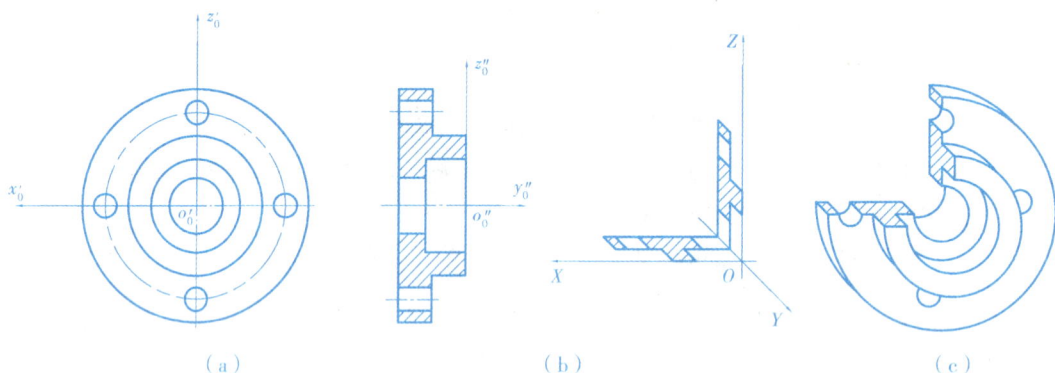

图 8.20　轴测剖视图画法(二)

【解】①在视图上确定直角坐标轴,如图 8.20(a)所示。

②画轴测轴,确定剖切位置,画出剖切后截断面的轴测投影,如图 8.20(b)所示。

③画出内外部分可见轮廓线的轴测投影,描深即得该物体的斜二轴测剖视图,如图 8.20(c)所示。

8.4.2　轴测图的尺寸标注

①轴测图的线性尺寸一般应沿轴测轴方向标注。尺寸数字应按相应的轴测图形标注在尺寸线的上方,尺寸线必须与所标注的线段平行,尺寸界线一般应平行于该线段所在平面的某一投影轴。当图中出现字头向下的情况时,应引出标注,将尺寸数字引出来水平注写(图 8.21)。

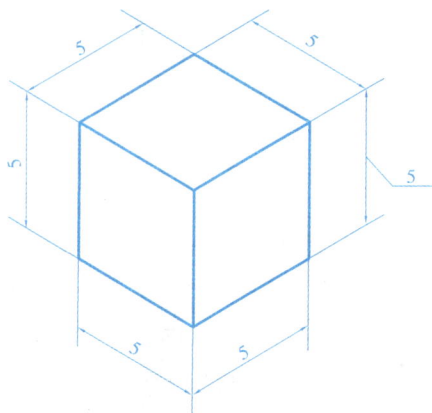

图 8.21　轴测图线性尺寸的注法

②标注角度尺寸时,尺寸线应画成与该坐标平面相应的椭圆弧,角度数字一般注在尺寸线的中断处,字头向上(图8.22)。

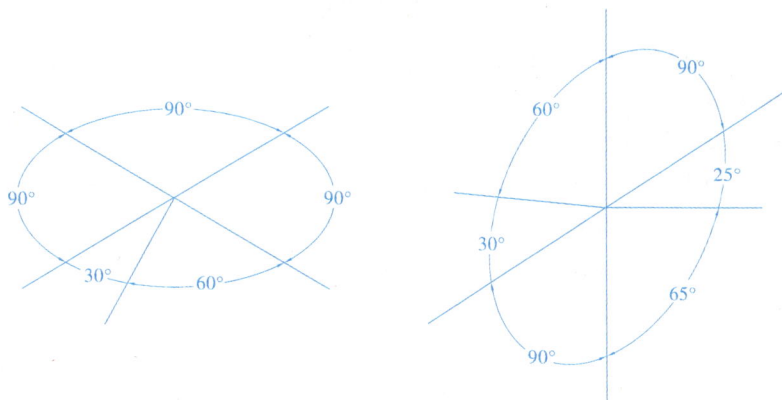

图 8.22　轴测图角度尺寸的注法

③标注圆的直径时,尺寸线和尺寸界线分别平行于圆所在平面内的轴测轴。标注圆弧半径或较小圆的直径时,尺寸线可从(或通过)圆心标注,但注写尺寸数字的横线必须平行于轴测轴(图8.23)。

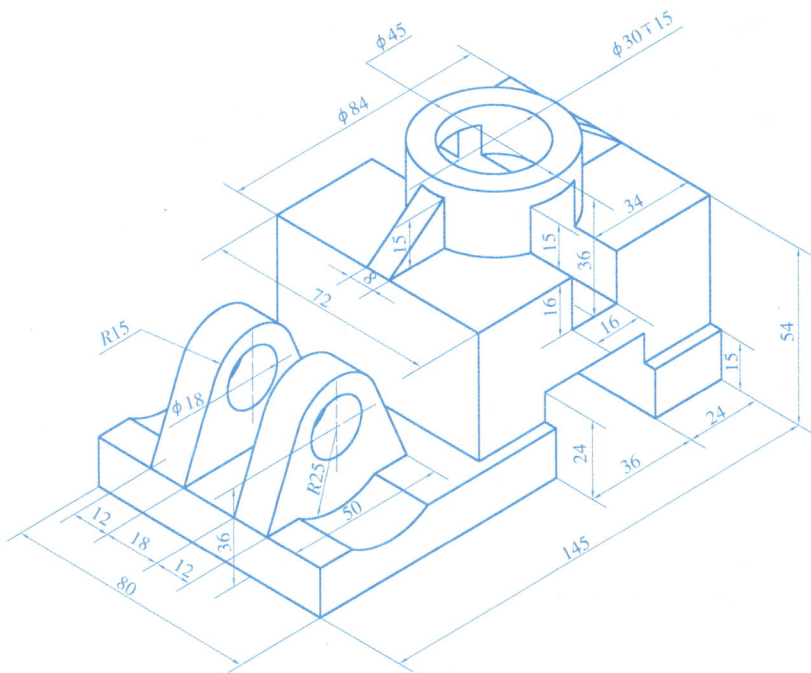

图 8.23　轴测图尺寸标注示例

本章小结

（1）了解轴测图的形成与作用；

（2）了解轴测图的分类；

（3）了解轴测图中的轴间角与伸缩系数；

（4）掌握正等轴测图的画法；

（5）掌握斜二轴测图的画法；

（6）熟悉剖视轴测图的画法；

（7）熟悉轴测图的尺寸标注。

复习思考题

8.1 轴测图是怎么形成的？如何进行分类？其与多面正投影图有哪些区别？

8.2 什么是轴间角和轴向伸缩系数？

8.3 哪两种轴测图为工程上常用的轴测图？它们的轴间角和轴向伸缩系数各为多少？

8.4 正等轴测图有哪些常用的作图方法？

8.5 什么是轴测剖视图？

8.6 试述正等测、斜二测的应用范围。

8.7 怎么使用 AutoCAD 软件绘制轴测图？构思一个物体，并利用软件绘制其正等轴测图。

9 组合体及其投影

本章导读：

　　本章主要介绍组合体及其视图的相关概念和表示方法，包括组合体的概念、组合方式、组合体的各种视图及其画法、组合体视图的尺寸标注、组合体视图的阅读等，重点是掌握绘制和阅读组合体视图的方法和技巧，难点是组合体视图的阅读。

9.1　组合体的组成分析

　　任何复杂的物体，从形体角度分析，都是由一些简单的平面体和曲面体组合而成的。人们把由基本几何形体（棱柱、棱锥、圆柱、圆锥、球、圆环等）或简单形体（拉伸体、回转体等）组合构成的立体称为组合体。

9.1.1　组合体的分析方法和组成方式

　　组合体的主要分析方法是形体分析法，就是假想把组合体分解为若干个基本几何体或简单形体（简称形体），并确定各形体间的组合方式和相对位置的方法。形体分析法是一种构造组合体、画组合体视图和看组合体视图的空间思维方法。

　　组合体的组成方式通常分为叠加和切割两种。

　　叠加就是若干形体堆叠构成［图9.1(a)］，切割就是由某一形体经挖切构成［图9.1(b)］。复杂的组合体往往既有叠加又有切割［图9.1(c)］。

　　对于一些常见的简单组合体，如空心圆柱、弯板等，一般可将其看成一个简单形体，如图9.2所示。

叠加

（a）

挖切

（b）

叠加

挖切

（c）

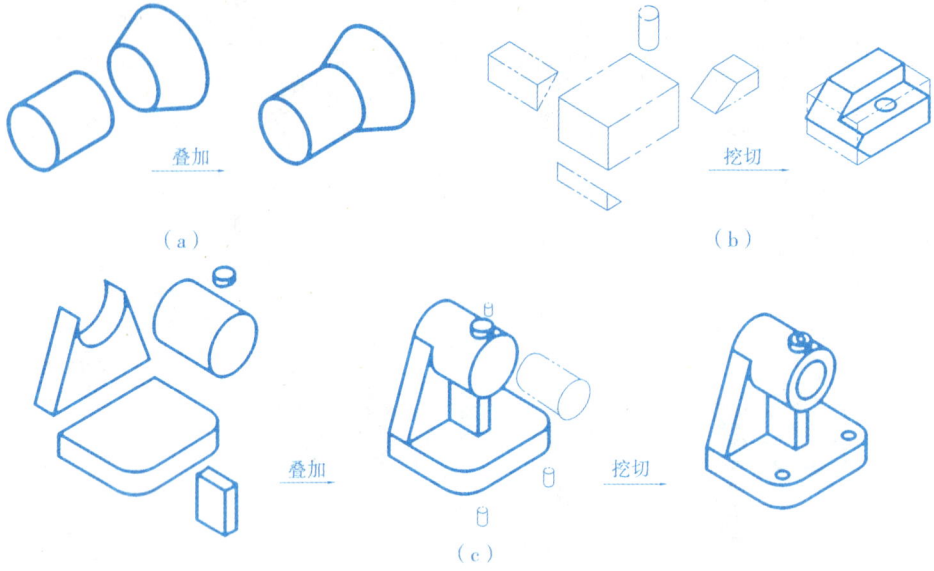

图9.1　组合体的组成方式

（a）

（b）

（c）

（d）

（e）

（f）

（g）

（h）

（i）

图9.2　常见简单形体

在许多情况下,立体的分解往往不是唯一的,如图9.3所示。在形体分析时,要尽量选择便于想象或作图的分解方式。

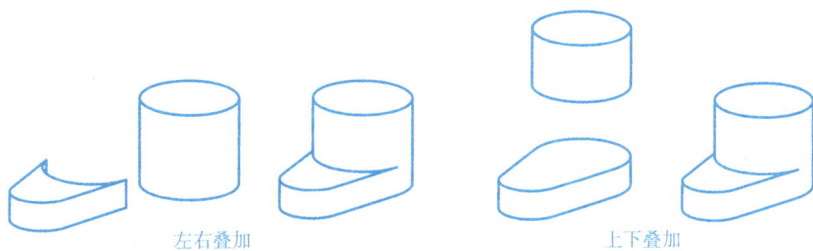

左右叠加　　上下叠加

图9.3　不同分解方式

9.1.2　组合体中形体间的相对位置和邻接表面的关系

组合体中的几个简单形体之间可能处于上下、左右、前后或对称、同轴等相对位置关系(图9.4);形体的邻接表面之间可能产生共面、不共面、相切或相交等4种过渡关系。掌握各形体间邻接表面过渡关系的投影特征,是正确绘制组合体视图以及正确阅读组合体视图的保证。

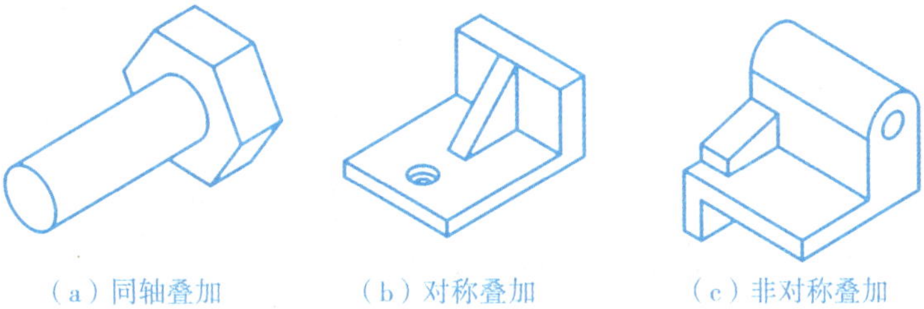

(a)同轴叠加　　(b)对称叠加　　(c)非对称叠加

图9.4　形体的相对位置

(1)相邻两形体表面不共面

相邻两形体表面不共面时,中间常有台阶面存在,该台阶面的投影不要漏画。如图9.5(c)所示,由于两形体前面不共面,前面存在台阶面,在画该组合体的主视图时,前面台阶面的投影为粗实线。如图9.5(b)所示,由于两形体后面不共面,后面存在台阶面,在画该组合体的主视图时,后面台阶面的投影应画为细虚线。

(2)相邻两形体表面共面

相邻两形体表面共面时,中间无台阶面存在,画图时应注意不要多线。如图9.5(a)所示,由于两形体前后都共面,所以在画该组合体的主视图时,注意在两形体连接处不要多画线条。

共面包括平面共面、曲面共面(图9.6)。

(3)相邻两形体表面相切

相邻两形体表面相切时,相切处为光滑过渡,没有交线(图9.7),画图时应注意不要多线,如图9.8(a)所示。

(4)相邻两形体表面相交

相邻两形体表面相交时,相交处必有交线(截交线、相贯线)产生(图9.9),画图时应注意交线的投影,不要漏画,如图9.8(b)所示。

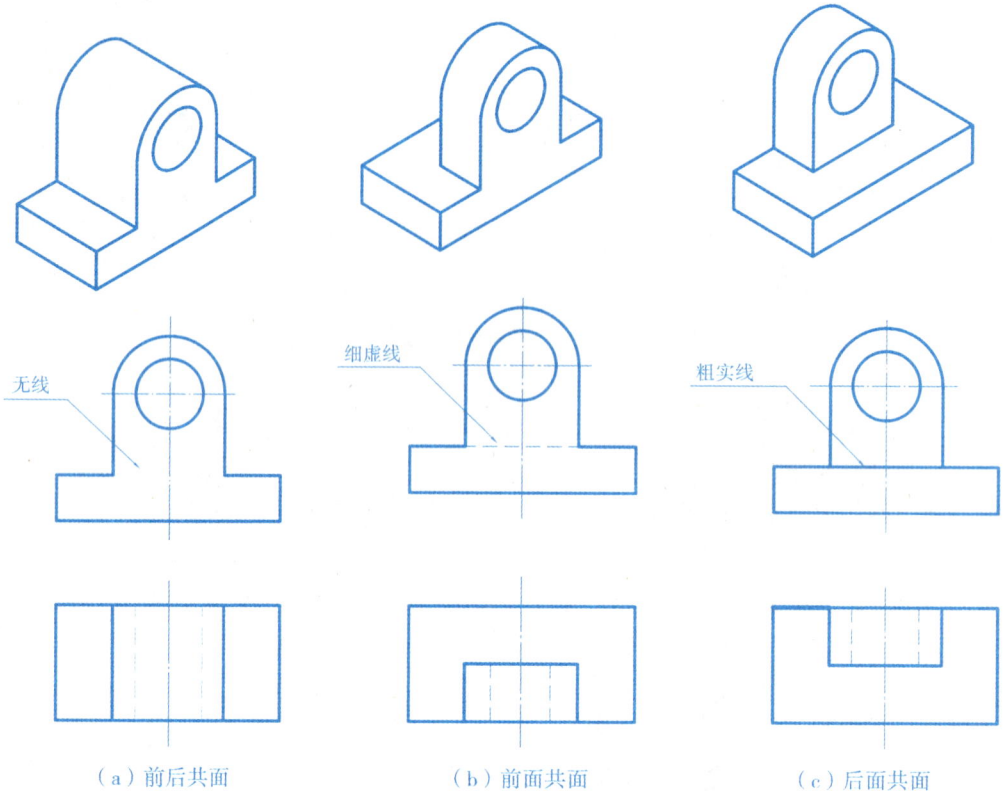

无线

细虚线

粗实线

（a）前后共面   （b）前面共面   （c）后面共面

图9.5　共面和不共面时的作图要点

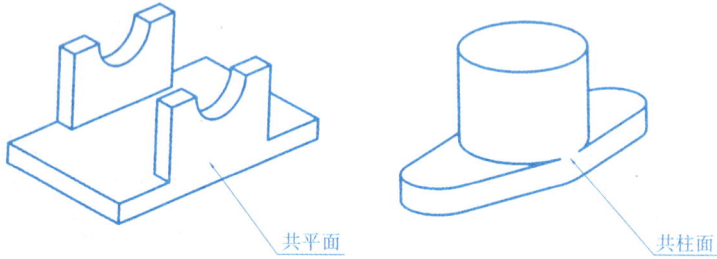

共平面

共柱面

图9.6　共平面和共柱面

曲面和曲面相切

内表面相切

平面和曲面相切

图9.7　相邻面相切

图9.8 相邻表面相切的画图要点

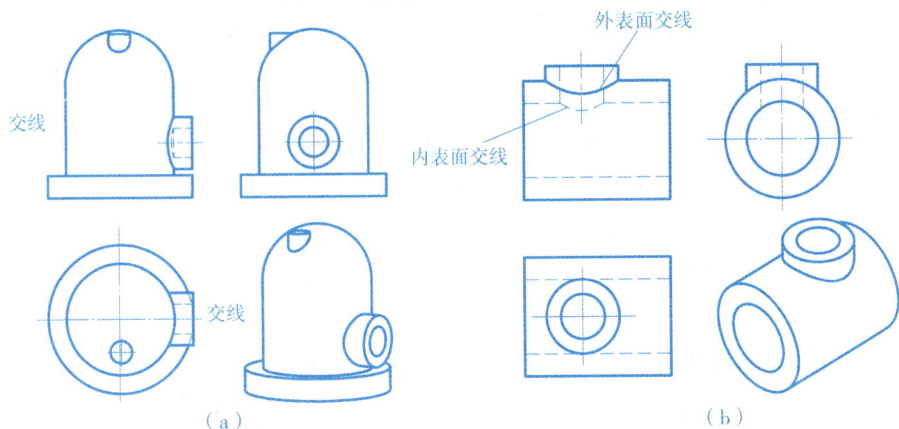

（a）　　　　　　　　　　　　　　　　（b）

图9.9 相邻表面相交

9.2 组合体视图的画法

画组合体视图的主要方法是形体分析法。

对于叠加型组合体,通常先运用形体分析法把组合体分解为若干个简单形体,确定它们的相对位置、邻接表面关系,然后逐个画出各简单形体的视图,最后再综合处理邻接表面之间的关系,最后完成整个叠加型组合体视图的绘制。

对于切割型组合体,通常先运用形体分析法把组合体还原为切割之前的简单形体(原始形体),然后想象是一些什么位置的截平面对原始形体进行切割,按照切割顺序逐一画出各部分截交线,边画边修改,最后完成切割型组合体视图的绘制。

9.2.1 叠加型组合体视图的画法

下面以如图9.10所示的轴承座为例,介绍叠加型组合体视图的画法。

用形体分析方法画叠加型组合体视图的思路和过程如图9.11所示。

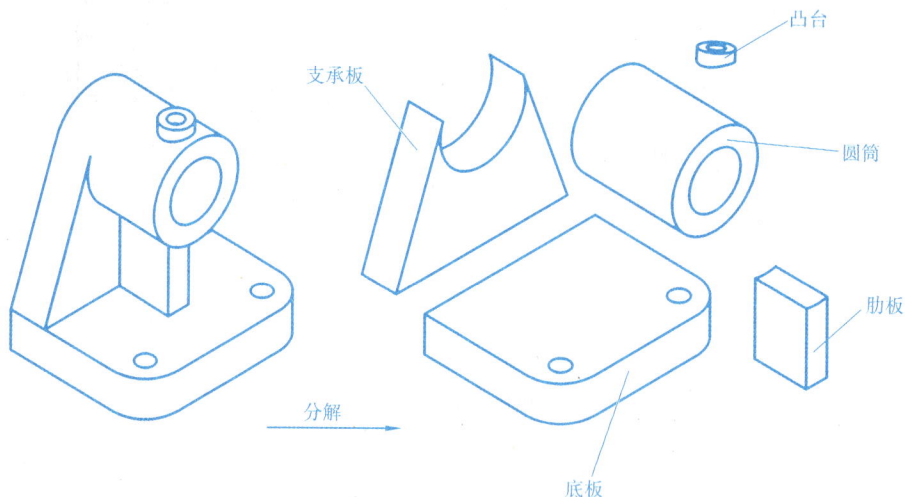

凸台
支承板
圆筒
肋板
分解
底板

图 9.10　轴承座的形体分析

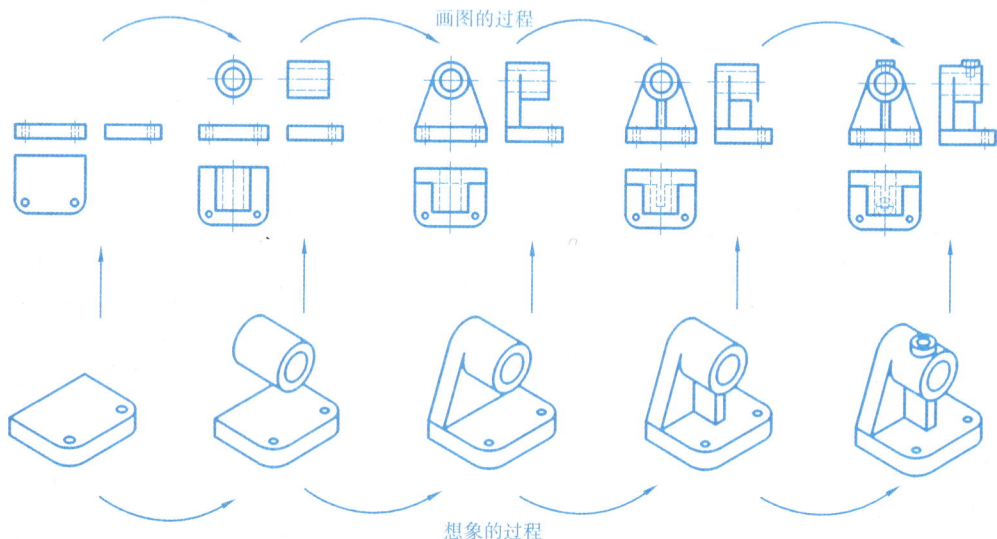

画图的过程

想象的过程

图 9.11　叠加型组合体视图的画图思路和过程

1）形体分析

分析所画组合体是由哪些简单形体组成的,分析各简单形体的相对位置和邻接表面的过渡关系。

如图 9.10 所示的轴承座,可假想将其分解为 5 个简单形体,5 个简单形体以对称叠加为主要组成方式。支承板位于底板的正上方,后面共面;圆筒位于支承板的上方,支承板的两侧面与圆筒的外圆柱面相切;凸台位于圆筒的上方与之垂直相交,两孔接通;肋板位于支承板的正前方、底板的正上方、圆筒的正下方,两侧面与圆筒的外圆柱面相交。

2）确定主视图

三视图中,主视图是最主要的视图。确定主视图时,要解决组合体怎么放置和从哪个方向投射两个问题。

选择主视图的原则如下：

①放置位置通常选择组合体的自然安放位置（摆平放正），或使组合体的表面对投影面尽可能多地处于平行或垂直的位置。

②投射方向通常选择能较多地反映组合体中各简单形体特征及其相对位置，并能减少俯、左视图上虚线的那个方向。

该轴承座按自然位置（即底板）为水平面放置后，有 4 个方向可供选择作为主视图的投射方向（图 9.12）。分析比较这 4 个方向可知，A 向、B 向雷同，但 B 向使主视图出现较多细虚线，故舍去；C 向、D 向雷同，但 C 向使左视图出现较多细虚线，故舍去；A 向、D 向都接近主视图选择原则，均可选作主视图的投射方向。但以 A 向为主视图投射方向时，能更好地表达各简单形体间的相对位置，且此时主视图的长度尺寸较大，更便于布图，所以本例选 A 向作为主视图投射方向。

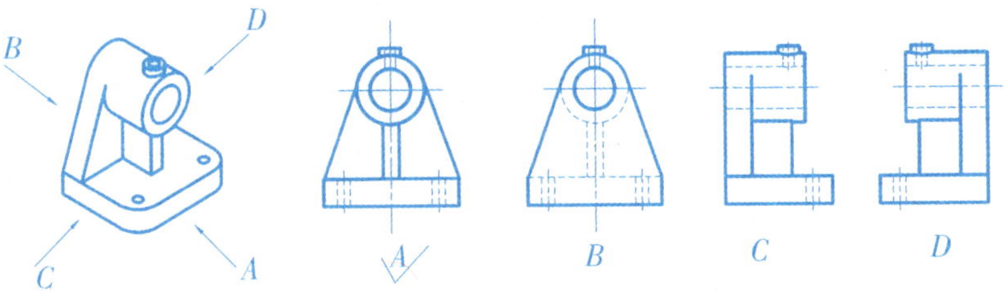

图 9.12　轴承座主视图的选择

3）画图

（1）选比例、定图幅

根据组合体的大小选择作图比例及标准图幅。尽量选用 1∶1 的比例，根据总体尺寸估算需要的幅面大小（预留出尺寸标注和标题栏所需的位置）。

（2）画基准线，合理布局三视图

基准线是指画图时测量尺寸的基准，每个视图需要确定两个方向的基准线。通常用对称中心线、轴线及较大端面的投影作为基准线，如图 9.13（a）所示。

（3）根据形体分析，逐个画出各简单形体的三视图

画图顺序：一般先大（大形体）后小（小形体）；先实（实形体）后空（挖去的形体）；先画主要轮廓，后画细节。画每个形体时，应将三个视图联系起来画，要从反映形体特征的视图画起，再按投影规律画出其他两个视图。该轴承座绘制过程如图 9.13（b）—图 9.13（f）所示。

（4）检查、加粗

底图完成后，仔细检查各形体相对位置、邻接表面过渡关系，最后擦去多余线条，按规定线型加粗图线。

加粗的顺序：先细后粗、先曲后直、先上后下、先左后右，最后加深斜线。同类线型应一起加深。

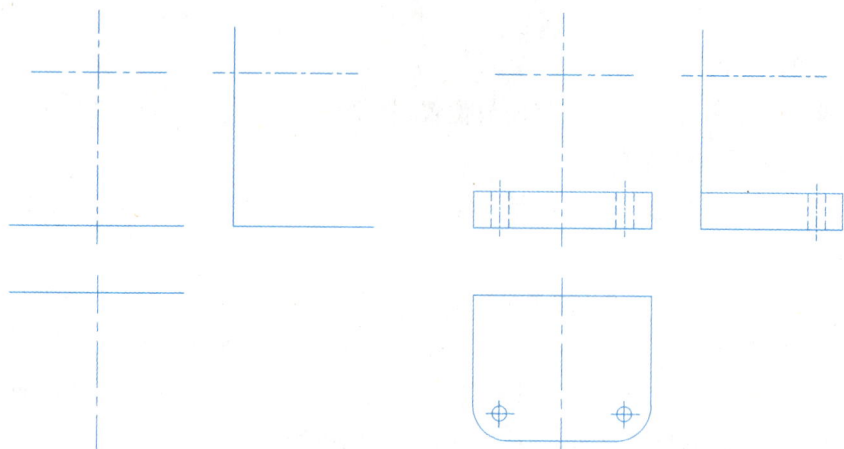

（a）画轴线及基准线，合理布局三视图　　　　（b）画底板的三视图

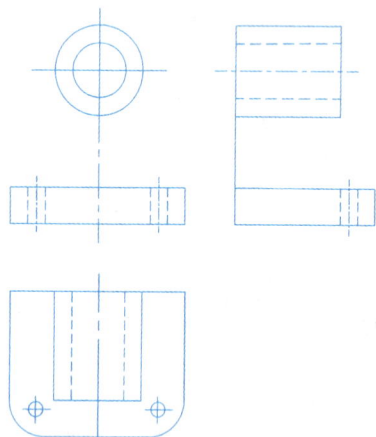

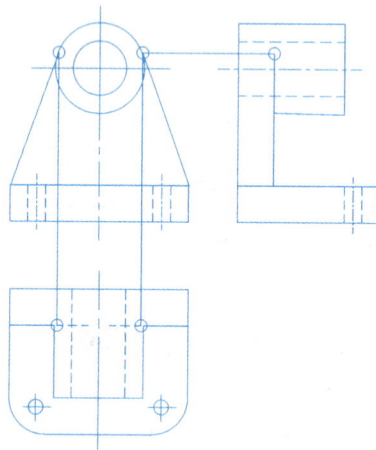

（a）画圆筒的三视图　　　　（d）画支承板的三视图

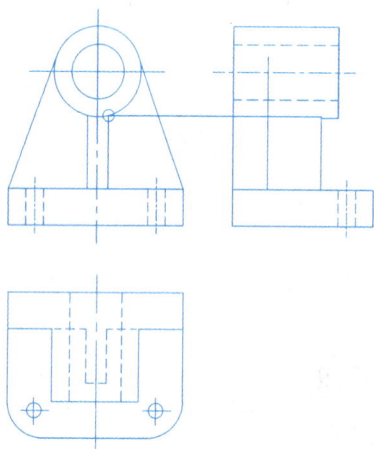

（e）画肋板的三视图　　　　（f）画凸台的三视图，检查、加粗图线

图 9.13　叠加型组合体视图的画图步骤

9.2.2　切割型组合体视图的画法

下面以如图 9.14 所示的顶块为例,介绍切割型组合体视图的画法。

图 9.14　顶块的形体分析及视图选择

切割型组合体视图的画图思路和过程如图 9.15 所示。

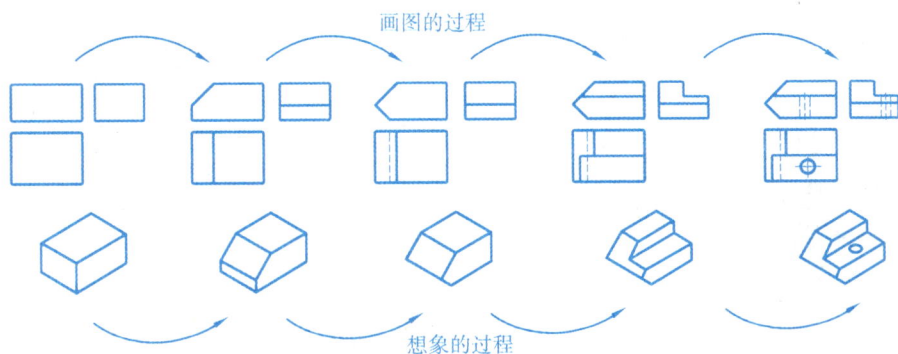

图 9.15　切割型组合体视图的画图思路和过程

1)形体分析

切割型组合体的形体分析法和叠加型组合体的基本相同,只不过各个形体是一块一块切下来的,而不是叠加上去的。

该顶块的原始形体可以看作一个四棱柱分别切去形体Ⅰ、Ⅱ、Ⅲ、Ⅳ而构成的,如图 9.14(a)所示。

2)选择主视图

选择图 9.14(b)所示的大面朝下且放为水平面作为顶块主视图的放置位置,再选择 *A* 向主视图的投射方向(*A* 向最能反映该顶块的形状特征)。

3)画图

绘图过程如图 9.16 所示,按照想象的切割顺序进行绘图。

画切割型组合体视图应注意：

①不应画完组合体一个完整视图后再画另一个视图,而应将几个视图联系起来同时进行。

②对于被切去的形体,应先画反映其形状特征的视图(截断面有积聚性的视图),然后再画其他视图。如上例中切去形体Ⅰ、Ⅱ应先画主视图,切去形体Ⅲ应先画左视图。

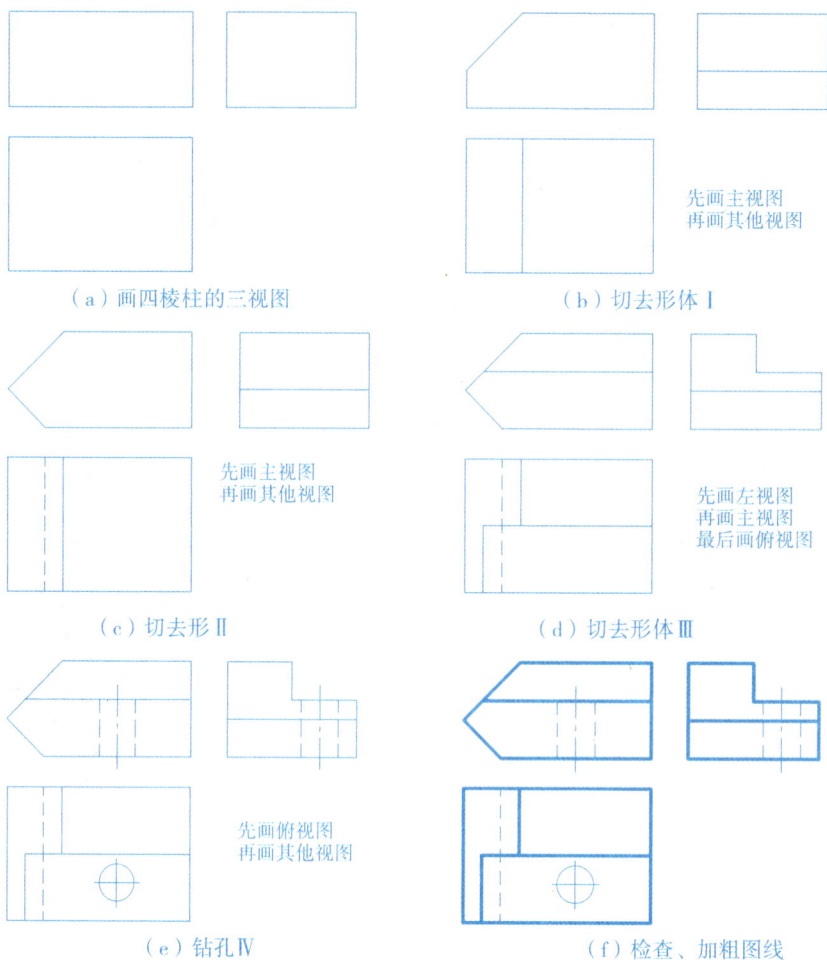

（a）画四棱柱的三视图　　　　　　　　（b）切去形体Ⅰ

先画主视图
再画其他视图

（c）切去形Ⅱ　　　　　　　　　　（d）切去形体Ⅲ

先画主视图
再画其他视图

先画左视图
再画主视图
最后画俯视图

（e）钻孔Ⅳ　　　　　　　　　　（f）检查、加粗图线

先画俯视图
再画其他视图

图9.16　切割型组合体视图的画图步骤

③切割型组合体视图的绘制中,可采用线面分析法对投影进行分析检查。线面分析法是根据面、线的空间性质和投影规律,分析形体的表面或表面间的交线与视图中的线框或图线的对应关系,进行画图、看图的方法。面(平面或曲面)的投影特征是要么积聚为线(面与投影面垂直),要么是一封闭线框(面与投影面平行或倾斜);当一个面的多面投影都是封闭线框时,则这些封闭线框必为类似形。

9.3　组合体的尺寸标注

视图表达立体的结构形状,尺寸则表达立体的真实大小。因此,尺寸是工程图样的重要组成部分。尺寸标注的基本要求如下：

正确——尺寸数值应正确无误,符合《机械制图》《房屋建筑制图统一标准》国家标准中有关尺寸注法的规定。

完整——标注尺寸要完整,不允许遗漏,一般也不允许重复。

清晰——尺寸的安排要整齐、清晰、醒目,便于阅读查找。

9.3.1 基本体的尺寸标注

1)平面体

(1)机械制图

在机械制图中,棱柱标注底面尺寸和高[图 9.17(a)、(b)];棱锥标注底面尺寸和高[图 9.17(c)];棱台标注大、小端尺寸及高[图 9.17(d)]。

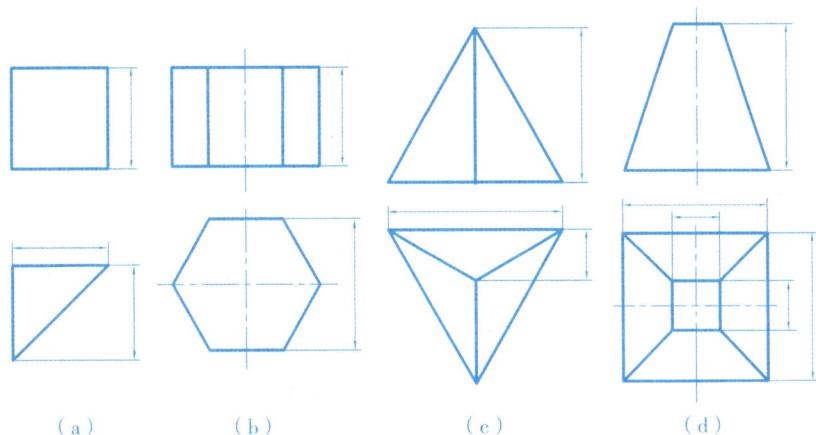

图 9.17　平面体的尺寸标注(机械)

(2)建筑制图

在建筑工程制图中,基本形体中的平面立体,一般需要标注 3 个甚至以上的尺寸;而基本形体中的曲面立体,因为可以使用特定符号说明形体的形状,所需视图及尺寸数反而更少(图9.18 中具体的尺寸数字省略)。基本形体的这些尺寸就是定形尺寸,多数也是它们的总体尺寸。

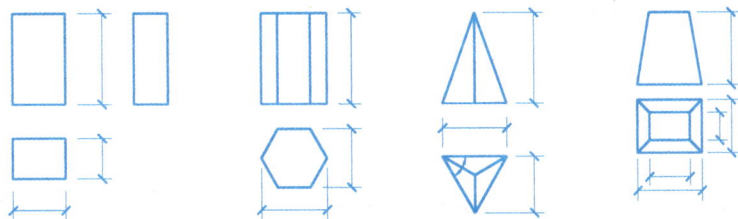

图 9.18　平面体的尺寸标注(建筑)

2）回转体

（1）机械制图

圆柱、圆锥标注底面直径和高[图9.19（a）]；圆台标注顶、底面直径及高[图9.19（b）]；圆环标注母线圆直径及母线圆圆心轨迹圆直径[图9.19（c）]；球标注球径，球径数字前加注 $S\phi$ [图9.19（d）]。

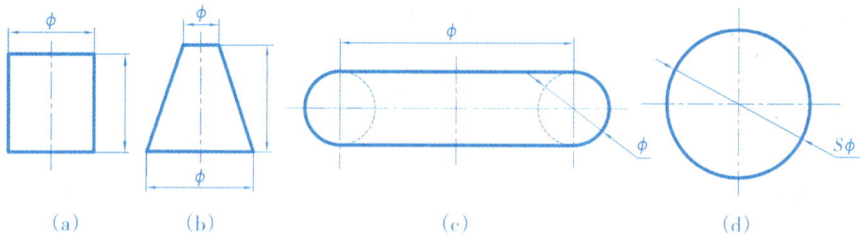

图9.19 回转体的尺寸标注（机械）

（2）建筑制图

如图9.20所示为回转体在建筑制图中的方法，以下回转体中的 ϕ 表示直径，S 表示球体。

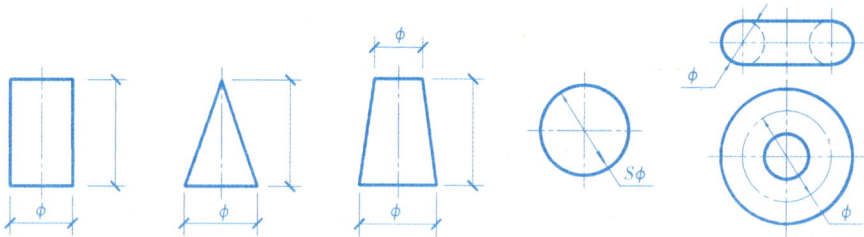

图9.20 回转体的尺寸标注（建筑）

3）其他基本形体

常见其他基本形体的尺寸标注如图9.21所示。

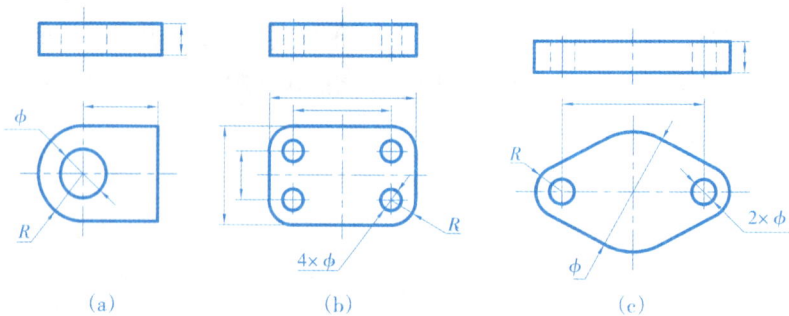

图9.21 常见其他基本形体的尺寸标注

9.3.2　切割体的尺寸标注

1）机械制图

切割体的尺寸标注步骤如下：

①标注完整体的尺寸（图9.22中不带"×"的黑色尺寸）。

②标注截平面的位置尺寸（图9.22中的蓝色尺寸）。

一般基本体大小确定、截平面位置确定后，交线的形状和大小就唯一确定了，所以交线不注尺寸。图9.22中带"×"者表示的是错误的尺寸标注。

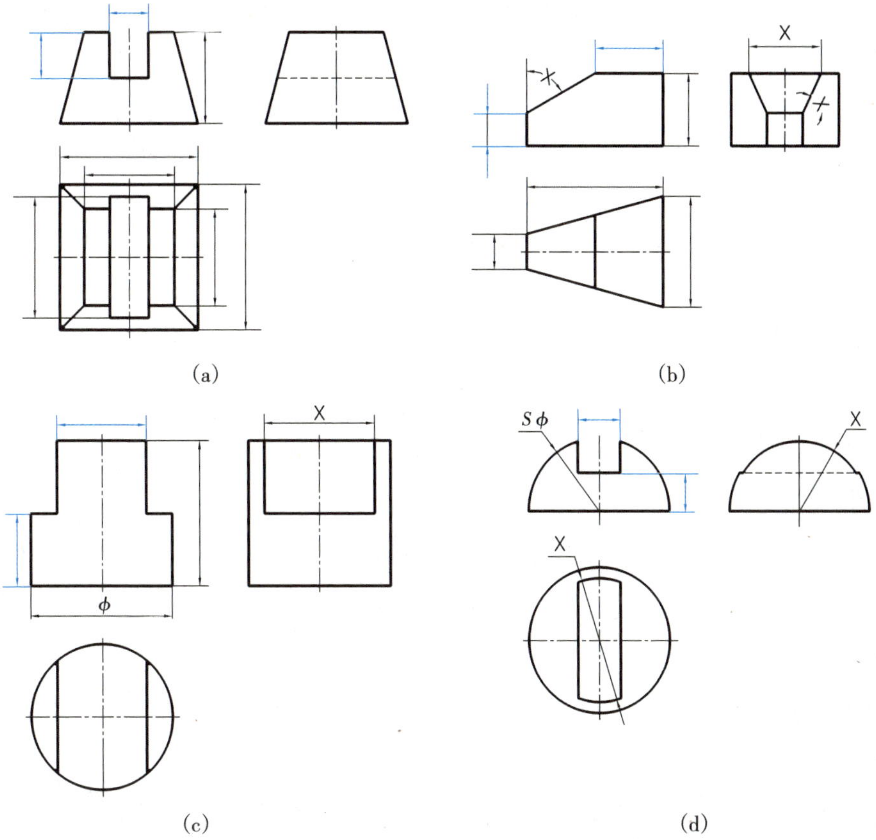

图9.22　切割体的尺寸标注（机械）

2）建筑制图

建筑制图中，当基本形体带有切口时，除了基本形体自身的定形尺寸外，还应标注出切口的定形及定位尺寸。标注时应注意，这些尺寸多数时侯体现为截平面的定位问题，当形体一定时，只要标注出这些截平面的定位尺寸，则无论是截交线的形状还是位置都会自然形成，一般不应该再给这些截交线标注尺寸（如图9.23中，带"＊"号的尺寸都不应该标注）。

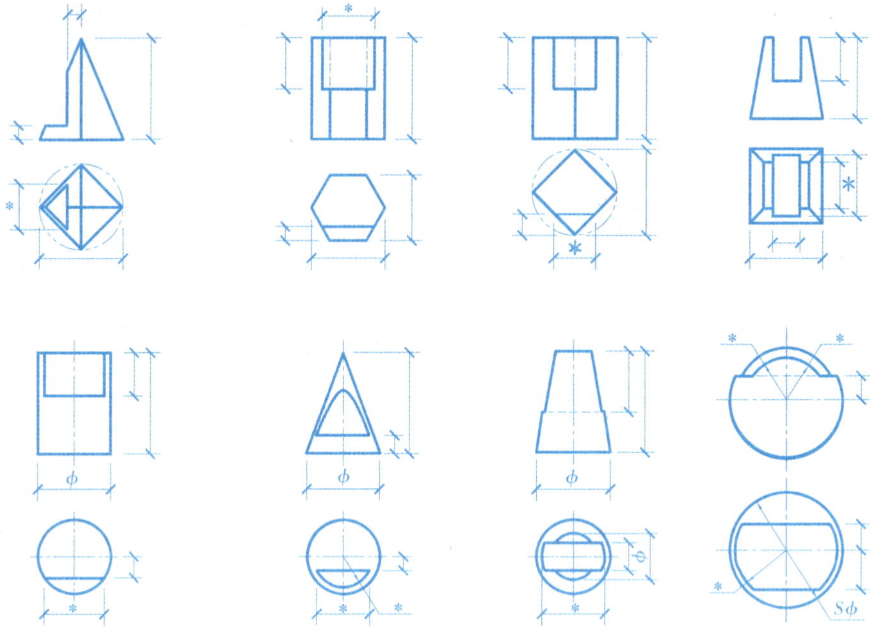

图 9.23　切割体的尺寸标注(建筑)

9.3.3　组合体的尺寸标注

1) 尺寸种类

(1) 定形尺寸

确定组合体各组成部分形状大小的尺寸,如图 9.24 所示的尺寸 106、52、17、16、R15、R24、$\phi25$、$2 \times \phi16$。

(2) 定位尺寸

确定组合体各组成部分之间相对位置的尺寸,如图 9.24 所示的尺寸 37、76、40、6。

(3) 总体尺寸

确定组合体外形的总长、总宽、总高的尺寸,如图 9.24 所示的尺寸 106、52、40 + 24。注意:当组合体的一端为回转体时,通常不以回转面的外形线为界标注总体尺寸。如图 9.24 所示组合体,其总高由 40 + 24 间接确定,而不直接标注 64。但俯视图中的总长 106 则是一种特例。

2) 尺寸基准

位置都是相对而言的,在标注定位尺寸时,必须在长、宽、高三个方向分别选出标注定位的基准,以确定各基本形体间的相对位置,该基准称为组合体的尺寸基准。尺寸基准的确定既与立体的形状有关,也与该立体加工制造要求有关。通常选立体的底面、大端面、对称平面以及回转体轴线等作为组合体的尺寸基准。如图 9.24 中立体的底面、左右对称面、后端面,为该立体高、长、宽的尺寸基准。

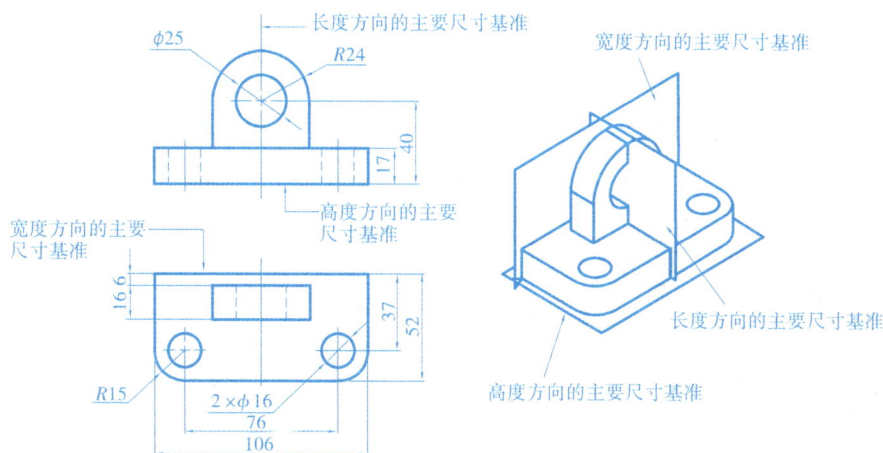

图9.24　组合体的尺寸种类及尺寸基准

3）组合体尺寸标注举例

下面分别介绍机械制图与建筑制图中组合体尺寸的标注方法和步骤。

（1）机械制图举例

试完成图9.25所示轴承座的尺寸标注。

①形体分析,确定尺寸基准。轴承座形体分析如图9.10所示,选择轴承座左右对称面为长度方向尺寸基准,底板及支承板共面的后端面为宽度方向尺寸基准,底板底面为高度方向尺寸基准(图9.25)。

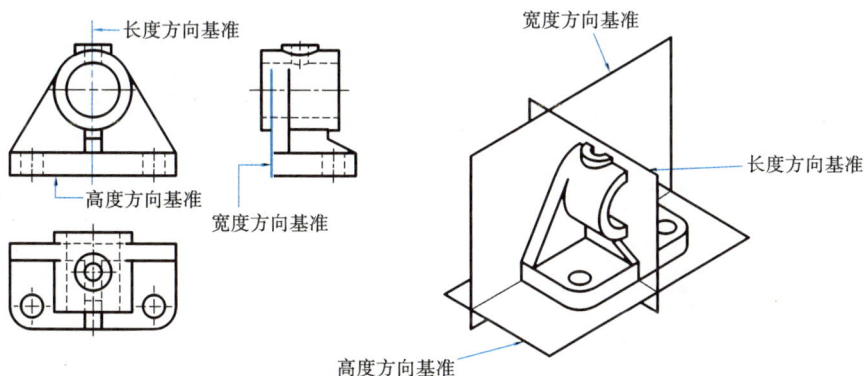

图9.25　选择尺寸基准

②逐个标注各基本形体的定形、定位尺寸[图9.26(a)、(d)]。

注意:一个尺寸具有多层含义,如图9.26(c)中的尺寸46,它既是凸台高度方向的定位尺寸,也是确定凸台高度的定形尺寸;图9.26(d)中的尺寸6,它既是支承板的宽度定形尺寸,也是肋板宽度方向的定位尺寸。

③检查,协调标注总体尺寸[图9.26(e)]。总长为60,总高为46,总宽为底板宽30加上圆

筒宽度方向定位尺寸4。

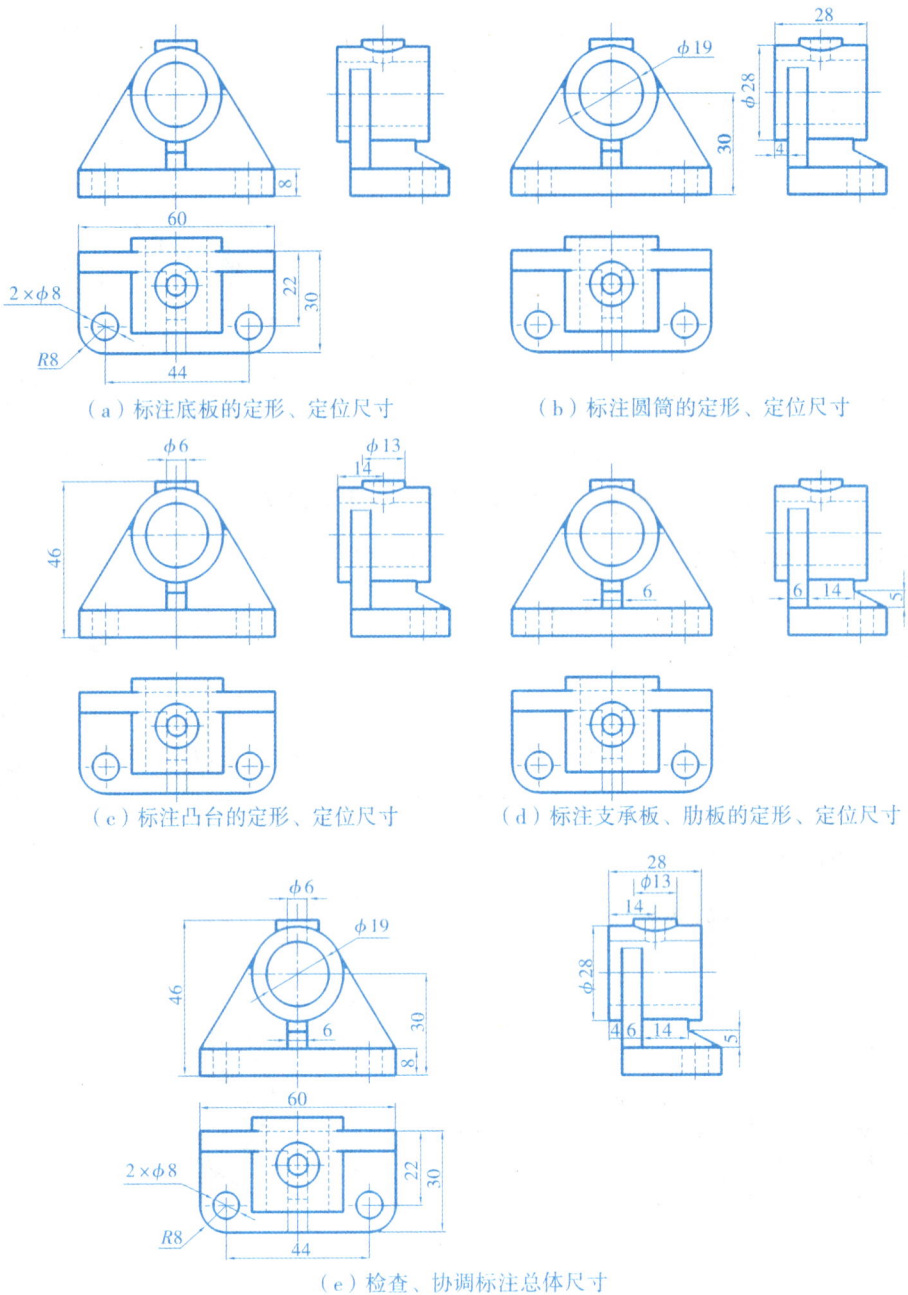

（a）标注底板的定形、定位尺寸　　　　（b）标注圆筒的定形、定位尺寸

（c）标注凸台的定形、定位尺寸　　　　（d）标注支承板、肋板的定形、定位尺寸

（e）检查、协调标注总体尺寸

图9.26　组合体的尺寸标注（机械）

（2）建筑制图举例

图9.27中，X代表定形尺寸，W代表定位尺寸，Z代表总体尺寸。

在标注定位尺寸时，首先需要在组合体不同的坐标方向或者说长、宽、高方向分别选定基准，即确定标注组合体不同组成部分之间相对位置尺寸的参照点或起点。一般可选择物体上平行于投影面的主要坐标表面、对称面（线）或者回转体的中心轴线（图9.23）作为相应方向的定位尺寸基准（图9.27）。

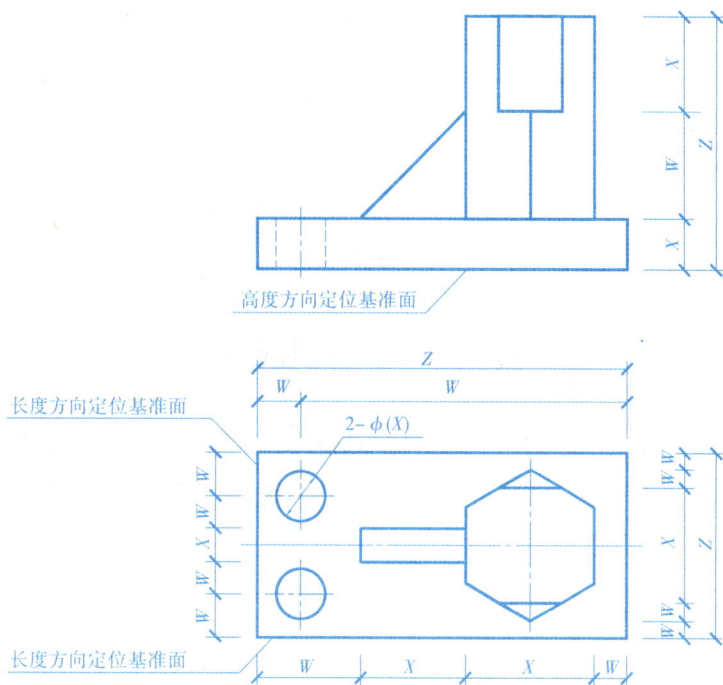

图 9.27　组合体的尺寸标注（建筑）

9.3.4　尺寸标注注意事项

（1）体的概念

标注尺寸必须在形体分析的基础上进行，所注尺寸应能准确确定立体各组成部分的形状和位置。切忌按视图中的线条、线框来标注尺寸。

（2）突出特征

尺寸应尽量标注在表示形体特征最明显的视图上。如上述轴承座底板的定形尺寸 60、30、$R8$、$2 \times \phi8$ 及定位尺寸 44、22，标注在反映底板形体特征最明显的俯视图上［图9.26（a）］。

（3）相对集中

同一形体的尺寸应尽量集中标注，不应过于分散，以便查找。如上述轴承座圆筒的定形尺寸 $\phi28$、$\phi19$、28 及定位尺寸 30、4 都集中在主、左视图［图9.26（b）］。

（4）布局清晰

尽量避免尺寸线与尺寸线、尺寸界线、轮廓线相交。因此在标注尺寸时，应大尺寸在外，小尺寸在内；圆柱直径标注在非圆视图上；细虚线尽可能不注尺寸（图9.28）。

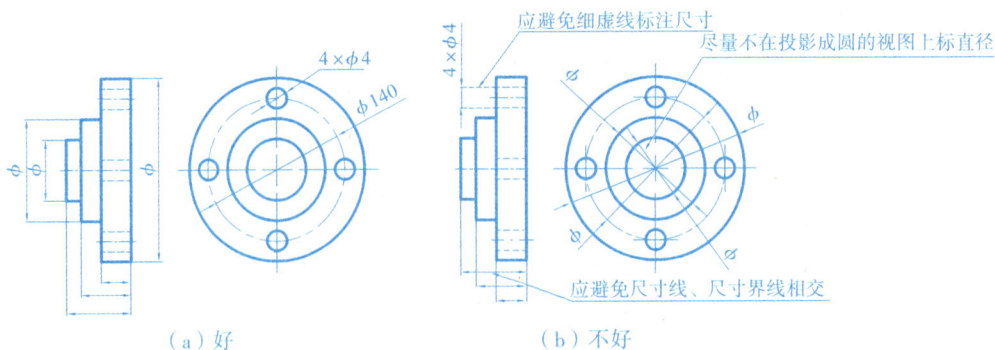

（a）好　　　　　　　　（b）不好

图 9.28　尺寸标注应布局清晰

（5）交线不注尺寸

形体大小及截平面的位置确定后，截交线的形状、大小唯一确定，同样两形体的大小及相对位置确定后，相贯线的形状及大小也唯一确定。因此，截交线、相贯线都不用标注尺寸。

除了以上标注原则外，尺寸标注时还应注意以下几点：

①必须符合国家制图规范中关于尺寸标注的相关规定。

②尺寸标注必须完整。

③尺寸的数字必须是真实的，与画图时所采用的比例大小无关。

9.4　组合体视图的读图方法

读图是画图的逆过程。画图是把三维空间的组合体用正投影法表示在二维平面上，而读图则是根据已画出的视图，运用投影规律，想象出组合体的空间形状。画图是读图的基础，而读图既能提高空间想象能力，又能提高投影分析能力。

9.4.1　读组合体视图的要点

1）读图时要将几个视图联系起来读

在没有标注尺寸的情况下，一般一个视图不能确定物体的空间形状［图 9.29（a）］；若选择不当，有时两个视图也不能确定物体的空间形状［图 9.29（b）］。因此在读图时，必须把几个视图联系起来分析，切忌看了一个视图就下结论。

2）读图时要从反映形状特征较多的视图看起

形状特征视图就是对物体的形状特征反映最明显的视图，如图 9.29（a）所示的俯视图，图 9.29（b）所示的左视图。找到特征视图，再配合其他视图，就能较快地认清物体形状。

注意：组成组合体的各个形体的形状特征并非总是集中在一个视图上，而是可能每个视图上都有一些。如图9.30所示的支架,它由4个形体叠加而成,主视图反映形体Ⅰ、Ⅳ的特征,俯视图反映形体Ⅲ的特征,左视图反映形体Ⅱ的特征,因此读该图应从主视图看起。

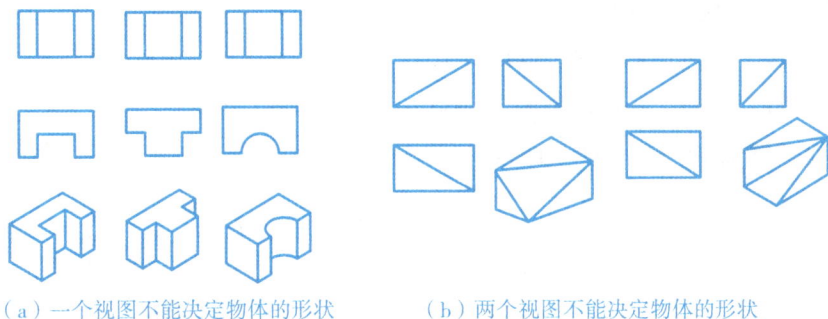

（a）一个视图不能决定物体的形状　　　　（b）两个视图不能决定物体的形状

图9.29　几个视图联系起来看图

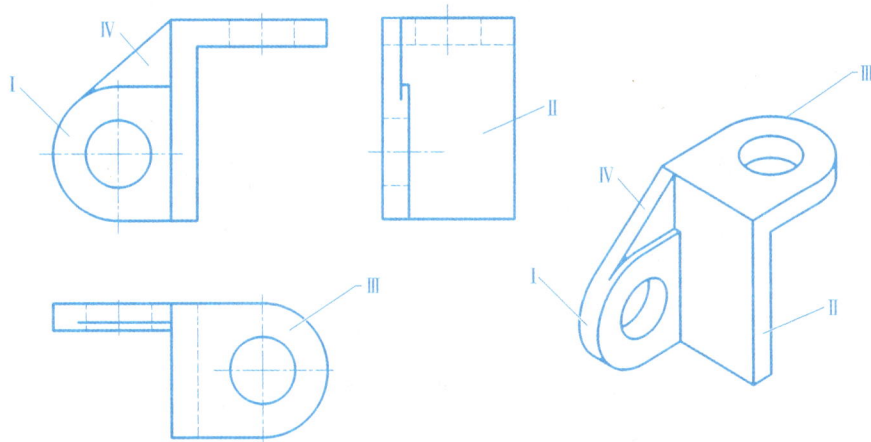

图9.30　分析特征视图

3）读图时要认真分析视图中图线、线框的含义

（1）视图中的图线（粗实线或细虚线）的三种含义

①物体上某一表面（平面或曲面）投影的积聚,如图9.31（a）中的图线1。

②物体上两个表面交线的投影,如图9.31（a）中的图线2。

③物体上曲表面的外形轮廓线的投影,如图9.31（a）中的图线3。

（2）视图中的封闭线框的两种含义

①一个简单形体的投影,如图9.31（b）中的线框1、*A*、*B*。

②物体某个表面（平面、曲面或平面与曲面相切的组合面）的投影,如图9.31（b）中的线框2、3、4。

（3）视图中相邻两个封闭线框的三种含义

①物体上相邻两形体的投影。

②物体上相交两表面的投影。

③物体上同向错位两表面的投影。

如图 9.31(b)中的相邻线框 2、3 是相交两表面的投影;相邻线框 2、4 则是前、后交错两表面的投影;相邻线框 5、6 则是上、下交错两表面的投影。

(4)视图中封闭线框内的封闭线框的含义

物体上凸或凹部分的投影,如图 9.31(b)中的线框 A 及线框 B。

读图时应根据视图中图线、线框的含义,认真分析形体间相邻表面的相互位置。

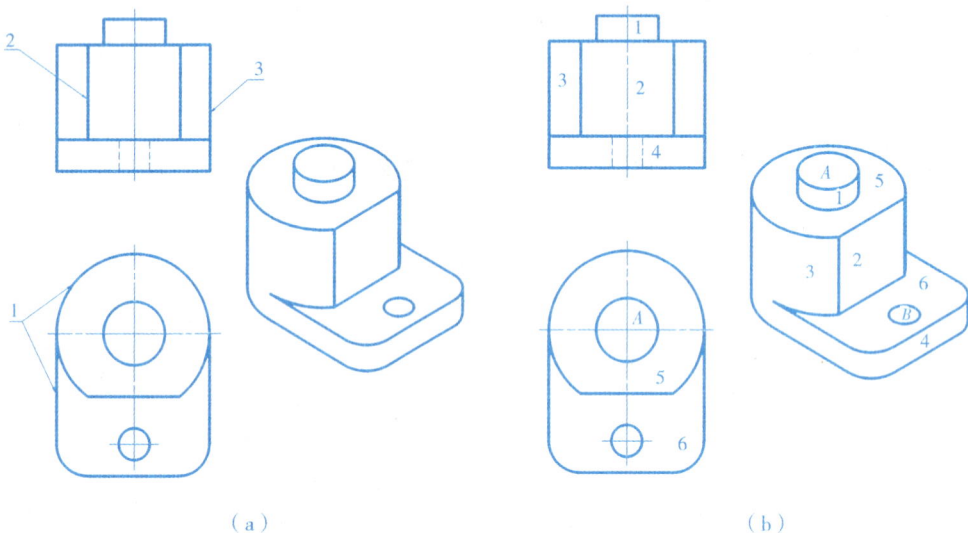

（a）　　　　　　　　　　　　　　　　（b）

图 9.31　视图中图线、线框的含义

4)把想象中的组合体与给定视图反复对照

读图的过程是把想象中的组合体与给定视图反复对照、不断修正的过程。例如,在读图 9.32(a)所示组合体的过程中,可能先想象成了图 9.32(b)、9.32(c)所示立体,默画出想象中形体的视图,再根据视图的差异来修正想象中的形体。最后修正为图 9.32(d)所示形体,这才是正确的结果。

9.4.2　读组合体视图的方法和步骤

组合体的读图和画图一样,常用的方法仍是以形体分析法为主,线面分析法为辅。

叠加型组合体适合采用形体分析法读图。用形体分析法读图的基本思路是根据形体分析的原则,将一个视图按照轮廓构成的封闭线框分割成几个平面图形,它们就是各简单形体(或其表面)的投影;然后按照投影规律找出它们在其他视图上对应的图形,从而想象出各简单形体的形状;同时,根据图形特点分析出各简单形体的相对位置及组合方式,最后综合想象出整体形状。

线面分析法是形体分析法读图的补充。切割型组合体采用形体分析法只能分析出原始形

（a）根据主、俯视图想象组合体　　　（b）与原题主、俯视图都不符

（c）与原题主、俯视图都不符　　　（d）主、俯视图都符合

图9.32　反复对照

体、截平面位置及切割顺序,而不能很好地分析各截断面的形状、位置,此时就需要采用线面分析法。其基本思路是根据面的投影特征及视图中图线、线框的含义,分析物体表面的形状及相对位置,从而构思物体的整体形状。线面分析法也可用于叠加型组合体中复杂线、面的分析。

1）叠加型组合体的读图方法和步骤

读如图9.33 (a)所示的支架视图,想象出支架的空间形状。

想象过程如下:

①想概貌,分线框。先大致浏览3个视图,初步想象组合体可以分解为几个简单形体。然后根据形体分析原则及视图中线框的含义,在主视图中将物体分解为Ⅰ、Ⅱ、Ⅲ、Ⅳ这4个相对独立的线框,每个线框对应一个简单形体[图9.33(a)]。

支架形体
分析法读图

②对投影，识形体。运用三视图的三等规律，找出各简单形体的其余投影，再根据各形体的三面投影逐个想象出各形体的形状[图9.33(b)、(c)]。

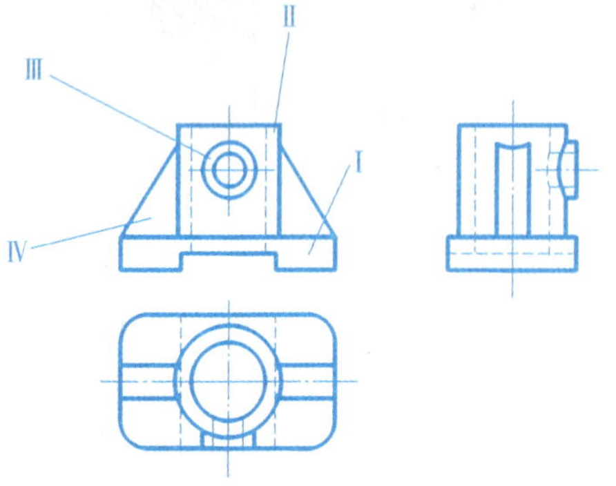

（a）想概貌，分线框

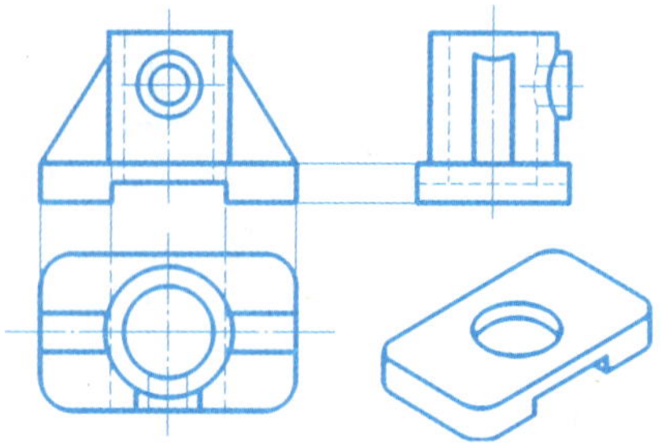

（b）对投影，识别形体Ⅰ

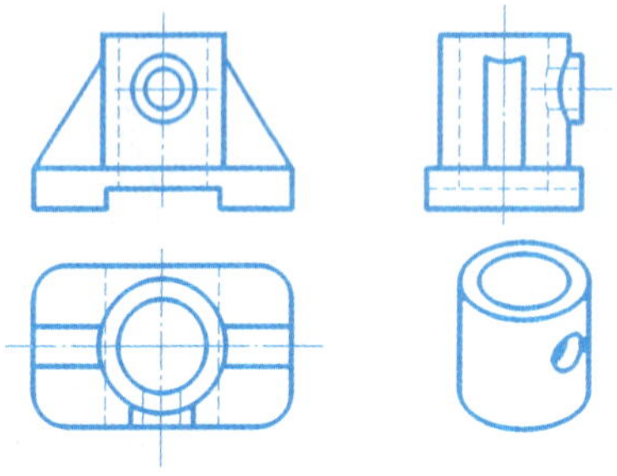

（c）对投影，识别形体Ⅱ

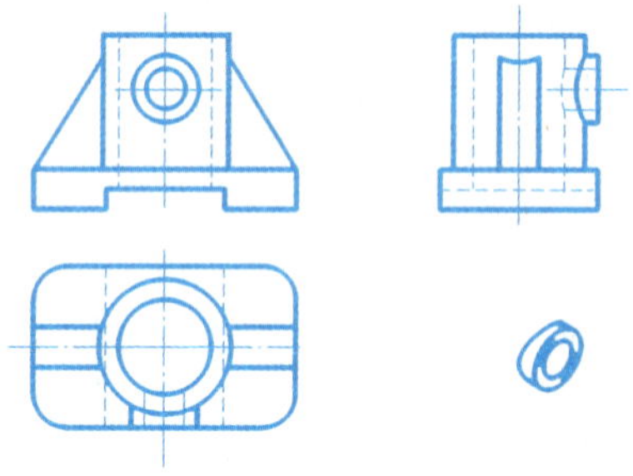

（d）对投影，识别形体Ⅲ

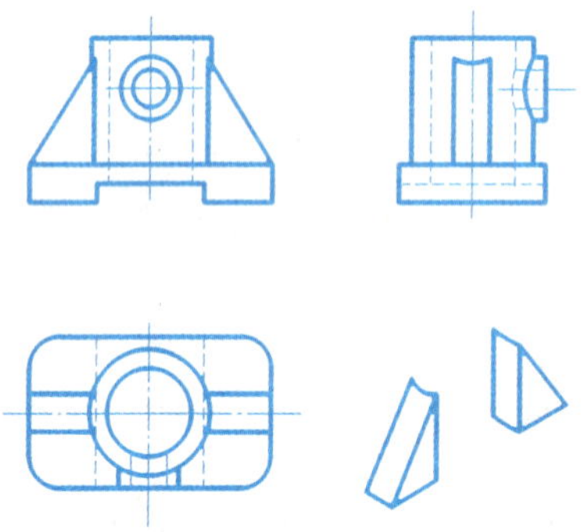

（e）对投影，识别形体Ⅳ

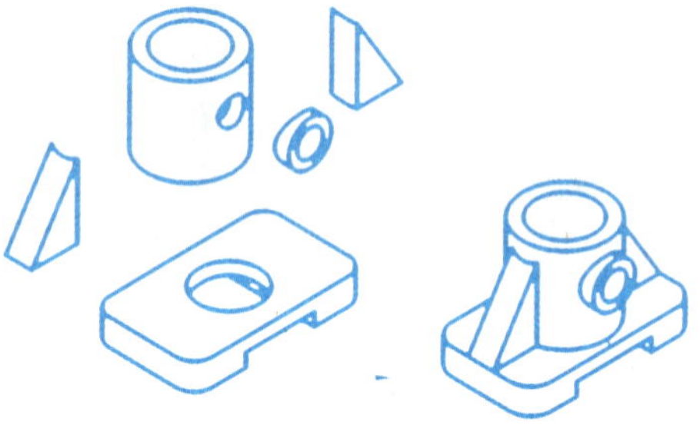

（f）定位置，综合起来想整体

图9.33　形体分析法读图

③定位置，综合起来想整体。在看懂每个简单形体的基础上，分析已知视图，想象出各形体之间的相对位置、组合方式以及表面何的过渡关系，从而想象出组合体的整体形状。

分析支架的三面视图可知，形体Ⅱ位于形体Ⅰ上方正中位置；形体Ⅲ位于形体Ⅱ的正前方与之相交，两内孔接通；形体Ⅳ位于形体Ⅰ上方与形体Ⅱ的左右两侧相交。由此，综合得出该支架形状[图9.33(f)]。

2）切割型组合体的读图方法和步骤

读如图9.34（a）所示压块视图，想象出压块的空间形状。

想象过程如下：

①填平、补齐，想概貌。运用形体分析法，读图前先将视图中被切去的部分想象填平补齐，想象出切割前的原始形体的概貌。如图9.34（b）所示，将3个视图中切去的部分补齐，则3个视图的外形轮廓都是矩形，可以设想该压块是由四棱柱切割而成的。

②分线框，对投影，分析各表面，逐步构思物体的形成。

（a）题目

（b）填平、补齐、想概貌

（c）分线框，分析面P

（d）分线框，分析面Q

（e）分线框，分析面M

（f）分线框，分析面N

图9.34　线面分析法读图

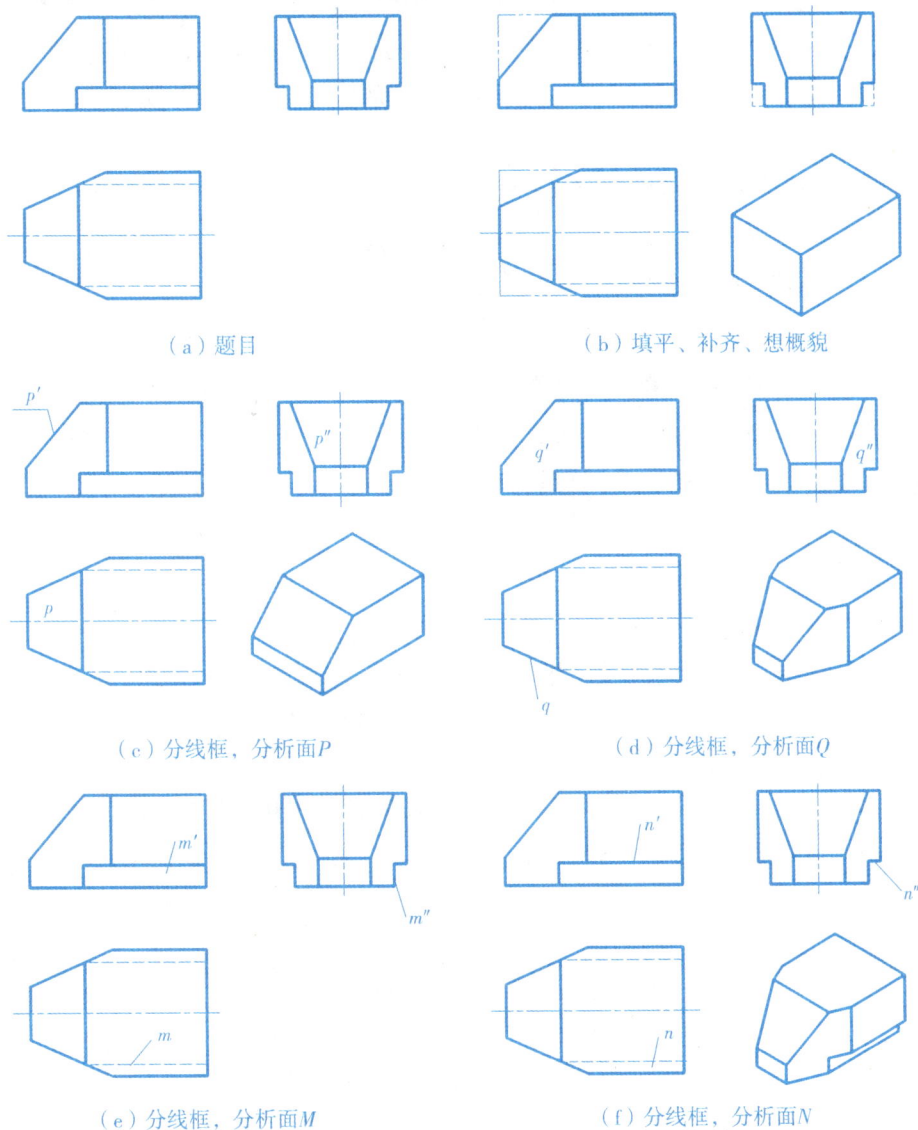

逐一分析每一个线框的含义。对于切割型组合体，视图中的线框通常是一个面。运用线面

分析法,弄清楚每一个面的形状和位置,有助于对切割型组合体整体形状的想象。

从俯视图的梯形线框 p 看起,在"长对正"区域内,主视图中没有类似的梯形,它对应的 V 面投影只可能为斜线 p′,再由"高平齐、宽相等"找到它的 W 面投影 p″。由此可知,该四棱柱被一正垂面切去左上角[图 9.34(c)]。

从主视图的七边形 q′ 看起,在"长对正"区域内,俯视图中没有类似的七边形,它对应的 H 面投影只可能为斜线 q,再由"高平齐、宽相等"得到它的 W 面投影 q″。由此可知,该四棱柱还被两铅垂面前后对称地切去左前角、左后角[图 9.34(d)]。

主视图中的矩形线框 m′,它对应的 H 面投影是细虚线 m,W 面投影是 m′,M 是一正平面[图 9.34(e)]。俯视图中四边形线框 n,它对应的 V 面投影是直线 n′。W 面投影是直线 n″,N 是一水平面。从左视图可知,M 平面结合 N 平面前后对称地各切去一小的四棱柱[图 9.34(f)]。

综上可知,压块结构形状如图 9.34(f)所示。

9.4.3 读、画图举例

1)由组合体的两面视图补画第三面视图

由物体的两面视图补画第三面视图是一种读图和画图的综合练习,一般分两步进行。首先是看懂视图,想象出物体的结构形状;然后在看懂视图的基础上,根据投影规律画出第三面视图。

【例 9.1】已知物体的主、俯视图[图 9.35(a)],补画其左视图。

【解】(1)看懂视图,想象出物体的形状。

①想概貌,分线框。先大致浏览已知视图,初步想象组合体可以分解为几个简单形体。然后根据形体分析原则及视图中线框的含义,在主视图中将物体分解为 Ⅰ、Ⅱ、Ⅲ 三个相对独立的部分,每个部分对应一个简单形体[图 9.35(a)]。

②对投影,识形体。运用三视图的三等规律,找出各简单形体的其余投影,根据各形体的三面投影逐个想象出各形体的形状[图 9.35(b)、(d)]。

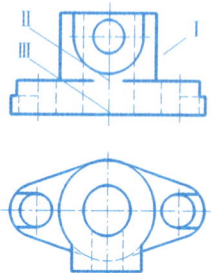

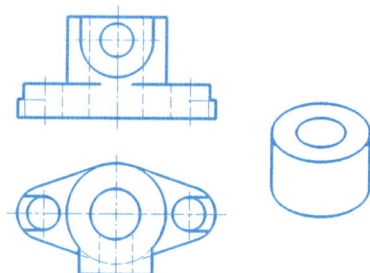

（a）想概貌，分线框　　　　　　　　　　（b）对投影，识别形体 Ⅰ

（c）对投影、识别形体Ⅱ

（d）对投影，识别形体Ⅲ

（e）定位置，综合起来想整体

（f）补画形体Ⅰ

（g）补画形体Ⅲ

（h）补画形体Ⅰ

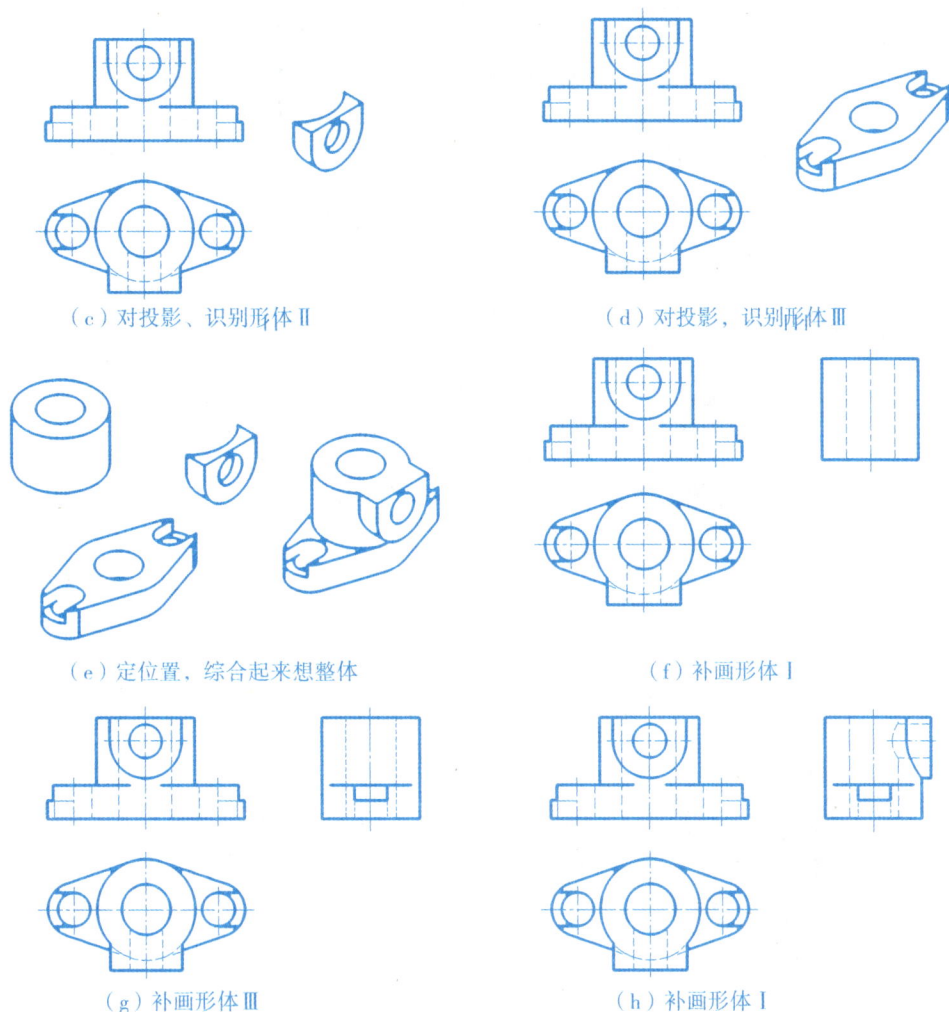

图9.35　读画图实例一

③定位置,综合起来想整体。在看懂每个简单形体的基础上,分析已知视图,想象出各形体之间的相对位置,组合方式以及表面间的过渡关系,从而想象出组合体的整体形状[图9.35(e)]。

(2)画物体的第三面投影[图9.35(f)、(h)]。在补画视图的过程中,尤其要注意邻接表面共面、不共面、相切、相交处的投影特征。

【例9.2】如图9.36所示,已知组合体的主视图和俯视图,补画其侧视图。

【解】通过简单地划分线框并对投影,可以判定这是一个主要经叠加而成的组合体,有一些简单的切割,有曲面,不对称。经过对各主要线框的进一步详细观察,组成该组合体的基本形体及部分切割等情况被分离出来,如图9.37(a)所示。结合对形体各部分相对位置的理解,完成读图结论并验证,如图9.37(b)所示。

形体想象完毕,下一步就按投影规律并结合原有视图,完成补画左视图的工作,如图9.38所示。

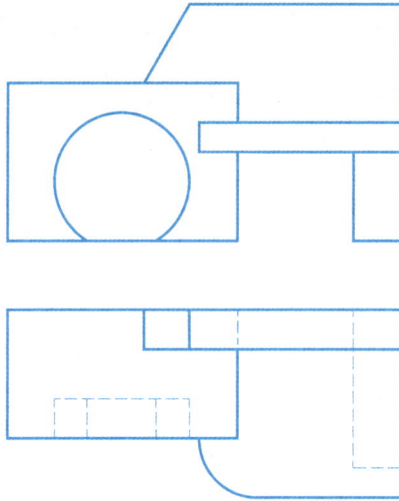

图9.36 读画图实例二

（a）   （b）

图9.37 分析读图

（a）   （b）

图9.38 补画左视图

【例9.3】已知物体的主、左视图如图9.39（a）所示，补画其俯视图。

【解】（1）看懂视图，想象出物体的形状。

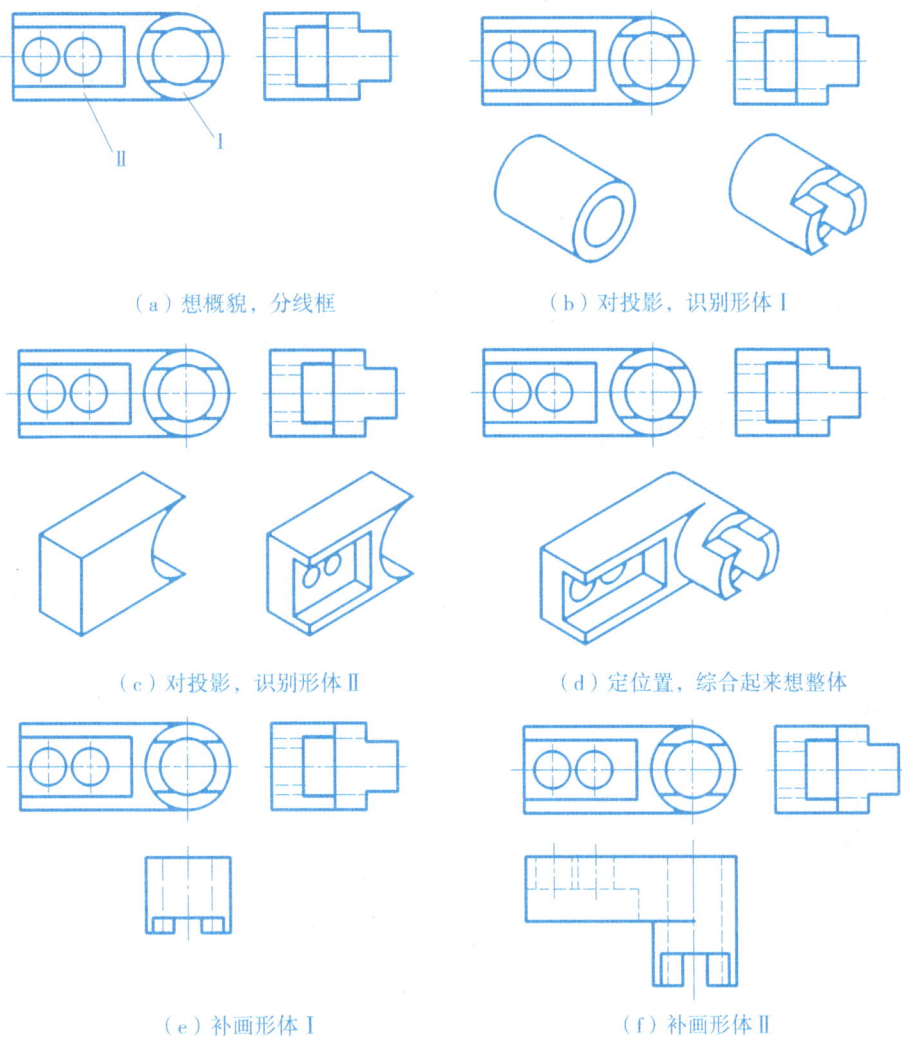

（a）想概貌，分线框

（b）对投影，识别形体Ⅰ

（c）对投影，识别形体Ⅱ

（d）定位置，综合起来想整体

（e）补画形体Ⅰ

（f）补画形体Ⅱ

图9.39　读画图实例三

①想概貌，分线框。先大致浏览已知视图，初步想象组合体可以分解为几个简单形体。然后根据形体分析原则及视图中线框的含义，在主视图中将物体分解为Ⅰ、Ⅱ两个相对独立的部分，每个部分对应一个简单形体[图9.39（a）]。

②对投影，识形体。运用三视图的三等规律，找出各简单形体的其余投影，再根据各形体的三面投影逐个想象出各形体的形状[图9.39（b）、（c）]。

③定位置，综合起来想整体。在看懂每个简单形体的基础上，再分析已知视图，想象出各形体之间的相对位置、组合方式以及表面间的过渡关系，从而想象出组合体的整体形状[图9.39（d）]。

（2）补画物体的第三面投影[图9.39（e）、（f）]。补画视图的过程中，尤其要注意邻接表面共面、不共面，以及相切、相交处的投影特征。

【例9.4】已知物体的主、左视图如图9.40（a）所示，补画其俯视图。

（a）填平补齐想概貌

（b）分析截断面P、Q、想象切割情况

（c）想象没有切割P、Q断面之前的形体，画出其俯视图

（d）画截断面P的投影

（e）画截断面Q的投影

（f）整理轮廓线，完成俯视图

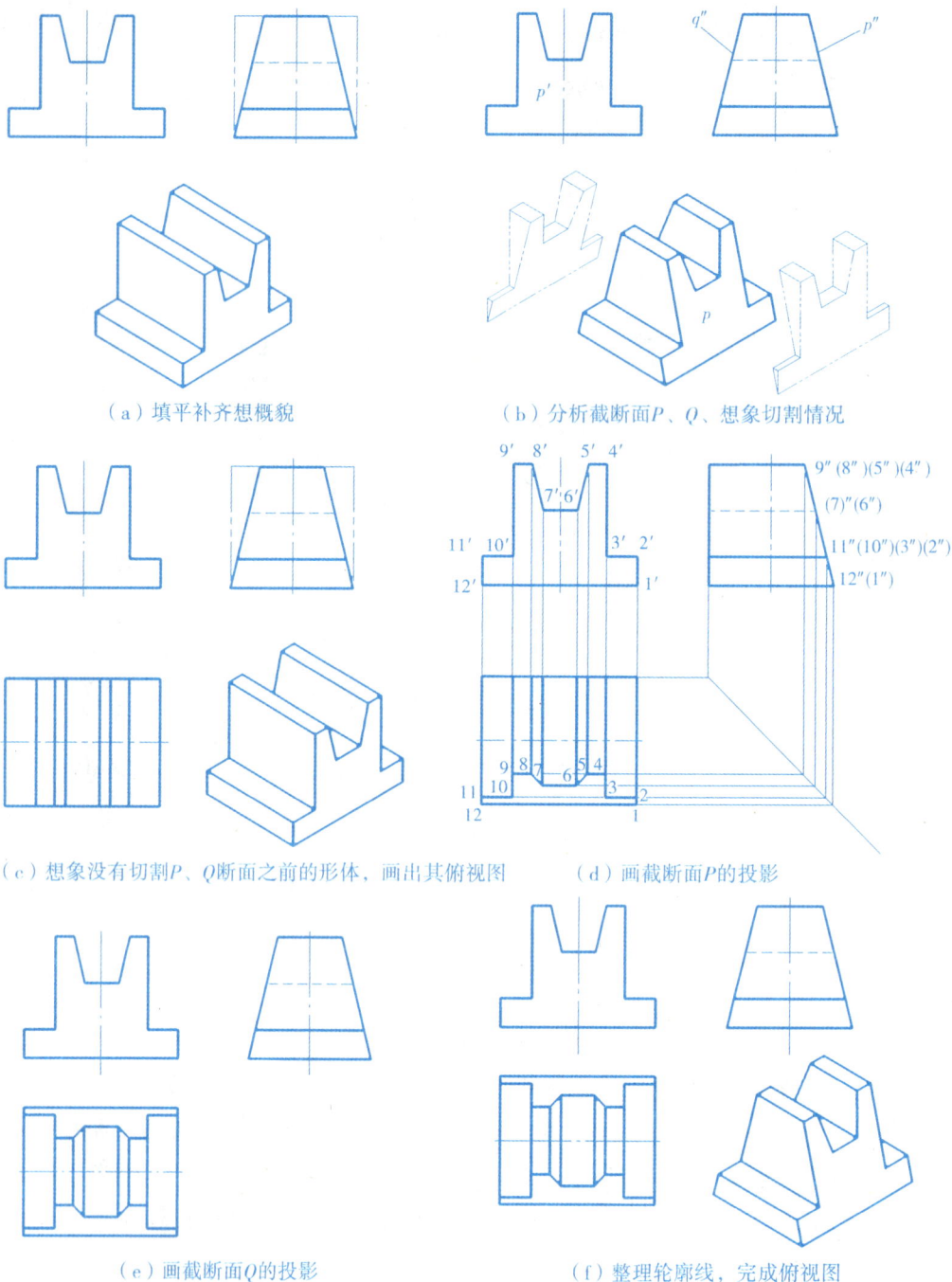

图9.40　读画图实例四

【解】（1）看懂视图，想象出物体的形状。

①填平补齐，想概貌。先大致浏览已知视图，初步想象组合体切割之前的原始形体。本例是切割型组合体，但没有必要把原始形体想象为基本形体长方体，可以想象其原始形体是以主视图形状为横截面，前后延伸的一个棱柱体。在此基础进行切割、想象，更便于画图[图9.40（a）]所示。

②分线框,对投影。分析平面 P、Q,想象切割情况,分析平面 P、Q 的正面投影和侧面投影。可以想象出棱柱体被两个前后对称的侧垂面切割[图9.40(b)]。

(2)补画物体的第三面投影。先画出棱柱体俯视图[图9.40(c)];找出截断面 P 的正面投影,对各顶点编号,运用"高平齐"规律求出各顶点侧面投影,然后求出截断面 P 水平投影的各顶点,连线并判断可见性[图9.40(d)];在俯视图上运用前后对称的关系求出截断面 Q 的各顶点,连线并判断可见性[图9.40(e)];整理轮廓线,擦去被切割棱线的投影,完成俯视图的绘制[图9.40(f)]。

【例9.5】如图9.41所示,给出了某形体的主、左视图,要求补画出俯视图。

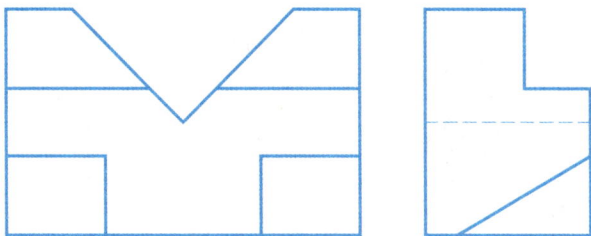

图9.41 读画图实例五

【解】通过分析,这是一个通过切割长方体而成的组合体,没有曲面,左右对称。形体形成的过程大致是:第一步,用水平面及正平面将长方体切除前上方的小长方体,如图9.42(a)所示;第二步,用两个左右对称的正垂面切出上方中部的 V 形缺口,如图9.42(b)所示;最后,用侧平面与侧垂面的组合,切出左前下方和右前下方两个左右对称的三棱柱,如图9.42(b)所示,组合体形成。

图9.42 实例五过程一

对已经想象出来的形体,还应与原图对照印证,确认无误以后方能进行下一步补图工作。

有了对形体形状的充分了解,接下来应结合已有的两个视图,将所缺的第三个视图按投影规律补画出来,如图9.43(a)所示。图中,线框1为一侧垂面,其侧面投影积聚为一条斜线,水平投影不可见;线框2为一侧平面,正面及水平面的投影均积聚,侧面投影反映该三角形平面的实形。

2)补画视图中遗漏的图线

通过补漏线练习,可以学习运用投影规律校对图样的基本方法,进一步掌握叠加、切割的组合形式,以及物体上相邻表面处不同相对位置时的投影特性。

补漏线一般从反映特征的主视图入手,联系其他视图看懂物体各组成部分的形状和相对位置;并从主、俯、左三个方向分别分析组合体各表面的相对位置是共面还是不共面,相切还是相交,然后补全遗漏的图线。

【例9.6】已知物体的三视图如图9.44(a)所示,补全三个视图中漏画的线条。

【解】(1)看懂视图,想象出物体的形状。

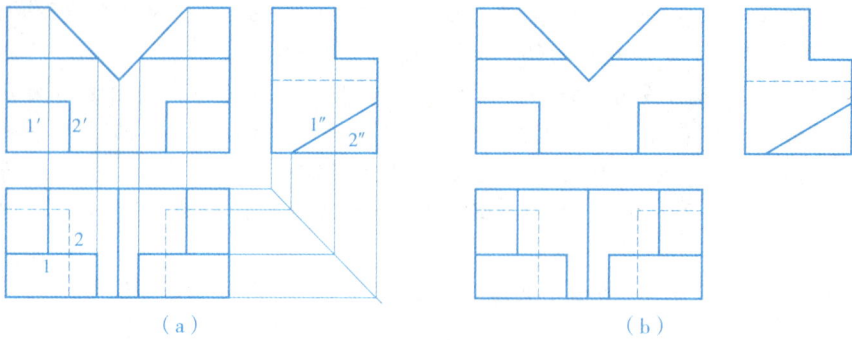

图9.43 实例五过程二

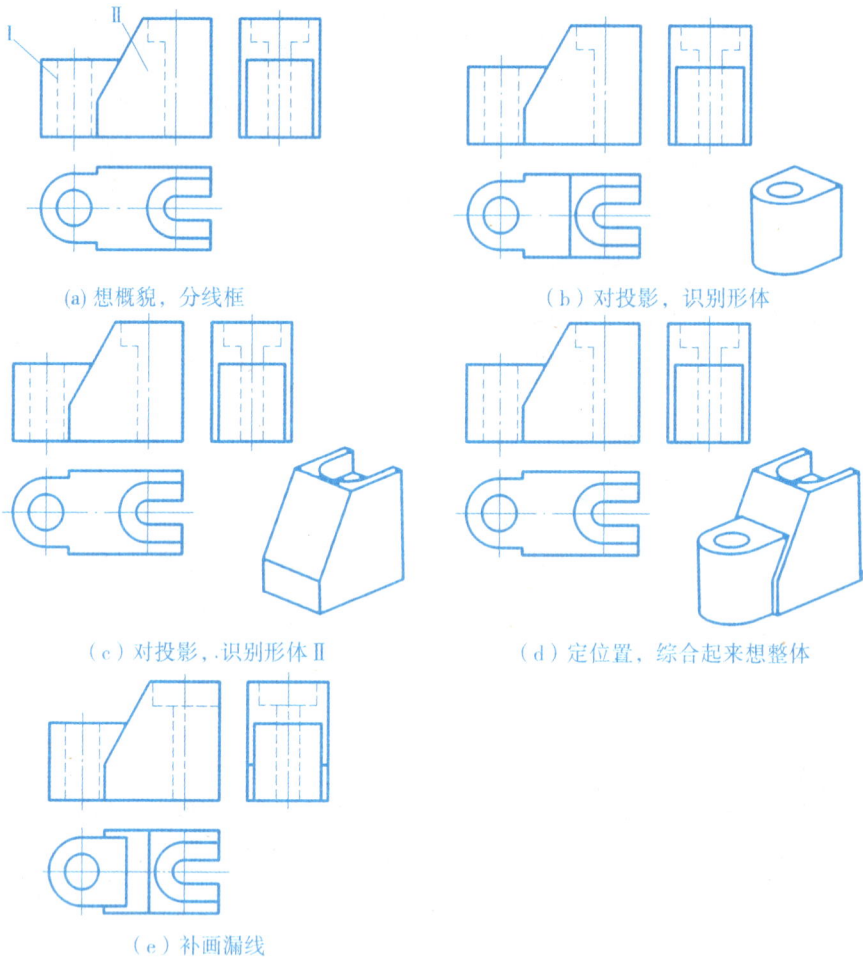

(a) 想概貌,分线框   (b) 对投影,识别形体

(c) 对投影,识别形体Ⅱ   (d) 定位置,综合起来想整体

(e) 补画漏线

图9.44 读画图实例六

①想概貌,分线框。先大致浏览3个视图,初步想象组合体可以分解为几个简单形材体。然后根据形体分析原则及视图中线框的含义,在主视图中将物体分解为Ⅰ、Ⅱ两个相对独立的部分,每个部分对应一个简单形体[图9.44(a)]。

②对投影,识形体。运用三视图的三等规律,找出各简单形体的其余投影,再根据各形体的三面投影逐个想象出各形体的形状[图9.44(b)、(c)]。

③定位置,综合起来想整体[图9.44(d)]。

(2)补画三个视图中漏画的线条[图9.44(e)]。仔细检查每一个简单体的投影是否正确。尤其要注意孔的台阶面有积聚性的投影是否遗漏;检查共面、不共面,以及相交和相切位置处的线条是否画正确。

3)根据三视图画轴测图

【例9.7】阅读如图9.45(a)所示三视图,想象并画出其轴测图。

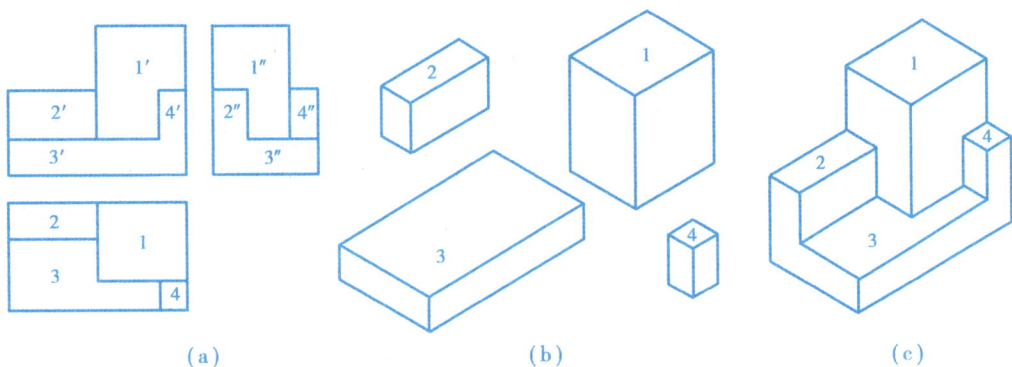

(a)　　　　　　　　(b)　　　　　　　　(c)

图9.45　读画图实例五

【解】由所给的三视图,首先思考是否有曲面?是否有对称的情况?组合体的组合方式是什么?就本例而言,这个组合体是通过叠加的方式形成的。读图时,先分出一个个封闭的线框(如俯视图所注);然后根据每一个线框向其他视图投影的结果,判断这些个线框的含义。如线框1,根据"长对正"等三等规律,不难发现该线框的三面投影均为矩形(或接近矩形)。逐一对余下线框如法炮制,会发现原来这个组合体不过就是由4个大小不等的长方体组成,如图9.45(b)所示。接下来是判定各基本形体的相对位置,依据同样是这个三视图。由俯视图及主视图可以看出,形体1在形体3的右后上方,其背面与右侧分别与形体3的背面与右侧对齐,形成了一个完整的该组合体的形象,如图9.45(c)所示。

【例9.8】阅读图9.46,想象并画出其轴测图。

【解】编号1、2的倾斜线条暗示,这个形体是通过切割长方体形成的;没有曲线,所以这只是一个平面立体,非对称。接下去,将注意力放在线框上,从相对较复杂的线框1开始,按投影规律,高平齐到侧视图中很容易就找到了它的类似形1″,而长对正到俯视图中,没有类似形。这说明该线框必然是一个铅垂面(在平面立体的任一视图中,任一线框的其他投影若无类似性则必有积聚性),如图9.46(b)所示。再看线框2′,长对正到俯视图中很容易就找到其类似形2,高平齐到侧视图中,积聚为一条直线2″。所以,该线框是一个侧垂面,如图9.46(c)所示。其余线框都是投影面的平行面,当把水平面Ⅲ、Ⅴ以及正平面Ⅳ加上去以后,虽然立体的图形已经完成(其余不可见的线条无须再画),但立体尚未形成,还需要再加上下底面、右侧面和背面才行。

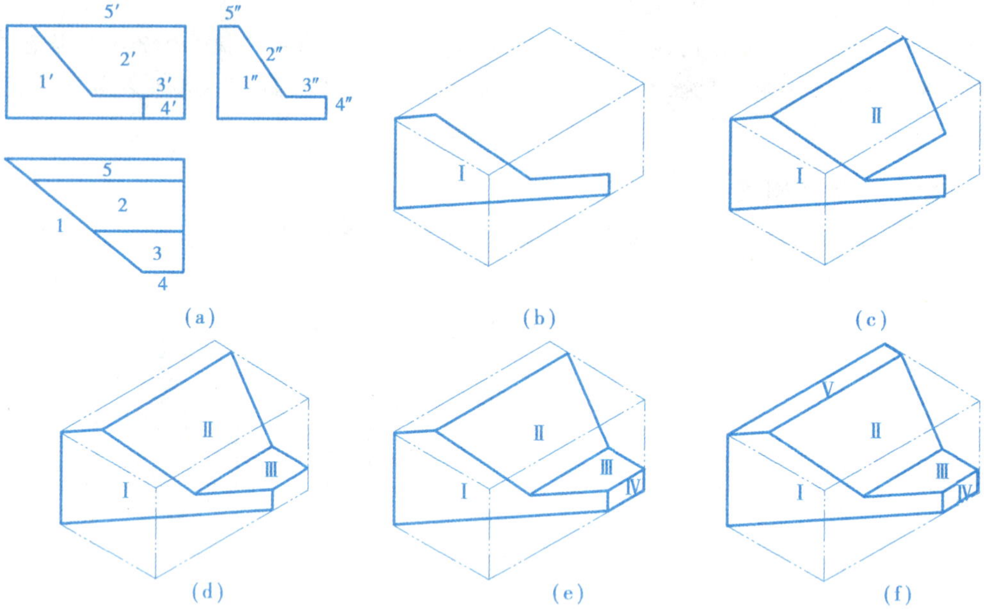

图9.46　读画图实例六

本章小结

(1)明确组合体的概念及其组合方式。

(2)掌握正确认识组合体的形体分析方法,学会合理选择组合体的各个视图并用正确的线形表示。

(3)了解基本型体的尺寸标注需求,体会带缺口基本型体的尺寸需求进而了解组合体的尺寸标注原则。

(4)熟练掌握读图的预备基础理论和技能,熟知读图的两种方法并熟练运用。

复习思考题

9.1　2008年北京奥运会游泳馆水立方能称为组合体吗?

9.2　形体分析的要点有哪些?

9.3　绘制组合体的视图时,确定形体的安放位置及视图选择时应考虑哪些因素?

9.4　组合体的尺寸分为哪几种? 试绘图分别举例说明。

9.5　形体分析方法在阅读组合体的视图时应如何体现?

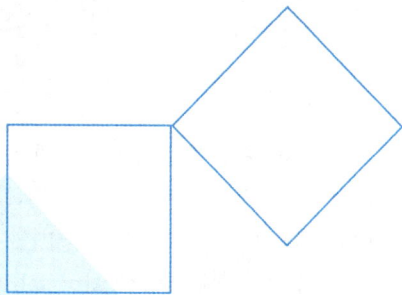

10 图样画法

本章导读：

图样是根据投影原理、标准或有关规定，用于表示工程对象，并有必要的技术说明的图。

在工程实际中，只采用三视图难以清楚地表达复杂物体的内外结构形状，而且视图中太多的细虚线对看图不利，且结构表达不直接、层次多，也不便于标注。为了清楚表达内外结构复杂的物体，国家标准《技术制图》《机械制图》和《房屋建筑制图统一标准》规定了绘制物体技术图样的基本方法，包括视图、剖视图（建筑类制图中称为剖面图）、断面图、局部放大图及简化画法等。掌握这些图样画法是正确绘制和阅读技术图样的基本前提，灵活运用这些图样画法清楚、简洁地表达物体是绘制技术图样的基本原则。

本章主要介绍各类工程图样的画法，如视图、剖视图、断面图、局部放大图、简化画法等，其中重点是视图、剖视图、断面图。

10.1 视图

视图（GB/T 17451—1998、GB/T 4458.1—2002）主要用于表达物体的外部结构形状。视图分为基本视图、向视图、局部视图和斜视图 4 种。视图一般只画可见部分，必要时才用细虚线表达不可见部分。

10.1.1 基本视图

为了分别表达物体上下、左右、前后 6 个方向的结构形状，国家标准规定：在三投影面的对面再增加 3 个投影面，组成一个正六面体。正六面体的 6 个面作为 6 个投影面，这 6 个投影面称为基本投影面。将物体置于正六面体中间,分别向各基本投影面投射,所得的视图称为基本视图,包括:主视图——由物体的前方向后投射得到的视图;俯视图——由物体的上方向下投射得到的视图;左视图——由物体的左方向右投射得到的视图;右视图——由物体的右方向左投射得到的视图;仰视图——由物体的下方向上投射得到的视图;后视图——由物体的后方向前投射得到的视图。建筑类制图中,把主视图、俯视图、左视图、右视图、仰视图和后视图也分别称为正立面图、平面图、左侧立面图、右侧立面图、底面图和背立面图。

为了在同一平面上表示物体,必须将6个投影面展开到一个平面。展开时规定正立投影面不动,其余各投影面展开到正立投影面所在的平面,如图10.1所示。

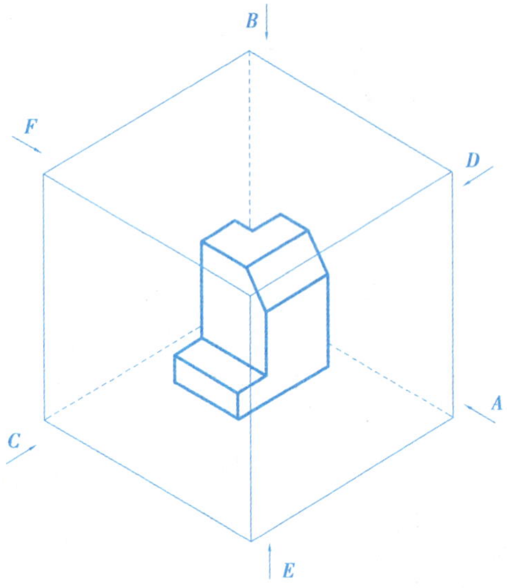

图 10.1   六个基本视图的形成及展开

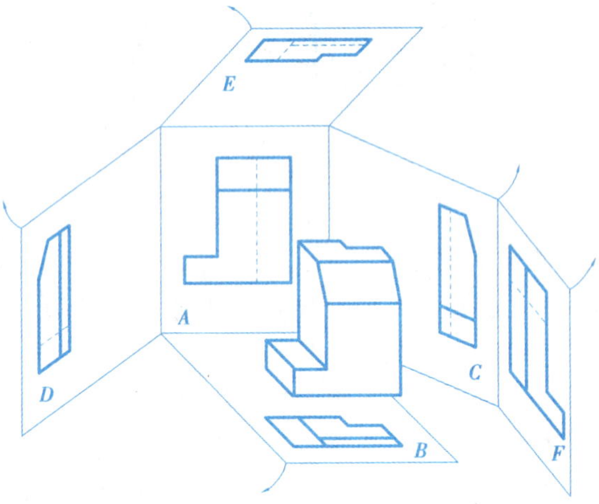

投影面展开后,六面基本视图的位置如图10.2所示。一旦物体的主视图被确定后,其他基本视图与主视图的位置关系也随之确定,按该投影关系配置各视图位置时,可不标注视图的名称。

6个基本视图在度量上,满足“三等”对应关系:主、俯、仰视图“长对正”;主、左、右、后视图“高平齐”;俯、左、仰、右视图“宽相等”。这是读图、画图的依据和出发点。

在反映空间方位上,俯、左、仰、右视图中靠近主视图的一侧,是物体的后方,远离主视图的一侧,是物体的前方。

6个基本视图存在对称关系:右、左视图关于主视图互为对称,仰、俯视图关于主视图互为对称,主、后视图关于左视图互为对称。互为对称的图形中,外轮廓、投影方向完全贯穿的通槽和通孔等结构的线型不变,而其他结构的投影线可见性相反。

在实际绘制技术图样时,一般并不需要将物体的6个基本视图全部画出。除主视图外,应根据物体的结构特点和复杂程度,在完整、清晰地表达物体特征的前提下,选择必要的基本视图。优先选用主、俯、左视图,再考虑其他视图。

图 10.2　基本视图的配置及方位关系

10.1.2　向视图

向视图是未按投影关系布置的基本视图。

向视图必须标注。标注方法是：在向视图的上方标注"X"（"X"为大写拉丁字母）；在相应视图附近用箭头指明投射方向，并标注相同字母（图 10.3）。此外，在建筑类制图中，向视图还可采用图 10.4 的位置配置及名称标注方式。

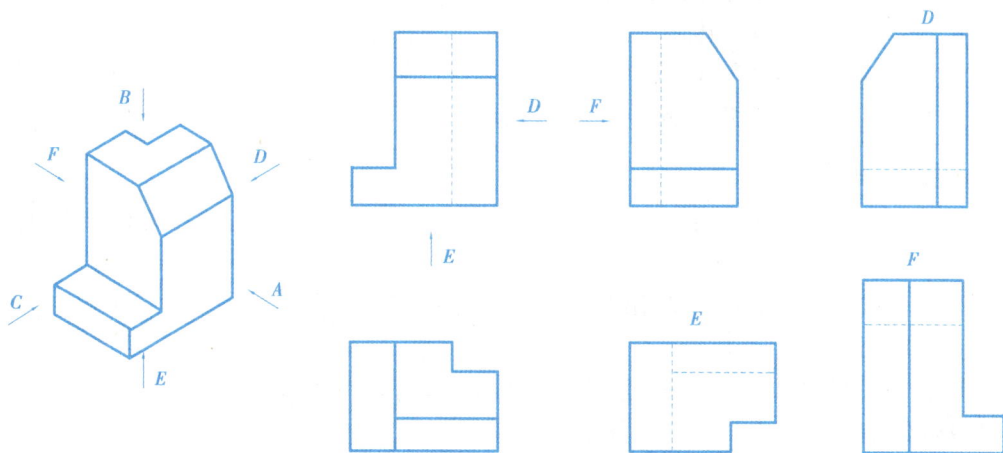

图 10.3　向视图

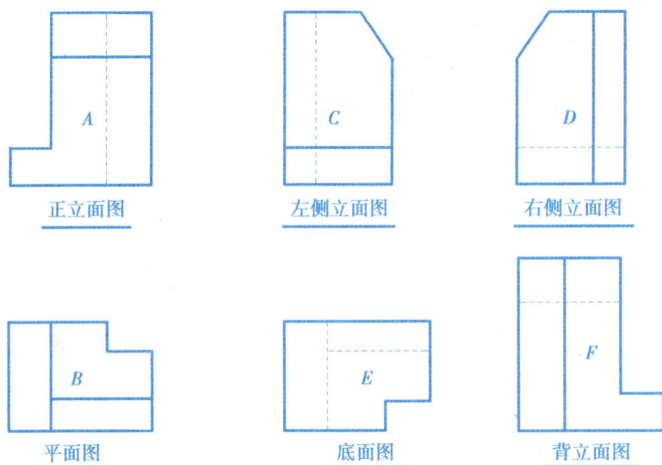

正立面图　　　　左侧立面图　　　　右侧立面图

平面图　　　　底面图　　　　背立面图

图 10.4　建筑类制图中向视图的配置及其名称

采用向视图的目的是便于利用图纸空间。向视图是基本视图的另一种表达方式,是移位(不旋转)配置的基本视图。向视图的投射方向应与基本视图的投射方向一一对应。表示投射方向的箭头应尽可能配置在主视图或左、右视图上,以便所获视图与基本视图一致。

10.1.3　局部视图

局部视图是将物体的某一部分向基本投影面投射所得的视图。

当物体在平行于某基本投影面的方向上仅有某局部形状需要表达,而又没有必要画出其完整的基本视图时,可采用局部视图局部地表达物体的外形。如图 10.5 中的 A 向和 B 向视图,分别表达了左、右两个凸台的形状。

1)局部视图的配置及标注

局部视图按以下 3 种形式配置,并进行必要的标注。

①按基本视图的形式配置,当与对应的另一个视图之间没有其他图形隔开时,可不必标注,如图 10.5 中的 A 向局部视图可省略标注。

②按向视图的形式配置和标注,如图 10.5 中的 B 向局部视图。

③按第三角画法(第三角画法请参照本章第 10.6 节)配置在视图上所需表示的局部结构附近,并用细点画线将两者相连,此时无须另行标注(图 10.6)。

2)局部视图的断裂边界

①局部视图是从完整的图形中分离出来的,必须与相邻的其他部分假想地断裂,其断裂边界一般用波浪线(图 10.5 的 A 向局部视图)或双折线(图 10.6)绘制。注意:波浪线表示物体实体部分断裂边界的投影,空洞处和超出物体处不应存在[图 10.5(c)],也不允许和其他图线或图线的延长线重合。

②当所表达的局部结构是完整的且外轮廓线封闭时,则不必画出其断裂边界线,如图 10.5 中的 B 向局部视图。

③为了节省绘图时间和图幅,对称物体的视图可只画一半或四分之一,以细点画线作为断裂边界,但必须在对称中心线的两端画出两条与其垂直的平行细实线,如图10.7所示。

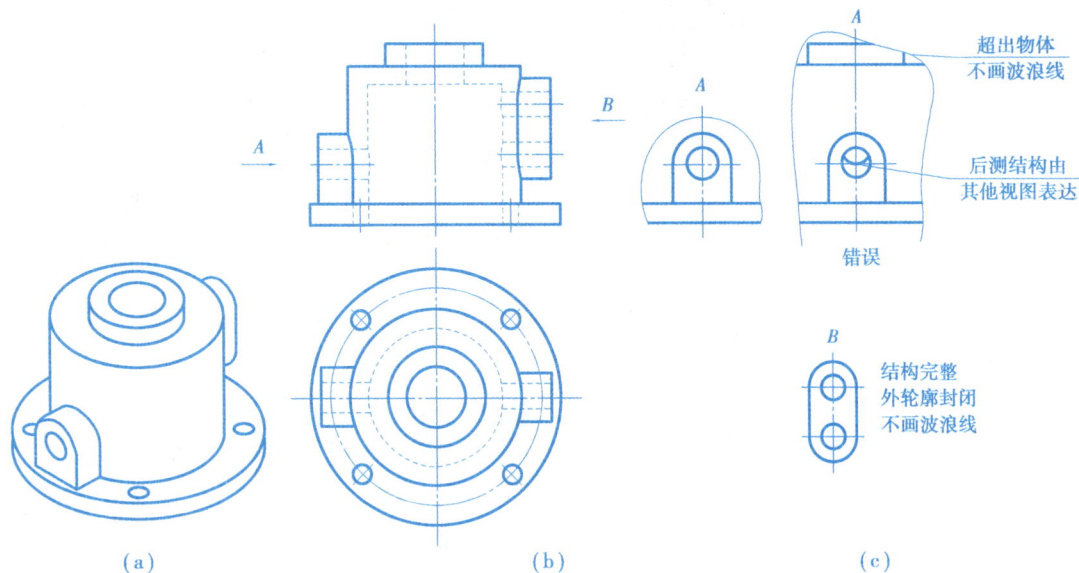

图 10.5　局部视图

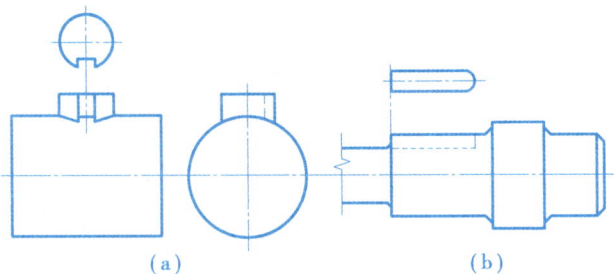

图 10.6　局部视图按第三角画法配置图

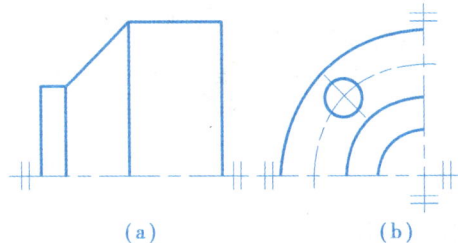

图 10.7　对称物体的局部视图

10.1.4　斜视图

斜视图是将物体向不平行于基本投影面的平面投射所得的图形。

当物体上具有不平行于任何基本投影面的倾斜结构时,不能在基本视图上表达该结构的实形和标注真实尺寸。为了清楚地表达倾斜结构的形状,可增加一个与倾斜结构平行且垂直于某一基本投影面的辅助投影面,将该倾斜结构向辅助投影面投射,便可得到一个反映此倾斜结构实形的斜视图(图 10.8)。

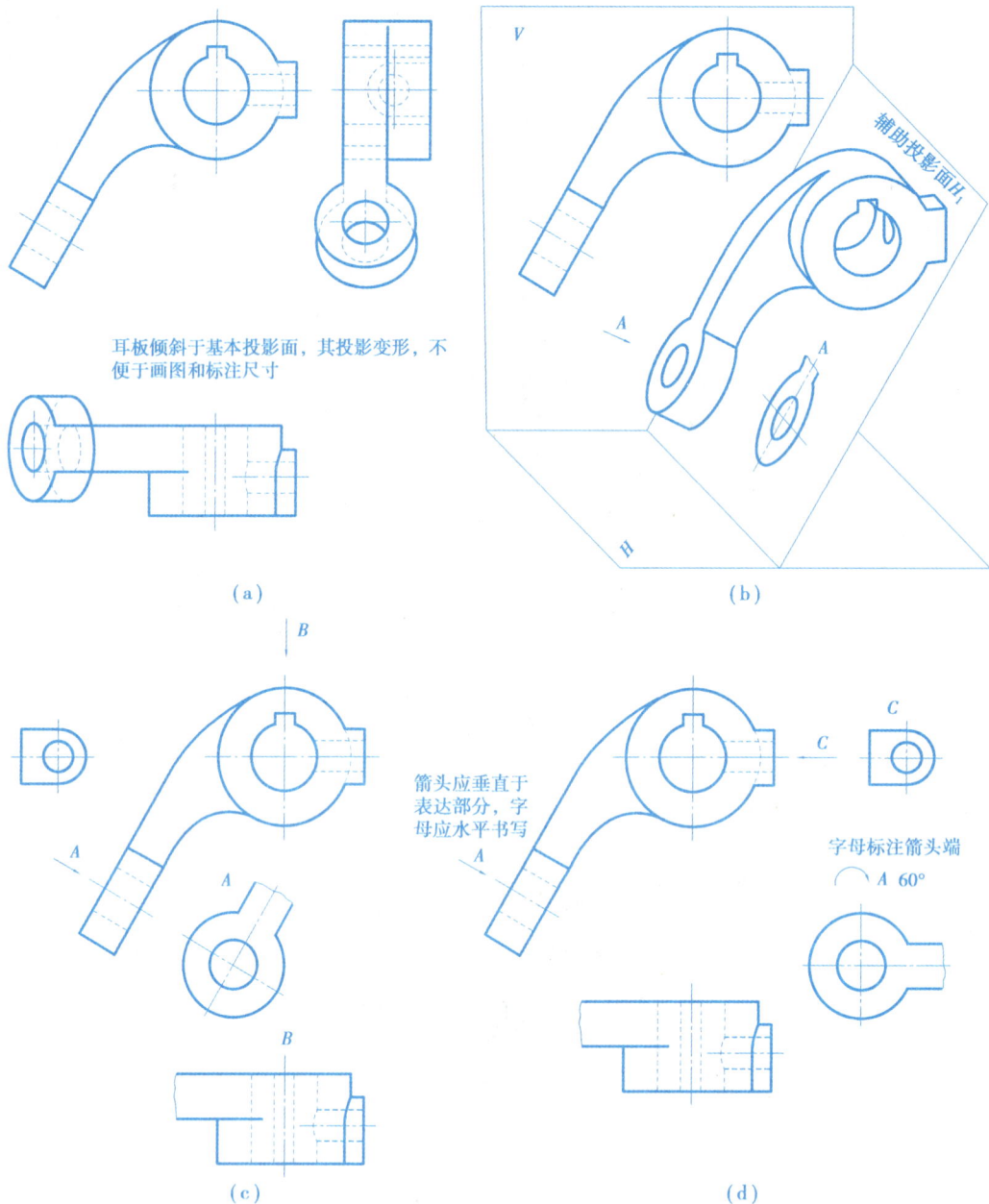

耳板倾斜于基本投影面,其投影变形,不便于画图和标注尺寸

(a)

(b)

箭头应垂直于表达部分,字母应水平书写

字母标注箭头端

A 60°

(c)

(d)

图 10.8　斜视图

图 10.8(a)为压紧杆的三视图,由于压紧杆左侧的耳板与基本投影面 H 和 W 面倾斜,其俯视图和左视图都不反映实形。为作图方便,增加一个与耳板平行且垂直于 V 面的辅助投影面 H_1,将耳板向 H_1 面投射[图 10.8(b)],然后将此辅助投影面 H_1 按投射方向旋转到与其垂直的基本投影面 V 上,即得到反映耳板实形的斜视图 A[图 10.8(c)]。

画斜视图应注意以下几点:

①斜视图只为了表达倾斜结构的实形,只画此倾斜结构的投影,其他部分省略不画,用波浪

线断开[图10.8(c)]。此倾斜结构在出现类似形投影的视图上也省略不画,采用局部视图表达。

②斜视图通常按向视图的配置形式配置及标注。按箭头方向配置在相应视图的附近,在斜视图的上方水平注写与箭头处相同的字母以表示斜视图的名称;在相应视图附近,用垂直于倾斜表面的箭头指明投射方向,如图10.8(c)中的 A 向斜视图。

③在不致引起误解时,允许将斜视图旋转配置,旋转的角度以不大于90°为宜。此时应加注旋转符号,旋转符号的方向必须与实际旋转方向一致。表示斜视图名称的大写拉丁字母应靠近旋转符号的箭头端。如需给出旋转角度,角度应注写在字母之后,如图10.8(d)所示。

图10.8中压紧杆采用基本视图、局部视图和斜视图的方式表达,两种配置如图10.8(c)和图10.8(d)所示。

10.2　剖视图

剖视图主要用于表达物体的内部结构形状。

10.2.1　剖视的基本概念

用视图表达物体时,其内部结构需用细虚线表示,内部结构形状越复杂,视图中的虚线越多,影响图面清晰性,显得内部结构层次不清,从而不便于读图和标注尺寸,如图10.9(a)所示。为了减少视图中的细虚线,使图面清晰,国家标准 GB/T 17452—1998、GB/T 4458.6—2002、GB/T 50001—2017 规定,采用剖视图来表达物体的内部结构和形状。

剖视图(简称剖视,在建筑领域中也称为剖面图)是假想用剖切面在适当的部位剖开物体,将处在观察者和剖切面之间的部分移去,再将余下部分向投影面投射所得的图形,如图10.9(b)所示。

10.2.2　剖视图的画法及标注

1)剖视图的画法

(1)确定剖切面及剖切面的位置

为了清楚表达物体内部结构的真实形状和大小,剖切面一般应通过物体内部结构的对称平面或孔、洞、槽的中心线,并平行于相应的投影面。如图10.9(c)的剖切面为通过内部结构对称面的正平面。剖切面通常为投影面平行面,也可以是投影面垂直面或曲面及这几种面的组合(剖切面的种类请参照本章第10.2.4节)。

(2)画剖视图

技术制图中,用粗实线画出剖切面剖切到的物体断面轮廓和其后面所有可见轮廓线的投影,不可见的轮廓线,一般不画[图10.9(b)]。

物体形体表面与剖切面相交的截交线围合成的平面图形称为断面。建筑制图中,断面的轮廓线一律用 $0.7b$ 线宽的实线绘制。其余投影方向可见的部分,一律用 $0.5b$ 线宽的实线绘制。一般不画不可见的虚线。

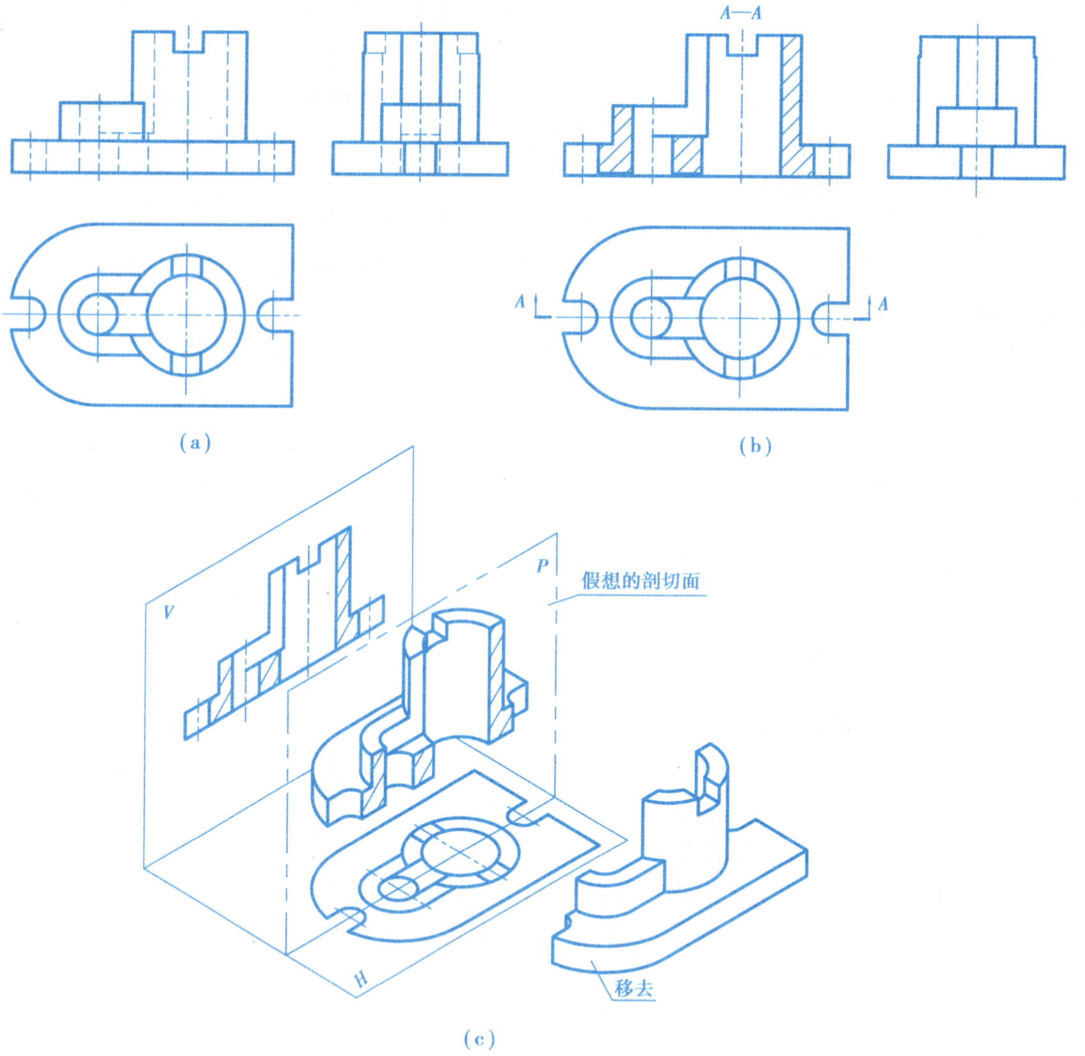

图 10.9　剖视图的形成及画法

（3）画剖面符号

在剖切面切到的断面轮廓内（剖切面与物体接触的实体部分）画出剖面符号，以区分物体的实体部分和空心部分［图 10.9（b）］，并反映内部实体材料的类型，剖面符号用细实线绘制。

机械制图（GB/T 4457.5—2013）中规定，不同类别的材料一般采用不同的剖面符号，见表10.1。金属材料的剖面符号也称为剖面线。

表 10.1　剖面符号

材料名称	剖面符号	材料名称	剖面符号
金属材料 （已有规定剖面符号者除外）	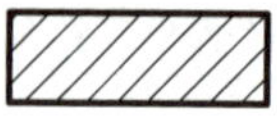	非金属材料 （已有规定剖面符号者除外）	
线圈绕组元件	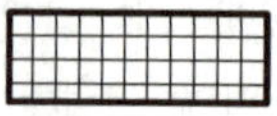	转子、电枢、变压器、电抗器等 的叠钢片	

材料名称	剖面符号	材料名称	剖面符号
型砂、填砂、粉末冶金、砂轮、陶瓷刀片、硬质合金刀片等		玻璃及供观测用的其他透明材料	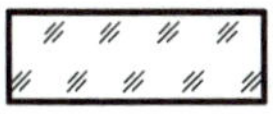
木质胶合板（不分层数）	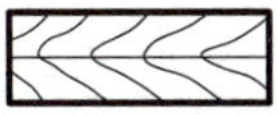	格网（筛网、过滤网等）	
木材　纵剖面		液体	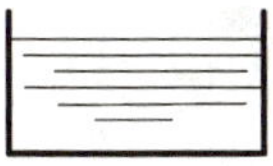
横剖面			
基础周围的泥土		砖	
混凝土		钢筋混凝土	

注：①剖面符号仅表示材料的类别，材料的名称和代号必须另行注明；
　　②叠钢片的剖面线方向，应与束装中叠钢片的方向一致；
　　③液面用细实线绘制。
　　④本表摘自 GB/T 4457.5—2013。

　　建筑制图中，反映物体建造材料的剖面符号称为材料图例，《房屋建筑制图统一标准》（GB/T 50001—2017）规定的常用建筑材料图例见表 10.2。

表 10.2　常用建筑材料图例

序号	材料名称	图　例	说　明
1	自然土壤		包括各种自然土壤
2	夯实土壤	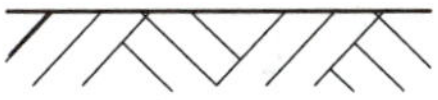	—
3	砂、灰土	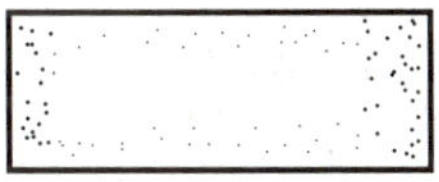	—
4	砂砾石、碎砖三合土	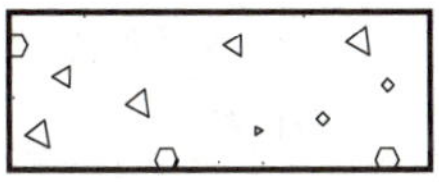	—
5	天然石材	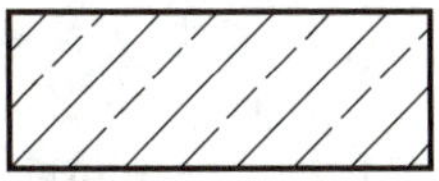	—

续表

序号	材料名称	图 例	说 明
6	毛石	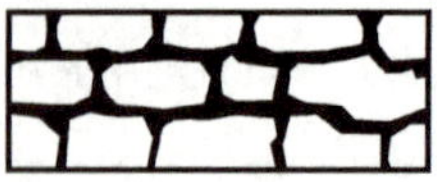	—
7	普通砖	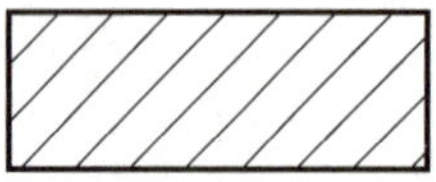	包括普通砖、多孔砖、混凝土砖等砌体
8	耐火砖	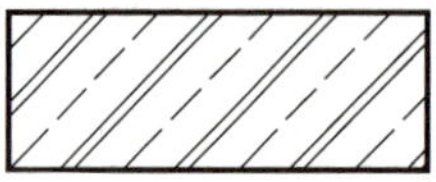	包括耐酸砖等砌体
9	空心砖		包括空心砖、普通或轻骨料混凝土小型空心砌块等砌体
10	加气混凝土	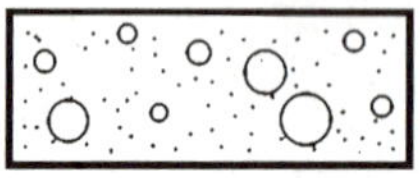	包括加气混凝土砌块砌体,加气混凝土墙板及加气混凝土材料制品等
11	饰面砖	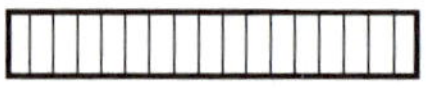	包括铺地砖、玻璃马赛克、陶瓷锦砖、人造大理石等
12	焦渣、矿渣	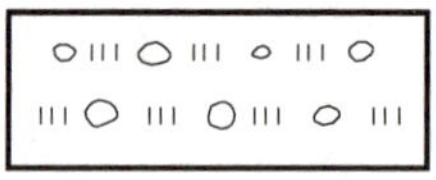	包括与水泥、石灰等混合而成的材料
13	混凝土	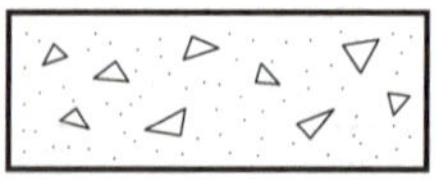	1.包括各种强度等级、骨料、添加剂的混凝土; 2.在剖面图上绘制表达钢筋时,则不需绘制图例线;
14	钢筋混凝土	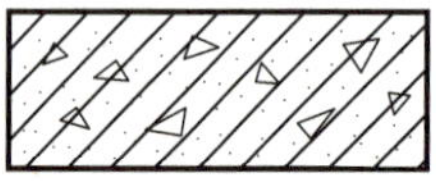	3.断面图形较小,不易绘制表达图例线时,可填黑或深灰(灰度宜为70%)
15	多孔材料		包括水泥珍珠岩、沥青珍珠岩、泡沫混凝土、软木、蛭石制品等
16	纤维材料	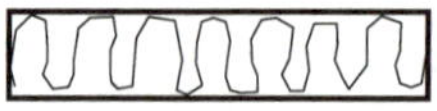	包括矿棉、岩棉、玻璃棉、麻丝、木丝板、纤维板等
17	泡沫塑料材料	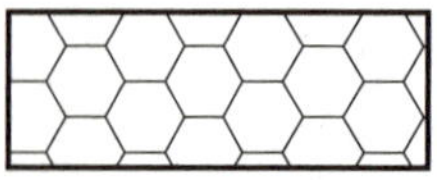	包括聚苯乙烯、聚乙烯、聚氨酯等多孔聚合物类材料
18	木材	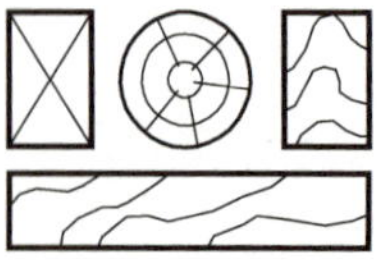	1.上图为横断面,左上图为垫木、木砖或木龙骨; 2.下图为纵断面

序号	材料名称	图 例	说 明
19	胶合板	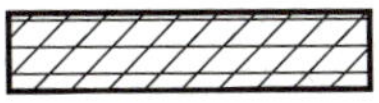	应注明×层胶合板
20	石膏板	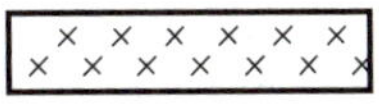	包括圆孔或方孔石膏板、防水石膏板、硅钙板、防火石膏板等
21	金属		1.包括各种金属； 2.图形小时,可填黑或深灰(灰度宜为70%)
22	网状材料		1.包括金属、塑料等网状材料； 2.应注明具体材料名称
23	液体		应注明具体液体名称
24	玻璃		包括平板玻璃、磨砂玻璃、夹丝玻璃、钢化玻璃、中空玻璃、夹层玻璃、镀膜玻璃等
25	橡胶	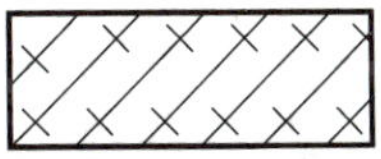	—
26	塑料	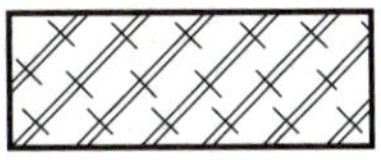	包括各种软、硬塑料及有机玻璃等
27	防水材料	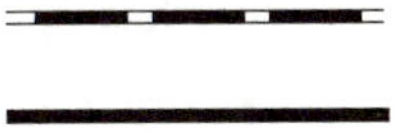	构造层次多或绘制比例大时,采用上面的图例
28	粉刷	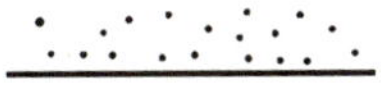	本图例采用较稀的点

注:本表摘自 GB/T 50001—2017。

当需要使用表中没有列出的材料时,允许自编剖面符号,但要加以说明。此外,画剖面符号时还应注意:

①规范只规定了剖面符号的画法,其大小比例视所画图样的大小而定。

②当不需要在剖面区域中表示材料的类别时,可采用通用剖面线来表示。通用剖面线应以与主要轮廓或剖面区域的对称线成适当角度(参考角为45°)的等距细实线表示,疏密应适度(图10.10)。

③不同品种的同类材料使用同一剖面符号时(如不同品种的金属、石膏板等),应加以说明。

④相同材料的两个物体相接,剖面符号宜错位或反向绘制[图10.11(a)、(b)],如碰巧都是涂黑的剖面符号,则应在物体间留下不小于0.7 mm的间隙[图10.11(c)]。

⑤当需要绘制剖面符号的面积太大时,可在断面轮廓内沿轮廓作局部示意[图10.11(d)]。

⑥在同一张图纸上,同一物体的不同剖视图中的剖面符号应该完全一致(如方向、疏密等)。

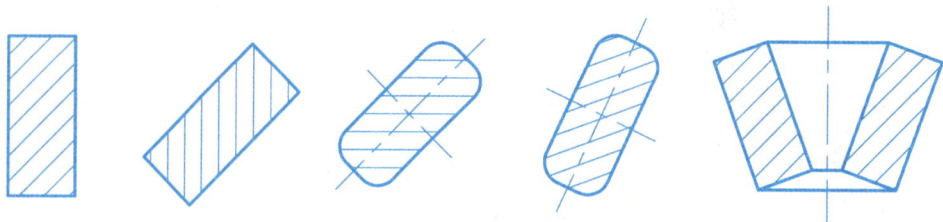

图10.10　通用剖面线画法

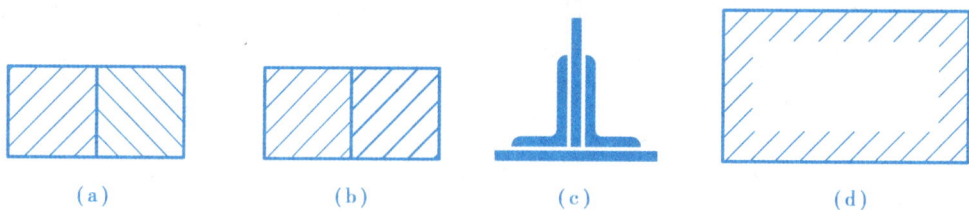

(a)　　　　　　(b)　　　　　　(c)　　　　　　(d)

图10.11　剖面符号的特殊处理

2)剖视图的标注

为了看图时便于判断剖切面通过的位置和剖切后的投射方向,便于找出各相应视图之间的投射关系,还应对剖视图进行以下标注。

(1)技术制图中标注内容

①剖切符号——剖切符号由粗短画(长5～10 mm,1.5倍粗实线线宽)和箭头组成。在剖切面的起、讫和转折处画上粗短画,表示剖切面的位置;在表示剖切面起、讫处的粗短画外端,垂直地画出箭头,表示剖切后的投射方向[图10.9(b)]。

②剖视图名称——在剖视图的上方用大写拉丁字母水平标出剖视图的名称"×—×",并在剖切符号的两侧注上同样的字母[图10.9(b)]。如在一张图上同时有几个剖视图,则其名称应按字母顺序排列,不得重复。

(2)建筑制图中标注内容

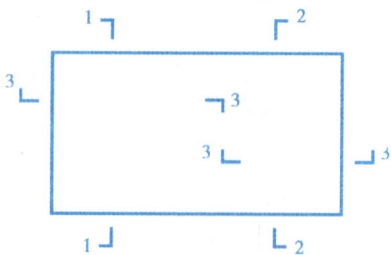

图10.12　建筑制图的剖切符号

①剖切符号——剖面的剖切符号,应由剖切位置线及剖视方向线组成,均应以粗实线绘制。剖切位置线的长度为6～10 mm;剖视方向线应垂直于剖切位置线,长度应短于剖切位置线,宜为4～6 mm;需要转折的剖切位置线,应在转角的外侧加注与该符号相同的编号,如图10.12所示。绘图时,剖面剖切符号不应与图面上的图线接触。

②剖面编号及图名——在剖视方向线的端部宜按顺序由左至右,由下至上用阿拉伯数字编排注写剖面编号,并在剖面图的下方正中分别注写1—1剖面图、2—2剖面图、3—3剖面图……以表示图名。图名下方还应画上粗实线,粗实线的长度应超过图名字体长度两边各2～3 mm。

（3）技术制图中标注的简化或省略

①当剖视图按投射关系配置，中间没有其他图形隔开时，可省略箭头，如图 10.9（b）中箭头可省去。

②当单一剖切平面通过物体的对称平面或基本对称面，且剖视图按投射关系配置，中间又没有其他图形隔开时，则不必标注，如图 10.9（b）、图 10.13 均可不必标注。

3）画剖视图的注意事项

①由于剖切是假想的，所以当物体的一个视图画成剖视后，其他视图并不受影响，仍应完整地画出。

②一般情况下，剖视图中不画细虚线。只有在不影响图形清晰的条件下，又可省略一个视图时，才适当地画出少量细虚线（图 10.13）。

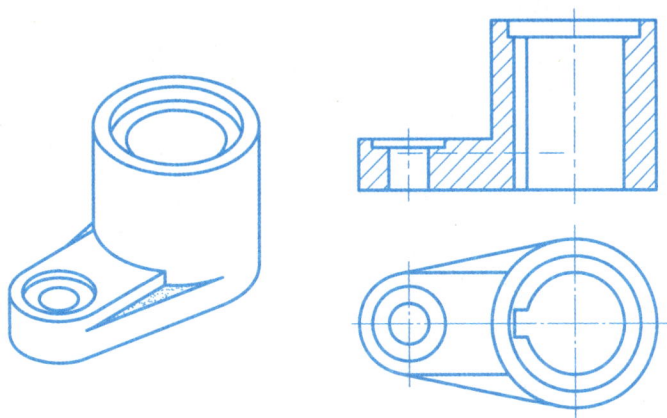

图 10.13 剖视图中的虚线问题

③画剖视图时，不应漏画剖切面后的可见轮廓线（图 10.14）。

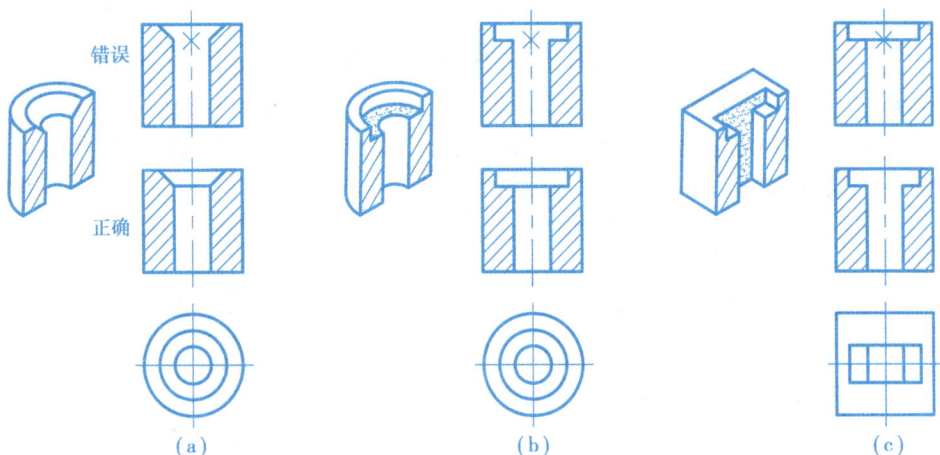

图 10.14 正误剖视图对比

10.2.3 剖视图的种类

根据剖切范围,剖视图可分为全剖视图、半剖视图和局部剖视图 3 种。

1)全剖视图

用剖切面将物体完全剖开后所得的剖视图称为全剖视图。全剖视图可由单一的或组合的剖切面完全地剖开物体得到。

全剖视图主要用于表达复杂的内部结构,它不能够表达同一投射方向上的外部形状,所以适用于内形复杂、外形简单的物体(图 10.15)。

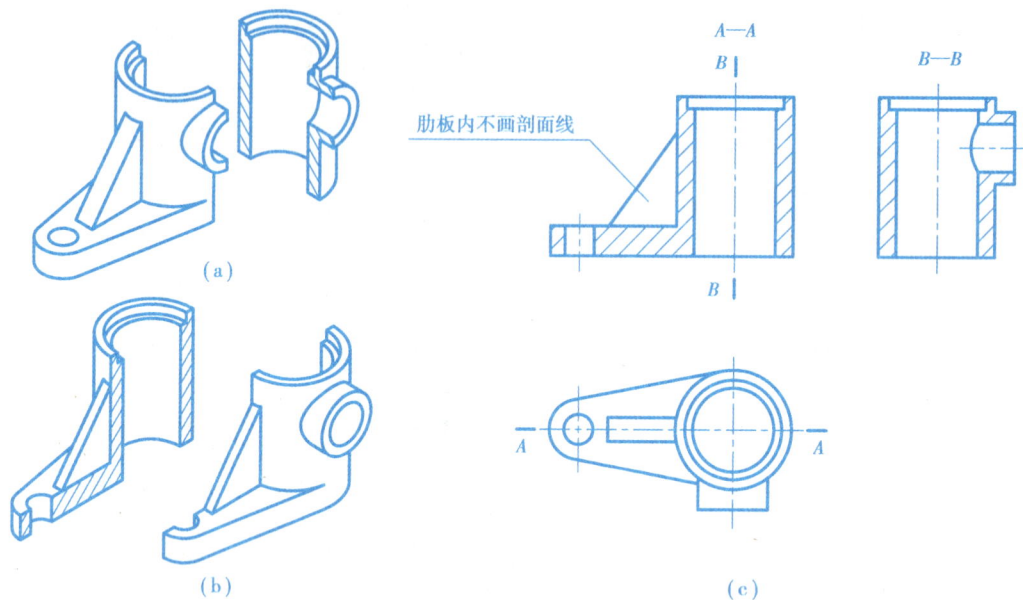

图 10.15 全剖视图(技术制图)

如图 10.16 所示为一水池的投影,外形较简单,而内部有一隔墙,故剖切平面采用正平面和侧平面分别通过水池的前后对称平面及左池中心将其全部剖开,然后分别向 V 面和 W 面进行投影,即可得到如图 10.16 所示的 1—1 剖面图、2—2 剖面图。

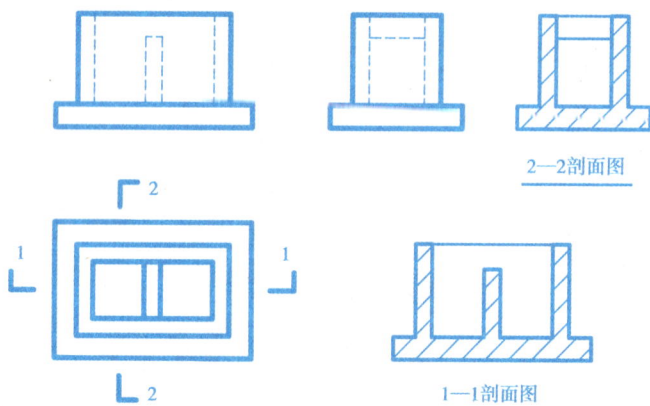

图 10.16 水池的投影及全剖面图(建筑制图)

2) 半剖视图

当物体具有对称平面时,在垂直于对称平面的投影面上所得的图形,可以对称中心线为分界,一半画成剖视图表达内形,另一半画成视图表达外形,称为半剖视图(图 10.17)。

如图 10.17 所示,物体具有左右对称平面,在垂直于该对称平面的投影面 V 面上,画成半剖视图以同时表达前方凸台的外形和中间内部的通孔;同时,这个物体具有前后对称平面,在垂直于这一对称平面的投影面 H 面上,也画成半剖视图。H 面的投影是由通过凸台上小孔轴线的剖切平面剖切产生的 A—A 半剖视图,它同时表达了顶部和底部的长方形板的外形和凸台上小孔与中部圆筒相通的内部结构。

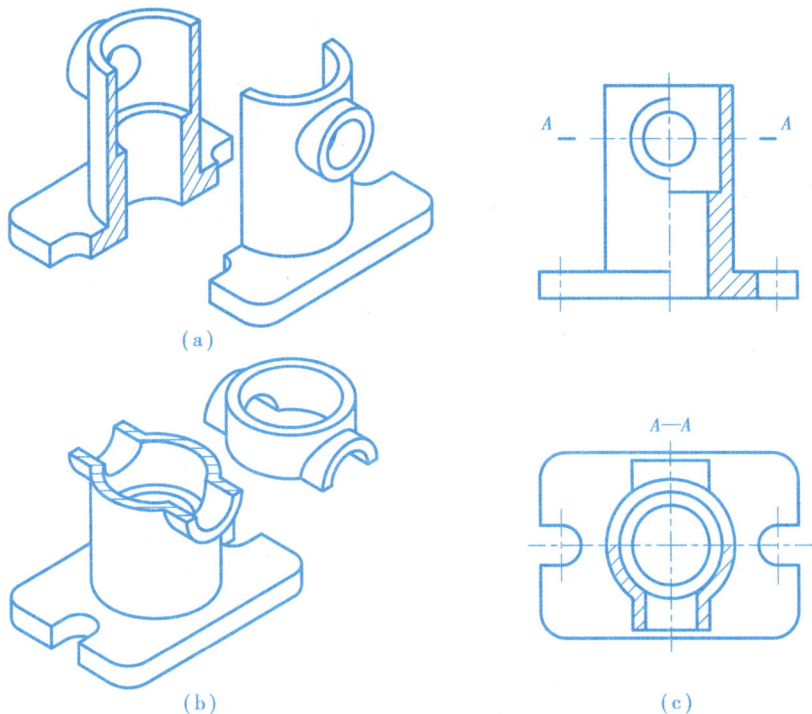

(a)

(b)

(c)

图 10.17 半剖视图(技术制图)

如图 10.18 所示,由于物体内部矩形坑的深度难以从视图中确定,且该物体前后、左右对称,故可采用半剖面图来表示。画出半个 V 面投影视图和半个 W 面投影视图以表示物体的外形,再配上相应的半个剖面图,即可知内部矩形坑的深度。

画半剖视图的注意事项如下:

①半剖视图中视图与剖视的分界线是对称平面位置的细点画线,不能画成粗实线。

②由于物体对称,所以在剖视部分表达清楚的内形,在表达外部形状的半个视图中应不画细虚线。

③半剖视图中剖视部分的位置一般按以下原则配置:在主视图中位于对称线右侧;在俯视图和左视图中位于物体的前半部分。

半剖视图的标注与全剖视图相同。

半剖视图主要用于内外形状都需要表达的对称物体。当物体的形状接近于对称,且其局部不对称部分已另有视图表达清楚时,也允许画成半剖视图(图 10.19)。

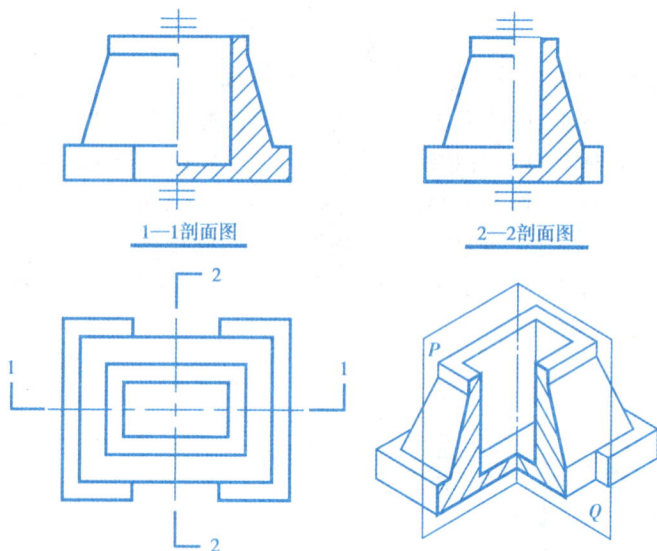

1—1剖面图　　　　　2—2剖面图

图 10.18　半剖面图(建筑制图)

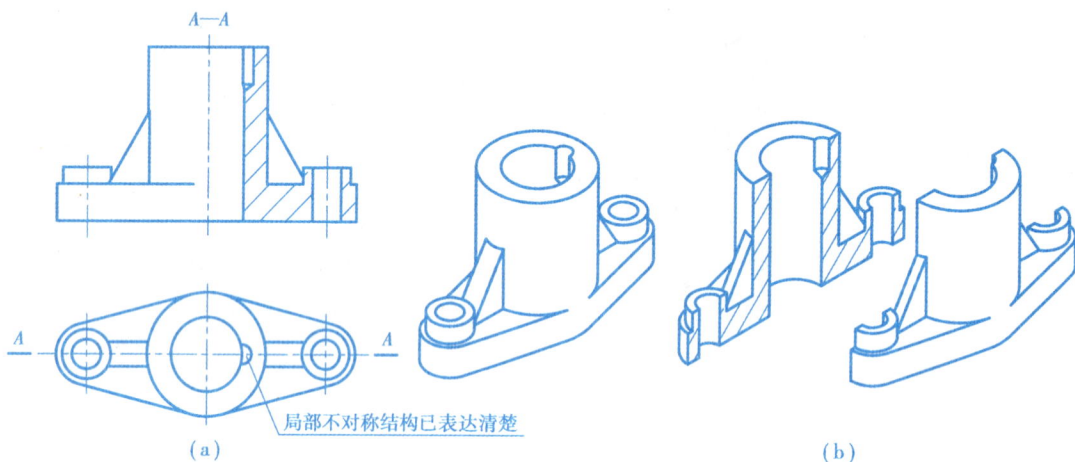

局部不对称结构已表达清楚

(a)　　　　　　　　(b)

图 10.19　基本对称物体的半剖视图(技术制图)

3)局部剖视图

用剖切面将物体局部剖开,并通常用波浪线表示剖切范围,所得的剖视图称为局部剖视图(图 10.20)。

图 10.20(b)表示一箱体,该箱体顶部有一带圆孔的圆形凸台,底部是一块具有 4 个安装孔的底板,左下方有一圆形凸台,上有圆孔。该箱体上下、左右、前后都不对称。为了使箱体的内外结构都能表达清楚,既不宜用全剖,也不能用半剖,而是以局部剖的方式来表达。主视图上两处局部剖同时表达箱体的壁厚、上方的圆孔和底板上的小孔;俯视图上的局部剖通过左下方圆孔的轴线剖切[图 10.20(c)],清楚地表示出左下方通孔与箱体内腔的穿通情况以及箱体的左端壁厚的变化。这样的表达既表示出凸台的外形和位置,也反映出箱体中空结构的内形,内外兼顾,表达完整。

图 10.20 带局部剖视的箱体的两视图(技术制图)

如图 10.21 所示,为了表达底板钢筋的布置,平面图采用了局部剖面图表达。

(1)局部剖视的应用

①不对称物体的内、外形都需要表达(图 10.20、图 10.21)。

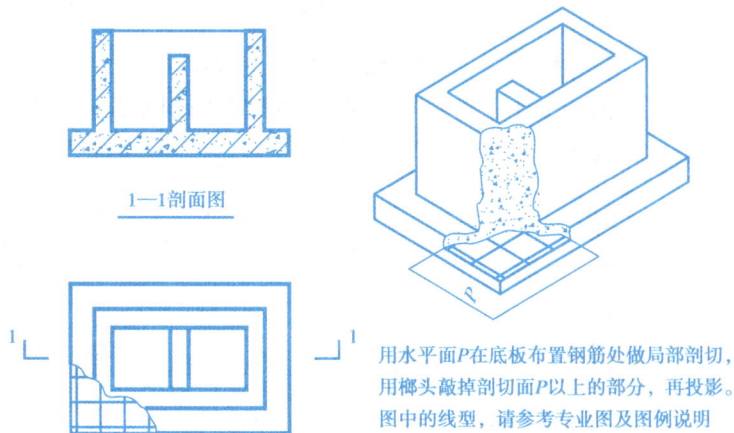

图 10.21 局部剖面图(建筑制图)

②在物体的投影中,存在与对称中心线重合的图线,此时除了全剖外只能用局部剖视图表达(图 10.22)。

③实心杆件上有孔、槽时,应采用局部剖视图(图 10.23)。

④某些多层构造(如屋面、楼面、地面、墙面等)的建筑物的构配件,也可以用局部剖面的概念,将各构造层次逐一分层表示出来。这样的剖面图也称为分层局部剖面图(图 10.24)。

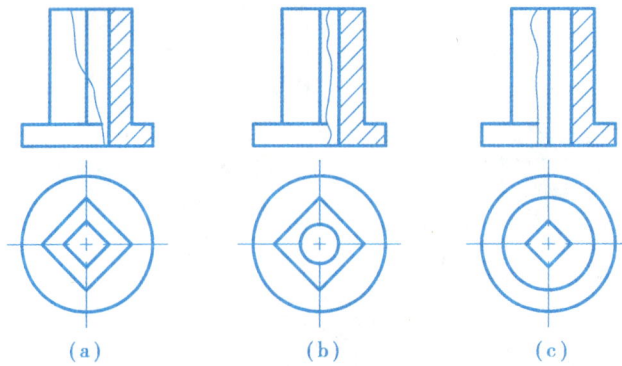

（a） （b） （c）

图 10.22　存在与对称中心线重合图线的局部剖视

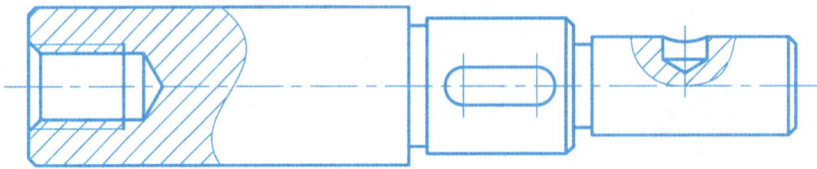

图 10.23　实心杆件的局部剖视

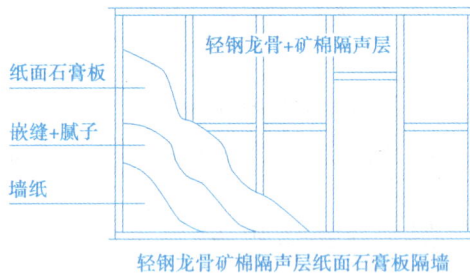

纸面石膏板

嵌缝+腻子

墙纸

轻钢龙骨+矿棉隔声层

轻钢龙骨矿棉隔声层纸面石膏板隔墙

图 10.24　分层局部剖面图（建筑制图）

⑤必要时,允许在剖视图中再作一次局部剖视,这时两者的剖面线应同方向、同间隔,但要相互错开,并用指引线标注其名称,如图 10.25 中的 *B—B*。

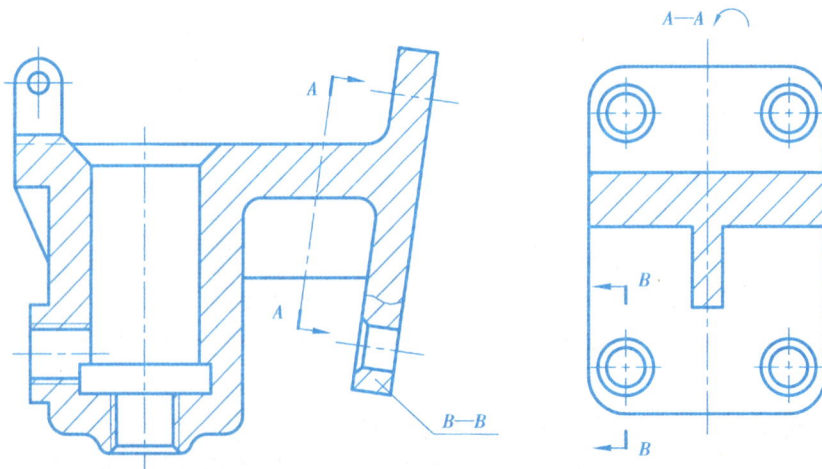

图 10.25　在剖视图上再作局部剖视

（2）画局部剖视图时的注意要点

①表示剖切范围的波浪线（实体断裂边界的投影）不应超出轮廓线，不应画在无实体的中空处，不应与图样上其他图线重合，也不得画在其他图线的延长线上（图10.26）。

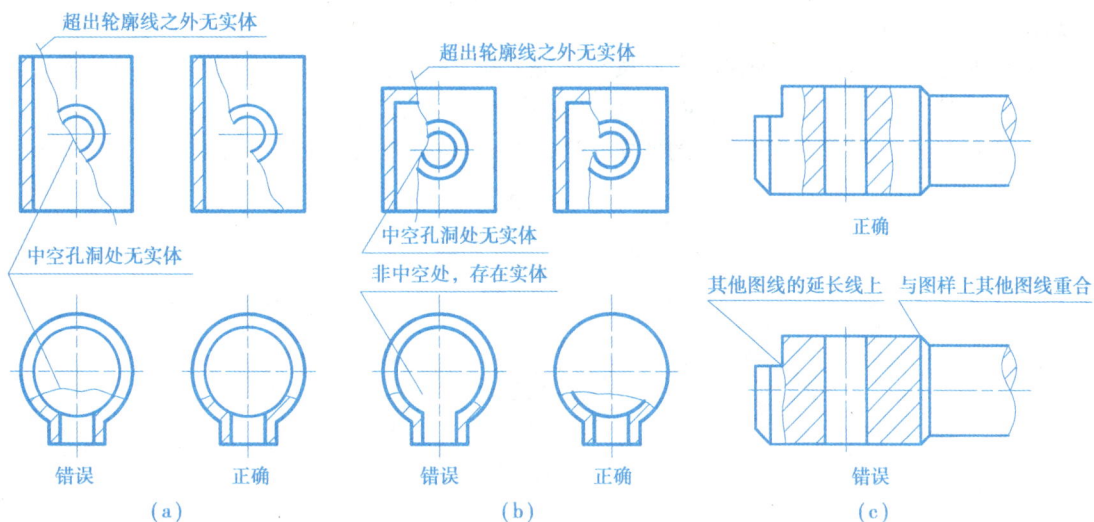

图 10.26　局部剖视图中波浪线的画法

②当用双折线表示局部剖视的范围时，双折线两端要超出轮廓线少许（图10.27）。

③当被剖切结构为回转体时，允许将该结构的轴线作为局部剖视与视图的分界线（图10.28）；否则，应以波浪线表示分界（图10.29）。

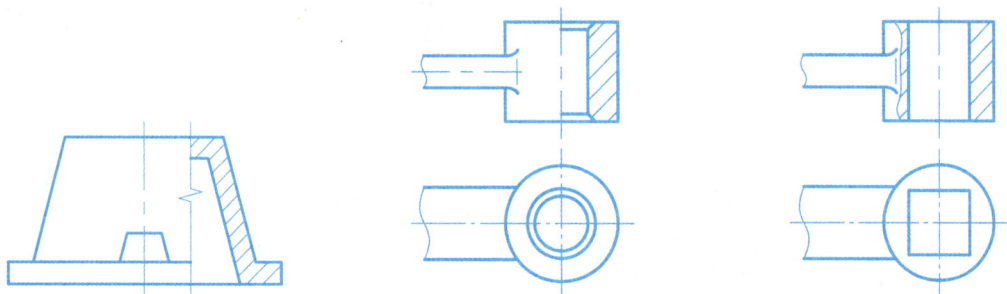

图 10.27　双折线表示局部剖视范围　　图 10.28　回转体结构的局部剖视　　图 10.29　非回转体结构的局部剖视

10.2.4　剖切面的种类

根据物体的结构特点，国家标准 GB/T 17452—1998 中规定可选择以下 3 种剖切面剖开物体：单一剖切面、几个平行的剖切平面、几个相交的剖切面（交线垂直于某一投影面）。

1）单一剖切面

单一剖切面指用一个剖切面剖开物体得到剖视图，有 3 种情况：

①剖切面为投影面平行面，其剖切平面平行于某一基本投影面。前述图 10.10、图 10.14、图 10.15、图 10.16、图 10.17、图 10.18、图 10.19、图 10.20、图 10.21 等属于这种情况。

②剖切面为投影面垂直面，其剖切平面垂直于某一基本投影面而不平行于其他基本投影

面。图 10.30(a)中表示一个弯管,为了表示该弯管顶部倾斜连接板的真实形状及耳板小孔的穿通情况,采用一个通过耳板上小孔轴线的正垂面(垂直于 V、倾斜于 H 和 W)剖开弯管,得到 $B—B$ 剖视图[图 10.30(b)]。这种由单一斜剖切平面(即投影面垂直面)产生的剖视图也称为斜剖视图,简称斜剖。

斜剖视图必须标注。斜剖视图最好按投射关系配置,也可平移或旋转(小于 90°)放置在其他位置,在斜剖视图的上方水平标注剖视图的名称,如果图形旋转配置,还必须标注旋转符号,旋转符号的方向要与图形实际旋转的方向一致,字母应注写在靠近旋转符号的箭头端[图10.30(c)]。

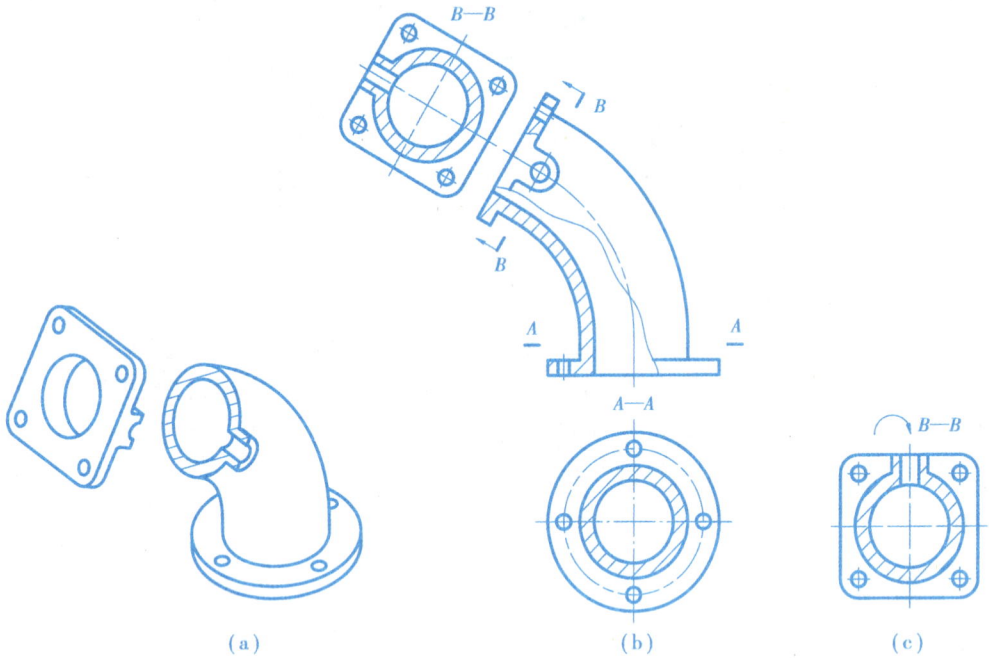

图 10.30 单一斜剖切平面产生的剖视图

③剖切面是单一柱面,图 10.31 表示用单一柱面剖开得到的半剖视图,这主要用于表达呈圆周分布的内部结构,通常采用展开画法。

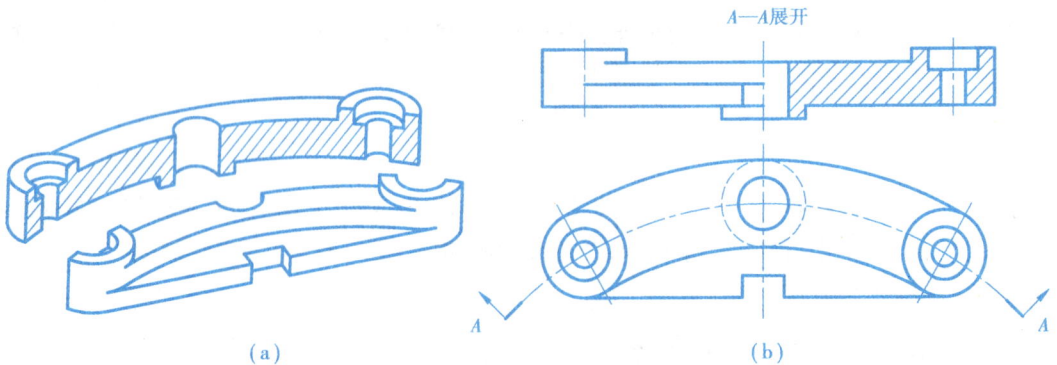

图 10.31 单一剖切柱面剖开获得的半剖视图

2）几个平行的剖切平面

当物体上的内部结构在投影方向上有层次,用单一剖切面不能将物体需要表达的内部结构都剖到时,可以将剖切平面直角转折成相互平行的两个或两个以上剖切平面(图 10.32),使得每个剖切平面都通过内部结构的对称面或轴线,由此得到的剖视图也称为阶梯剖视图,简称阶梯剖。

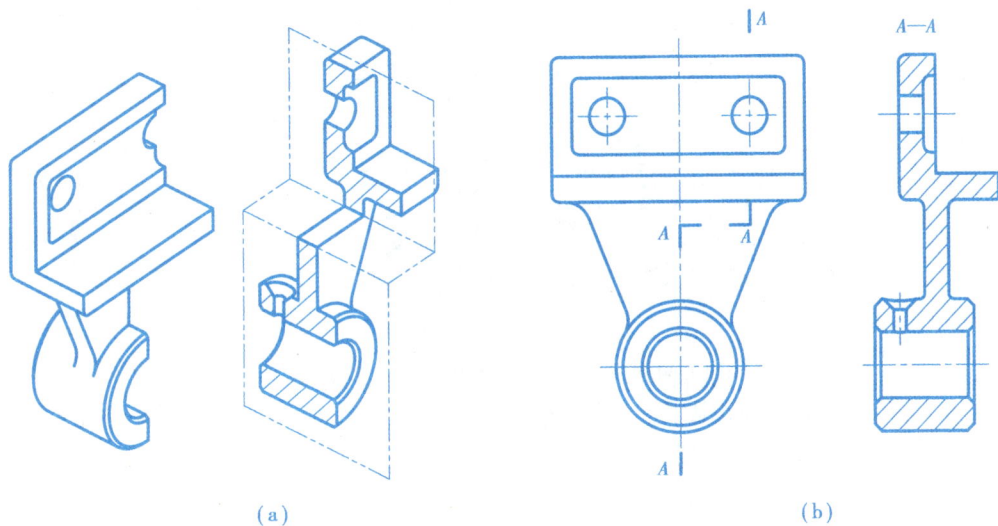

(a)   (b)

图 10.32   采用两个平行的剖切平面产生的全剖视图

如图 10.33 所示,双面清洗池内部有 3 个圆柱孔,如果用一个与 V 面平行的平面剖切,只能剖到一个孔。故将剖切平面按 H 面投影所示直角转折成两个均平行于 V 面的剖切平面,分别通过大小圆柱孔剖切。

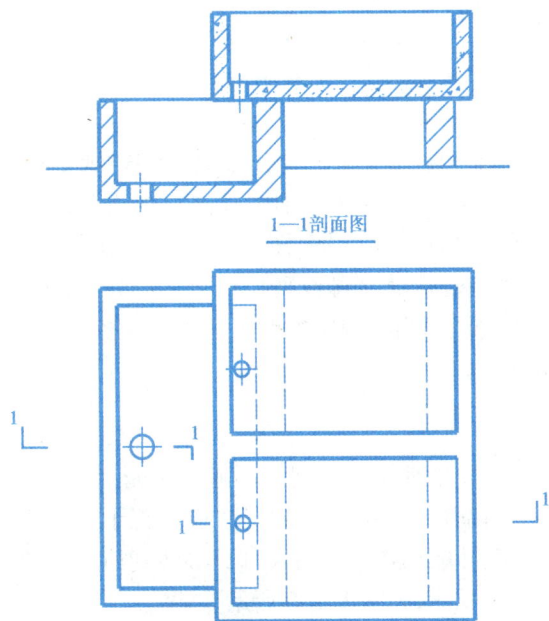

1—1剖面图

图 10.33   双面清洗池的剖面图(建筑制图)

采用几个平行的剖切平面剖切时,要注意以下几个问题:

①由于剖切是假想的,因此,不应在剖视图上画出各剖切平面转折面的投影,即在剖切平面的转折处不应产生新的轮廓线[图10.34(a)]。

②要正确选择剖切平面的位置,剖切平面的转折处不应与视图中的粗实线或细虚线重合[图10.34(b)],在图形内不应出现不完整的要素[图10.34(c)]。

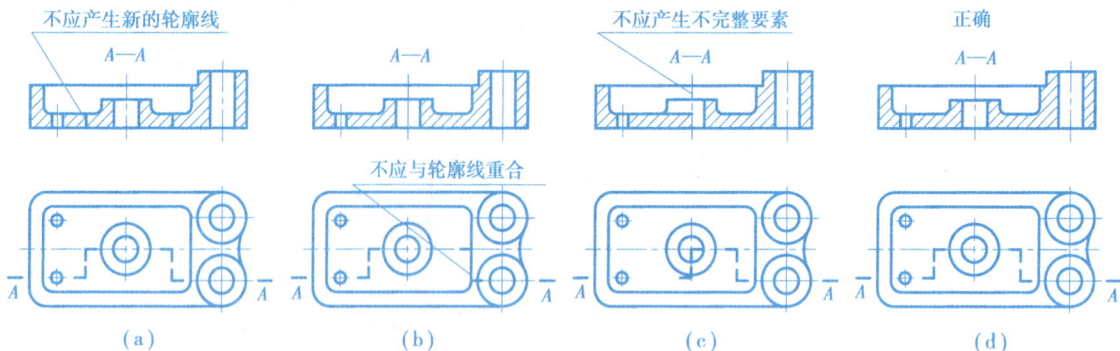

图10.34 采用几个平行平面剖切的注意事项

③当物体的两个要素在投影方向上具有公共对称中心线或轴线时,可以此对称中心线或轴线为界各画一半(图10.35)。

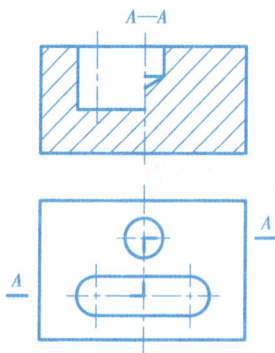

图10.35 具有公共对称中心线的几个平行平面的剖切

④采用几个平行的剖切平面剖切时,必须加以标注。在几个剖切平面的起、讫和转折处都应标注剖切符号,写上相同的字母(技术制图,图10.32)或阿拉伯数字(建筑制图,图10.33),当转折处位置不够时,允许省略转折处字母或阿拉伯数字;同时,用箭头(技术制图)或剖视方向线(建筑制图)标明投射方向。但当剖视图的配置符合投影关系,中间又无图形隔开时,可以省略箭头(图10.32、图10.35)。

3)几个相交的剖切面

当物体的内部结构形状用一个剖切平面剖切不能表达完全,且物体又具有回转轴时,可先假设用两个或两个以上相交的剖切面(剖切面的交线应垂直于某投影面)剖切物体,然后将与所选投影面不平行的剖切面剖开的结构及其有关部分旋转到与选定的投影面平行再进行投影,这样所得的剖视图称为旋转剖视图,如图10.36所示。

(a)　　　　　　　　　　　　　　(b)

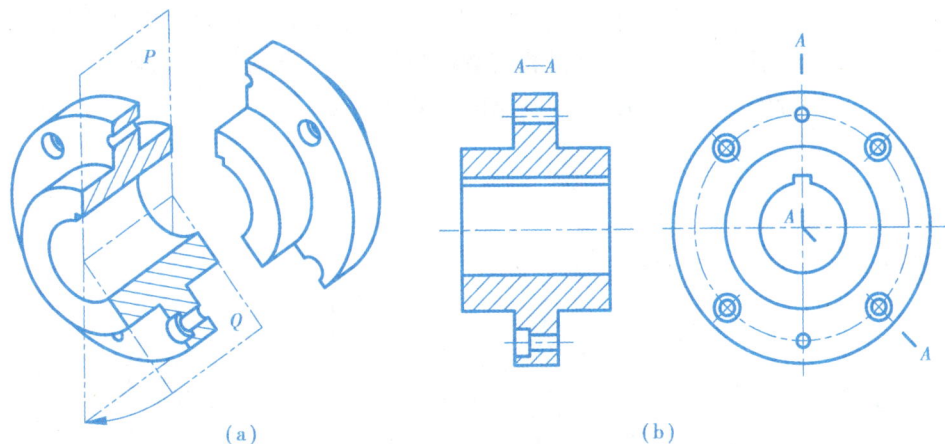

图 10.36　用两相交的剖切平面剖切

建筑类制图中,采用几个相交剖切面剖切时,应在剖面图的图名后注明"展开"字样(图 10.37)。

如 10.37 所示,检查井的两圆柱孔的轴线互成 135°。若采用铅垂的两剖切平面并按图中 H 面投影所示的剖切线位置将其剖开,此时左边剖面与 V 面平行,而右边与 V 面倾斜的剖面就绕两剖切平面的交线旋转展开至与 V 面平行的位置,然后再向 V 面投影画出的图,才是该检查井的剖面图。

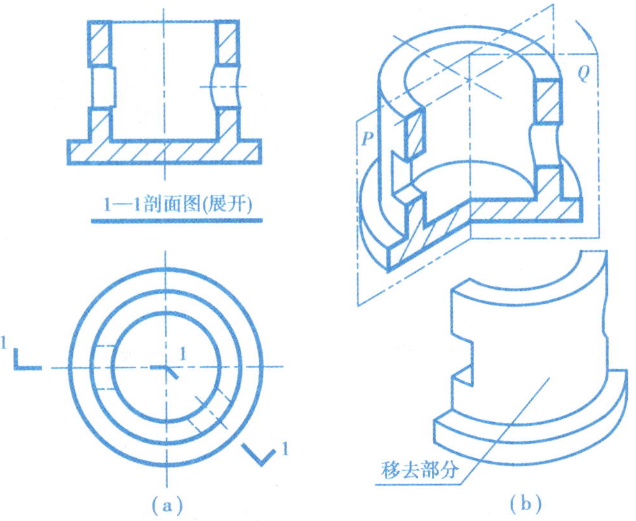

1—1剖面图(展开)

移去部分

(a)　　　　　　　　　　　　　　(b)

图 10.37　检查井的剖面图(建筑制图)

采用几个相交的剖切面剖切时,应注意以下几个问题:

①几个相交的剖切面,可以是几个相交的平面,也可以是平面与柱面的组合(图 10.38),但必须保证其交线垂直于某一基本投影面。当相交的剖切面为平面时,其交线一般应与内部结构的回转轴重合(图 10.36)。

②必须按照"先剖切、后旋转,再投影"的过程绘制剖视图,旋转结构在(剖)视图之间不再有对齐关系(图 10.39)。

③在剖切平面后的其他结构一般仍按原来的位置投影。这里的其他结构是指位于剖切平

面后与所表达的结构关系不甚密切的结构,或一起旋转容易引起误解的结构,如图 10.40 的中间小油孔。但当位于剖切平面后与被切结构有直接联系且密切相关的结构,或不一起旋转难以表达的结构,应一同旋转后投射,如图 10.40 中的右侧小油孔。

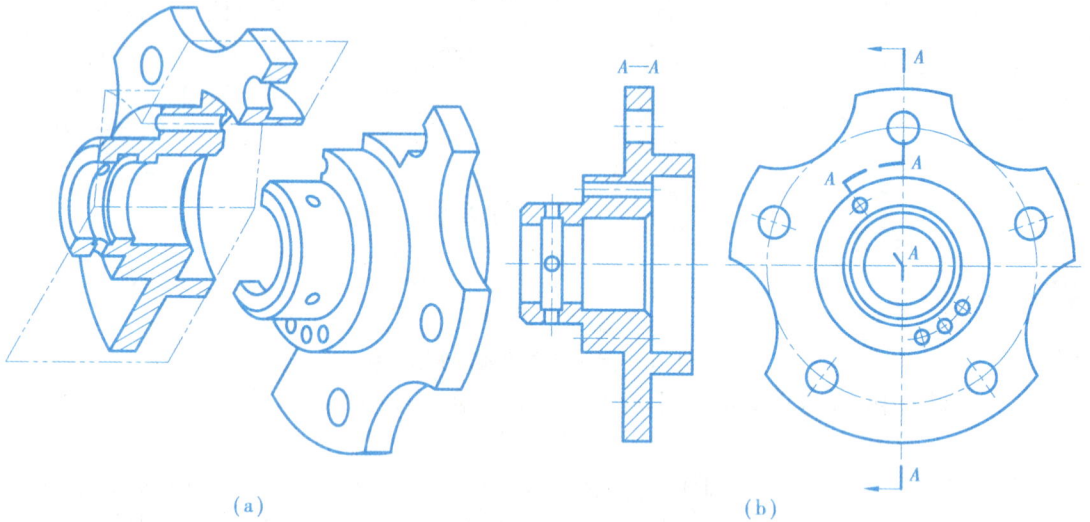

(a)   (b)

图 10.38　平面与柱面的组合剖切

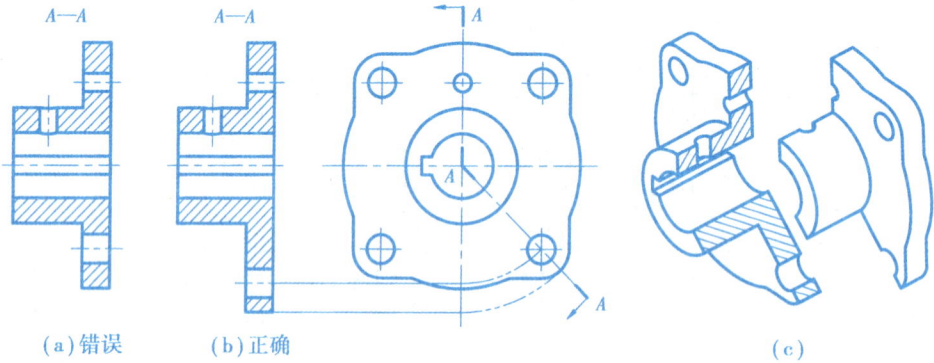

(a)错误　　　(b)正确　　　　　　　　　　　(c)

图 10.39　"先剖切、后旋转,再投影"的方法示例

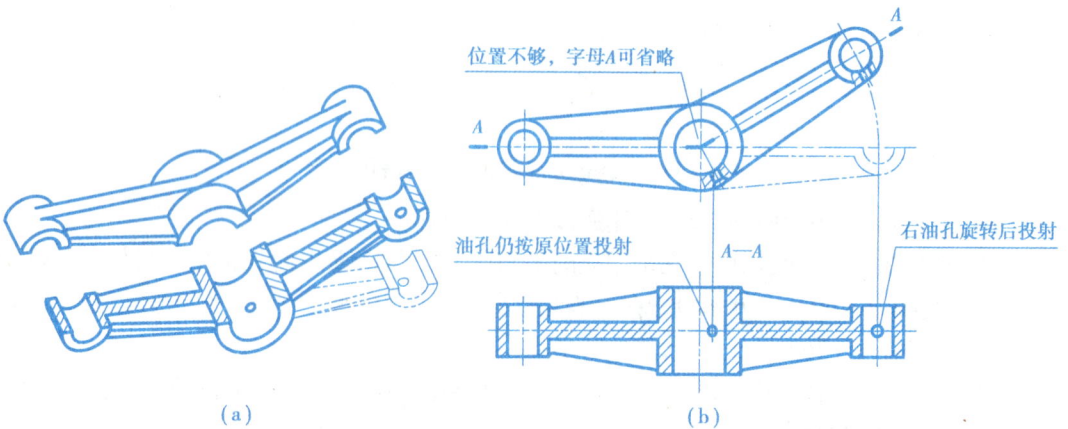

位置不够,字母A可省略

油孔仍按原位置投射

右油孔旋转后投射

(a)   (b)

图 10.40　剖切平面后其他结构的投影

④当剖切后产生不完整的要素时,应将此部分按不剖绘制(图10.41)。

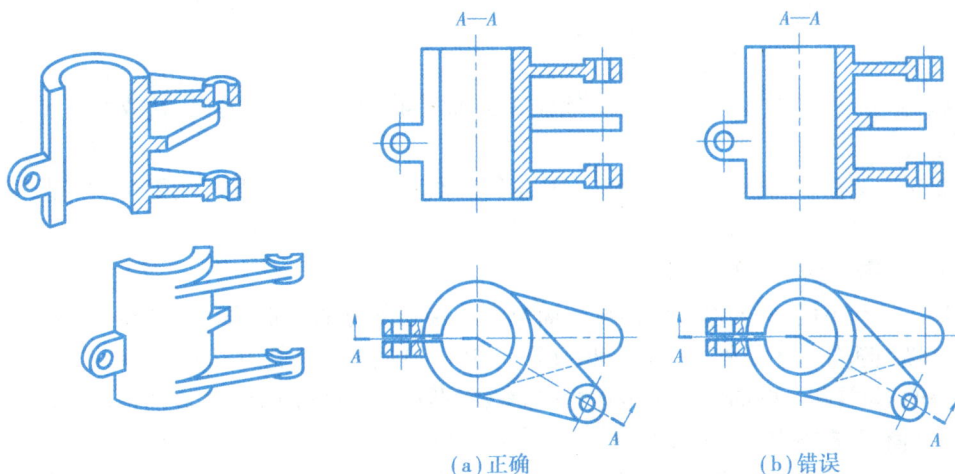

图 10.41　剖切后产生不完整要素时的处理

⑤采用几个相交剖切面剖切时,必须加以标注。在剖切平面的起、讫和转折处用剖切符号表示剖切位置,写上相同的字母(技术制图,图10.36)或阿拉伯数字(建筑制图,图10.37);当转折处位置不够时,允许省略转折处字母或阿拉伯数字(图10.40);同时用箭头(技术制图)或剖视方向线(建筑制图)标明投射方向。但当剖视图的配置符合投影关系,中间又无图形隔开时,可以省略箭头(图10.36、图10.40)。

上述3种剖切面为3种剖切方法,实质是解决如何去剖切,以得到所需的充分表达内部结构形状的剖视图。根据所剖开物体的多少,3种剖切面均可产生全剖、半剖和局部剖视图。例如,图10.15采用单一剖切面剖开获得的全剖视图,图10.42是用两相交剖切平面剖切获得的半剖视图,图10.43是用两平行剖切平面剖切获得的局部剖视图。

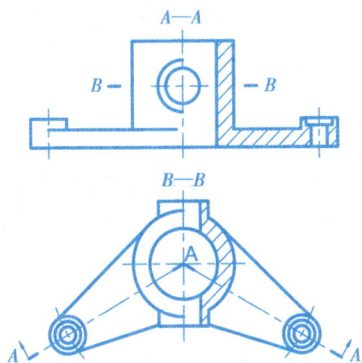

图 10.42　用两相交剖切面剖切获得的半剖视图

图 10.43　用两平行平面剖切获得的局部剖视图

10.3　断面图

断面图主要表达物体上某些结构的断面形状。

10.3.1　断面图的基本概念

杆状、臂类、连接板类物体上的某些结构或断面形状很难用常规的视图（或剖视图）方式进行表达。

假想用剖切面将物体的某处切断，仅画出该剖切面与物体接触部分的图形，称为断面图，简称断面。

（1）断面图与剖视图的区别

①形成过程不同：断面图仅画出剖切面与物体接触部分的图形；而剖视图除了要画出剖切面与物体接触部分的图形外，还需画出剖切面后边的可见部分的轮廓（图10.44）。

②目的不同：断面图通常用于表达物体的截面形状；剖视图用于表达物体内部结构。

（2）断面图与剖视图的相同点

①都假想地用剖切面将物体切开，都在被切到实体部分画剖面符号。

②都可用相同的剖切方法（单一面/平行面/相交面）去剖切物体。

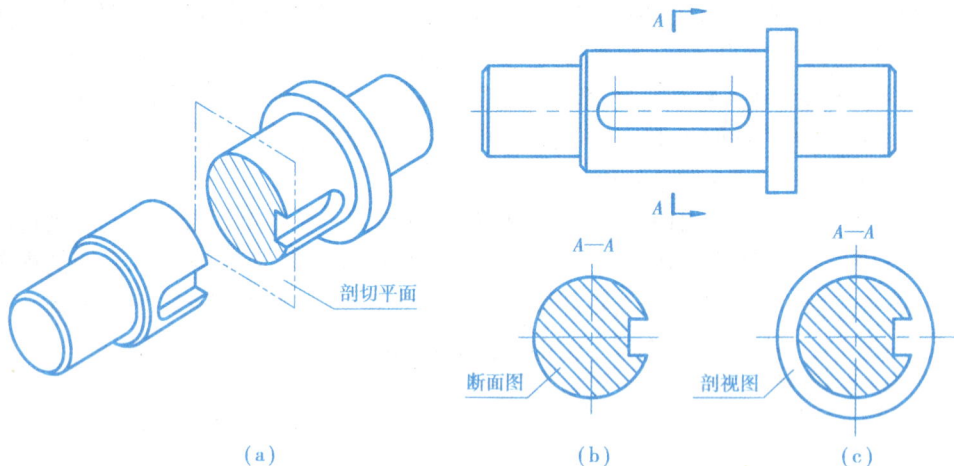

图10.44　断面图与剖视图

对于工程实践中的许多杆状构件（如各种轴、梁、柱）、连接支撑板件结构、屋架、大面积的薄壁构件（如屋面、楼面、地面及各种墙面等）而言，其自身形状并不复杂，常用断面图来表达。

10.3.2　断面图的分类及其画法

根据断面图在视图中所配置的位置不同，可分为移出断面图和重合断面图两种。

1）移出断面图

移出断面图是画在视图之外，轮廓线用粗实线绘制的断面图。

（1）移出断面图的配置与绘制

①移出断面图应尽可能地配置在剖切符号或剖切线的延长线上（图10.45），也可配置在其他适当的位置［图10.44（b）］。

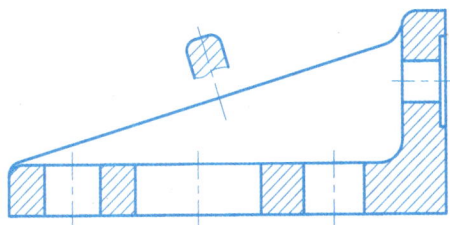

图 10.45　移出断面图配置在剖切线的延长线上

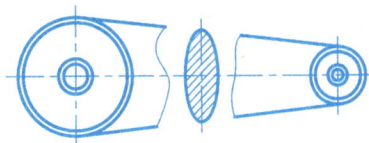

图 10.46　断面画在视图中断处

②断面图形对称时,可配置在视图的中断处(图 10.46)。

③在不致引起误解时,允许将图形旋转后画出(图 10.47 中的 *A—A* 断面图)。

④由两个或多个相交的剖切平面剖切所获得到的移出断面图一般应画成断开。画断面图时,剖切平面必须垂直于零件的轮廓线(图 10.48)。

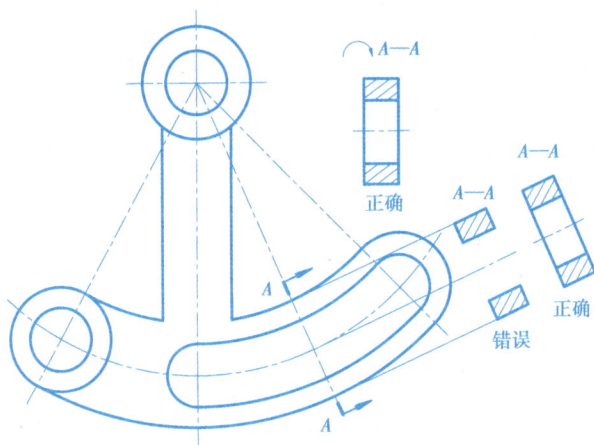

图 10.47　移出断面图的画法

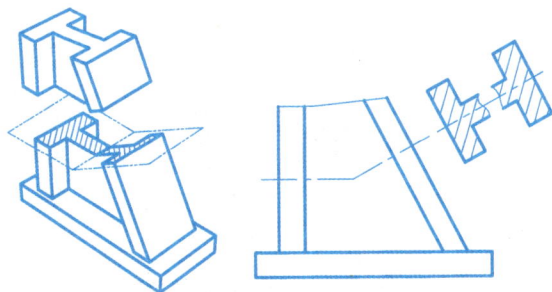

图 10.48　用两个相交平面剖切的断面图画法

(2)移出断面图画法的特殊规定

①当剖切面通过由回转面形成的孔或凹坑的轴线剖切时,该孔或凹坑应按剖视图绘制(图 10.49)。

②当剖切面通过非圆孔剖切,导致断面图完全分离时,该非圆孔按剖视图绘制(图 10.47)。

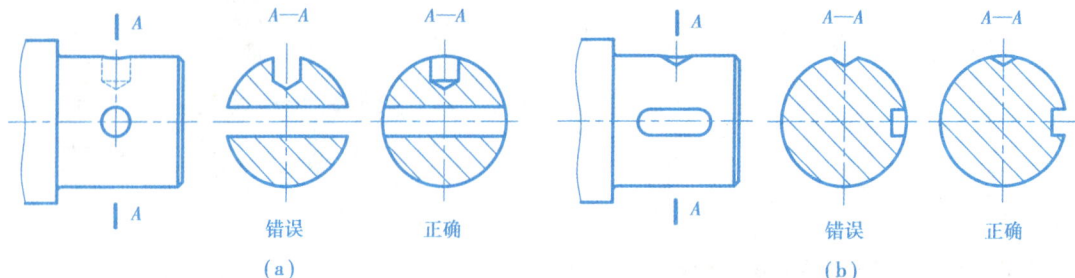

图 10.49　移出断面图画法正误对比

（3）技术制图中移出断面图的标注

①完整标注。用大写拉丁字母在断面图的上方注写断面图的名称，在相应视图上画剖切符号表明剖切位置和投射方向，并在剖切符号旁注写相同字母，剖切符号间的剖切线可省略［图 10.50（d）］。

②部分省略标注。

a. 省略名称：移出断面图配置在剖切符号延长线上，可以省略名称［图 10.50（a）、（c）］。

b. 省略箭头：对称移出断面图不管配置在何处均可省箭头［图 10.50（b）、（c）］，不对称移出断面图按投射关系配置时可省略箭头［图 10.49（b）］。

③完全省略标注：对称移出断面图配置在剖切线延长线上时不必标注［图 10.50（c）］。

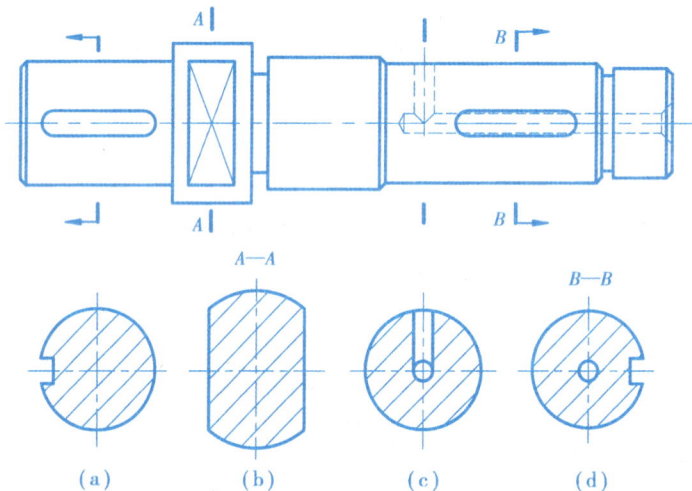

图 10.50　移出断面图的画法及标注

（4）建筑制图中移出断面图的标注

同剖面图一样，断面图也应该加以标注，具体方式如图 10.51 所示。

①用同剖面图一样的剖切位置符号标明具体剖切位置。

②不用投射方向线而是用断面编号数字的注写位置暗示投射方向，数字在哪一侧，就向哪一侧投影。即在剖切位置符号起讫位置的投射方向一侧，用阿拉伯数字作为断面编号。

③在已绘制完成的断面图下方，注写该断面图仅由上述对应编号数字组成的图名如"1—1、2—2"。注意，没有汉字，图名下方仍然画一条长度相当的粗实线［图 10.51 中，（a）为断面图，（b）为剖面图］。

图 10.51　窗楣板的剖面图与断面图(建筑制图)

2)重合断面图

将断面图直接绘制在物体原有轮廓范围之内,与物体原有相应部位的投影重叠,则称为重合断面图。

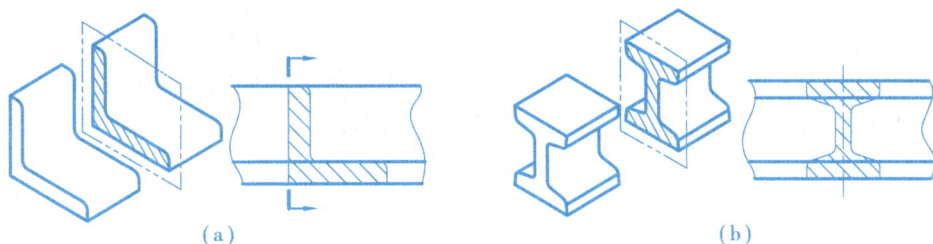

图 10.52　重合断面(技术制图)

(1)重合断面图的画法

重合断面图的图形应画在视图之内,断面轮廓线用实线(通常机械类制图用细实线,如图 10.52 所示;建筑类制图用 0.7b 线宽的实线,如图 10.53 所示)绘出。当视图中轮廓线与重合断面图的图形重叠时,视图中的轮廓线仍应连续画出,不可间断[图 10.52、图 10.53(a)]。

如图 10.53(a)所示的墙面,相当于用侧平面对墙体剖切后向右投射所得;图 10.53(b)所示用于厂房带牛腿的柱子,则分别在上下柱处各用一水平面剖切后投射所得。

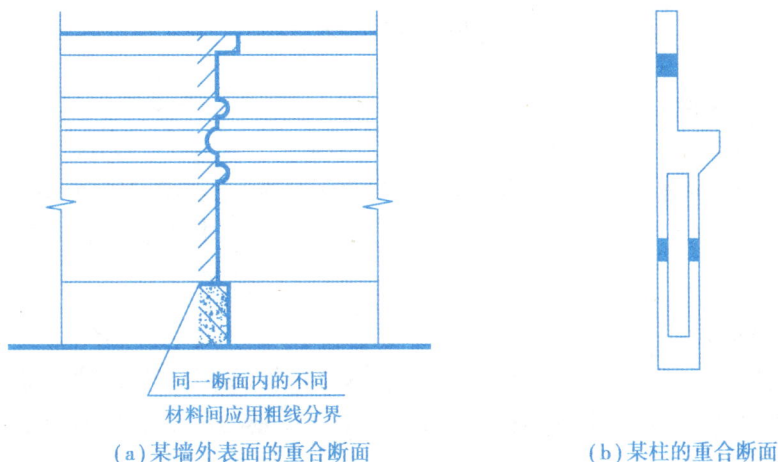

同一断面内的不同
材料间应用粗线分界

(a)某墙外表面的重合断面　　　　(b)某柱的重合断面

图 10.53　重合断面图(建筑制图)

（2）重合断面图的标注

技术制图中，配置在剖切符号上不对称的重合断面图，只需画出剖切符号及箭头，不必标注字母［图 10.52（a）］；对称的重合断面图则不必标注，只用对称中心线作为剖切线［图 10.52（b）］。

建筑类制图中，重合断面图省略标记（图 10.53）。

10.4　其他表达方法

10.4.1　局部放大图

为便于画图及标注尺寸，将物体的部分细小结构用大于原图的比例画出，称为局部放大图（图 10.54）。局部放大图可画成视图、剖视图、断面图，它与被放大部分的表达方式无关。局部放大图应尽量配置在被放大部位附近，放大部分的边界用波浪线表示。其标注如图 10.54 所示，用细实线（圆）圈出被放大的部位。当同一物体上有几个被放大的部分时，必须用罗马数字依次标明放大的部位，并在局部放大图的上方用分数形式标注相应的罗马数字和所采用的比例。放大比例是图形与实物线性尺寸之比，不是与原图线性尺寸之比。

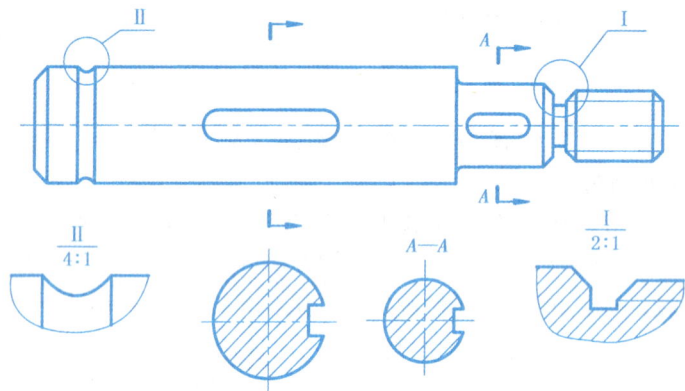

图 10.54　局部放大图

10.4.2　简化画法

在能够准确表示物体形状和结构的条件下，为使作图简便、看图方便，并减少绘图工作量，提高设计效率及图样的清晰度，国家标准 GB/T 16675.1—2012 中规定了部分简化画法，主要有以下几种。

1）肋、轮辐剖切的简化

对于物体的肋、轮辐及薄壁等，如按纵向剖切，这些结构都不画剖面符号，而用粗实线将它与其邻接部分区分开。但肋板和轮辐按横向剖切时，这些结构仍应画上剖面符号（图 10.55）。

剖切面通过肋板的纵向对称面剖切时，肋板区域不画剖面线

剖切面垂直于肋板的纵向对称面剖切时，肋板区域要画剖面线

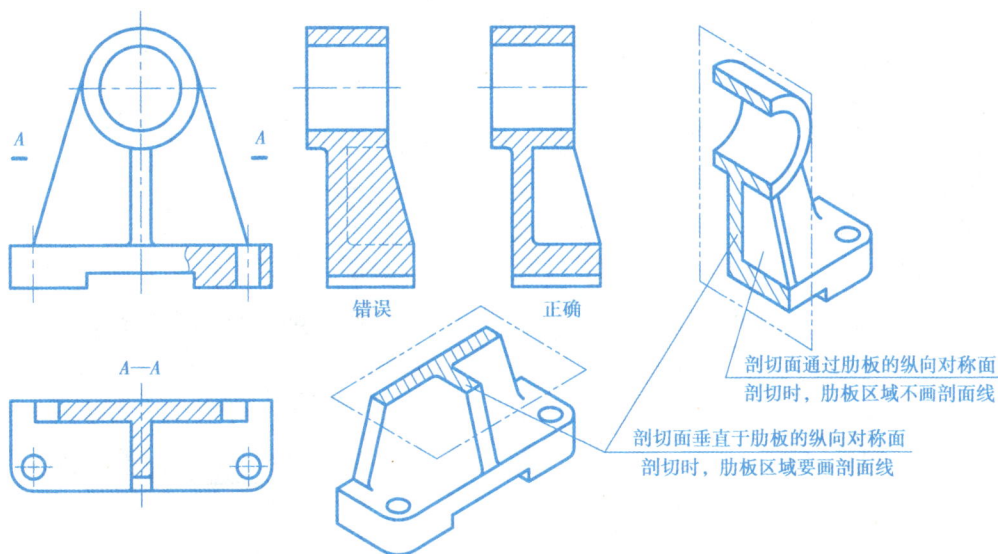

图 10.55 肋板剖切的规定画法

2) 回转体上对称或均布结构的简化

当零件回转体上均匀分布的肋、轮辐、孔等结构不处于剖切平面上时，可将这些结构旋转到剖切平面上画出，而不需加任何标注（图 10.56、图 10.57）。

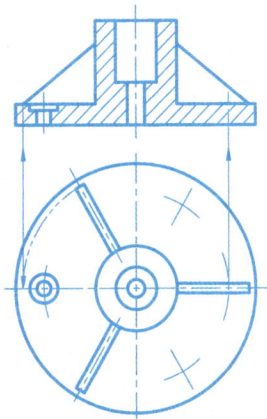

图 10.56 回转体上均布肋的剖切

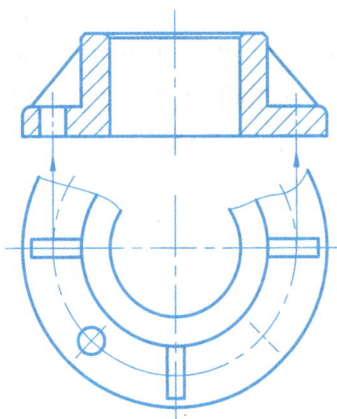

图 10.57 回转体上均布孔的剖切

3) 相同结构的简化

①当物体上具有若干相同结构（齿、槽等）并按一定的规律分布时，只需画出几个完整结构，其余用细实线连接，在图样中则必须注明该结构的总数（图 10.58）。

②若干直径相同且成规律分布的孔，可以仅画出一个或少量几个，其余用细点画线表示其中心位置，并在一个要素上注出其尺寸和数量（图 10.59）。

4) 对图形和交线的简化

①当回转物体上的平面在图形中不能充分表达时，可用平面符号（两条相交的细实线）表示（图 10.60）。

(a)简化前　　　　　(b)简化后

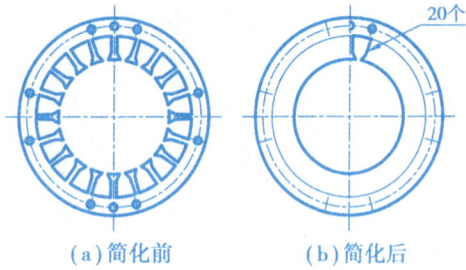

图 10.58　规律分布相同结构的槽

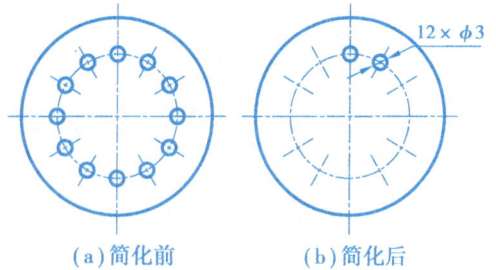

(a)简化前　　　　　(b)简化后

图 10.59　规律分布的等径孔

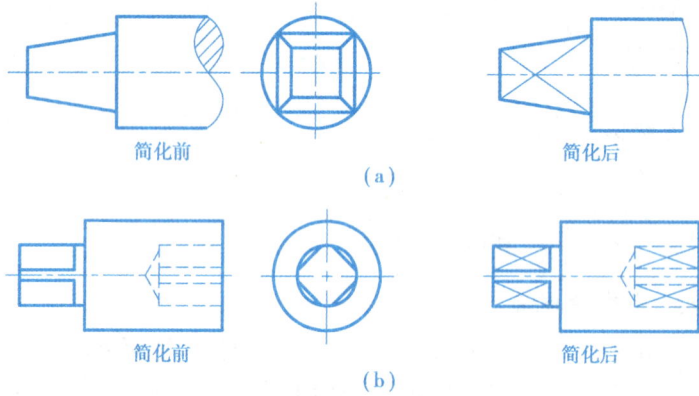

简化前　　　　　　　简化后

(a)

简化前　　　　　　　简化后

(b)

图 10.60　平面符号

②在不致引起误解时,图形中的过渡线、相贯线可以简化。例如,用圆弧或直线代替非圆曲线(图 10.61),也可采用模糊画法表示相贯形体[图 10.61(b)]。但当使用简化画法会影响对图形的理解时,则应避免使用。

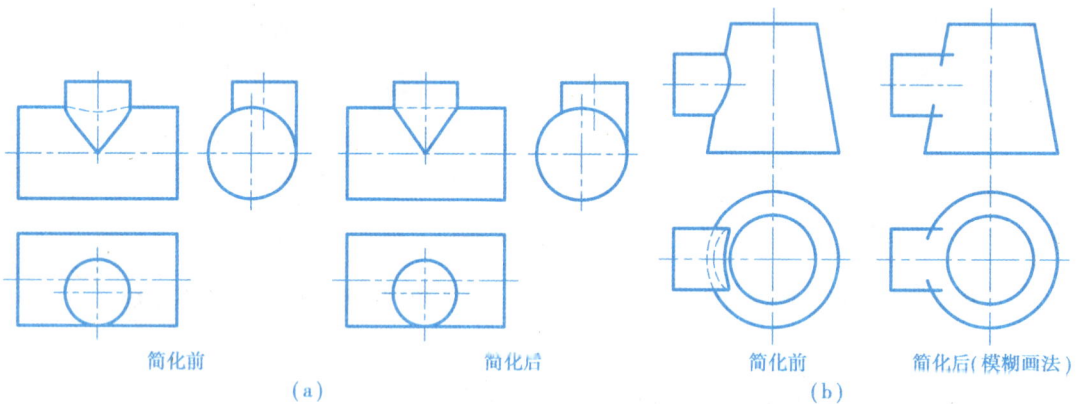

简化前　　　　　简化后　　　　　简化前　　　　简化后(模糊画法)

(a)　　　　　　　　　　　　　(b)

图 10.61　用圆弧或直线代替非圆曲线

③在需要表示位于剖切平面前的结构时,可按假想地将这些结构用双点画线绘制(图 10.62)。

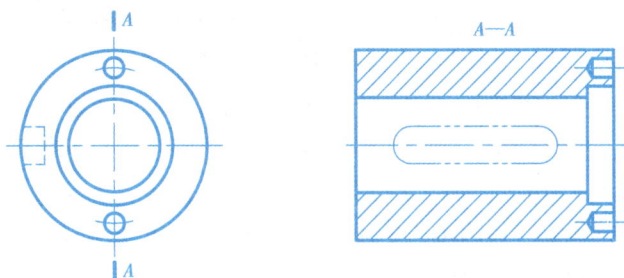

图 10.62 剖切平面前的结构规定画法

5)较小结构的简化

当物体上较小的结构及斜度等已在一个图形中表示清楚时,其他图形可简化或省略(图 10.63)。

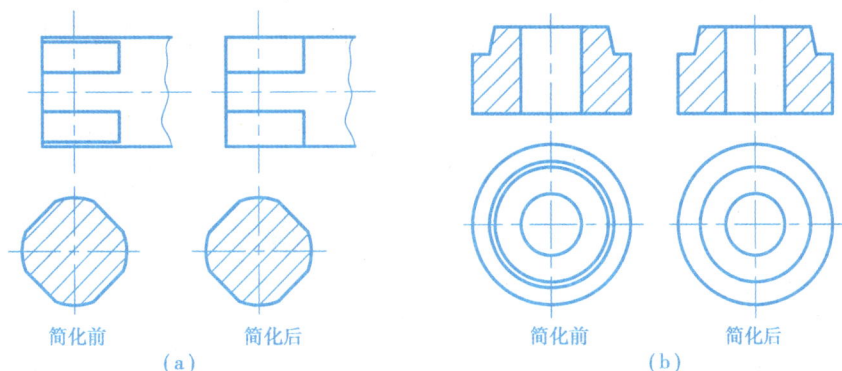

简化前　简化后　　　　　　简化前　简化后
（a）　　　　　　　　　　　　（b）

图 10.63 较小结构的简化

6)较长物体的简化

轴、杆、型材等较长物体,当沿长度方向形状相同或按一定规律变化时,可断开后缩短绘制,但需按实际长度尺寸标注。图 10.64 表示不同断裂边界形式的较长物体的缩短画法。

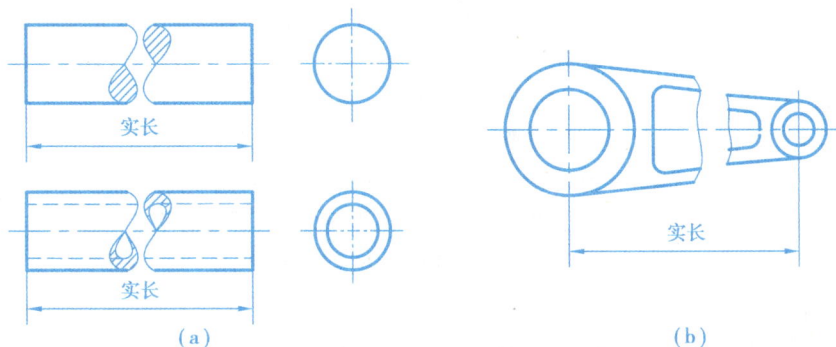

实长

实长

实长
（a）　　　　　　　　　　　　（b）

图 10.64 较长物体的缩短画法

10.5 图样画法的综合应用举例

在实际设计工作中,根据物体的复杂程度,选取"表达完整、搭配适当、图形清晰、利于看图"的表达方案,在完整、清晰地表达物体各部分内外结构形状及相对位置的前提下,力求看图方便、绘图简单,越简洁越好。表达方案选择应注意:

①正确:在对物体进行分析的基础上,先确定主视图,再选择其他视图,投影关系正确。

②完整:物体结构复杂时,通常每个结构至少有两个图形表达,而且其中一个图形表达其特征,结构表示完整。

③清晰:视图数量要少,每个图形都应有其特定的表达意义,避免不必要的视图和变形的视图。

④可见:每一个图形中图线要少,避免不必要的虚线。

【例10.1】选取适当的表达方法,表达图10.65(a)所示的支架。

【解】(1)形体分析

从图10.65(a)可见,该支架由上部水平圆筒、中间十字肋和下部斜板3个部分组成。

(2)表达方案选择

①将圆筒轴线水平放置绘制主视图,采用两处局部剖,既表达圆筒、十字肋和斜板的外形,又表达水平圆筒和斜板上4个小孔的穿通情况。

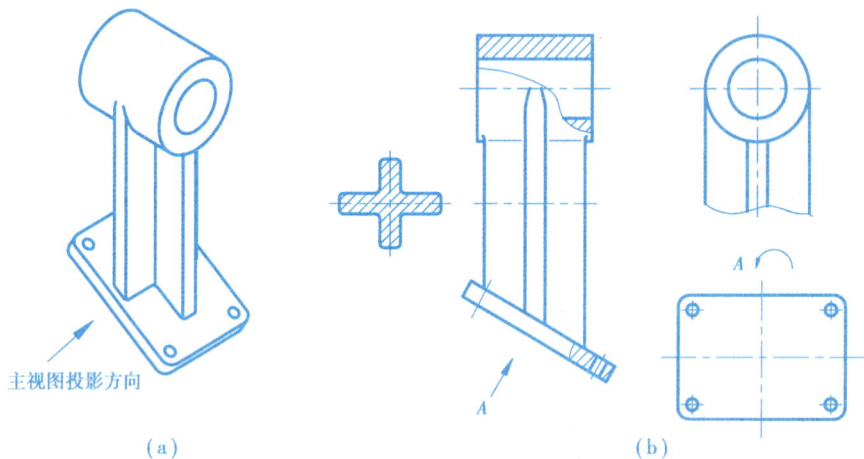

图10.65 表达方法综合运用举例(一)

②选用左视方向的局部视图,表达水平圆筒与十字肋的连接关系,又避免画斜板非实形的投影。

③作移出断面图,以表达十字肋的断面形状。

④采用 A 向斜视图,表达下方斜板的实形,且 A 向斜视图采用旋转画法。

采用该方案,支架的内外形状全部表达清楚,且作图简单、看图方便。

【例10.2】选取适当的表达方法,表达如图10.66(a)所示机件的内外形状。

【解】(1)机件形体分析

该机件由底部圆柱法兰、铅垂孔管、倾斜孔管、倾斜法兰、肋板和 U 形凸台组成,底部法兰开十字槽,各法兰和凸台均有小孔。

(2)表达方案选择

①采用前后对称平面剖切绘制全剖的主视图,表达铅垂孔管、倾斜孔管和 U 形凸台内部孔的连通情况,同时反映了倾斜法兰和底部法兰上小孔的贯穿情况。

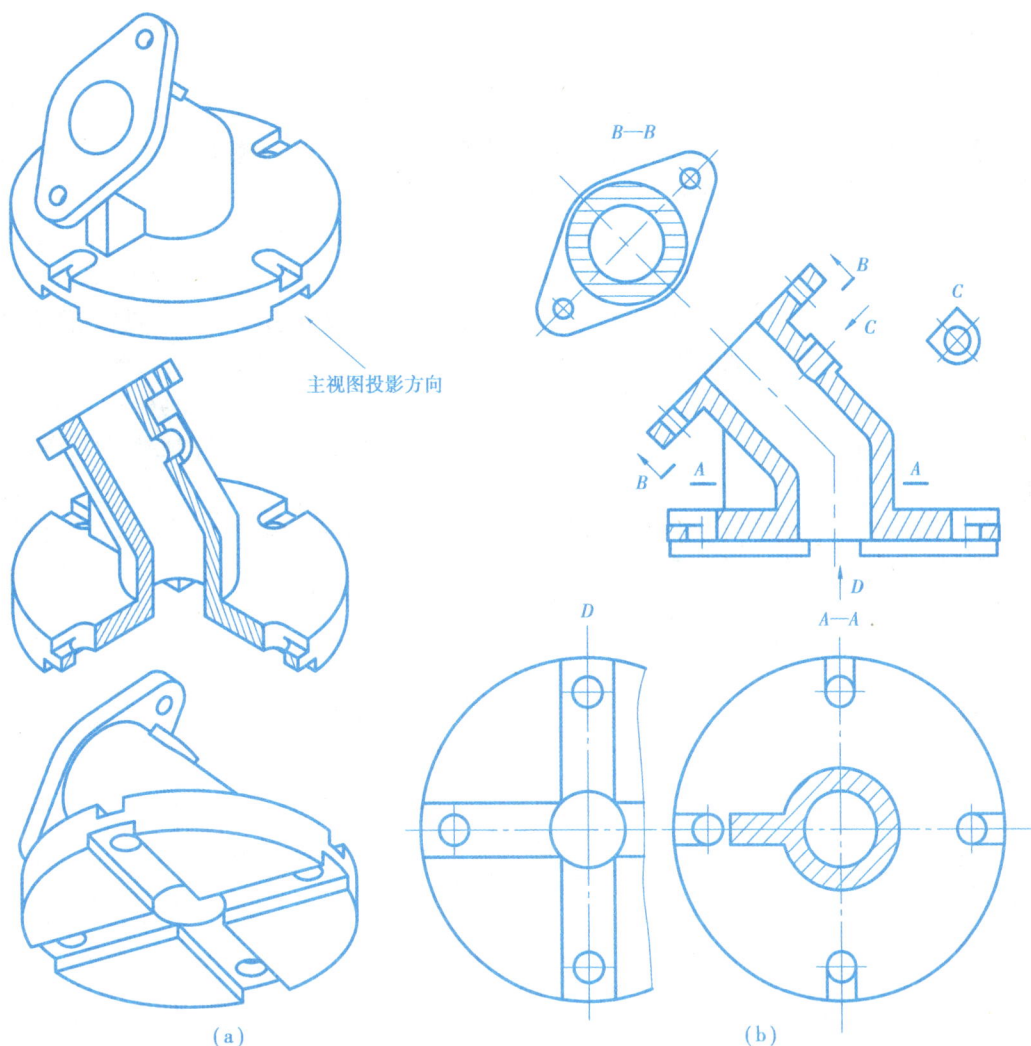

(a)　　　　　　　　　　　　　　　　　(b)

图 10.66　表达方法综合运用举例(二)

②为防止出现变形视图,在铅垂孔管段采用水平面剖切绘制全剖的俯视图 A—A,表达了铅垂孔管的形状、底部法兰及其上小孔的形状,以及小孔分布、肋板截面形状。

③对未表达清楚的倾斜法兰、U 形凸台,分别采用斜剖的 B—B 和斜视图 C 表达。为了读图方便,图形未作旋转。

④对底部法兰十字槽的形状及分布,采用 D 向局部视图表达。

采用该方案,机件的内部形状、各法兰形状、凸台形状、其上分布的孔、肋板全部表达清楚。

10.6　第三角画法简介

世界上多数国家(如中国、英国、法国、俄罗斯、德国等)采用第一角画法绘制物体的图样,但有些国家(如美国、日本、加拿大、澳大利亚、新加坡等)则采用第三角画法。国际标准 ISO 128 规定第一角画法与第三角画法等效使用。为了进行国际间的技术交流和协作,应对第三角画法有所了解。

10.6.1　第三角画法的概念

如图 10.67 所示,由三个互相垂直相交的投影面 V、H、W 组成的投影体系,把空间分成了 8 个部分,每一部分为一个分角,依次为 I、II、III、IV、…、VII、VIII 分角。将物体放在第一分角中,按"观察者—物体—投影面"的相对位置关系作正投影,称为第一角画法。本书前面章节所讲的视图均采用第一角画法。

将物体放在第三分角中,按"观察者—投影面—物体"的相对位置关系作正投影,称为第三角画法(图 10.68)。投影时如同隔着透明"玻璃"观察物体。按第一角投影的视图名称对第三角投影视图命名,在 V 面上所得的投影仍称为主视图,在 H 面上的投影仍称为俯视图,在 W 面上的投影则称为右视图。如图 10.68 中,左下方的图形是主视图,左上方的图形是俯视图,右下方的图形是右视图。

展开投影面时,仍规定 V 面不动,H 面向上旋转 $90°$,W 面向右旋转 $90°$(图 10.68),使得三投影面均处于同一平面内。投影面展开后,俯视图位于主视图的正上方,右视图位于主视图的正右侧。

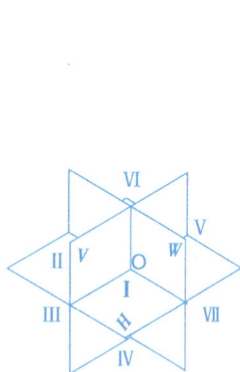

图 10.67　空间的八个分角

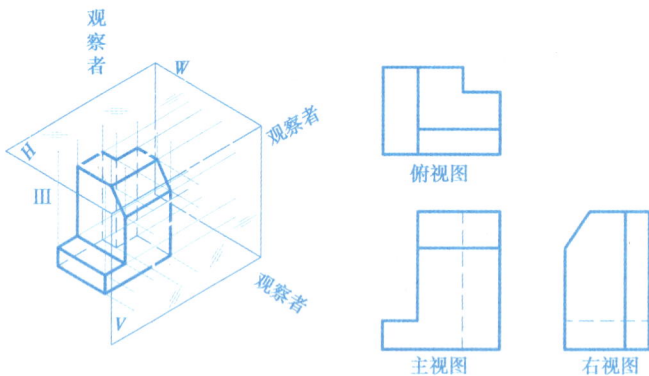

图 10.68　第三角画法的形成及画法

将物体也放在正六面体中,正六面体透明的 6 个面即为 6 个基本投影面,按"观察者—投影面—物体"的相对位置关系分别向 6 个投影面作正投影,得到 6 个基本视图,然后再把各个投影面展开到与 V 面重合(图 10.69),即可得到第三角画法中 6 个基本视图的配置[图 10.70(a)]。按此位置配置各视图时,可不标注视图名称。

10.6.2　第三角画法与第一角画法的比较

1)不同之处

①投影时观察者、物体、投影面的相互位置关系不同:第一角画法中为"观察者—物体—投影面"关系;第三角画法中为"观察者—投影面—物体"关系。

②基本视图配置关系不同,如图 10.70 所示。

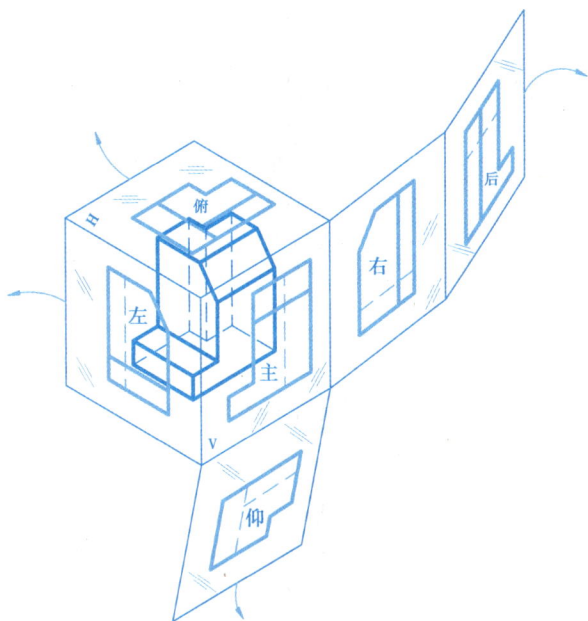

图 10.69 第三角画法中六个基本投影面的展开

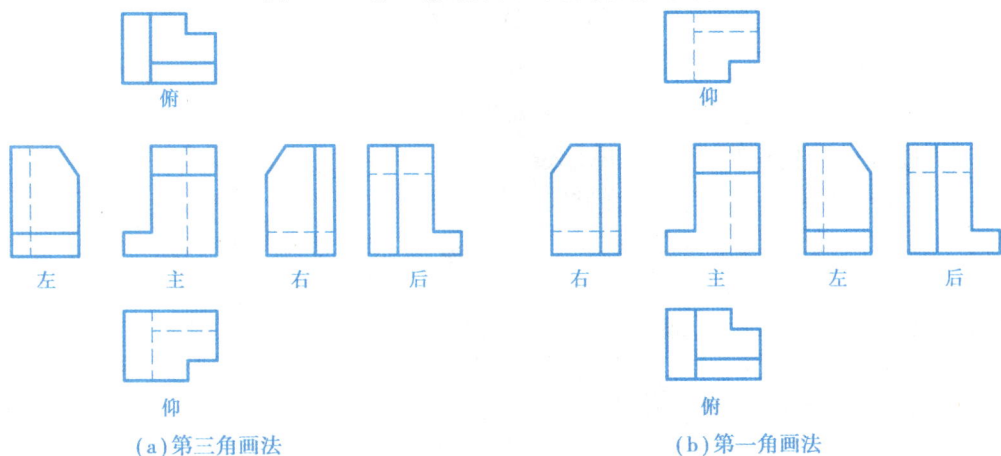

（a）第三角画法　　　　　　　　　（b）第一角画法

图 10.70 第三角画法与第一角画法六面基本视图的配置对比

③基本视图的空间方位不同:前后方位关系刚好相反,第一角画法中,靠近主视图的一方是物体的后方;而第三角画法中,靠近主视图的一方则是物体的前方。

④第三角画法与第一角画法的识别符号不同:在国际标准 ISO 128 中规定,当采用第一角或第三角画法时,必须在标题栏中专设的格内画出相应的识别符号(图 10.71)。由于我国仍采用第一角画法,通常省略识别符号。国家标准 GB/T 14692—2008 规定,当采用第三角画法时,则必须在图样中画出第三角画法的识别符号。

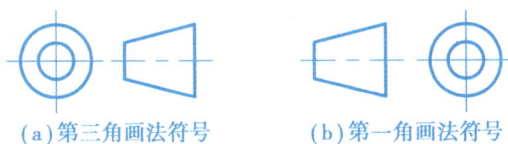

（a）第三角画法符号　　　　（b）第一角画法符号

图 10.71 第三角画法与第一角画法的识别符号

2）相同之处

①第三角画法与第一角画法均采用正投影法，都具有正投影的基本特征，具有视图之间的"长对正、高平齐、宽相等"的三等对应关系。

②虽然配置位置不同，但两种投影面所得的基本视图的形状均相同。

基于此，将第三角画法的俯、仰视图与第一角画法的俯、仰视图的上下位置对换，第三角画法的左、右视图与第一角画法的左、右视图的左右位置也对换，即可将第三角画法和第一角画法互换。

本章小结

（1）了解视图、剖视图、断面图、局部放大图的形成。

（1）了解第三角画法和第一角画法的异同。

（2）熟练掌握视图、剖视图、断面图的概念、分类及画法；并明确剖视图与断面图的异同。

（3）熟悉各种简化画法。

复习思考题

10.1　什么是图样？工程实践中常用的图样有哪些？

10.2　为什么要用视图、剖视图、断面图、局部放大图？

10.3　视图分几种类型？各适用于什么对象？

10.4　剖视图与断面图分别是怎样形成的？

10.5　机械制图中剖视图和建筑制图中剖面图的线型是如何规定的？

10.6　视图、剖视图和断面图为什么需要标注？

10.7　在机械制图中和建筑制图中，剖视图与断面图的标注各有什么不同？

10.8　剖视图分为哪几种类型？各适用于什么对象？

10.9　剖切平面的种类有哪些？各适用于什么对象？

10.10　断面图各分为哪几种类型？各适用于什么对象？

11 计算机三维造型以及二维绘图

本章导读：

    计算机辅助设计技术主要包括计算机三维造型技术及计算机二维工程图绘图技术两大类，其中计算机二维工程图绘图技术又分基于三维造型的工程图辅助生成技术和基于二维工程图软件的工程图绘制技术。本章以 3D One Plus 软件三维造型及工程图辅助生成和以中望 CAD 软件绘制二维工程图为例，说明计算机绘图的主要过程。

11.1 3D One Plus 简介

    3D One Plus 是广州中望龙腾软件股份有限公司开发的一款三维创意设计软件，让零基础的学生也可以快速上手使用。它具有从实体造型到曲面设计直至整体装配出图的完整而全面的设计流程，并且系统性地整合了软件和社区的资源，是一款基于 STEAM 理念的三维创意设计软件。利用这一设计工具，可快速绘制出自己的创意产品并通过 3D 打印机成型为实物。

    3D One Plus 软件的界面如图 11.1 所示。

    3D One Plus 软件具有以下基本功能：

    ①基础实体建模。具有 6 种以上的基础实体，支持直接拖拽尺寸的建模方式，也支持参数设定尺寸的建模方式。

    ②草图绘制与编辑。

    ③基准平面构造。

    ④基本造型和布尔运算。直接点击基本的造型，通过设置参数来建立实体模型，组合编辑包括加运算、减运算、交运算来实现物体之间的求和、求差、求交运算。

    ⑤空间曲线构造。具体有直线、多段线、圆弧、多边形、螺旋线等空间曲线的功能，可将空间

曲线投影到曲面,可实现曲面上的投影曲线拉伸或切除。

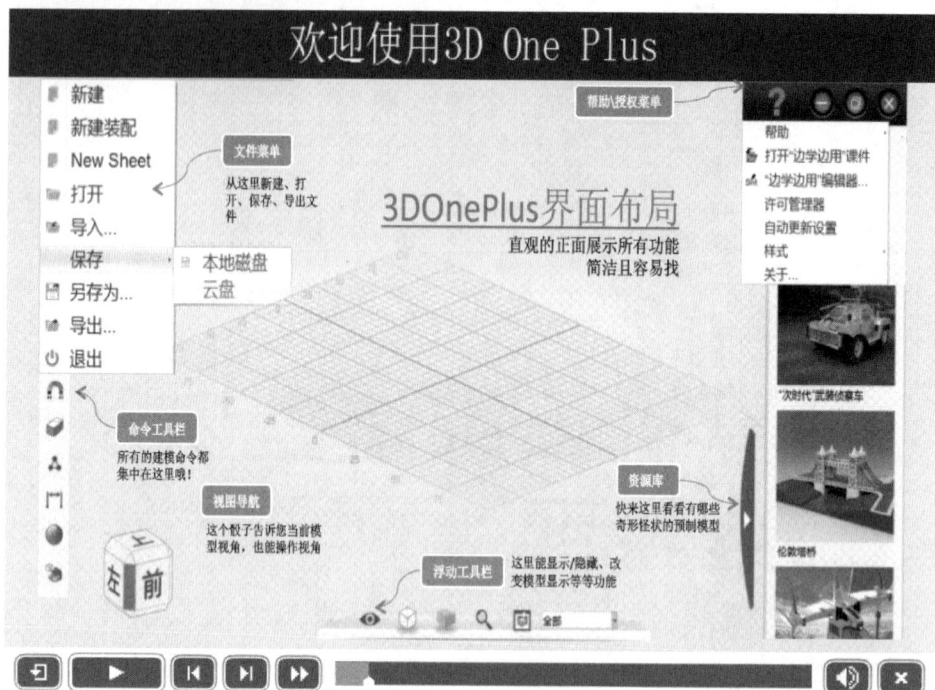

图 11.1　3D One Plus 区域介绍

⑥曲面造型。具有直纹、U/V、FEM、桥接等专业的曲面造型功能,具有曲面变形功能,支持曲面和曲面间的分割和修剪。

⑦曲面修复和缝合。对于存在间隙或破面的造型,在符合专业级修补标准的前提下,可以一键修复。提供自动缝合、闭合边空隙、填充缝隙等破面修补命令。

⑧抽壳。可建立实体主体,在全封闭的情况下将内部抽壳。可根据壁厚的大小以及开放面的选择来造型,也可以根据片体加厚的原理来建立实体。

⑨特殊造型与特殊功能。可在平面或曲面内实现"由指定点开始变形实体""扭曲""圆环折弯""锥削"等造型效果。

⑩STL 编辑。可以实现 STL 模型和实体模型、STL 模型和 STL 模型之间的布尔运算,并生成新的 STL 模型。对于有破损的 STL 文件,支持一键修补功能。

⑪装配与仿真。可以一键导入多个零件到装配体中,自动转换成装配体组件,也可以将装配体一键导出转成多个零件造型。具备重合、相切、同心、平行、垂直、角度、啮合、距离等对齐约束。通过对齐约束命令,可以实现组件装配及运动关系的模拟仿真。通过动画效果展现装配、爆炸以及机构的运动过程。

⑫3D 场景。具有全方位的 3D 场景,360 度观察模型所在环境,展示效果更逼真。

11.2 项目实例

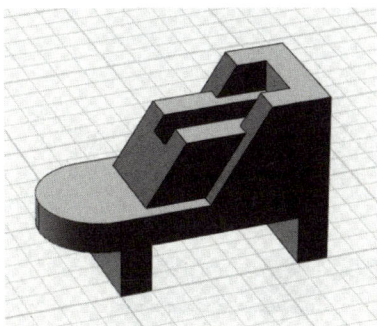

图11.2 三维模型图

扫一扫看三维模型   扫一扫看建模过程

表11.1

①新建零件,单击左侧工具栏草图绘制功能里的矩形命令。单击绘图基准面的正中心进入草图。	
②在(0,0)处使用矩形命令绘制一个长"35 mm"、宽"20 mm"的矩形,完成后单击确认按钮。单击左侧工具栏特征造型功能里的拉伸命令。拉伸命令里的轮廓选择绘制完成的矩形,拉伸高度"8 mm",完成后单击确认按钮。	

续表

③单击左侧工具栏草图绘制功能里的矩形命令,单击矩形命令后将鼠标移动至长方体上表面中心位置处,单击鼠标左键进入草图绘制矩形。在长方体右下角使用矩形命令绘制一个长"－45 mm"、宽"20 mm"的矩形,完成后单击确认按钮。单击左侧工具栏特征造型功能里的拉伸命令。拉伸命令里的轮廓选择绘制完成的矩形,拉伸高度为5 mm。拉伸为"加运算",完成后单击确认按钮。	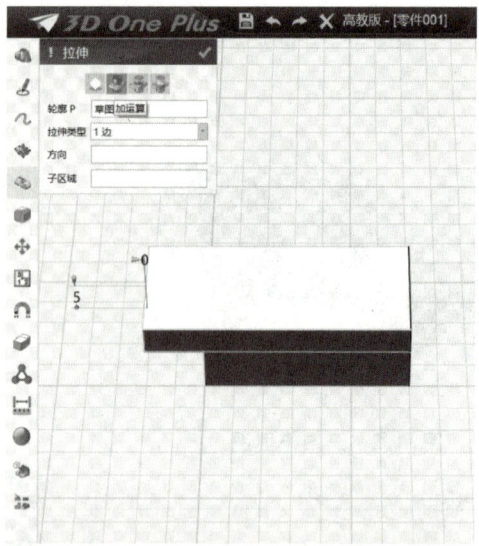
④单击左侧工具栏草图绘制功能里的矩形命令。单击矩形命令后将鼠标移动至零件上表面右侧中心位置处单击鼠标左键,进入草图绘制矩形。	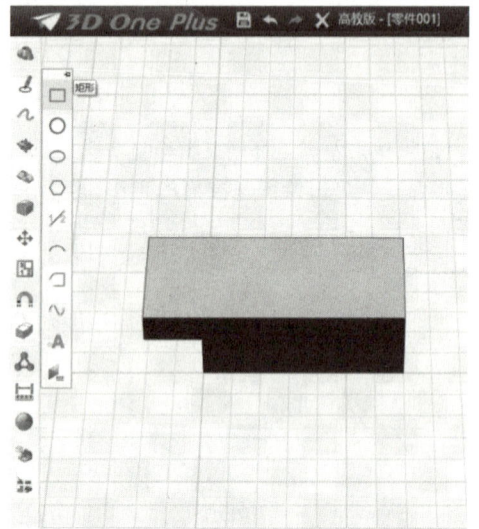
⑤在零件右上角使用矩形命令绘制一个长"－30 mm"、宽"－10 mm"的矩形,完成后单击确认按钮。	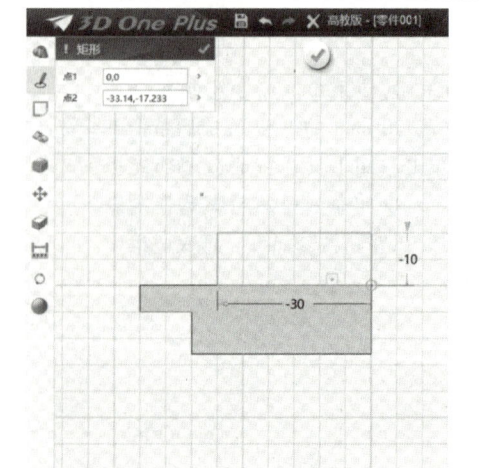

⑥单击左侧工具栏草图绘制功能里的直线命令,绘制如图所示的直线,完成后单击确认按钮。单击绘制的直线后单击快速标注命令。使用快速标注命令,单击绘制的直线与矩形的底边,标注如图所示的尺寸。双击标注的角度尺寸后输入"124°"并单击确认按钮。单击左侧工具栏草图编辑功能里的单击修剪命令。使用单击修建命令将草图修剪成如图所示的样子,完成后单击确认按钮。	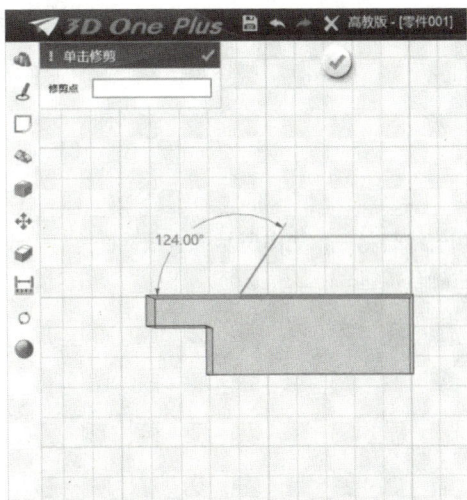
⑦单击左侧工具栏特征造型功能里的拉伸命令。拉伸命令里的轮廓选择绘制完成的草图,拉伸宽度为"7.5 mm",拉伸类型选择"对称",拉伸为"加运算",完成后单击确认按钮。单击左侧工具栏草图绘制功能里的矩形命令。	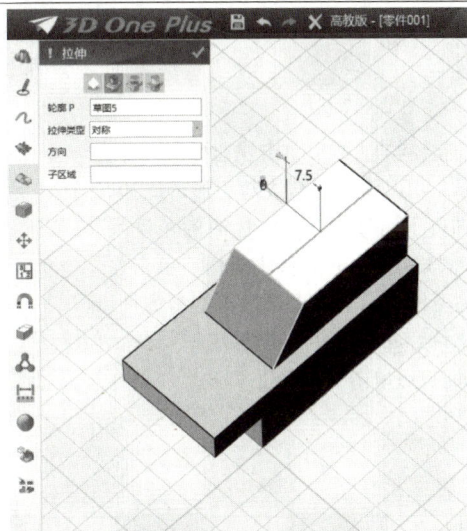
⑧单击矩形命令后将鼠标移动至零件上表面右侧中心位置处单击鼠标左键进入草图绘制矩形;在如图所示位置使用矩形命令绘制一个长"−20 mm"、宽"−15 mm"的矩形,完成后单击确认按钮。单击左侧工具栏草图绘制功能里的直线命令。	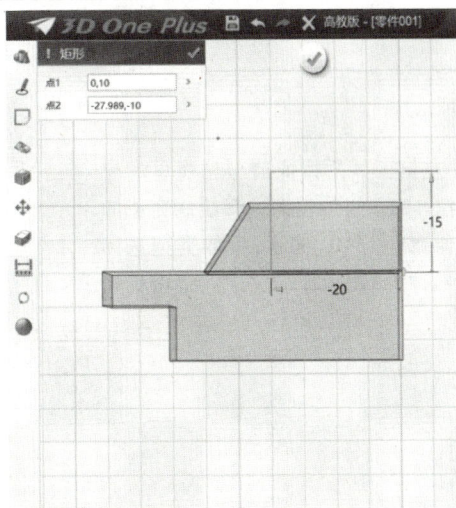

续表

⑨使用直线绘制一根如图所示的直线,完成后单击确认按钮。	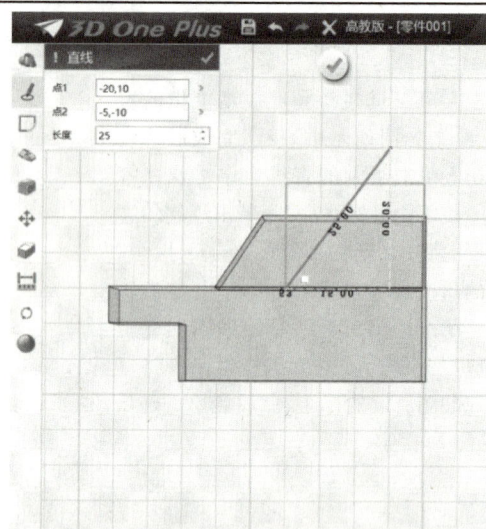
⑩ 单击绘制的直线后单击快速标注命令,如图所示。单击绘制的直线与矩形的底边,标注如图所示的尺寸。双击标注的角度尺寸后输入"124°"并单击确认按钮。单击左侧工具栏草图编辑功能里的单击修剪命令。使用单击修建命令将草图修剪成如图所示的样子,完成后单击确认按钮。	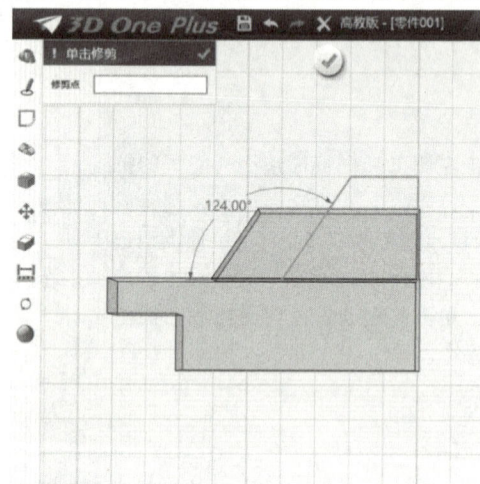
⑪单击左侧工具栏特征造型功能里的拉伸命令;拉伸命令里的轮廓选择绘制完成的草图,拉伸宽度为"10 mm",拉伸类型选择"对称",拉伸为"加运算",完成后单击确认按钮。	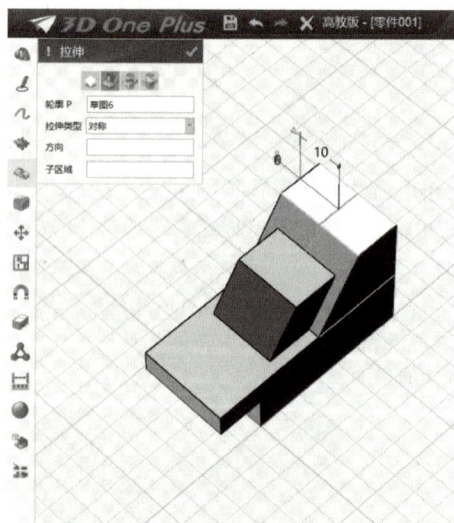

⑫单击左侧工具栏草图绘制功能里的矩形命令。单击矩形命令后将鼠标移动至零件上表面中心位置处单击鼠标左键进入绘制矩形。在如图所示位置使用矩形命令绘制一个长"20 mm"、宽"10 mm"的矩形,完成后单击确认按钮。	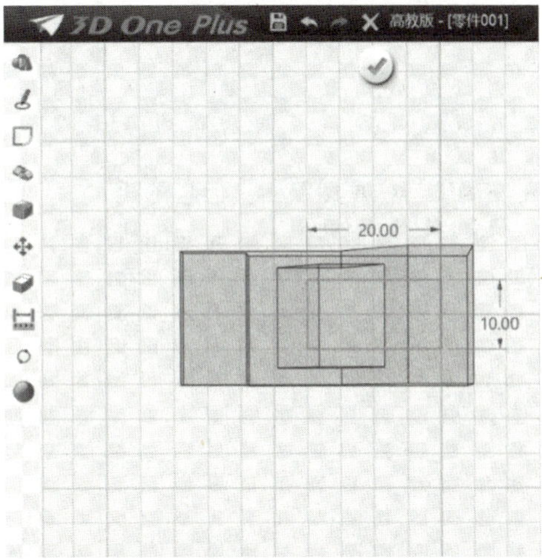
⑬单击左侧工具栏特征造型功能里的拉伸命令。	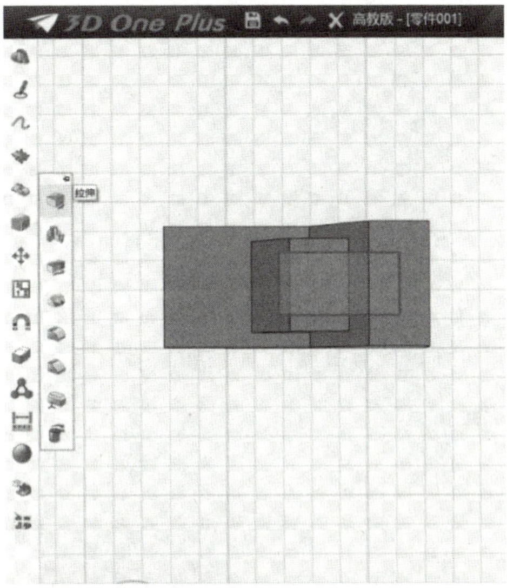
⑭拉伸命令里的轮廓选择绘制完成的草图,拉伸高度为" – 5 mm",拉伸类型选择"1边",拉伸为"减运算",完成后单击确认按钮。	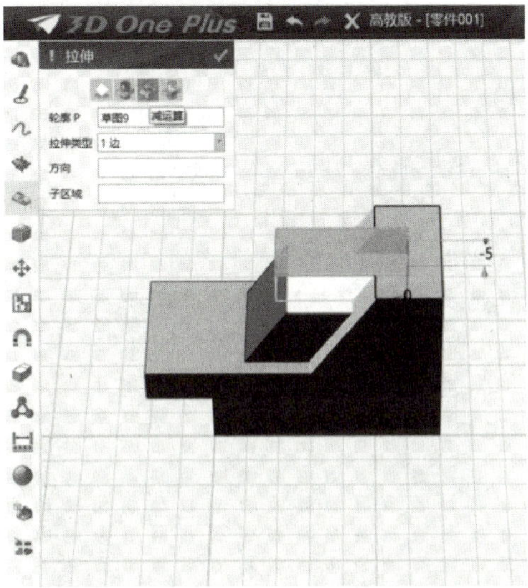

续表

⑮单击左侧工具栏草图绘制功能里的矩形命令。将鼠标移动至零件上表面如图所示位置处单击鼠标左键进入绘制矩形。在如图所示位置使用矩形命令绘制一个长"20 mm"、宽"5 mm"的矩形,完成后单击确认按钮。	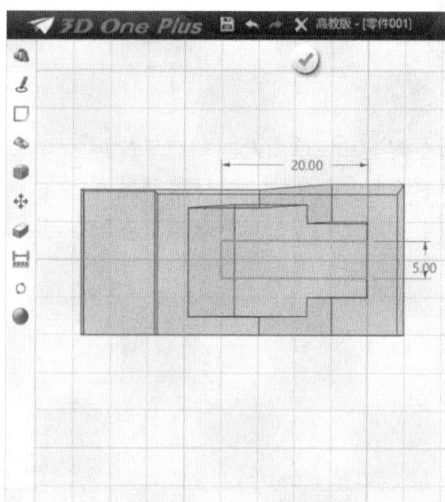
⑯单击左侧工具栏特征造型功能里的拉伸命令。拉伸命令里的轮廓选择绘制完成的草图,拉伸高度为"-10 mm",拉伸类型选择"1边",拉伸为"减运算",完成后单击确认按钮。	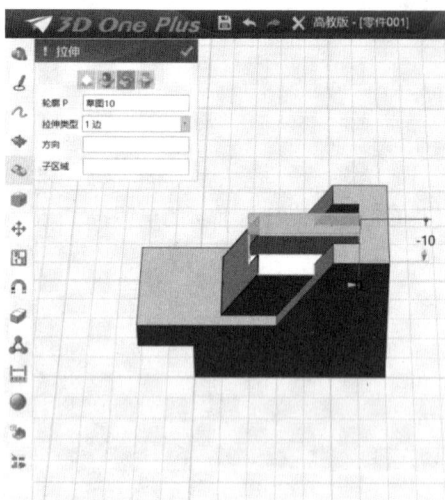
⑰单击左侧工具栏草图绘制功能里的矩形命令。单击矩形命令后单击三维视图导航器的下视图,鼠标移动至零件下表面如图所示位置处,单击鼠标左键进入绘制矩形。在如图所示位置使用矩形命令绘制一个长"-25 mm"、宽"40 mm"的矩形,完成后单击确认按钮。	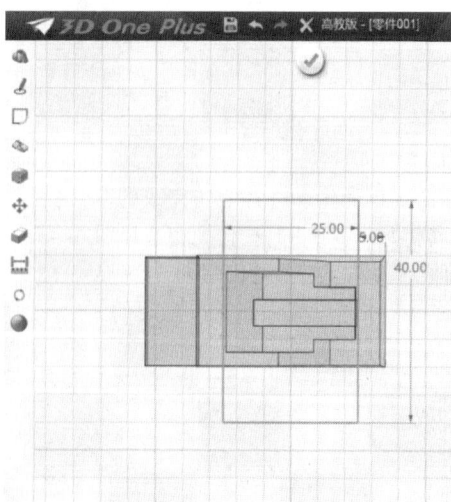

⑱单击左侧工具栏特征造型功能里的拉伸命令。拉伸命令里的轮廓选择绘制完成的草图,拉伸高度为"－8 mm",拉伸类型选择"1 边",拉伸为"减运算",完成后单击确认按钮。	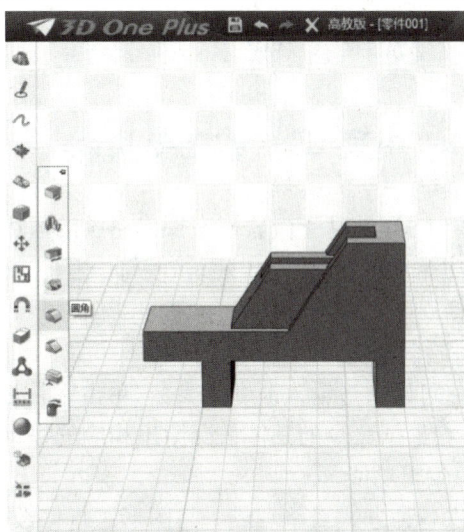
⑲单击左侧工具栏特征造型功能里的圆角命令。使用圆角命令,圆角边选择如图所示的两条竖直边,圆角大小为 $R10$ mm,完成后单击确认按钮。	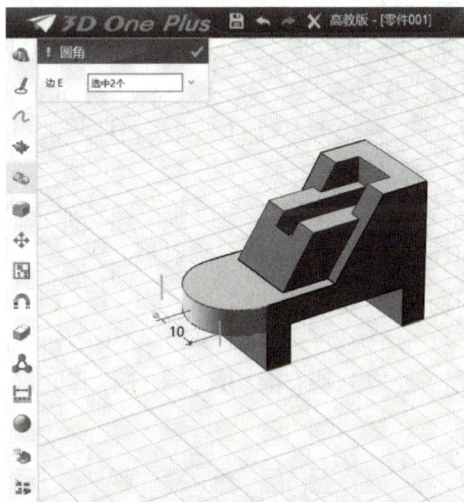
⑳建模完成,零件效果如图所示。	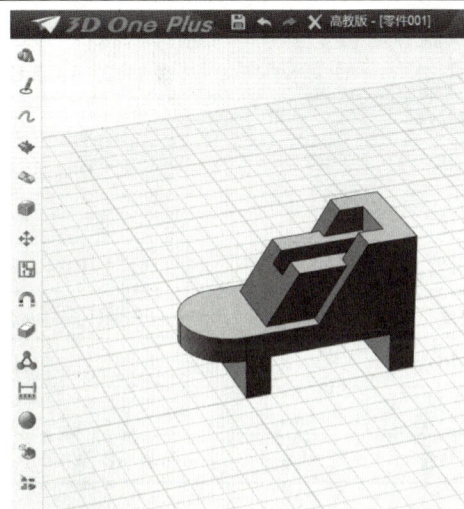

11.3 中望 CAD 应用基础

11.3.1 中望 CAD 的主要功能

中望 CAD 是基于微软视窗操作系统的通用 CAD 绘图软件。它主要用于二维制图,兼有部分三维功能,被广泛应用于建筑、装饰、电子、机械、模具、汽车、造船等各领域。中望 CAD 主要功能包括以下 5 个方面。

(1)绘图功能

用户可以通过输入命令及参数、单击工具按钮或执行菜单命令等方法来绘制各种图形,中望 CAD 会根据命令的具体情况给出相应的提示和可供选择的选项。

(2)编辑功能

提供各种方式对单一或一组图形进行修改,可进行移动、复制、旋转、镜像等操作。还可以改变图形的颜色、线宽等特性,且熟练掌握编辑命令,可以成倍地提高绘图的速度。

(3)打印输出功能

中望 CAD 具有打印及输出各种格式的图形文件的功能,可以调整打印或输出图形的比例、颜色等特征。支持大多数的绘图仪和打印机,并具有极好的打印效果。

(4)三维功能

中望 CAD 专业版提供有三维绘图功能,可用多种方法按尺寸精确绘制三维实体,生成三维真实感图形,支持动态观察三维对象。

(5)高级扩展功能

中望 CAD 作为一个绘图平台,提供多种二次开发接口,如 LISP、VBA、.NET、ZRX(VC)等,可以根据需要定制特有的功能。对于已有的二次开发程序,可以轻松移植到中望 CAD 上来。

11.3.2 中望 CAD 软硬件要求

在安装和运行中望 CAD 的时候,软件和硬件必须达到如表 11.2 所示的配置要求。

表 11.2 中望 CAD 的软硬件要求

硬件与软件	要 求
处理器	Intel ® Core™2 Duo 或 AMD ® Athlon™ X2 CPU 或更高版本(推荐)
内存	2 GB(推荐)
显示器	1024×768 VGA 真彩色(最低要求)
硬盘	4 GB 操作系统磁盘可用空间,2 GB 安装磁盘可用空间
DVD-ROM	任意速度(仅用于安装)
定点设备	鼠标、轨迹球或其他设备
操作系统	Windows XP、Windows Vista、Windows 7、Windows 8、Windows 10

在条件允许的情况下,尽量提高计算机的内存容量,这样在绘图过程中会更加顺畅。

11.3.3 工作界面

中望 CAD 的主界面类似于 Office 的界面,如图 11.3 所示。同时,软件也支持二维草图与注释界面与经典界面之间互换,使之更符合设计师的使用习惯。

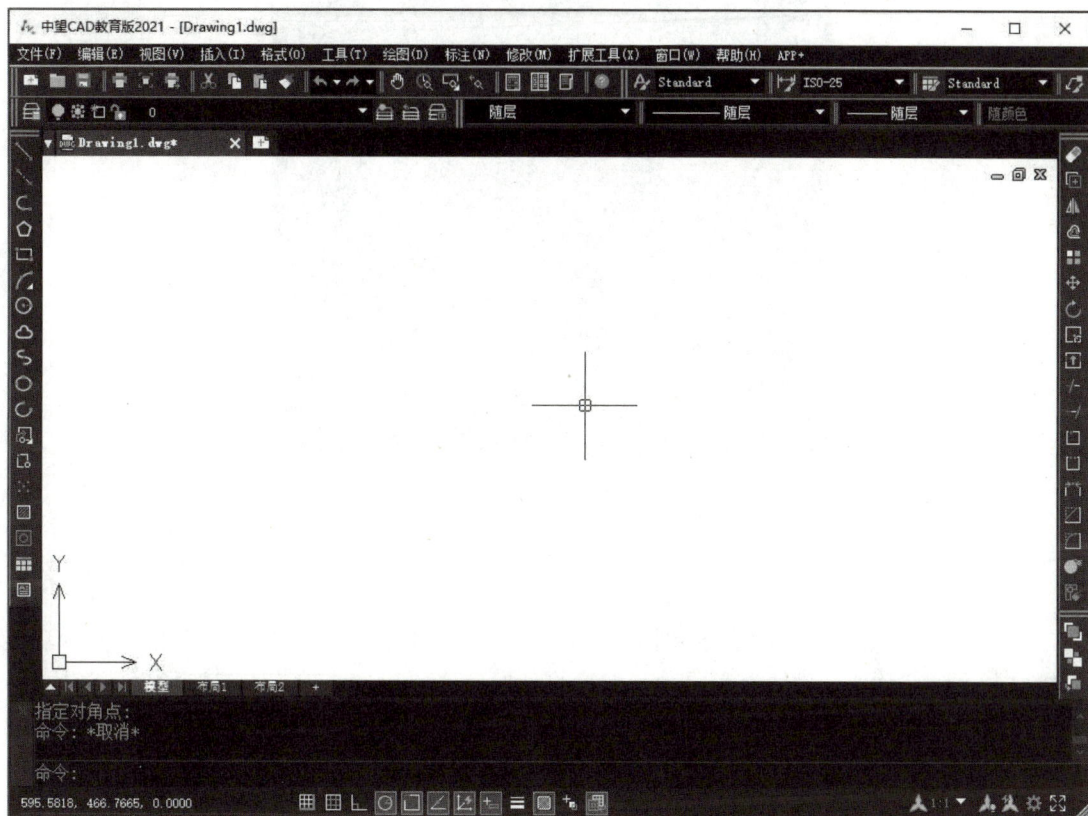

图 11.3 中望 CAD 主要工作界面及功能分布

二维草图与注释界面主要有标题栏区域、二维草图与注释界面功能区绘图区、命令提示区、状态栏区,以及绘图工具栏、修改工具栏等可自行设定的工具栏。

1)标题栏区域

标题栏区域包括了以下 4 部分内容。

(1)菜单浏览器

点击左上角中望 CAD 的 LOGO 即可进入菜单浏览器界面,如图 11.4 所示。此处功能类似于 Office 系列软件。

(2)快速访问工具栏(　　　　　　　　　　　　　 二维草图与注释 　)

此处提供了中望 CAD 中部分常用的工具的快捷访问方式,包括新建/打开/保存/另存为/打印/预览/撤销/恢复/帮助/及快速切换软件界面等。

(3)窗口控制按钮(　　　　)

与 windows 的功能完全相同,可以利用右上角的控制按钮将窗口最小化、最大化或关闭。

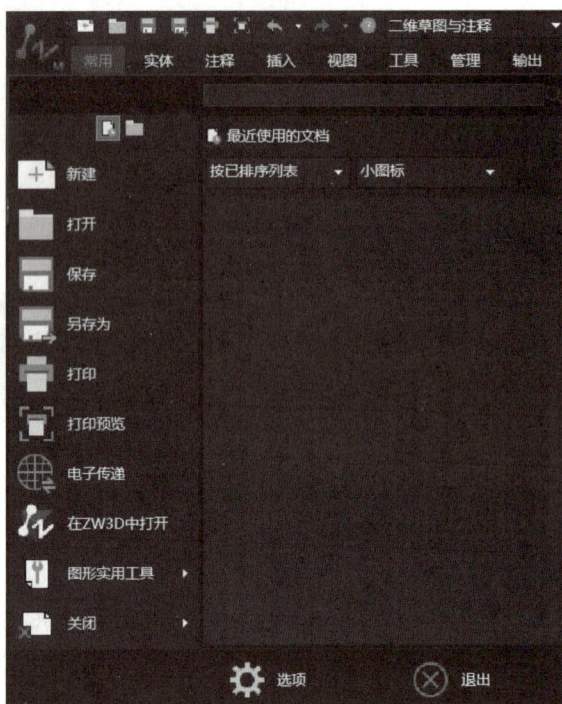

图 11.4　菜单浏览器界面

2）二维草图与注释界面功能区

（1）功能区选项卡

功能区是显示基于任务的命令和控件的选项卡。在创建或打开文件时,会自动显示功能区,提供一个包括创建文件所有需的所有工具的小模型选项板。二维草图与注释界面包括"常用、实体、注释、插入、视图、工具、管理、输出、扩展工具、在线、APP +"共 11 个功能选项卡,如图11.5 所示。

图 11.5　二维草图与注释界面功能选项卡

（2）功能选项面板

每个功能选项卡下有一个展开的面板,即"功能选项面板",这些面板依照其功能进行标记在相应选项卡中。功能选项面板包含很多的工具和控件,与工具栏和对话框中的相同。如图11.6 所示是"常用"功能选项面板,其中包括"直线""多段线""圆""圆弧"等功能按键。

图 11.6　二维草图与注释界面功能选项面板

（3）功能选项面板下拉菜单

在功能选项面板中，很多命令还有可展开的下拉菜单，可选择更详细的功能命令。如图11.7所示，单击"圆"的下拉箭头标记，显示"圆"的下拉菜单。

图11.7　功能选项面板下拉菜单栏

3）绘图区

绘图区位于屏幕中央的空白区域，所有的绘图操作都是在该区域中完成的。在绘图区域的左下角显示了当前坐标系图标，向右方向为 X 轴正方向，向上为 Y 轴正方向。绘图区没有边界，无论多大的图形都可置于其中。鼠标移动到绘图区中，会变为十字光标；执行选择对象的时候，鼠标会变成一个方形的拾取框。

4）命令提示区

命令栏位于工作界面的下方，此处显示了用户曾输入的命令记录，以及对用户的命令所进行的提示。

当命令栏中显示"命令："提示的时候，表明软件等待用户输入命令。当软件处于命令执行过程中时，命令栏中显示各种操作提示。用户在绘图的整个过程中，要密切留意命令栏中的提示内容。

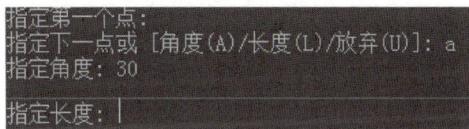

图11.8　命令栏

5）状态栏区

状态栏位于界面的最下方，如图11.9显示了当前十字光标在绘图区所处的绝对坐标位置。同时还显示了常用的控制按钮（如捕捉、栅格、正交等）。单击一次，按钮按下表示启用该功能，再单击则关闭。

图11.9　状态栏

6）自行设定工具栏

在经典界面中，默认打开一些"绘图""修改""图层"等工具栏。用户也可根据自身的使用习惯，以及需要来自行调用的一系列工具栏。在中望 CAD 中，共提供了二十多个已命名的工具栏，可根据实际情况自由选择。如果要显示当前隐藏的工具栏，可在任意工具栏空白处右键单击，此时将弹出一个快捷菜单（如图 11.10 所示），可通过选择工具栏名称来显示或关闭相应的工具栏。

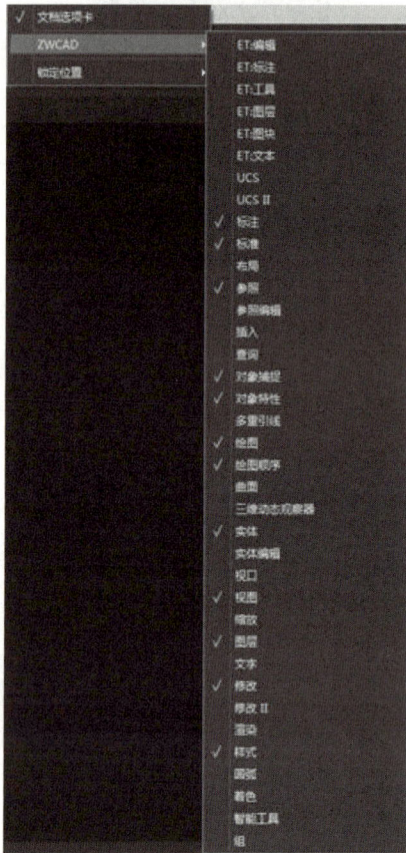

图 11.10　自定义工具栏菜单

11.3.4　命令执行方式

命令的执行方式有多种，例如可以通过按工具栏上的命令按钮、下拉菜单或命令行等。当用户在绘图的时候，应根据实际情况选择最佳的命令执行方式，以提高工作效率。

（1）以键盘方式执行

通过键盘方式执行命令是最常用的一种绘图方法，当用户要使用某个工具进行绘图时，只需在命令行中输入该工具的命令形式，然后根据提示一步一步完成绘图即可，如 11.11 所示。

中望 CAD 提供动态输入的功能，在状态栏中按下【　动态输入】按钮后，可直接在光标附近显示命令行提示。用户也可以在提示的文本框中直接输入选项和值，如图 11.12 所示。

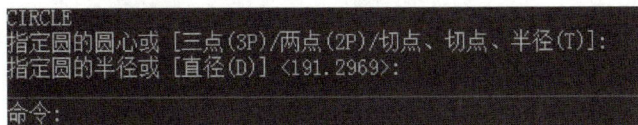

图 11.11 通过键盘方式执行命令

图 11.12 动态输入执行命令

（2）以命令按钮的方式执行

在工具栏上选择要执行命令对应的工具按钮,然后按照提示完成绘图工作。

（3）以菜单命令的方式执行

通过选择下拉菜单中的相应命令来执行命令,执行过程与上面两种方式相同。同时提供鼠标右键快捷菜单,在快捷菜单中会根据绘图的状态提示一些常用的命令,如图 11.13 所示。

（4）退出正在执行的命令

当执行某命令后,可按 <Esc> 键退出该命令,也可按 <Enter> 键结束某些操作命令。注意,有的操作要按多次才能退出。

（5）重复执行上一次操作命令

当结束了某个操作命令后,若要再一次执行该命令,可以按 <Enter> 键或空格键来重复上一次的命令。使用上下方向键可以翻阅前面执行的数个命令,然后选择执行。

（6）取消已执行的命令

若绘图中出现错误,要取消前次的命令,可以使用 Undo 命令,或点击工具栏中的 ⬅ 按钮,可回到前一步或几步的状态。

（7）恢复已撤消的命令

当撤消了命令后又想恢复已撤消的命令时,可以使用 Redo 命令或点击工具栏中的 ➡ 按钮来恢复。

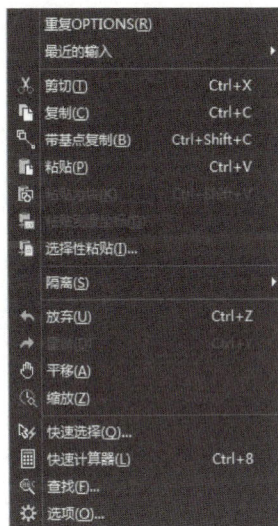

图 11.13 鼠标右键菜单

（8）使用透明命令

有些命令可以插入到另一条命令的期间执行。例如,在当前使用 Line 命令绘制直线的时候,可以同时使用 Zoom 命令放大或缩小视图范围,这样的命令称为透明命令。只有少数命令为透明命令,在使用透明命令时,必须在命令前加一个单引号"'",才能被识别到。

11.4 中望 CAD 设置

中望 CAD 提供多种观察图形的工具,如利用鸟瞰视图进行平移和缩放、视图处理和视口创建等。

关于中望 CAD 的设置请见设置操作视频。

中望CAD
设置

11.5 定制中望 CAD 绘图环境

在新建了图纸以后,还可以通过下面的设置来修改之前一些不合理的地方和其他辅助设置选项。

11.5.1 图形范围

1) 运行方式

命令行:Limits

Limits 命令用于设置绘图区域大小,相当于手工制图时图纸的选择,如表 11.3 所示。

表 11.3 国家标准图纸幅面

单位:mm

幅面代号	A0	A1	A2	A3	A4
宽×高	1 189 × 841	841 × 594	594 × 420	420 × 297	297 × 210

2) 操作步骤

用 Limits 命令将绘图界限范围设定为 A4 图纸(210 mm × 297 mm)操作步骤如下。

命令:Limits　　　　　　　　　　　　　　　　执行 Limits 命令

指定左下点或限界[开(ON)/关(OFF)] <0,0>:　　设置绘图区域左下角坐标

指定右上点 <420,297>:297,210　　　　　　　设置绘图区域右上角坐标

命令:Limits　　　　　　　　　　　　　　　　重复执行 Limits 命令

指定左下点或限界[开(ON)/关(OFF)] <0,0>:on　打开绘图界限检查功能

⚙各选项说明如下:

关闭(OFF):关闭绘图界限检查功能

打开(ON):打开绘图界限检查功能

确定左下角点后,系统继续提示:右上点 <420,297>:指定绘图范围的右上角点。默认 A3 图的范围,如果设其他图幅,只要改成相应的图幅尺寸就可以了。

3) 注意事项

①在中望 CAD 中,我们总是用真实的尺寸绘图,在打印出图时,再考虑比例尺。另外,用 Limits 限定绘图范围,不如用图线画出的图框更加直观。

②当绘图界限检查功能设置为"ON"时,如果输入或拾取的超出绘图界限,则操作将无法

进行。

③绘图界限检查功能设置为"OFF"时,绘制图形不受绘图范围的限制。

④绘图界限检查功能只限制输入点坐标不能超出绘图边界,而不能限制整个图形。例如圆,当它的定形定位点(圆心和确定半径的点)处于绘图边界内时,其一部分圆弧可能会位于绘图区域之外。

11.5.2　绘图单位

1)运行方式

命令行:Units/Ddunits

Ddunits 命令可以设置长度单位和角度单位的制式、精度。

一般地,在中望 CAD 绘图中使用实际尺寸(1:1),然后在打印出图时设置比例因子。因此,在开始绘图前,需要弄清绘图单位和实际单位之间的关系。例如,可以规定一个线性单位代表一寸、一尺、一米或一千米。另外,也可以规定程序的角度测量方式;对于线性单位和角度单位,也都可以设定显示数值精度。例如显示小数的位数,精度设置仅影响距离、角度和坐标的"显示",中望 CAD 总是用浮点精度存储距离、角度和坐标。

2)操作步骤

执行 Ddunits 命令后,系统将弹出如图 11.14 所示的图形单位设置对话框。

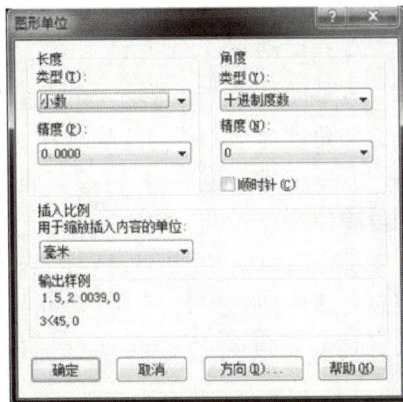

图 11.14　绘图单位对话框

❂各选项说明如下:

①长度类型:设置测量单位当前的类型,包括小数、工程、建筑、科学、分数 5 种类型。长度类型如表 11.4 所示。

表 11.4　长度单位表示形式

单位类型	精　度	举　例	单位含义
小数	0.000	5.948	我国工程界普遍采用的十进制表达方式
工程	0'-0.0″	8'-2.6″	英尺与十进制英寸表达方式,其绘图单位为英寸
建筑	0'-0 1/4″	1'-3 1/2″	欧美建筑业常用格式,其绘图单位为英寸

单位类型	精 度	举 例	单位含义
科学	0.00E + 01	1.08E + 05	科学计数法表达方式
分数	0 1/8	165/8	分数表达方式

②长度精度:设置线型测量值显示的小数位数或分数大小。

③角度类型:设置当前角度格式。包括百分度、度/分/秒、弧度、勘测单位、十进制度数5种,缺省选择十进制度数,角度类型如表11.5所示。

表11.5　角度单位表示形式

单位类型	精 度	举 例	单位含义
百分度	0.0 g	35.8 g	十进制数表示梯度,以小写 g 为后缀
度/分/秒	0d00′00″	28d18′12″	用 d 表示度,′表示分,″表示秒
弧度	0.0r	0.9r	十进制数,以小写 r 为后缀
勘测单位	N0d00′00″E	N44d30′0″E S 3 5 d30′0″W	该例子表示北偏东北 44.5 度,勘测角度表示从南(S)北(N)到东(E)西(W)的角度,其值总是小于90 度,大于 0 度
十进制度数	0.00	48.48	十进制数,我国工程界多用

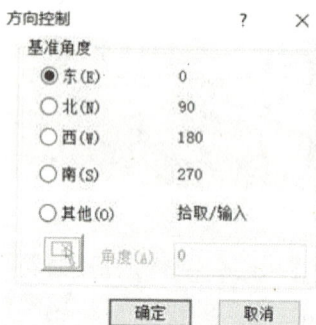

图 11.15　角度方向控制

④角度精度:设置当前角度显示的精度。

⑤顺时针:规定当输入角度值时角度生成的方向,默认逆时针方向角度为正。若钩选顺时针,则确定顺时针方向角度为正。

⑥单位比例拖放内容:控制插入到当前图形中的块和图形的测量单位。

⑦方向(D):在图 11.15 中点击【方向(D)】按钮,将出现方向控制对话框,如图 11.15 所示,可用于规定 0 度角的位置。例如,缺省时,0 度角在"东"或"3 点"的位置。

3)注意事项

基准角的设置对勘测角度没有影响。

11.5.3　调整自动保存时间

命令行:Options(OP)

在中望 CAD 操作中,可能由于停电或突然死机等原因,造成自己之前做的工作往往付诸东流,而不得不重新再做。

可以通过设置中望 CAD 中的自动存图时间,使损失减少到最小。运行 Options 命令弹出"选项",配置对话框,如图 11.16 所示。选第一个"打开和保存"选项卡,根据用户所处环境情况设定系统自动存盘时间。这样,计算机将按用户设定的时间自动保存一个以 zw\$ 为后缀的文件。这个文件存放在设定的文件夹里面,如遇断电等异常情况,可将此文件更名为以"dwg"为后缀的文件,就可打开了。

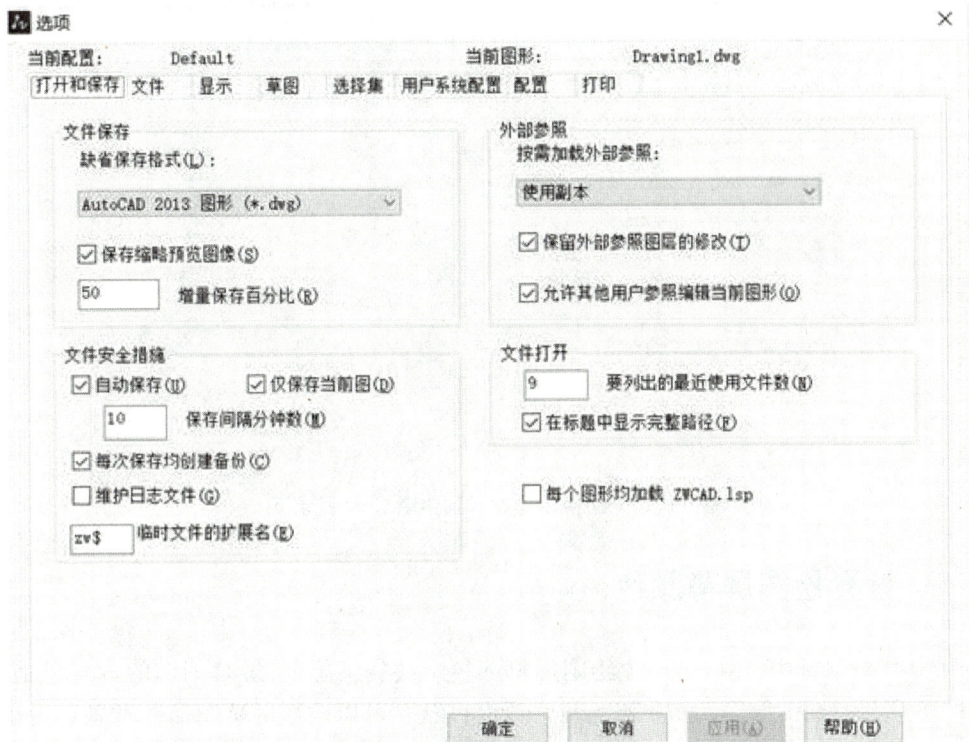

图 11.16　调整存图时间

11.5.4　文件目录

如果觉得系统默认的目录并不适合自己,可以在选项对话框中修改默认保存路径。学校机房的计算机一般都加了保护卡,将 C 盘(甚至 D 盘)保护起来了,则计算机重新启动后图形文件也不存在了。在这样的情况下,也可自己设定一个子目录。具体设置前,可以了解哪个分区是未保护的。如果是全机保护,老师会为学生提供一个存储区,比如教师机上的一个子目录,可以通过网上邻居访问教师机,将文件存放到老师指定的子目录下。更好的方法是存到自己的 U盘上。

文件目录最好是设置到中望 CAD 目录下,以便于查找,如图 11.17 所示。当然,也可放到自己认为方便的地方。

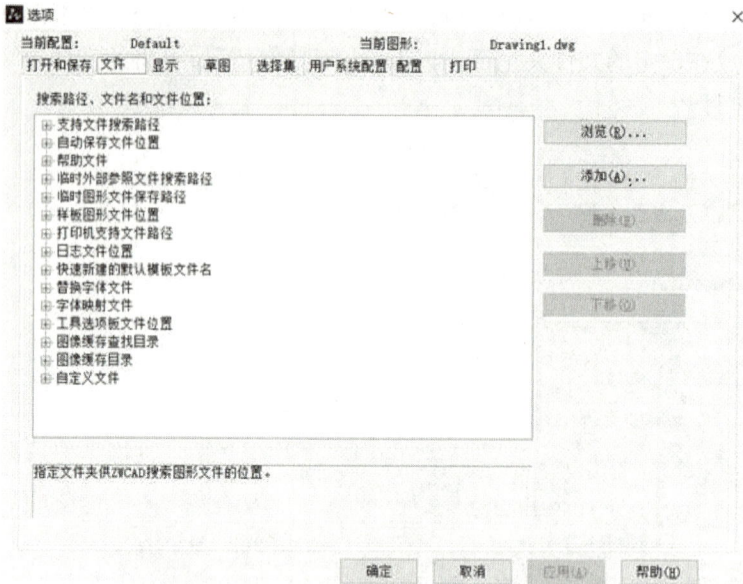

图 11.17　文件目录设置到中望 CAD 目录下

11.5.5　设置绘图屏幕颜色

在"选项"对话框中,还可以设置绘图屏幕颜色。缺省情况下,屏幕图形的背景色是黑色。如图 11.18 所示,选择"显示"选项卡,点击【颜色】按钮,可以改变屏幕图形的背景色为指定的颜色。

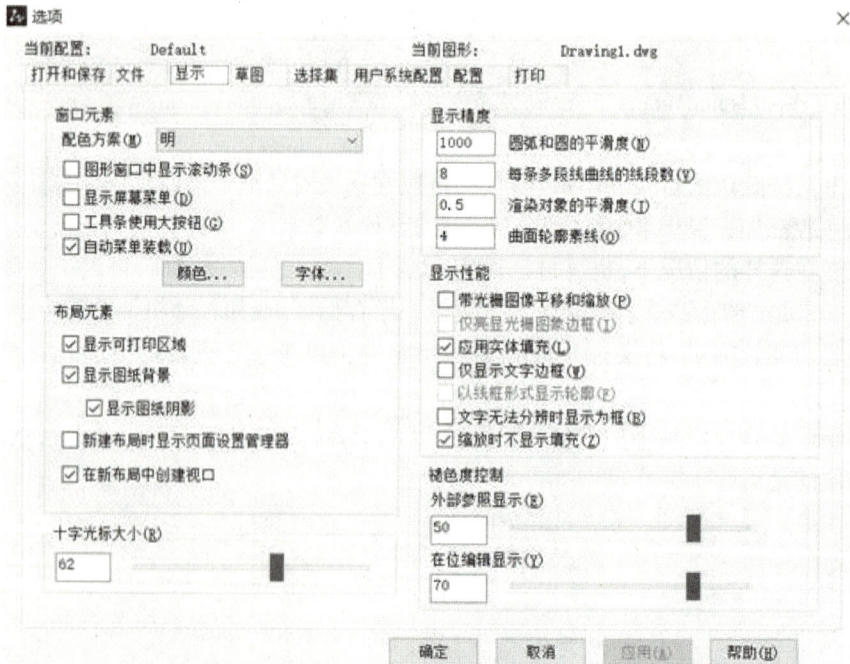

图 11.18　"显示"选项卡

例如,编写文稿时要插入中望 CAD 的图形,就要把屏幕的背景色设置为白色。单击【颜色】,出现如图 11.19 所示画面,设置为白色,若在真彩色页,白色是将 RGB 值均设置为 255。

如果采用"索引颜色",则单击"索引颜色"按钮,直接选颜色要简单得多。但工程图纸颜色不必设置过多,最好不要随便以图像处理的颜色要求来处理图形。

如图 11.19 所示对话框中,可以设置十字光标颜色,以助于区别 X、Y 及 Z 轴,可分别设置不同颜色。

在"选项"对话框中,还可以设置捕捉标记和靶框的大小。

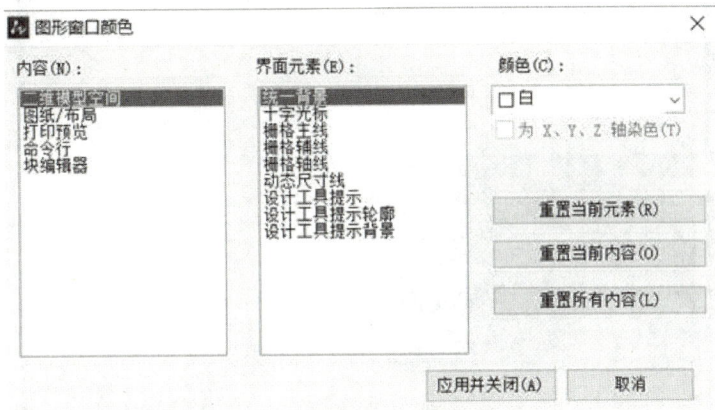

图 11.19　屏幕的背景色设置

11.6　定制中望 CAD 操作环境

1）运行方式

命令行:Cui

功能区:［管理］→［自定义］→［用户界面］

执行 Cui 命令,系统弹出"自定义用户界面"对话框,如图 11.20 所示。自定义用户界面是一种基于 XML 的文件,替代了早期版本中的 MNS 和 MNU。产品中自定义的用户界面元素(例如工作空间、功能区面板、快速访问工具栏)均在此对话框中进行管理。

2）操作步骤

中望 CAD 自定义用户界面的功能包括:

①新建功能区选项卡;

②在选项卡中添加面板;

③新建面板;

④在面板中添加命令;

⑤显示新增选项卡;

⑥新建工具栏。

图 11.20 "自定义用户界面"对话框

用户定制界面的步骤请扫描二维码了解详细过程。

11.7 中望 CAD 坐标系统

11.7.1 笛卡尔坐标系统

中望 CAD 使用了笛卡尔坐标 CCS、世界坐标系 WCS 和用户坐标系 UCS 等。

任何一个物体都是由三维点所构成的,有了一点的三维坐标值,就可以确定该点的空间位置。中望 CAD 采用三维笛卡尔坐标系统(CCS)来确定点的位置。用户执行自动进入笛卡尔右手坐标系的第一象限(既世界坐标系统 WCS)。在屏幕显示状态栏中显示的三维数值即为当前十字光标所处的空间点在笛卡尔坐标系中的位置。由于在缺省状态下的绘图区窗口中我们只能看到 xoy 平面,因而只有 x 和 y 的坐标在不断变化,而 z 轴的坐标值一直为零。在缺省状态下,要把它看成一个平面直角坐标系。

在 xoy 平面上绘制、编辑图形时,只需输入 x、y 轴的坐标,z 轴坐标由 CAD 自动赋值为 0。

11.7.2　世界坐标系统

世界坐标系统(WCS)是中望 CAD 的绘制和编辑图形的过程中的基本坐标系统,也是进入中望 CAD 后的缺省坐标系统。世界坐标系统 WCS 由 3 个正交于原点的坐标轴 X、Y、Z 组成,其坐标原点和坐标轴是固定的,不会随用户的操作而发生变化。

图 11.21　世界坐标系

世界坐标系统的坐标轴默认方向是 X 轴的正方向水平向右,Y 轴正方向垂直向上,Z 轴的正方向垂直于屏幕指向用户。坐标原点在绘图区的左下角,系统默认的 Z 坐标值为 0,如果用户没有另外设定 Z 坐标值,那么所绘图形只能是 XY 平面的图形。

如图 11.21 所示,左图是中望 CAD 坐标系统的图标,而右图是原来 2007 版之前的世界坐标系统,图标上有一个“W”,是“World(世界)”的第一个字母。

11.7.3　用户坐标系统

中望 CAD 提供了可变的用户坐标系统(UCS)。UCS 坐标系统是根据用户需要而变化的,以方便用户绘图形。在缺省状态下,用户坐标系统与世界坐标系统相同,用户可以在绘图过程中根据具体情况来定义 UCS。

功能区:[视图]→[坐标]→[在原点显示 UCS 图标]/[在原点隐藏 UCS 图标]

单击“在原点显示 UCS 图标” 和“在原点隐藏 UCS 图标” ,可以打开和关闭坐标系图标。也可以通过 Ucsicon 命令设置是否显示坐标系原点,设置坐标系图标的样式、大小及颜色。

11.7.4　坐标输入方法

用鼠标可以直接定位坐标点,但不是很精确;采用键盘输入坐标值的方式可以更精确地定位坐标点。

在中望 CAD 绘图中经常使用平面直角坐标系的绝对坐标、相对坐标,平面极坐标系的绝对极坐标和相对极坐标等方法来确定点的位置。

(1)绝对直角坐标

绝对坐标是以原点为基点定位所有的点。输入点的 (x,y,z) 坐标,在二维图形中,$z=0$ 可省略。例如,用户可以在命令行中输入“10,20”(中间用逗号隔开)来定义点在 XY 平面上的位置。

(2)相对直角坐标

对于相对坐标系某点(A)相对于另一特定点(B)的位置,相对坐标是把以前一个输入点作为输入坐标值的参考点,输入点的坐标值是以前一点为基准而确定的,它们的位移增量为 ΔX、ΔY、ΔZ。其格式为:@ΔX、ΔY、ΔZ,“@”字符表示输入一个相对坐标值。如“@10,20”是指该点相对于当前点沿 x 方向移动 10,沿 y 方向移动 20。

（3）绝对极坐标

极坐标是通过相对于极点的距离和角度来定义的,其格式为:距离 < 角度。角度以 X 轴正向为度量基准,逆时针为正,顺时针为负。绝对极坐标以原点为极点。如输入"10 < 20",表示距原点的距离为 10、方向 20 度的点。

（4）相对极坐标

相对极坐标是以上一个操作点为极点,其格式为:@距离 < 角度。如输入"@10 < 20",表示该点距上一点的距离为 10,和上一点的连线与 x 轴成 20 度。

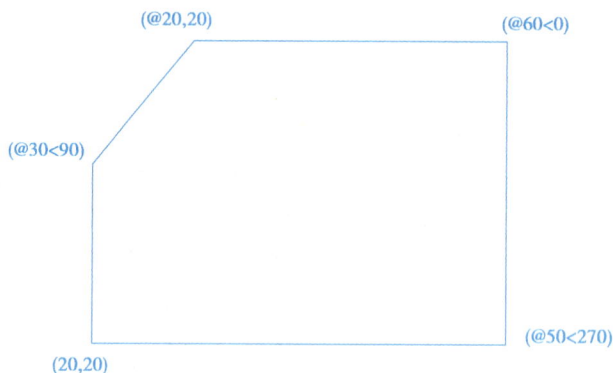

图 11.22　坐标输入方式

【操作实例】在绘图过程中不是自始至终只使用一种坐标模式,而是可以将一种、两种或三种坐标模式混合在一起使用。在图 11.22 中,先以绝对坐标开始,然后改为极坐标,又改为相对坐标。作为一个 CAD 操作者,应该选择最有效的坐标方式来绘图。

命令：　Line
指定第一个点：　20,20
指定下一点或［角度(A)/长度(L)/放弃(U)］：　@30 < 90
指定下一点或［角度(A)/长度(L)/放弃(U)］：　@20,20
指定下一点或［角度(A)/长度(L)/闭合(C)/放弃(U)］：　@60 < 0
指定下一点或［角度(A)/长度(L)/闭合(C)/放弃(U)］：　@50 < 270
指定下一点或［角度(A)/长度(L)/闭合(C)/放弃(U)］：　@ −80,0
指定下一点或［角度(A)/长度(L)/闭合(C)/放弃(U)］：　（按回车键退出命令）

11.8　图形的重画与重新生成

图形重画(Redraw/Redrawall)和图形重生(Regen/Regenall)命令都能够实现视图的重显。

11.8.1　图形的重画

命令行:Redraw/Redrawall

快速访问计算机内存中的虚拟屏幕,这被称为重画(Redraw 命令)。

在绘图过程中有时会留下一些无用的标记,重画命令可用来刷新当前视口中的显示,清除残留的点痕迹。例如,删除多个对象图纸中的一个对象,但有时看上去被删除的对象还存在,在这种情况下可以使用重画命令来刷新屏幕显示,以显示正确的图形。图形中某一图层被打开或关闭、或者栅格被关闭后,系统自动对图形刷新并重新显示。栅格的密度会影响刷新的速度。

11.8.2 重新生成

(1)运行方式

命令行:Regen/Regenall

功能区:[视图]→[定位]→[重生成]▣

重新计算整个图形的过程被称为重生成。

重生成命令不仅删除图形中的点记号、刷新屏幕,而且更新图形数据库中所有图形对象的屏幕坐标。使用该命令通常可以准确地显示图形数据。

(2)注意事项

表 11.6 是 Redraw 和 Regen 的对比,从中看出,Redraw 命令比 Regen 命令快得多。Redraw 和 Regen 只刷新或重生成当前视口;Redrawall 和 Regenall 可以刷新或重生成所有视口。

表 11.6 Redraw 和 Regen 命令的对比表

命令	Redraw 命令	Regen 命令
作用	①快速刷新显示; ②清除所有的图形轨迹点,例如:亮点和零散的像素	①重新生成整个图形; ②重新计算屏幕坐标

11.8.3 图形的缩放

(1)运行方式

命令行:Zoom(Z)

功能区:[视图]→[定位]

工具栏:[缩放]

在绘图过程中,为了方便地进行对象捕捉和局部细节显示,需要使用缩放工具放大或缩小当前视图或放大局部,当绘制完成后,再使用缩放工具缩小图形来观察图形的整体效果。使用 Zoom 命令并不影响实际对象的尺寸大小。

(2)操作步骤

以某一建筑图纸为例,使用 Zoom 的 3 种方式来观察图纸的不同显示效果,按如下步骤操作,如图 11.23 所示。

命令:Zoom   执行 Zoom 命令

指定窗口的角点,输入比例因子(nX 或 nXP),或者

[全部(A)/中心(C)/动态(D)/范围(E)/左(L)/上一个(P)/

比例(S)/窗口(W)/对象(O)]<实时>:e   输入 E,以范围方式缩放图纸,如图 11.23

(b)所示

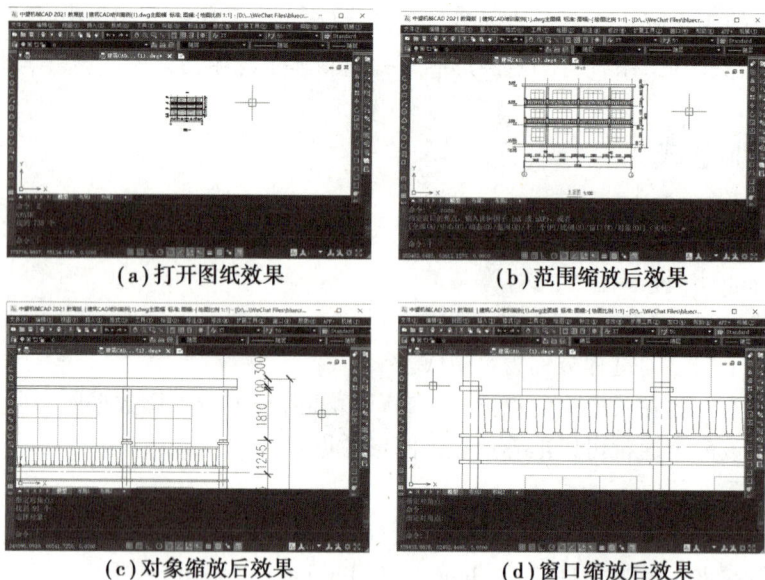

(a)打开图纸效果   (b)范围缩放后效果

(c)对象缩放后效果   (d)窗口缩放后效果

图 11.23　使用 Zoom 的 3 种方式来观察图纸的不同显示效果

| 命令: Zoom | 执行 Zoom 命令 |

指定窗口的角点,输入比例因子（nX 或 nXP）,或者

［全部(A)/中心(C)/动态(D)/范围(E)/左(L)/上一个(P)/

比例(S)/窗口(W)/对象(O)］＜实时＞: o　　输入 O,以对象方式缩放图纸

选择对象: 找到 1 个　　　　　　　　　选择边框,提示找到 1 个对象

选择对象　　　　　　　　　　　　　　回车结束命令,如图 11.23(c)所示

命令: Zoom　　　　　　　　　　　　　执行 Zoom 命令

指定窗口的角点,输入比例因子（nX 或 nXP）,或者

［全部(A)/中心(C)/动态(D)/范围(E)/左(L)/上一个(P)/

比例(S)/窗口(W)/对象(O)］＜实时＞:: w　　输入 W,以窗口方式缩放图纸

指定第一个角点:　　　　　　　　　　拾取图框的一个对角点

指定对角点:　　　　　　　　　　　　拾取图框的另一个对角点,得到图 11.23(d)

❀缩放命令的选项介绍如下:

全部(A):在 Limits 命令所设置的绘图范围内,缩放整张图纸。

中心(C):定义中心点与缩放比例或高度来观察窗口。

动态(D):以视图框缩放显示图形的已生成部分。视图框大小可改变并可在图形中移动。

移动视图框的位置并改变其大小,将其中的图像平移或缩放,以充满整个视口。

范围(E):缩放显示图形的范围并使所有对象在图形范围内最大显示。

上一个(P):缩放显示上一个视图。

比例(S:以指定的比例来缩放显示当前图形。

窗口(W):缩放观察指定的矩形窗口。

对象(O):缩放指定的对象,使这些被选取的对象尽可能大地显示在绘图区域的中心。

11.8.4　实时缩放

（1）运行方式

命令行：Rtzoom

功能区：［视图］→［定位］→［实时］

工具栏：［标准］→［实时缩放］🔍

（2）操作步骤

执行实时缩放命令,按住鼠标左键,屏幕出现一个放大镜图标,移动放大镜图标即可实现即时动态缩放。按住鼠标左键,向下移动,图形缩小显示;向上移动,图形放大显示;水平左右移动,图形无变化。按下【Esc】键退出命令。

通过滚动鼠标中键（滑轮）,即可实现缩放图形。除此之外鼠标中键,还有其他功效,请查看表11.7。

表 11.7　鼠标中键功能表

鼠标中键（滑轮）操作	功能描述
滚动滑轮	放大（向前）或缩小（向后）
双击滑轮按钮	缩放到图形范围
按住滑轮按钮并拖动鼠标	实时平移（等同于 Pan 命令功能）

11.8.5　平移

（1）运行方式

命令行：Pan（P）

功能区：［视图］→［定位］→［平移］

工具栏：［标准］→［实时平移］✋

平移命令用于指定位移来重新定位图形的显示位置。在有限的屏幕大小中,显示屏幕外的图形使用 Pan 命令要比 Zoom 快很多,操作直观且简便。

（2）操作步骤

执行该命令,实时位移屏幕上的图形。操作过程中,单击鼠标右键显示快捷菜单（图11.24）,可直接切换为缩放、三维动态观察器、窗口缩放、回到最初的缩放状态和范围缩放方式,这种切换方式称为"透明命令"（透明命令是指能在其他命令执行过程中执行的命令,透明命令前有一单引号）。

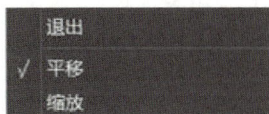

图 11.24　执行 Pan 命令时,右击鼠标的快捷菜单

（3）注意事项

按住鼠标中键（滑轮）即可实现平移，不需要按 Esc 键或者回车键退出平移模式。

11.9 平铺视口

中望 CAD 提供了模型空间（Model Space）和布局空间（Paper Space）。

模型空间可以绘制二维图形和三维模型，并带有尺寸标注。用 Vports 命令可创建视口和进行视口设置，并可以保存起来，以备日后使用。模型空间只能打印激活的视口，如果 UCS 图标为显示状态，该图标就会出现在激活的视口中。

布局空间提供了真实的打印环境，可以即时预览到打印出图前的整体效果，但只能是二维显示。在布局空间中可以创建一个或多个浮动视口，每个视口的边界是实体，可以删除、移动、缩放、拉伸编辑。布局空间可以同时打印多个视口及其内容（关于布局空间介绍详见第 10 章）。

1）运行方式

命令行：Vports

工具栏：［布局］→［视口］▦

平铺视口可以将屏幕分割为若干个矩形视口，与此同时，可以在不同视口中显示不同角度不同显示模式的视图。

2）操作步骤

用平铺视口将图纸在模型空间中建立 3 个视口，如图 11.25 所示。

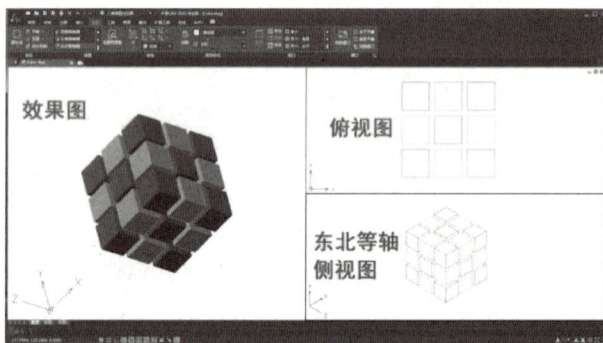

图 11.25　3 个平铺视口分别显示的 3 种不同效果

操作步骤如下：

①执行 Vports 命令，系统弹出"视口"对话框，如图 11.26 所示。

②选择视口的数量和排列方式，比如"三个：左"。

③点取【确定】按钮。

另外，还可以用 Vports 命令的命令提示创建平铺视口，调用方法如下：

命令：－Vports　　　　　　　　　　　　　　　执行 Vports 命令

输入选项：［？／保存（S）／还原（R）／删除（D）／单个（SI）／2／3／4］＜3＞：3

输入 3，设置平铺视口数量

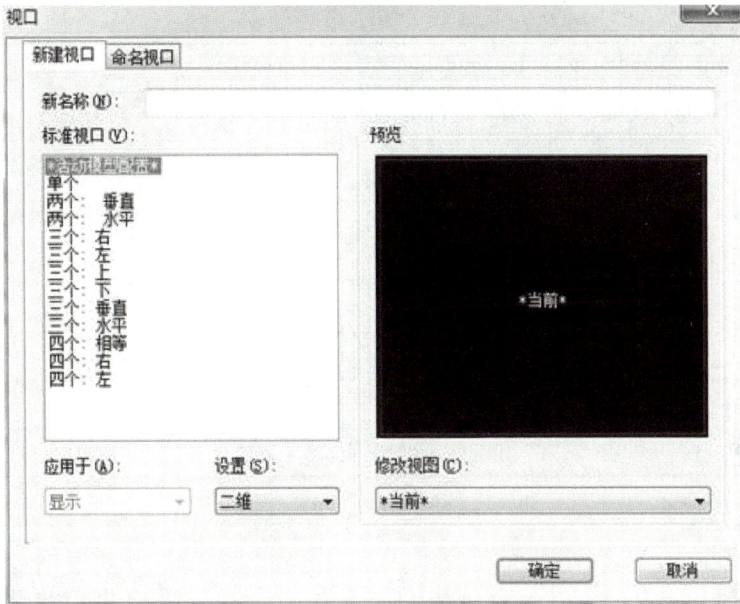

图 11.26　视口对话框

输入选项：［水平(H)/竖向(V)/上方(A)/下方(B)/左边(L)/右边(R)］＜右边＞：

输入 L,配置视口方式

⚙视口命令的选项介绍如下：

保存(S):将当前视口配置以指定的名称保存,以备日后调用。

恢复(R):恢复先前保存过的视口。

删除(D):删除已命名保存的视口设置。

合并(J):将两个相邻视口合并成一个。

单个(SI):将当前的多个视口合并为单一视口。

2/3/4/:分别在模型空间中建立 2、3、4 个视口。

11.10　附中望 CAD 命令及快捷键

表 11.8　中望 CAD 命令及快捷键

别名(快捷键)	执行指令	命令说明
符号键(CTRL 开头)		
CTRL＋1	Properties	对象特性管理器
CTRL＋2	Adcenter	设计中心
CTRL＋3	Toolpalettes	工具选项板
控制键		
CTRL＋A	AI_SELALL	全部选择

续表

别名(快捷键)	执行指令	命令说明
CTRL + C 或 CO/CP	Copyclip 或 Copy	复制
CTRL + D 或 F6	Coordinate	坐标(相对和绝对)
CTRL + E 或 F5	Isoplane	等轴测平面
CTRL + H 或 SET	Setvar	系统变量
CTRL + K	Hyperlink	超级链接
CTRL + N	New	新建
CTRL + O	Open	打开
CTRL + P	Print	打印
CTRL + Q 或 ALT + F4	Quit 或 Exit	退出
CTRL + S	Qsave 或 Save	保存
CTRL + T 或 F4	Tablet	数字化仪初始化
CTRL + V	Pasteclip	粘贴
CTRL + X	Cutclip	剪切
CTRL + Y	Redo	重做
CTRL + Z	Undo	放弃
组合键		
CTRL + SHIFT + A 或 G	Group	切换组
CTRL + SHIFT + C	Copybase	带基点复制
CTRL + SHIFT + S	Saveas	另存为
CTRL + SHIFT + V	Pasteblock	将 Windows 剪贴板中的数据作为块进行粘贴
CTRL + ENTER		要保存修改并退出多行文字编辑器
功能键		
F1	Help	帮助
F2	Pmthist	文本窗口
F3 或 CTRL + F/ OS	Osnap	对象捕捉
F7 或 GI	Grid	栅格
F8	Ortho	正交
F9	Snap	捕捉
F10		极轴
F11		对象捕捉追踪
F12		动态输入

续表

别名(快捷键)	执行指令	命令说明
换挡键		
CTRL + F6 或 CTRL + TAB	打开多个图形文件,切换图形	
ALT + F8	Vbarun	VBA 宏命令
ALT + F11	VBA	Visual Basic 编辑器
中望 CAD 命令及简化命令		
A	Arc	圆弧
B	Block	创建块
C	Circle	圆
D	Ddim	标注样式管理器
E	Erase	删除
F	Fillet	圆角
L	Line	直线
M	Move	移动
O	Offset	偏移
P	Pan	实时平移
R	Redraw	更新显示
S	Stretch	拉伸
W	Wblock	写块
Z	Zoom	缩放
X	Explode	分解
H 或 BH	Bhatch	图案填充
I	Ddinsert 或 Insert	插入块
AL	ALign	对齐
AP	APpload	加载应用程序
AR	ARray	阵列
BO 或 BPOLY	Boundary	边界
BR	Break	打断
CH	Change	修改属性
DI	Dist	距离
DO	Donut	圆环
EL	Ellipse	椭圆
EX	Extend	延伸

续表

别名（快捷键）	执行指令	命令说明
FI	Filter	图形搜索定位
HI	Hide	消隐
IM	Image	图像管理器
IN	Intersect	交集
LA	Layer	图层特性管理器
LI 或 LS	List	列表显示
LW	Lweight	线宽
MA	Matchprop	特性匹配
ME	Measure	定距等分
MI	Mirror	镜像
ML	Mline	多线
MS	Mspace	将图纸空间切换到模型空间
MT 或 T	Mtext 或 Mtext	多行文字
MV	Mview	控制图纸空间的视口的创建与显示
OR	Ortho	正交模式
OP	Options	选项
OO	Oops	取回由删除命令所删除的对象
PA	Pastespec	选择性粘贴
PE	Pedit	编辑多段线
PL	Pline	多段线
PO	Point	单点或多点
PS	Pspace	切换模型空间视口到图纸空间
PU	Purge	清理
RE	Regen	重生成
RO	Rotate	旋转
SC	Scale	比例缩放
SE	Settings	草图设置
SL	Slice	实体剖切
SN	Snap	限制光标间距移动
SO	Solid	二维填充
SP	Spell	检查拼写
ST	Style	文字样式

续表

别名（快捷键）	执行指令	命令说明
SU	Subtract	差集
TH	Thickness	设置三维厚度
TI	Tilemode	控制最后一个布局（图纸）空间和模型空间的切换
TO	Toolbar	工具栏
TR	Trim	修剪
UC	Ucsman	命名 UCS
VS	Vslide 或 Vsnapshot	观看快照
WE	Wedge	楔体
XL	Xline	构造线
XR	Xref	外部参照管理器
TM	Time	时间
TX 或 DT	Text 或 Dtext	单行文字
VL	Vplayer	控制视口中的图层显示
RI	Reinit	重新加载或初始化程序文件
RA	Redrawall	重画
WI	Wmfin	输入 WMF
WO	Wmfout	输出 WMF
TO	Tbconfig	自定义工具栏
LT	Linetype	线型管理器
BM	Blipmode	标记
DN	Dxfin	加载 DXF 文件
HE	Hatchedit	编辑填充图案
IO	Insertobj	OLE 对象
LE	Qleader	快速引线
AA	Area	面积
3A	3darray	三维阵列
3F	3dface	三维面
3P	3dpoly	三维多段线
VP	Ddvpoint	视点预置
UC	Dducs	命名 UCS 及设置
UN	Ddunits	单位
ED	Ddedit	编辑

续表

别名（快捷键）	执行指令	命令说明
CHA	Chamfer	倒角
DIM	Dimension	访问标注模式
DIV	Divide	定数等分
EXP	Export	输出
EXT	Extrude	面拉伸
IMP	Import	输入
LEN	Lengthen	拉长
LTS	Ltscale	线型的比例系数
POL	Polygon	正多边形
PRE	Preview	打印预览
REC	Rectangle	矩形
REG	Region	面域
REV	Revolve	实体旋转
SCR	Script	运行脚本
SEC	Section	实体截面
SHA	Shade	着色
SPL	Spline	样条曲线
TOL	Tolerance	几何公差
TOR	Torus	圆环体
UNI	Union	并集
DST	Dimstyle	标注样式
DAL	Dimaligned	对齐标注
DAN	Dimangular	角度标注
DBA	Dimbaseline	基线标注
DCE	Dimcenter	圆心标记
DCO	Dimcontinue	连续标注
DDI	Dimdiameter	直径标注
DED	Dimedit	编辑标注
DLI	Dimlinear	线性标注
DOR	Dimordinate	坐标标注
DOV	Dimoverride	标注替换
DRA	Dimradius	半径标注

别名(快捷键)	执行指令	命令说明
IAD	Imageadjust	图像调整
IAT	Imageattach	附着图像
ICL	Imageclip	图像剪裁
ATE	Ddatte 或 Attedit	编辑图块属性
ATT	Ddattdef 或 Attdef	定义属性
COL	Setcolor	选择颜色
INF	Interfere	干涉
REA	Regenall	全部重生成
SPE	Splinedit	编辑样条曲线
LEAD	Leader	引线

11.11　综合绘图实例

要求:绘制如图 11.27 所示的二维图。

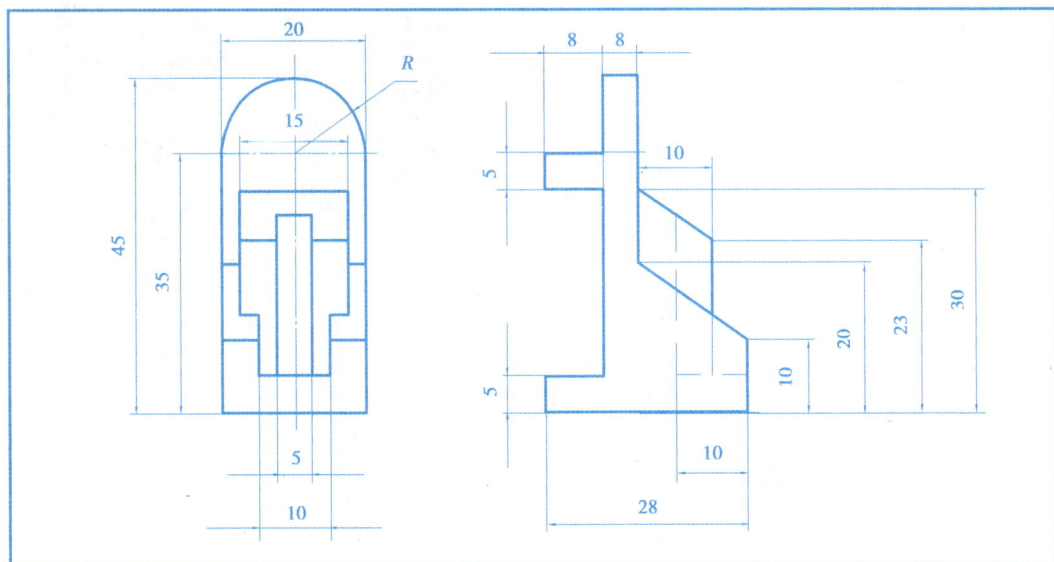

图 11.27　模型

扫一扫看三维模型　　扫一扫看建模过程

①直接应用二维 CAD 软件"中望 CAD"绘制零件图,绘图步骤见表 11.9。

表 11.9　模型的绘图步骤

1. 新建文件 在桌面上双击"中望 CAD"图标，启动软件，在键盘上按下"Ctrl + N"，在弹出的窗口中选择"zwcad"样板文件，单击"打开"。	
2. 图层设置 单击"图层性管理器"图标，新建图层，设置图层颜色、线型、线宽。	
3. 文字设置 单击菜单栏"格式"图标，单击下拉菜单"文字样式"，新建文字样式，样式名称为"FS"。设置文本字体为"isocp. shx"、大字体为"GBCBIG. SHX"、宽度因子为"0.707"。	

4. 标注样式设置 　单击菜单栏"格式"图标 格式(O)，单击下拉菜单"标注样式" ┣┓标注样式(D)，新建"BZ"新样式名。修改相关参数，在"BZ"下新建"半径、角度、线性、引线、直径"子样式。 　注：通过以上设置后，可将文件保存为"模板"文件，以后绘图时可直接调用，不需反复设置。	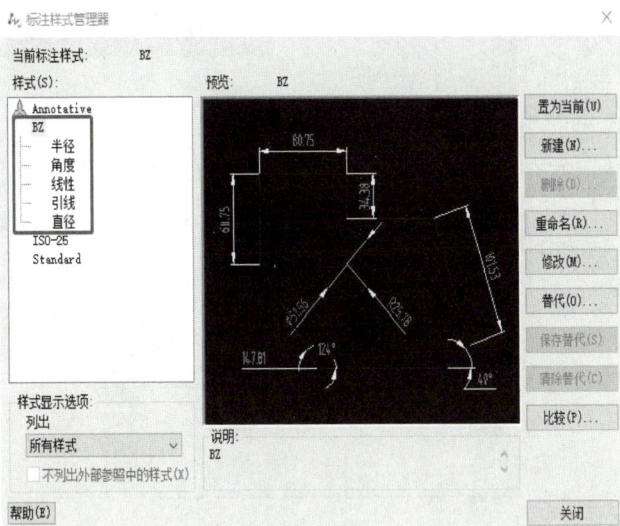
5. 绘制主视图轮廓 　将"1 轮廓实线层"置为当前层，用"直线、等距、圆、修剪、删除"命令画线；切换到"3 中心线层"输入"ZX"，给圆弧添加中心线。	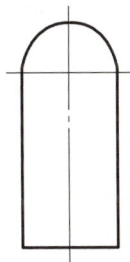
6. 绘制左视图轮廓 　将"1 轮廓实线层"置为当前层，用"直线、等距、修剪、删除"命令画线，最后将 3 段不可见线段变换为"4 虚线层"。 　注：要善于使用"正交模式（F8）""对象捕捉追踪功能（F11）"，结合主视图画线，提高绘图效率。	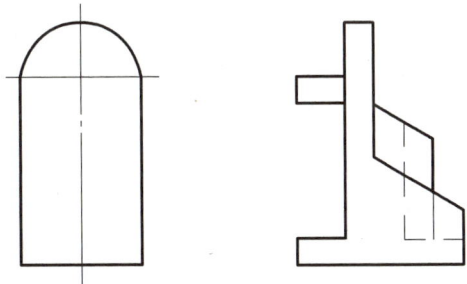
7. 完善主视图 　结合左视图，用"直线、等距、修剪、删除、格式刷、镜像"命令完成主视图。	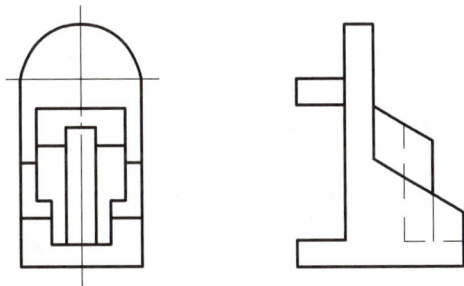

续表

8.标注尺寸 　将"7标注层"置为当前层,调出ZWCAD标注工具栏,分别单击"线性标注、半径标注"图标,给图形标注尺寸。	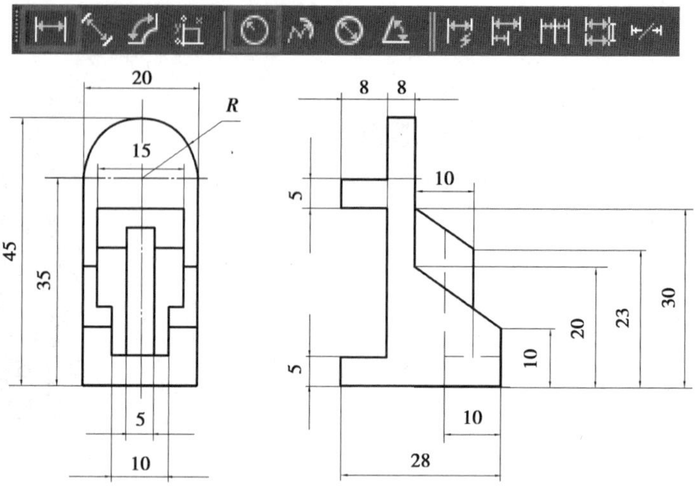

②通过三维 CAD 软件"3D One Plus"将三维模型投影成二维视图,并输出为"dwg"文件,再在中望 CAD2021 中打开该"dwg"文件进行尺寸标注、编辑和完善图形(表 11.10)。

表 11.10　三维模型投影成二维视图步骤

1.导入三维模型 　在桌面找到图标 ，双击打开"3D One Plus"软件,导入三维模型。	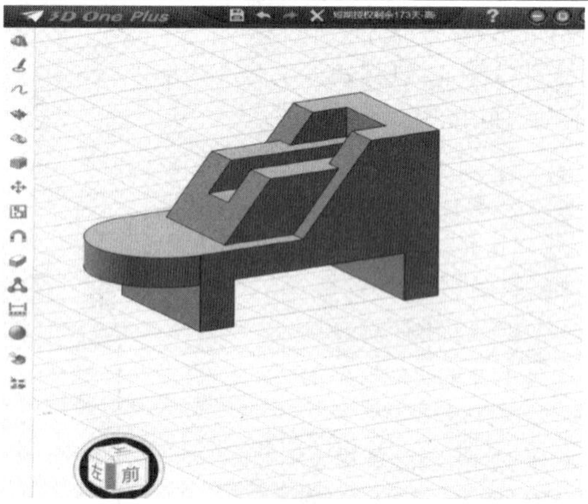
2.模型摆正 　将模型摆正,使模型前面正对主视图方向。	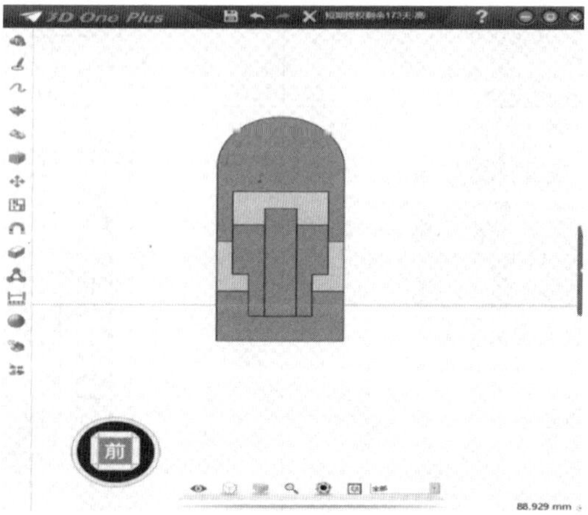

3. 输出工程图	
4. 生成所需要的视图 　删除不需要的视图,根据零件图要求,重新生成所需要的 2 个视图。	
5. 导出"dwg"文件	

本章小结

(1)了解三维造型软件的功能。

(2)掌握三维建模过程及方法。

(3)了解二位 CAD 基础技术。

(4)能够综合应用三维和二维软件进行制图。

复习思考题

绘制如图 11.28—图 11.30 所示的二维图。

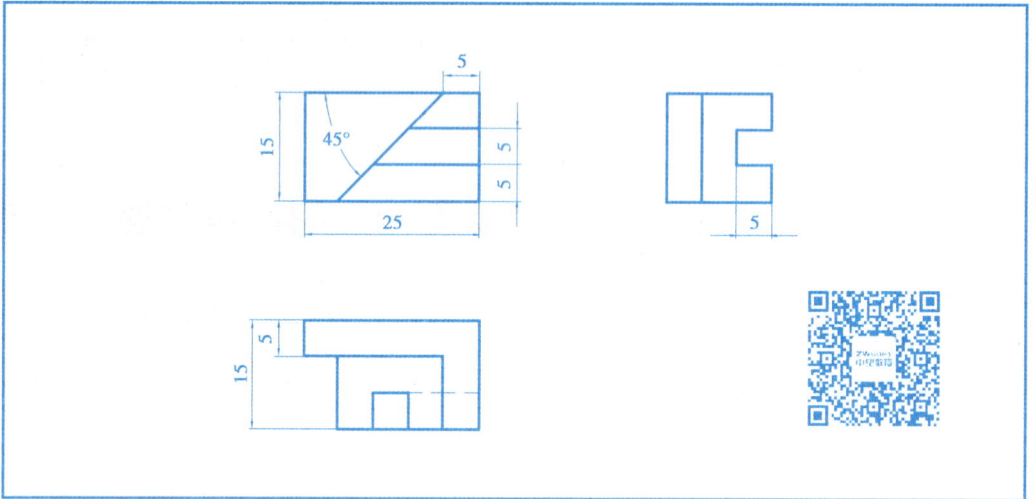

图 11.28　训练图 1

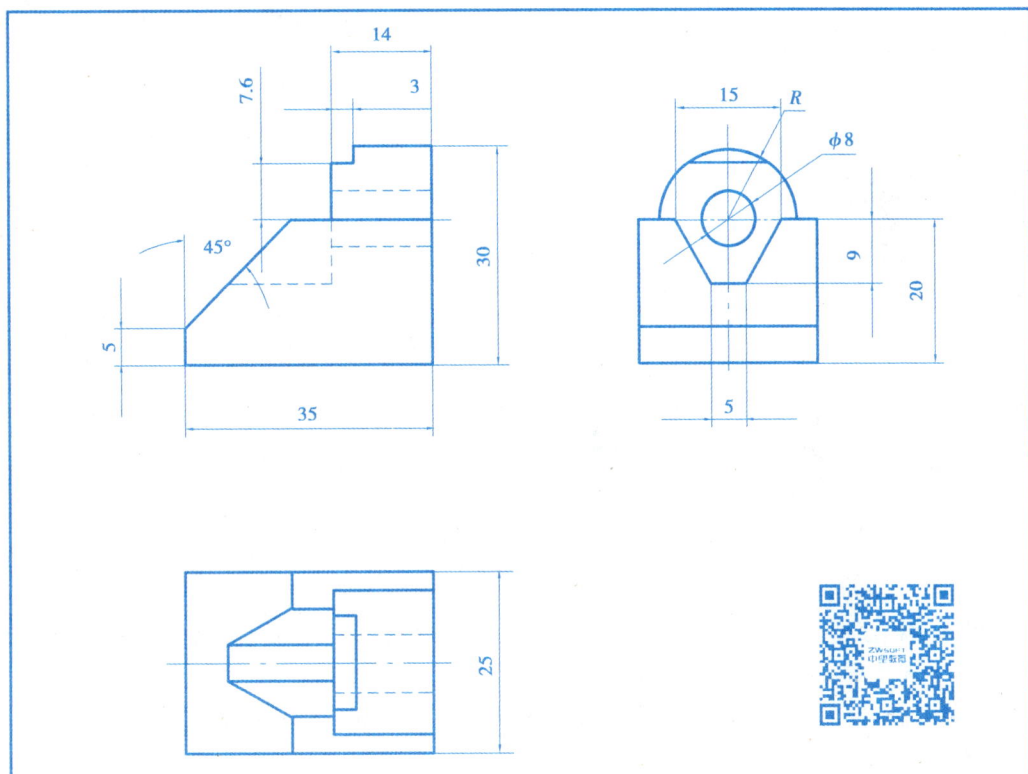

图 11.29　训练图 2

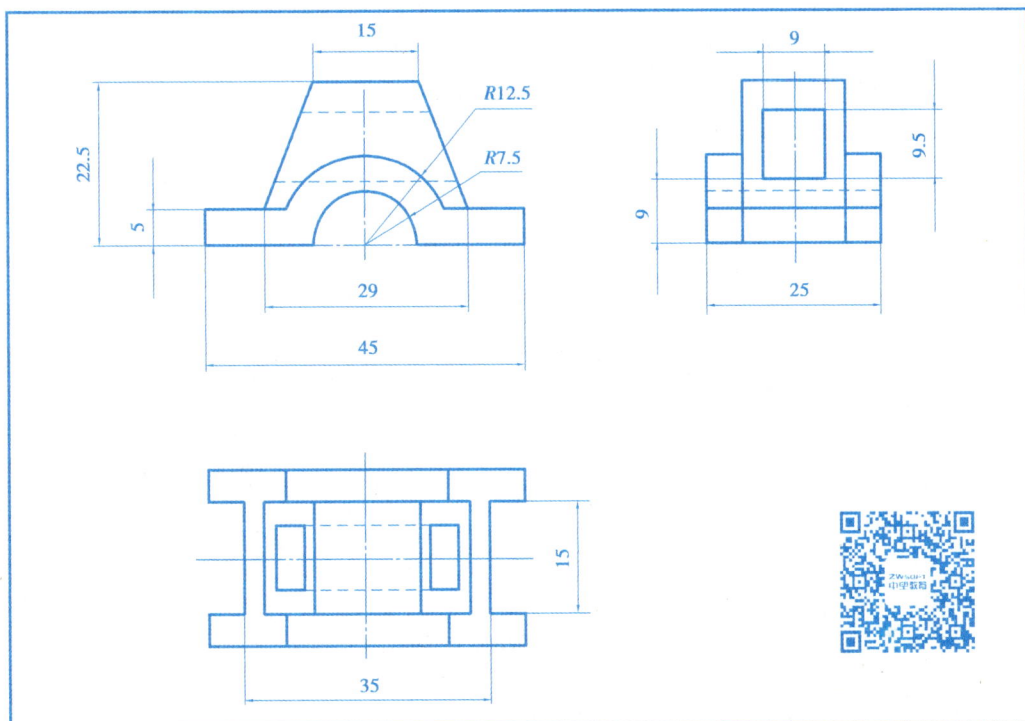

图 11.30　训练图 3

参考文献

［1］ 中国建筑标准设计研究院有限公司,等.房屋建筑制图统一标准:GB/T 50001—2017［S］. 北京:中国建筑工业出版社,2018.

［2］ 全国技术产品文件标准化技术委员会.技术产品文件标准汇编—技术制图卷［S］.北京:中国标准出版社,2007.

［3］ 全国技术产品文件标准化技术委员会.技术产品文件标准汇编—机械制图卷［S］.北京:中国标准出版社,2007.

［4］ 何培斌.土木工程制图［M］.重庆:重庆大学出版社,2020.

［5］ 丁一,李奇敏.机械制图［M］.2 版.北京:高等教育出版社,2020.

［6］ 丁一,王健,李奇敏.工程图学基础［M］.3 版.北京:高等教育出版社,2018.